OEUVRES COMPLÈTES

DE BRANTÔME

IMPRIMERIE GÉNÉRALE DE CH. LAHURE
Rue de Fleurus, 9, à Paris

OEUVRES COMPLÈTES

DE PIERRE DE BOURDEILLE

SEIGNEUR DE

BRANTÔME

PUBLIÉES D'APRÈS LES MANUSCRITS
AVEC VARIANTES ET FRAGMENTS INÉDITS
POUR LA SOCIÉTÉ DE L'HISTOIRE DE FRANCE

PAR LUDOVIC LALANNE

TOME DEUXIÈME

GRANDS CAPITAINES ESTRANGERS, GRANDS CAPITAINES FRANÇOIS

A PARIS

CHEZ Mme Ve JULES RENOUARD

LIBRAIRE DE LA SOCIÉTÉ DE L'HISTOIRE DE FRANCE

RUE DE TOURNON, N° 6

M DCCC LXVI

EXTRAIT DU RÈGLEMENT.

Art. 14. Le Conseil désigne les ouvrages à publier, et choisit les personnes les plus capables d'en préparer et d'en suivre la publication.

Il nomme, pour chaque ouvrage à publier, un Commissaire responsable chargé d'en surveiller l'exécution.

Le nom de l'Éditeur sera placé à la tête de chaque volume.

Aucun ouvrage ne pourra paraître sous le nom de la Société sans l'autorisation du Conseil, et s'il n'est accompagné d'une déclaration du Commissaire responsable, portant que le travail lui a paru mériter d'être publié.

Le Commissaire responsable soussigné déclare que l'Édition des OEuvres complètes de Brantôme, *préparée par* M. Ludovic Lalanne, *lui a paru digne d'être publiée par la* Société de l'Histoire de France.

Fait à Paris, le 15 *octobre* 1864.

Signé : JULES MARION.

Certifié,

Le Secrétaire de la Société de l'Histoire de France,

J. DESNOYERS.

LES VIES
DES
GRANDS CAPITAINES
ESTRANGERS.

C'est assez parlé de ces couronnelz allemans, que si je les voulois spéciffier je n'aurois jamais faict; et ce seroit aussi une grand'honte à moy d'en escrire tant, puisque tant d'histoires en parlent. Il faut parler un peu aussi des braves Italiens, desquelz, tout de mesmes qu'il y a eu de bons et de braves capitaines parmy les Espagnolz et Allemans, comme j'ay dict cy devant, soubz l'empereur et le roy son filz, il y en a eu aussi de tous pareilz de ceste brave nation, comme ces Médicis, ces Collomnes, ces Ursins, ces Gonzagues, ces Baillons,

Capitaines italiens [1]

1. Tout ce chapitre jusqu'à celui de Jannin de Médicis manque dans la première rédaction où l'on ne trouve que les lignes suivantes : Or si l'empereur et le roy d'Hespaigne ont heu de bons et vaillans capitaynes hespaignolz, ilz en ont heu de bons aussi ytaliens, lesquelz je ne m'amuseray à nommer particulièrement, car j'aurois trop affayre, mais je ne nommeray que ce vaillant Jannin de Médicis, lequel, etc. (Ms. 6694, f° 77, v°.) — On voit que Brantôme a changé d'idée dans sa seconde rédaction.

ces Malatestes, ces Vitellis, ces Martinengues, ces Dories, ces Malespines, les Espinolas génevois, desquelz est sorty ce grand marquis de Spinola [1], aujourd'huy l'espouvante des Pays Bas, qni ne doit rien à ses braves prédécesseurs, voire les surpasse en tout; duquel j'en parleray ailleurs à son tour; bref, un' infinité d'autres. Je ne suis pas pour espéciffier tous ceux que j'ay dict, sortys tous de très nobles, illustres et vaillantes familles, de pères en filz; car j'entreprendrois un œuvre trop grand et difficille à moy. Je diray seulement qu'au combat naval faict devant Naples assiégée [2], Cæsar Faramosqua [3] y mourut combattant bravement; Ascanio Collumno [4] y fut pris; Phillippe Cerveillon [5] y fut pris aussi; et force autres braves capitaines y firent très bien, ausquelz les Espagnolz ne firent point de honte.

Au siège de Florance furent et accompaignarent le prince d'Orange, Pierre [6]-Louys Farnèse, le conte-Rosso de San-Segondo [7], Allexandre Vitelli, Joan-Baptista Savello [8], Martio Collomno, et son parent Camillo Mutio,

1. Ambroise, marquis de Spinola, né à Gênes en 1571, mort en 1630.
2. En mai 1528. Voyez t. I, p. 236.
3. César Fieramosca. Voyez Guichardin, liv. XVIII, et P. Jove, livre XXV.
4. Ascanio Colonna, duc de Palliano et de Tagliacozzo, grand-connétable du royaume de Naples, mort le 24 mars 1557.
5. Filippo Cerviglione, suivant P. Jove.
6. Premier duc de Parme et de Plaisance, fils naturel du pape Paul III. Voyez t. I, p. 28.
7. Pier-Maria Rosso, comte de San-Secondo.
8. Savelli, suivant Guichardin, liv. XVIII. Vallès l'appelle tantôt Savelli, tantôt Sabello et Savella, (f°s 309 r°, 310 v°, 312 v°.)

Pyrro de Stipicciano, le segnor Scalingo, astezan[1], Braccheo et Sforza, frères, Malatesta, le vieil capitaine Joanni Sassatello de Romaigna, Hieronimo de Trani, et force autres[2]; lesquelz tous là firent bien parestre leurs valeurs. Aussi avoient-ilz à faire à de très braves et vaillans capitaines de ceux de dedans, qui le monstrarent bien en un' infinité de combatz, et mesmes en une saillie que firent un jour le déterminé Jehan de Turin, duquel je parle ailleurs, Bartholomeo de Fauno, Jacobeto Corso, et autres braves capitaines, dont servit bien à ceux de dehors se bien deffendre. Cipsa, pisan, Bonifacio di Parma, Rosso et Allexandro Vitelli y furent blessez, et Sciara Collomno[3] aussi.

Pour le voyage de La Gollette[4], s'y trouvarent aussi force braves capitaines, comme fut Spinello Carafa et le vaillant conte de Sarno[5], qui fut tué devant le

1. C'est-à-dire d'Asti.
2. Cette énumération est prise dans le XXVII° livre de P. Jove. Je cite la traduction de Denis Sauvage que Brantôme a en partie copiée, et inexactement : « Pier-Luigi Farnèse et Alexandre Vitelli..., Giovan-Battista Savello, Martio Colonna et son parent, Camillo, fils de Mutio, Pirrho de Stipicciano et le signeur de Scalengo, astisan; et d'avantage Braccio et Sforza Baglions, frères et mal-vueillans à la Malatesta, de haine particulière, et après eux..., le vieil capitaine Giovanni Sassatello de Romaigne. » (Édition de 1581, tome II; p. 122.)
3. Sciarra Colonna, cinquième fils de Fabricio Colonna. Cette énumération est encore prise dans P. Jove. (Livre XXVIII, Ibid., p. 140) : « Plusieurs vaillans personnages y moururent; entre lesquels furent Bartolomeo de Fano..., et Jacobetto Corso...; et des impériaux Cipsa, Pisan, et Bonifacio de Parme. Semblablement y furent blecés... Rosso mesme et Alexandre Vitelli. »
4. En 1535. Voyez t. I, p. 153.
5. Gieronimo Tutavilla, comte de Sarno. Voyez P. Jove, liv. XXXIV.

fort en une furieuse saillie qu'y fit Salec[1], commandant dedans, contre ledict conte allant recognoistre la place, qui fut rembarré avec les siens jusques dans ses tentes et pavillons, qu'ilz pillarent, et meubles et vaisselle d'argent. Et après ledict conte tué, ledict Salec en fit coupper la teste et l'envoya à Barberousse pour présent, dont il fut bien joyeux; car ledict conte luy avoit faict la guerre ailleurs vers la Barbarie. Les Espagnolz ne furent pas marrys de la deffaicte de ce conte et de ces Italiens (que c'est que d'envie !), d'autant qu'il avoit demandé au marquis del Gouast ceste faveur de faire la première poincte[2] pour recognoistre la place; qu'il luy accorda voulontiers, pour sa valeur souvant faicte parestre, et aussi qu'il l'aymoit. En quoy le marquis les tança fort de se resjouir et se rire du mal d'autruy, et mesmes estans là tous pour le service de l'empereur et du général[3].

Quelques temps après, les Espagnolz n'eurent pas grand occasion de se rire des Italiens à l'assaut et la prise de la ville de Duren[4] que fit l'empereur, y estant et comparant en personne, armé de toutes pièces et une cazaque de drap d'or, tant pour se faire bien paroistre et animer ses soldatz, que pour l'envie qu'il portoit à ceste place, et à la vangeance qu'il en vouloit avoir. Aussi et les uns et les autres, par une généreuse jalouzie, le jour de l'assaut venu et brèche faicte, tous faisant à l'envy, sans en attandre le signal et comman-

1. Corsaire, né en Ionie, suivant P. Jove, liv. XXXIV.
2. *Pointe*, attaque.
3. Tout ceci est tiré du XXXIVe livre de P. Jove, et comme plus haut, Brantôme s'est servi de la traduction de Denis Sauvage.
4. En 1543. Voyez t. I, p. 246.

dement de l'empereur, ny de Fernand de Gonzague, général de Sadicte Magesté, passant le fossé plein d'eau, montarent et donnarent l'assaut si furieusement, et si opiniastrement y combattirent, qu'en fin ilz emportarent la place, non sans y estre demeurez mortz plus de cinq cens, tant des Espagnolz que des Italiens, sur le rempart et la bresche; aussi ayant tout forcé, tuarent tout tant qu'ilz peurent, pour la vangeance de leurs compagnons et capitaines.

Ilz estoient commandez par Stefano Collomno[1], envoyé par le grand Cosme de Médicis[2] à l'empereur; lequel, pour sa suffisance et mérite, le fit là maistre de camp de toute l'infanterie italienne, montant à quatre mill' hommes, dont il s'en acquicta très dignement; et Camille Collomno[3] et Anthonio Doria[4], qui avoient de belles trouppes et estoient de bons capitaines, ne dédaignarent de luy obéir. Dom Alvaro de Sando[5] et Ludovic Perrez[6] commandoient aux Espagnolz, montant autant que les Italiens. La ville prise et le combat et massacre cessé, pilla qui peust, dont s'en enrichirent

1. Fils de François Colonna, prince de Palestrina, mort en 1548.
2. Voyez plus loin sa Vie, p. 10 et suivantes.
3. Camillo Colonna, seigneur de Zagarolo, fils de Marcello Colonna.
4. Capitaine au service de Charles-Quint. Il a écrit l'histoire de son temps, publiée à Gênes, 1571, in-4, sous le titre de : *Compendio d'Antonio Doria delle cose di sua notitia et memorie occorse al mondo del tempo dell' imperatore Carlo V*.
5. Voyez sa vie, t. I, p. 319.
6. Probablement Perez de Vargas, qui fut tué au siége d'Afrique, et dont la mort est racontée au chapitre xii de l'opuscule *Conquista de Africa*, dont nous parlons plus loin, p. 34, note 1.

fort les soldatz. L'empereur, qui vist donner l'assaut, en estant fort près, loua publiquement, entre autres Italiens, pour avoir très vaillamment combattu et bien faict, un Fatio de Pise, et un San-Soverin de Naples, morts sur la place. Il loua aussi fort deux alfiers ou port' enseignes, l'un navarrez, nommé Randolazzo, et l'autre genevez¹, nommé Gregorio, qui demandarent après l'honneur et la récompanse de la couronne murale, comme jadis firent ces braves Romains, parce que tous deux contestoient avoir monté les premiers sur la muraille; et de faict en produirent leurs tesmoingtz, estant les affections de chascun des deux pays fort adonnées à la faveur de l'un et de l'autre. L'empereur en remit et différa sa sentence pour n'offencer l'un ny l'autre, et les entretint long temps en longueur et suspens, et en bonnes espérances à tous deux, de peur que par ce débat s'engendrassent de chascun costé des haynes et des envies qui peussent venir à quelque mutinerie².

L'empereur, en ce traict comm' en plusieurs autres, monstra sa sagesse, car il y avoit assez de quoy pour s'animer des deux costez; où il acquist grand louange, mais encor plus grande d'avoir conquis bravement ceste ville, et faict mieux que ne firent les cohortes romaines de Jules Cæsar, soubz Caïus Getta et Titurius Sabinus, qui là furent deffaictes et mises en pièces des gens de ceste contrée. Cela se trouve par les histoires³.

1. *Genevez*, Génois.
2. Tout ceci est tiré presque textuellement de la traduction de P. Jove (liv. XLIV, p. 587).
3. L. Aurunculeius Cotta et Titurius Sabinus, lieutenants de César. Voyez les *Commentaires*, liv. V, ch. xxxvi et xxxvii.

JANNIN DE MÉDICIS.

Il y eut aussi des Italiens à l'entreprise d'Alger : ilz coururent pourtant fortune en une sallie que leur fit faire Assan-Agas, commandant dedans ; et sans qu'ilz furent bravement secourus, ilz estoient mal. Ilz estoient commandez et menez par Camillo Collomné, brave et vaillant capitaine[1]. Il se list et se dict[2] que l'empereur se repentit fort à son siège de Saint-Dizier qu'il n'avoit amené des trouppes d'Italliens, puis qu'il les avoit veu faire si vaillamment au siège de Duren, et que là ilz en eussent faict de mesme et eussent autant deschargé ses Espagnolz, qu'il aimoit tant et vouloit tant espargner ; car ilz y furent bien estrillez, battuz et grillez d'artiffices à fœu, jusqu'au nombre de cinq cens.

Or, c'est assez pour ce coup parlé d'eux ; et pour conclure, je diray un mot de ce brave et vaillant Jannin de Médicis, et du grand Cosme de Médicis, duc de Florance, son filz.

Jannin de Médicis[3], pour son commancement, servit très bien l'empereur, et tint son party. Il se fit fort soubz le marquis de Pescayre, de sorte qu'il emporta en un rien le pris d'estre un très bon capitaine, et mesmes pour les gens de pied, et mourut en l'aage de

Jannin de Médicis.

---

1. Voyez plus haut, p. 5, note 1, et P. Jove, livre XLV.
2. Dans P. Jove, liv. XLV.
3. Jean ou Jeannin, de Médicis, fils de Jean de Médicis et de Catherine, fille de Galéas-Marie Sforce, duc de Milan, né en 1498, mort près de Borgo-Forte, le 29 ou le 30 novembre 1526. On peut consulter sur lui : *Morte del fortissimo signore G. de' Medici*, par Giovanni Falugi, Venise, 1532, poëme fort rare ; *Vita di G. de' Medici delle bande nere*, par Antonio Mossi, Florence, 1608, in-8 ; et *Vita di G. de' Medici*, par Rossi di San-Secondo, Milan, 1832, in-8.

vingt-deux ans, venant aux vingt-trois[1], estimé et tenu pour 'tel, ce dict Guicciardin ; mais les autres le montent à plus haut un peu d'années[2], comme je diray cy après. Il estoit nepveu du pape Léon[3], et après sa mort, pour le regret qu'il en eut, il fit faire toutes ses enseignes noires; de sorte que ses troupes n'estoient autrement nommées que les *bandes noires*, et par tout là où elles furent employées, faisoient fort parler des bandes noires[4].

Il quicta après le service de l'empereur[5], et s'en vint, tousjours avec ses bandes noires, au service du roy François, qu'il servit très bien tant qu'il vesquit. Toutesfois il fit une grande révolte dans Crémone contre M. de l'Escu, pour l'amour de la composition que ledict M. de l'Escu fit sans son sçeu[6]; que s'il ne l'eust

1. Guichardin dit qu'il avait vingt-neuf ans. Voyez liv. XVII.
2. *Var*. A plus haut un peu hautes années. (Ms. 6694, f° 78, v°.)
3. Jean de Médicis avait épousé Marie Salviati, fille de Lucrèce de Médicis, sœur du pape Léon X.
4. D'autres racontent que ce fut seulement après la mort de leur général que ces bandes prirent le deuil.
5. En 1524.
6. Brantôme a suivi ici le récit de Vallès, f° 74, v° et suivants; mais Martin du Bellay rapporte les choses autrement : « A l'arrivée des ennemis devant la ville, dit-il, le seigneur Jean se mutina, demandant estre payé, et gaigna l'une des portes de devers le camp de l'ennemy, menassant de la luy bailler s'il n'avoit paiement ; par quoy on fut contraint d'emprunter de tous costez pour luy fournir son paiement.... Noz gens ayant gardé Crémonne quelque temps, et voyant le mauvais vouloir du seigneur Jean, considérant aussi le peu d'espérance de secours, capitulèrent. » Thomas de Lescun, maréchal de Foix, signa, le 21 mai 1522 une convention d'après laquelle il s'engageait à rendre la ville, si dans trois mois une armée du roi ne passait pas le Tessin.

appaisé, le roy le perdoit ; et eust bien faict du mal avec ses trouppes, disent les Espagnolz[1] qui ne demandoient pas mieux. Du despuis il servit fort bien le roy en tous les lieux où il se trouva, et mesmes au siège de Pavie, là où il fut fort blessé d'un' harquebuzade en une jambe, dont il fallut qu'il se retirast pour se faire penser. Lequel fut trouvé fort à dire[2] à la bataille de Pavie, d'autant qu'il sçavoit fort bien faire combattre l'infanterie, et sçavoit de quelle façon aussi combattoit l'Espagnol ; si bien qu'on luy[3] eust faict mieux teste qu'on ne fit, s'il y eust esté. Aussi le roy François le sçeut bien dire et regretter, et que s'il fust esté là, que l'infanterie espagnolle n'eust faict tel eschet qu'elle fit ; combien qu'il se mescontentast fort de ses capitaines (j'en parle ailleurs) qui luy avoient desrobé tant de payes, que pensant avoir des gens ce jour là de ce costé, il n'en trouva que peu, tant ilz avoient payé les commissaires de passe-vollans.

Au bout de quelque temps, luy estant guéry et retourné à servir le roy, il eut encor une grande harquebuzade dans la jambe mesmes qu'il avoit esté blessé[4] ; et, ainsi qu'il fut arresté de la luy coupper, on luy anonça l'arrest, et qu'il falloit avoir des gens pour le tenir ferme, et luy couvrir la face et les yeux. Il leur dist : « Couppez hardiment ; il ne me faut point personne pour me tenir ; car vingt hommes ne me pourroient pas tenir quand je l'aurois entrepris. Parquoy couppez. » Et luy mesmes prit la bougie, et la tint

1. C'est-à-dire Vallès.
2. C'est-à-dire fut fort regretté.
3. *Luy*, à l'Espagnol.
4. Le dimanche 24 novembre 1526, suivant Vallès, f° 250, r°.

tant qu'on la luy couppa, le duc de Mantoue¹ estant présent. Et, pensant estre guéry, le mal s'empira de pis en pis; et venant à la mort, il dist seulement: « Et comment! faut-il que je meure icy entre des emplastres? Ce m'est un grand despit! » (dict l'histoire espagnolle²). Et se tournant de l'autre costé, il mourut, à Mantoue, en l'aage de vingt-huict ans, disent les histoires espagnolles aussi, l'an mil cinq cens vingt-six, estant estimé l'un des grandz capitaines de toute l'Italie, et pour tel regretté, et jugé que, s'il eust fourny ses ans selon le cours, il n'en fut jamais un tel Italien : car il avoit toutes les vertuz d'un grand capitaine, et sur tout compagnon de tout le monde, et très libéral³.

Le grand Cosme de Médicis.

Ce brave et vaillant Jouan de Médicis⁴ laissa après

1. Frédéric II de Gonzague, duc de Mantoue, mort en 1540.
2. Voyez Vallès, fⁿˢ 230, 231.
3. *Var.* Je croy que le cardinal Hypolite de Médicis pouvoit estre à luy, mays il estoyt un brave homme et fort martial plus qu'ecclésiastique; il mena en Hongrie les forces d'Ytalie à l'empereur, et le tenoit-on pour lors plus propre pour les armes que pour le chapeau rouge qui le vouloyt quiter, ainsin que j'ay ouy dire à aucuns anciens en Italie, qui l'avoient veu. Il mourut aussy fort jeune et fort regreté du pape et de tout le monde. Il estoit mutin, fort escalabrous; il le montra à l'empereur au retour du voyage d'Hongrie; mays l'empereur le luy rendit bien. Je tiens ce conte de cy-dessus dudict Jannin des Espaignolz, qui le louent très-fort. (Ms. 6694, f° 78, v°.) — Dans la première rédaction, ceci est suivi des articles *Le Couronnel Fransberg Aliprand Madruzze*, qui figurent dans notre premier volume. Puis vient l'article *André Dario*, que l'on trouvera plus loin, p. 29.

Le cardinal Hippolyte de Médicis, mort en 1535, était fils naturel de Julien de Médicis, frère de Léon X.

4. Cosme I, né le 11 juin 1519, duc de Florence en 1537, créé

luy,[1] de sa femme, très honneste et sage dame, la
seignora Maria Salvyaty[2], un brave filz comme le père,
qui fut ce grand Cosme de Médicis que nous avons
veu de nos temps si renommé et si grand homme
d'estat, si sage et si advisé, qu'il ne s'en est veu un
pareil à luy de nos temps, ainsi qu'il le monstra lors
qu'il se fit et installa chef de la république de Florence, et puis duc, et puis grand duc, qu'aucuns
appelloient grand duc de Toscane, d'autres grand duc
simplement.

De raconter sa valeur, son assurance, sa prudence et son sage temporisement, comme il parvint
à ceste principauté n'ayant que dix huict ans, ce seroit
chose superflue et redicte à moy, puis que Paulo

grand-duc de Toscane par Pie V, le 1er septembre 1569, mort en
avril 1574.

1. *Var.* Il layssa de sa fame, Maria Salvati, ce grand Cosme,
que nous avons veu très grand homme en tout, bien que pour sa
personne il n'ayt esté en grandes guerres, car il fist et acheva les
siennes contre les banis de Fleurence par ses lieutenants. Il ne se
trouva point au siége de Sienne, ny en autres lieux, en quoy ne le
faut arguer de couardise, car il estoit brave et vaillant comme sa
belle et martiale façon le monstroyt; il n'osoyt abandonner sa ville
principale de peur de trahison, ayant à se garder beaucoup des
traistres qui le guestoyent jusques à un jour qu'aymant fort à se
baigner dans le fleuve d'Arno, car il nagoyt des mieux et se jettoyt
souvent du haut du pont en bas dedans l'eau, l'on y avoit placé
des espées la pointe en l'air (*il y a ici quelques mots rognés par le
relieur*).... il s'alloit jetter dans les pointes. Enfin il avoyt beaucoup à se garder. (Ms. 6694, f° 78, r°.) Ce passage écrit en marge
de la main de Brantôme est biffé.

2. Sa *Vie* a été publiée par Giovanni Franceschi, Rome, 1545,
in-4, et son *Oraison funèbre* a été prononcée et publiée par Benedetto Varchi, Florence, 1549, in-8 ; ces deux opuscules sont très-rares.

Jovio en a faict le discours aussi beau qu'il est possible. Je diray seulement un mot[1] : qu'ainsi qu'il aspiroit à ceste principauté, un jour qu'il partit de sa maison pour en sçavoir la résolution du conseil qui se tenoit pour cet affaire, sa mère le voulut retenir pour l'empescher de ceste attente, craignant qu'il ne luy en arrivast mal, veu que les Florentins ne désiroient rien tant que le recouvrement de leur liberté, et qu'il luy en pourroit arriver pareil inconvénient qu'au duc Allexandre[2] : « Ah! ma mère, lui dist-il, laissez, je vous prie, de ne me persuader plus. Il faut résolument que j'aille où la fortune m'appelle, en me monstrant benignement quasi au doigt l'occasion pour venir à ceste souveraine dignité, qui est très honnorable et très nécessaire à toute nostre maison. Que si j'en perdz l'occasion et n'en fais compte, elle n'est plus pour retourner après moy. Il ne faut pas qu'une peur et une vaine appréhention m'empesche d'entendre à moy et à mon proffit, veu que ce n'est point contre le ciel de quoy j'aspire à un tel bien qui se présente, pour vertueusement et vaillamment faire véritable mon destin fatal. » Belles parolles certes et courageuses!

Il disoit cela se souvenant qu'un devin grec[3] (je ne

1. Brantôme, daus tout ce passage, n'a fait qu'arranger un peu la traduction de P. Jove par D. Sauvage, liv. XXXVI, tome II, p. 357.

2. Alexandre de Médicis, créé chef de la république florentine en 1532, assassiné le 6 janvier 1537 par Lorenzino, dit *Lorenzaccio*, de Médicis, son cousin. Côme lui succéda. Voyez *El crudele e gran lamento che fra se fa Lorenziano che ammazò l'illustrissimo duca Alessandro de' Medici*; s. d. 8, très-rare.

3. Voyez P. Jove, *ibid.*, p. 357.

sçay si c'est celuy que je luy ay veu, ou son père), très singulier en cet art, luy regardant la main, luy avoit prédict une succession de très grande dignité et opulante; comme de faict le devin n'y fallit ny la fortune, car il fut pour le commancement créé chef de la république de Florance, n'ayant pour son estat que douze mill' escus par an, que son prédécesseur en avoit dix huict mille[1].

Pour fin, ce brave prince se comporta si bien avec son temporisement, sa conduicte, sa prudence et sa valeur, qu'avec le temps il se rendit paisible duc de Florance, non sans grand peine et travail pourtant, à cause des bannis de Flourance, et surtout des Estrozzians[2], Philippe, ses enfans et autres, desquelz il vint à bout en fin, comme j'en parle ailleurs.

Et ce qui luy ayda fort, c'est la vangeance qu'il fit de la mort de son prédécesseur, Allexandre de Médicis, sur le parricide, qui s'en estant enfuy en France, le roy François ne le voulut recevoir ni receller, tant il estoit magnanime; puis s'estant retiré en Constantinoble, ayant senty le vent que ce grand sultan Solyman le vouloit livrer à la vangeance pour l'énormité du faict, s'enfuyst à Venise; où estant retiré, fut tué[3] par deux déterminez soldatz de Volterre; où il y en a tousjours de bons; l'un s'appelloit Bebo[4], qui avoit

1. Voyez P. Jove, *ibid.*, p. 359.
2. Partisans des Strozzi. — Philippe Strozzi, né en 1488, tenta en 1537 derentrer dans Florence à la tête d'une troupe d'émigrés, fut battu Pistoie, et pris à Montemurlo, puis enfermé dans la citadelle de où il se tua en 1538. Ses deux fils, Pierre et Philippe, se distinguèrent au service de la France.
3. En 1548.
4. Bebio et Cecchinno Bibbona, suivant le texte latin de P. Jove;

esté de la garde dudict Allexandre, et l'autre Cecchin de Bibonna. Et ainsi vangearent la mort de leur maistre voulontairement et de leur propre gré et mouvement, et sans avoir voulu prendre ny toucher tant soit peu le salaire de sept mill'escus ordonnez par le sénat à ceux qui tueroient ce parricide, et en vangeroient la mort. Grand louange certes de ces deux braves soldatz, pour avoir vangé la mort de leur maistre sans aucune avarice, sinon par une grande magnanimité de cœur! Ah! braves! vous estes mortz comme mortelz; mais vostre los vous rend immortelz, et ne rend nulz esgaux à vous en pareilles vangeances, soit de leurs maistres ou de leurs capitaines.

Il faut sçavoir aussi que, si ce parricide fut détesté d'aucuns et abhorré, il fut aussi loué d'autres, comme il y a tousjours divers cerveaux, jusques à comparer le meurtrier à Brutus[1], pour avoir voulu remettre la république en son entier; dont plusieurs furent bannys de Florance, et plusieurs aussi se bannirent d'eux mesmes, non sans grand danger de la vie dudict Cosme. Et bien luy servit de prendre garde à luy, se tenir couvert souvant d'une maille, et un long temps monstrer une brave façon et très assurée, comm' il l'avoit certes et toute martialle, et qui portoit aussi bien son espée à son gré au costé qu'il est possible, ne l'abandonnant jamais, de sorte qu'il fust esté bien résolu celuy là qui l'eust osé attaquer, non pas deux ou trois, qu'il ne leur eust faict courir fortune aussi grande qu'eux à

mais Brantôme n'a fait que suivre la traduction de Sauvage, liv. XXXVI, p. 359.

1. Voyez P. Jove, *ibid.*, p. 360.

luy : car il y estoit résolu, disoit-il, et de vendre bien chèrement sa mort, dont il avoit souvant de grandz advertissemens des grandz attentatz qu'on luy préparoit ; jusques là que lui aymant fort le plaisir de nager (car il nageoit des mieux) et de se jetter du haut du pont d'Arne en bas, on luy avoit préparé une fois des espées très poinctues et dagues dans le fons du fleuve fichées en terre, afin qu'ainsi qu'il se jetteroit du haut en bas il trouvast les poinctes de ces espées en l'air qui le lardassent et le fissent ainsi mourir. Mais cet aguet fut descouvert, et dict on par luy-mesme, qu'il vist les espées du haut en bas avant s'y jetter ; et par ainsi sauva sa vie et y fit mieux aregarder par emprès ; car tousjours il aymoit fort ce plaisir, comme j'ay dict, et pour cela ne s'en priva pas. J'ay ouy faire ce conte dans Florance mesmes. Bref, ce brave prince il eut de grandes traverses de toutes partz, voire de son beau-père dom Pedro de Toledo[1], qui eust bien voulu luy faire perdre son estat, s'il eust peu ; dont j'en parle ailleurs.

En fin, la fortune, qu'il avoit trouvée si bonne par son ascendant, luy continua si bien sa compagnie, que de trois grandes républicques il en fit et en composa une seule principauté et souverainetté, qui est Florance, qui s'est faict craindre, aymer et rechercher des plus grandz de la chrestienté il y avoit si long temps ; Sienne, ville impérialle, composée des très braves et vaillans gens de cœur et de guerre, citadins et gentilz hommes,

1. Cosme I avoit épousé, le 29 mars 1539, Éléonore de Tolède, fille de don Pedro de Tolède, vice-roi de Naples (dont l'article suit celui de Cosme), et de Marie Osorio Pimentel.

qui ploye soubz luy maintenant, et se mocque de l'empereur et de son empire, qui[1] la lui détient à sa barbe; et Pyse, ceste brave républicque, dis-je, qui a faict trembler par ses vaisseaux et armes le Levant et ses voisins aussi, jusques à avoir possedé le royaume de Sardaigne; aussi disoit-on le temps passé : Paris en France, Milan en Lombardie, Rome en Italie, et Pyse en Toscane.

Voylà doncques toutes ces trois belles et florissantes républicques à rien; jadis subjectes qu'à elles mesmes, leurs libertez sont soubz le joug et les lois de ce grand prince Cosme, qui, par ses valeurs, vertuz, mérites et sages conduictes, fut prononcé par le pape Pie quinte grand-duc[2], comme j'ay dict, et avec juste titre, occupant et tenant si beaux pays, grandes et quasi royalles places et très opullantes; si qu'on dict son revenu montant à plus de deux millions d'or, sans un grand trésor et infiny qu'il laissa à messieurs ses enfans[3], très grandz et habiles personnages; les deux aisnez héritiers, l'un par la mort du premier, qui est le grand-duc d'aujourd'huy[4], que l'on tient pour un très grand et sage homme d'estat, qui poursuit les erres, exemples et enseignemens de son père, lequel faut dire, tant qu'il a vescu, a faict tousjours de belles choses et pour

1. C'est-à-dire, il se moque de l'empereur, lui, Côme, qui la détient...

2. Voyez plus haut, p. 11.

3. Cosme eut, entre autres enfants, François de Médicis, qui lui succéda en 1564 et mourut le 19 octobre 1587; Ferdinand I, d'abord cardinal de Médicis, puis grand-duc après la mort de François (1587), né en 1551, mort le 7 février 1609; Pierre, mort à Madrid le 25 avril 1604.

4. Ferdinand I.

la chrestienté et pour le service de l'empereur ; ainsi qu'il envoya un beau secours de huict cens chevaux conduictz par ce brave Astolfe Baillon[1] au marquis del Gouast pour[2] la battaille de Cerizolles, et encor après il en envoya un autre beau pour la guerre d'Allemaigne ; assista aussi du tout ce qu'il estoit possible, le marquis de Marignan pour le siège de Sienne, et principalement de vivres, si que l'armée n'y eut grande nécessité. Et s'il y eust pu assister de sa personne, il ne desiroit autre chose ; s'il eust peu par son absence estre assuré d'ailleurs de son estat de Florance, il n'y eust pas failly, car il avoit le cœur très valleureux.

Lorsque Barberousse tourna de Provance avec son armée[3], et qu'il voulut mettre pied à terre (comme de faict il le fit) et commançoit à piller et ravager la Toscane par les saccagemens et bruslemens de Talmont, de Port-Hercule[4], et qu'il estoit près d'achever par la prise d'Orbitelle, ce brave prince y envoya un fort beau secours de cavallerie et infanterie conduicte par ce brave et vaillant capitaine le seignor Vitelly[5], qui s'y jetta déterminément dedans pour la deffendre, tant contre ledict Barberousse que contre les Estrozziens conduictz par Léon Estrozze[6], despuis prieur de

1. Voyez t. I, p. 295, note 1.
2. *Pour*, c'est-à-dire *après*. Voyez P. Jove, livre XLV.
3. En 1544, après la levée du siége de Nice. Voyez plus loin la Vie de Barberousse.
4. Talamone, dans la province de Sienne, à quatre lieues d'Orbitello. — Porto-Ercole, à une lieue S. d'Orbitello. Voyez P. Jove, livre XLV.
5. Chiapin Vitelli. Voyez P. Jove, livre XLV.
6. Léon Strozzi, né en 1515, mort en 1554.

Capoue, donné par le roy François audict Barberousse pour coadjuteur, et puis ambassadeur vers Solyman. Ce beau secours les estonna si bien, et mesmes ceste belle cavallerie tousjours costoyant la mer, que ledict corsaire fit retirer ses gens en gallères et faire voille; de sorte que, sans ceste belle prévoyance et belles forces de ce grand duc, ne faut point doubter que toute la coste de Toscane, voire plus advant, ne fust estée au sac et au fœu.

Ce n'est pas ceste fois seulement qu'il fit la guerre aux infidelles, mais d'un sainct zelle l'a continuée; tant qu'il a tousjours entretenu sept ou huict gallères, autant bien armées de gens, de vivres et toutes choses nécessaires pour un bon armement de mer, allant tousjours en cours[1] et faisant tousjours prises; de sorte que les corsaires les ont autant redoubtées qu'aucunes de la mer après celles braves de Malte. Et pour mieux les armer, il érigea un très beau et sainct ordre de chevalliers de Sainct Estienne[2], dédiez et destinez pour ceste guerre ordinaire des infidelles, et leur en donna de fort belles commanderies et pentions, qui les entretenoient fort bien. Grande obligation, certes, que la chrestienté luy en doit et à sa mémoire pour jamais! Ce que continue M. le Grand-Duc son filz aujourd'huy.

De plus, il avoit un gallion des plus beaux, des mieux armez que j'en aye jamais veu, qu'il envoyoit tous les ans en Levant, sans craincte d'aucunes gallères qui l'ayent attaqué, ou qu'il ne s'en soit bien deffendu

1. *Cours*, course.
2. En 1562.

et eschappé; car il y avoit dedans plus de deux cens pièces d'artillerie. Je l'ay veu comparable à celuy de Malte, que j'ay veu aussi très beau certes, grand et très bien équipé.

Or, c'est assez parlé de ce grand prince. Après sa mort, le roy Henry III et la reyne sa mère lui firent faire de sumptueuses obsèques, et pareil service à Nostre Dame de Paris comme si ce fust esté à un roy estranger (j'estois lors à la court), qu'aucuns plaignirent fort, et d'autres non; mais pourtant tous égallement ne se pouvoient garder de le louer à toute extrémité, et le dire un très grand personnage en toutes façons, et qui avoit acquis un grand bien et honneur en sa vie, sans y avoir faict aucune faute.

Puisque j'ay nommé cy devant dom Pedro de Tolede, il en faut un peu parler et le louer; car ç'a esté un très grand homme d'estat, d'affaires, de conduicte, très sage et très advisé: aussi l'empereur Charles le laissa en Espaigne, lors qu'il s'alla faire couronner à Boulloigne [2], pour gouverneur, où il s'y comporta certes plus modestement (dict-on) que M. de Chièvres [3]; car, durant sa charge, il n'y arriva nulle révolte ny sédition, bien qu'on le tint pour brouillon, remuant, et si fort attentif au bien de son maistre, qu'il fermoit les yeux à tout, pourveu qu'il le peust servir et agrandir, jusques à n'espargner ses gendres, le prince de

Dom Pedro de Toledo [1].

---

1. Pierre-Alvarès de Tolède, vice-roi de Naples, marquis de Villafranca, né en 1484, mort à Florence le 23 février 1553. Il était fils de Frédéric de Tolède, duc d'Albe.
2. En 1530. Voyez t. I, p. 41 et suivantes.
3. Voyez t. I, p. 219.

Salerne[1] et ce grand Cosme; l'ay-je ainsi ouy dire à Naples et à Florance.

Il voulut ériger un' inquisition à Naples[2], qui cuyda estre cause de grandes révoltes, de sorte que j'ay ouy dire à Naples et à Rome que, si pour lors y eust eu un ambassadeur d'espée capitaine au lieu de M. de Montvillier[3], on eust esbranlé le réaume, de mesmes que fut l'estat de Sienne, M. le mareschal de Térmes[4] estant pour lors à Rome et en Italie (j'en parle ailleurs); car ce joug d'inquisition estoit insupportable, tant pour estre nouveau que pour estre fascheux bien fort. Il[5] fut aussi cause de la sédiction et révolte de Sienne : car il vouloit tout avoir pour son maistre, voire Florance s'il eust peu. Et s'il n'eust faict faire la citadelle dedans Sienne, les Siennois se fussent mieux comportez et n'eussent eslevé les armes. Aussi travailla-il fort pour la remettre en son obéissance; mais, sur ces entremises, il y mourut. Je ne diray point comment, car on en parle fort diversement.

1. Brantôme se trompe. Ferdinand de San-Severino, dernier prince de Salerne, né le 18 janvier 1507, mort à Avignon en 1568 suivant les uns, en 1572 suivant les autres, n'était point le gendre de Pierre de Tolède, son ennemi mortel. Il avait épousé Isabelle de Villamarina, fille de Bernard, comte de Capaccio. Voyez Imhof, *Genealogiae viginti illustrium in Italia familiarum*, p. 292 et 300.

2. En mai 1547. Il en résulta des troubles qui durèrent plusieurs mois. Voyez de Thou, liv. III.

3. Jean de Morvilliers, évêque d'Orléans (1552), chancelier de France (1568), ambassadeur à Venise, né à Blois en 1507, mort à Tours le 23 octobre 1577.

4. Paul de La Barthe, seigneur de Termes, maréchal de France. Brantôme lui a consacré un article.

5. *Il*, Don Pedro de Tolède.

Il demeura visce-roy dans Naples plus de douze à treize ans, la gouvernant très sagement, et la décorant de ceste belle estrade[1] de Tollède et des beaux bastimens que l'on y void pour aujourd'huy.

Ce n'est pas tout que bien gouverner en temps et lieu paisible; mais il la préserva fort bien contre les dangers et guerres, ainsi qu'il fit fort bien lors que Barberousse retourna de Provence. Il fit semblant d'en vouloir ravager les costes du réaume; mesmes qu'il avoit desjà assiégé Pussol[2] (y ayant desjà faict descendre et poser son artillerie par Salec, brave et vaillant corsaire, qui avoit commandé dans La Gollette et bravement), qu'il eust pris facillement; mais par la valeur et la bonne conduicte dudict dom Pedro, qu'y estoit en personne avec de belles forces, et mesme de cheval, il en deslogea bien viste, non sans avoir porté dommage aux costes et quelques petites islettes qu'on avoit laissé comm' abandonnées, et surtout la pauvre isle de Lipary, dont il emmena plus de sept mille âmes prisonnières[3]; et les vestiges en paroissent encor, car c'est une très pauvre isle et misérable habitation. Tant y a que ce sage dom Pedro, bien luy servit d'estre là bien prudent et valeureux, car le réaume en eust bien paty.

Ceste race de Toledo de long temps a esté tousjours très brave. Ilz furent trois frères : dom Garcie, qui fut lieutenant du roy Ferdinand, et fut tué aux Gerbes, le second fut dom Joan de Toledo, cardinal et arche-

1. *Estrade*, rue; de l'italien *strada*.
2. Pouzzole ou Puzzuolo, à trois lieues N. de Naples.
3. Voyez P. Jove, livre XLV.

vesque de Saint-Jacques[1]; le tiers fut dom Pedro de Toledo dont nous parlons.

Ceux de ceste maison et ceux de Mandozze[2] sont estez long-temps en querelles et guerres, trestous braves et vaillans, qui ne se devoient rien les uns les autres, et ont bien faict mourir des hommes pour leurs partialitez. J'ay veu la place d'Alve[3], d'où ilz sont sortis; c'est un chasteau ancien et assiz sur un haut, qui ne parest pas pourtant d'avoir si belle monstre que l'on diroit bien. Ell' est sur le grand chemin des postes allant de Medino del Campo en Portugal. Ainsi que j'estois à la poste, changeant de chevaux, me vint acoster un grand jeun' homme de l'aage de trente ans, maigre et esclandre[4]. Luy ayant demandé qu'il estoit, il me respondit qu'il estoit au duc d'Albe; et luy demandant de quoy il le servoit, et s'il estoit l'un de ses estaffiers, il me respondit : *Non, Señor, mas soy su correo á pié*[5]. Quelle gloire! ne voulant prefferer qu'il fust son lacquais, ny son vallet à pied, ni estaffier, mais courrier de pied : je ne m'estois jamais desjuné de ce mot. Et puis entrant plus advant en propos, il me dist qu'il estoit gascon, près d'Agen, me parlant espaignol mieux que s'il fust esté naturel; et

1. Garcias de Tolède, capitaine général des côtes d'Afrique et de l'île de Zerbi, où il fut tué le 20 août 1510. Voyez sa Vie, plus loin. — Jean Alvarez, dominicain, évêque de Cordoue, puis archevêque de Burgos, cardinal (1538), archevêque de Compostelle et évêque d'Albano, né le 11 juillet 1488, mort le 15 septembre 1557.

2. De la maison de Mendoza.

3. Alva-de-Tormès, dans le royaume de Léon.

4. *Esclandre*, grêle, efflanqué. Peut-être faudrait-il lire *esclame*, terme de vénerie qui a le même sens.

5. « Non, Monsieur; mais je suis son courrier de pied. »

me monstrant ce chasteau fort eslevé, il me dist : « Bien que ce chasteau n'aye pas la marque comme ces « beaux chasteaux de France, toutesfois les braves « hommes et capitaines qui sont sortis de là marquent « plus par leurs beaux faictz et valeurs que tous les « plus beaux marbres et belles pierres que l'on y eust « sceu mettre. » Il m'en conta prou. Et en fus quicte en luy donnant un escu d'or qu'il me demanda fort privément, pour l'amour de la patrie. Pour fin, ce grand nom et race de Tollède a esté si bien illustrée par les hauts faictz qu'ont mené ceux qui en sont sortis, qu'à jamais il en sera mémoire.

Ce dom Pedro laissa aprés luy dom Garzie de Toledo, grand homme certes, dont j'en parle ailleurs en son lieu[1]. Il laissa aussi trois belles et très honnestes dames de filles[2] : l'une, donne Léonor de Tolledo, très habile femme et pleine de bonnes vertuz. Il se list et se dist[3] que ce grand Cosme, voulant prétendre d'espouser madame Marguerite[4], vefve d'Alexandre

1. Voyez plus loin, p. 44.
2. Il en laissa quatre : Éléonore, mariée à Cosme, morte en 1562; Anne, mariée d'abord à Alvarès de Mendoza, seigneur della Bella, puis à Loup de Moscoso-Osorio, comte d'Altamira; Jeanne, mariée à Ferdinand Ximenès de Urrea; et enfin Isabelle, mariée à Jean-Baptiste Spinelli, duc de Castrovillari.
3. Brantôme a tiré cela de P. Jove dont il a dénaturé la pensée. Ainsi, suivant l'historien italien, ce fut l'empereur qui empêcha le mariage de Victoria et de Côme « pour ce qu'il ne prévoyoit point estre bien son profit que la puissance romaine se meslast avec les richesses de la seigneurie de Toscane en une alliance de paix et de guerre. » (Voyez livre XXXVIII, traduction, p. 416). C'est, on le voit, le contraire de ce que dit Brantôme.
4. Marguerite, fille naturelle de Charles-Quint, épousa en secondes noces Octave Farnèse, duc de Parme.

de Médicis, la demanda à l'empereur, qui la luy reffusa pour gratiffier le pape Paulo III et la donner à son petit-filz Octavio; puis il demanda audict pape sa petite arrière fille, la segnora Victoria[1], qui la luy reffusa, disant que les affaires de Rome et de Toscane ne se pourroient jamais bien accorder. Enfin, par une brave et gentille ruse florentine, il pria ledict empereur de luy donner une femme de sa main pour avoir lignée; lequel luy donna fort libérallement, et comme luy sçachant bon gré de ceste belle requeste, ceste honneste dame, donne Eléonore de Tolledo, sortie d'une des grandes maisons d'Espaigne, et bien à luy convenante pour ses vertuz et mérites.

L'autre fille, je ne sçay où elle fut maryée; mais Marie de Tolledo fut la princesse de Salerne[2] tant renommée par sa beauté que, qui eust esté à Naples, en ayant veu toutes les belles singularitez qui sont là, et n'eust veu la dicte princesse, il n'avoit rien veu, disoit-on pour lors; de sorte que c'estoit un beau couble d'elle et de son mary, lequel j'ay veu très beau prince. Et falloit bien dire qu'il eust eu du mescontentement et mauvais traictement, fust de son beau-père ou de l'empereur, qui le poussarent et despitarent à laisser ceste belle femme, pour se bannyr d'elle

1. Victoire Farnèse, petite-fille de Paul III par son père Pierre-Louis Farnèse, premier duc de Parme, épousa en 1547 Gui Ubaldo de la Rovère, duc d'Urbin.

2. Brantôme commet ici une double erreur. D'abord don Pedro de Tolède n'eut point de fille s'appelant Marie (son fils, don Garcie de Tolède, en laissa une de ce nom qui épousa Pierre de Médicis); puis la princesse de Salerne n'appartenait pas à la maison de Tolède, comme nous l'avons dit plus haut, p. 20, note 1.

et du beau séjour de sa patrie. Ilz en firent l'un et l'autre de très grandz deuilx de leurs séparations, sans pourtant se pouvoir jamais rejoindre. Le prince fit une chanson de complaincte qui commençoit :

> Ohi me! qu'io no pensava di partime [1].

Laquelle j'ay veu chanter long temps en Italie et en France; et un' autre en espagnol qui disoit :

> Ya passo el tempo qu'ero enamorado;
> Ya passo mi gloria; ya passo mi ventura;
> Ya llegado l'hora de mi sepultura [2].

En toutes ces chansons douloureuses, il faisoit bien paroistre ses mescontentements, tristesses et repentances d'avoir laissé si belle femme, de laquelle ne devoit jamais se séparer, puisque le proverbe ancien dist : plus retient c.. que corde ; et aussi d'avoir quicté ses biens et terres pour venir pauvre en France, n'ayant pas de quoy à se faire enterrer. Sa seconde femme, qu'il espousa en Avignon pour son plaisir (qu'on appelloit la belle Philopine), fallut qu'elle mandiast à la court, lors estant à Paris et en la chambre de la reyne, comme je vis, pour son enterrement; et un chascun y contribuoit. M. Maisonfleur [3], gallant gentilhomme et très parfaict, en faisoit la queste, car

1. Malheur à moi, qui ne pensois pas à partir !
2. Déjà a passé le temps où j'étois amoureux; déjà a passé ma gloire; déjà a passé mon bonheur; déjà est arrivée l'heure de ma sépulture.
3. Je ne sais s'il était de la famille de cet Heroet de la Maisonfleur, évêque de Digne, mort en 1568, qui a laissé quelques poésies. En tout cas, il était poëte aussi, comme le dit Brantôme dans la vie de Marie Stuart.

il estoit huguenot et elle aussi¹, et pour charité de frère à sœur. On fit aussi rafler² un poignard qui estoit au pauvre trespassé, fort riche et décoré de force pierreries et belles turquoises, qui valoient plus de cinq cens escus, et ne fut raflé que pour cent. Grande pitié certes, et bel exemple pour ceux qui se bannissent et se perdent ainsi mal à propos!

Et certes cedict prince avoit tout plein de belles vertuz et valeurs. Il se comporta bravement à la battaille de Cerizolles, car le marquis del Gouast l'ayant placé en sa place de battaille avec sa trouppe de huict cens chevaux qu'il avoit amenez de Naples, et commandé qu'il ne bougeast de là sans son exprez commandement qu'il luy diroit ou manderoit de marcher et d'attaquer, mais ledict marquis s'estant oublié de luy mander, ou qu'il fust transporté en son esprit de son mal qu'il voyoit, ou que de bonne heure il partist, laissa son homme là, qui pourtant ne bougea, et fit toujours alte et bonne contenance jusqu'à ce qu'il vist le désordre et quasy l'achèvement de la battaille, et se retira sain et en bon ordre, Dieu mercy qu'il ne fut attaqué, comme dict le discours de la battaille³.

C'est une belle question que j'ay veu débattre, sçavoir si l'on ne doit point partir ny s'esbranler sans congé, bien qu'on en voye le besoing? Les uns tiennent le *pro*, les autres le *contra*. Un nepveu de

---

1. Le prince de Salerne, réfugié en France, s'était fait protestant.
2. Enlever, escroquer. Voyez le *Dictionnaire comique* de Leroux.
3. Voyez les Mémoires de Martin du Bellay, p. 533-535; et P. Jove, livre XLIV.

Charles de L'Aunoy en fit de mesme à la bataille de Pavie [1], dont d'aucuns fut loué, d'autres mesprisé; car c'est comm' un secours de réserve. J'en parle ailleurs, s'il me semble. Ceste fermetté et halte servit bien après audict marquis, car bientost après ceste troupe luy aydà, avec d'autre cavallerie ramassée, à faire un gros qui servit fort à rompre et deffaire les forces du sieur d'Estrozze et du duc de Somme [2] et les empescher par deux fois de se joindre avec celles de M. d'Anguien, où ledict prince [3] fit un acte fort généreux; car ledict duc de Somme y ayant esté pris prisonnier, le fit aussi tost esvader soubz main, se doubtant bien que l'empereur luy eust faict mauvais party, et aussi qu'il estoit son parent.

De ce duc de Somme j'en parle ailleurs [4], pour avoir esté un brave et vaillant capitaine, et très loyal François; car, pour avoir esté tel, il vesquit et mourut pauvre en France, comme les autres.

Il n'y eut que le seigneur Jules Brancasso [5], qui s'advisa de bonne heure. Après avoir traisné l'aiguil-

1. Brantôme a emprunté le fait à Vallès : « Avia mandado don Carlos Lanoy al Vererio, que era Flamenco, mancebo pariente suyo, y capitan de aquella vanda, que se quedasse fuera del muro del Parco, y que en ninguna manera se moviesse de alli, hasta que por ciertos mensageros recibiesse del señal de alçarse y pelear. (Vallès, f° 167, r°.)

2. Jean-Bernard de San-Severino, duc de Somma, mort à Langeais-sur-Loire, le 25 mai 1570. Voyez de Thou, liv. XLVII.

3. Le prince de Salerne.

4. Brantôme lui a consacré quelques lignes à part.

5. Jules Brancaccio. Il commanda des bandes italiennes au service du roi, pendant les guerres de religion. Voyez d'Aubigné, *Hist. universelle*, édit. de 1626, année 1563, t. I, col. 246 et 253.

lette en France, nacquetté les trésoriers de l'Espargne sur quelque chétive pention qu'on luy donnoit (il en estoit payé à demy, comme je l'ay veu), il fit requérir dom Joan d'Austrie de sa grâce au roy d'Espagne, qui la luy donna; et, s'estant retiré à Naples, il se mit si bien en grâce avec dom Joan pour les belles et bonnes parties qui estoient en luy, qu'il paracheva ses jours plus heureusement que les autres bannys.

Je ne parle point du duc d'Atrie [1], de ceste grande ancienne maison d'Agua-Viva; car, par le moyen de son beau-père, le prince de Melfe, il fut bien; non pas tant qu'il méritoit, car c'estoit un fort honneste seigneur, et laissa de luy deux fort belles et honnestes filles : l'une fut religieuse; l'autre fut mademoiselle d'Atrie [2], long-temps nourrie fille à la court de la reyne mère et reyne [3] de Navarre, qui l'aymoient et l'assistoient bien tousjours. Elle fut l'une des honnestes, belles et sages, des meilleures et des plus dévottes de la court, et qui, par sa bonté et douceur, se faisoit autant aymer et honnorer; et puis espousa M. le conte de Chasteau-Vilain, qui avoit de beaux et grandz moyens, et luy en laissa après sa mort, avec d'honnestes enfans, tant filz que filles; et demeura vefve fort jeune sans se vouloir remarier, s'adonnant du tout aux dévotions et à servir Dieu quasi ordinairement, et à la belle instruction de ses enfants. Belle vertu, certes, à qui la peut ainsi exercer! C'est assez demeuré en ceste digression, car je pense en avoir

1. Jean-François d'Aquaviva-d'Aragon, duc d'Atrie, marié à Camille Caraccioli, fille de Jean Caraccioli, prince de Melphe.
2. Anne, mariée à Fr.-L. Diacette, comte de Château-Villain
3. C'est-à-dire, et à la cour de la reine de Navarre.

touché quelque mot ailleurs : je ne puis me souvenir de tout. Retournons au grand chemin.

Or, si l'empereur a eu de grandz hommes et bons capitaines sur terre, il en a eu aussi de très bons sur mer, desquelz il faut un peu parler, comme André Dorio; lequel, du commancement, fut au service du roy de France, et le servit très bien et très fidellement; et, tant qu'il le servit, le roy estoit maistre de de la mer, aussi bien que l'empereur despuis, voire mieux ; car qui n'est seigneur de Gênes et maistre de la mer, on ne peut guières bien dominer l'Italie.

André Dorio [1].

Et ce fut ce que je dis une fois au feu roy Charles, moy indigne, me faisant raconter combien de gallères j'avois veu au roy d'Espagne à la conqueste du Pignon de Belys, d'où je venois de fraiz. Je luy en contay un grand nombre jusques à cent, et qu'il les faisoit bien plus beau voir toutes ensemble en si grande et belle quantité que ces quinze gallères qu'il avoit seulement pour lors[2]. « Et qu'en fairois-je de tant (me dist-il)? « N'en ay-je pas ast'heure prou, d'autant que je ne « faictz poinct la guerre contre l'estranger, que j'en « ay assez pour garder mes costes, et que je n'ay non « plus la guerre contre le Turc, mon confédéré, comme « le roy d'Espaigne ? » Je luy respondis : « Il est vray, « Sire, mais pourtant vous en seriez plus redoubté, « aussi bien par mer comme vous estes par terre; et « si les roys vos prédécesseurs eussent faict cas de la « marine comme de la terre, possible auriez-vous en-

---

1. André Doria. Voyez la note 3 de la p. 235 du tome I.
2. Henri II en avait trente-sept en 1548. Voyez-en la liste dans le ms. Béthune, n° 8641, f° 83.

« cores Gênes, l'estat de Milan et le royaume de Na-
« ples, lesquelz estatz l'Espaignol a conservez plustost
« par les moyens de la mer que de la terre. » M. le
chevalier de Scève, despuis grand-prieur de Champaigne, estant là présent, prit la parolle et dist : « Sire,
« Branthôme vous dict vray » ; et puis alla sur ce subject fort bravement discourir, comm' il estoit un très-
habile et grand discoureur, et qui avoit veu et battu
les mers et costes de Levant.

Voylà donc que sert l'estat de la marine à la France.
Si bien que, si le sieur André Dorio ne se fust desparty
mal content du roy, Naples estoit à nous ; mais le
roy l'alla mescontenter et luy oster la charge et gé-
nérallité de ses gallères, pour la donner à un homme
qui ne sçavoit que c'estoit qu'une mer, un port et
une gallère, non pas une fuste[1], qui estoit M. de Barbezieux[2], lequel certainement estoit un bon homme
de guerre et bon capitaine pour la terre ; mais il y a
différence de la guerre de mer et de terre.

André Dorio avoit le cœur grand. Se voyant ainsi
mal traicté, changea de party, et ainsi que le roy luy
eut envoyé demander les prisonniers qui avoient esté
pris au combat naval de Naples par Philipin Dorio[3],
et sur son mescontentement s'estant laissé gaigner au
marquis del Gouast et autres prisonniers (que c'est
que le vainqueur se laisse aller aux parolles et per-
suations du vaincu !) luy manda qu'il luy en avoit

1. « Petit vaisseau long et de bas bords qui va à voiles et à rames. » (*Dictionnaire de Trévoux*.)

2. Antoine de La Rochefoucauld, seigneur de Barbezieux, mort
en 1537.

3. En 1528. Voyez t. I, p. 236 et suivantes.

assez donné, et qu'il se contentast de luy avoir donné le prince d'Orange, qu'il avoit pris à Portefin, en tournant d'Espagne, et Hugues de Montcado, sans luy en avoir donné une seule récompanse de rançon, et que c'estoit assez¹. On dict que le roy fut fort irrité de cette response et fasché de la révolte de cet homme; et, pour ce, il l'amadoua de belles paroles et promesses, pensant le r'apaiser et r'appeler, s'il eust peu, et, estant en son pouvoir, luy faire trencher la teste, comme l'on fit au capitaine Jonas quelque peu de temps après². Il³ luy renvoya son ordre, et luy va faire révolter Gênes et la luy envahir si bien, que, pour tel bien faict, la ville luy en érigea une statue de marbre fort superbe au mitan de la place, en luy donnant le titre de père de la patrie⁴.

Oncques puis, les affaires de la marine n'allarent bien pour le roy François; et au lieu qu'auparavant, par l'assistance et valeur dudict seigneur André, le roy estoit quasi maistre de la mer, il ne le fut plus, jusques à ce qu'il luy fallut emprumpter et appeller les forces du grand sultan Soliman, comm' on a veu; ce que luy redonda à reproche, d'appeller un chien

---

1. Voyez t. I, p. 235 et 240; et du Bellay, année 1528, p. 219, 220.

2. Brantôme avoit mis d'abord sur le ms. 6694 (f° 79, v°) : Comme l'on en avoit faict au capittayne Jonas, commandant aux galères par avant luy, dont en ayant senti le vent, il luy renvoya.... — Sur le capitaine Jonas, voyez t. I. p. 267.

3. *Il*, André Doria.

4. Voici l'inscription telle qu'elle est rapportée dans P. Jove : Andreæ Auriæ, civi optimo felicissimoque, vindici atque autori publicæ libertatis, senatus populusque genuensis posuerunt. (livre XXVI).

pour deffaire le chrestien (disoit-on lors), au lieu qu'auparavant, de chrestien à chrestien la guerre s'en faisoit beaucoup plus douce et honneste. Si ne sçauroit-on tant blasmer le roy que l'alliance avec le Turc aye faict de grandz maux à la chrestienté, mais du bien ; car quand il n'y en auroit d'autre que d'avoir conservé le saint sépulchre et l'église latine de Hiérusalem, que le grand sultan voulut faire une fois du tout abbattre, ruyner, et en abollir et deffendre les vœuz[1] qui s'y font tous les ans, ce que le roy empescha par ses prières, sollicitations et ambassades; dont c'est un très grand et signallé service pour toute la chrestienté.

Il y a eu trois rénégats[2] en France, qui luy ont bien porté du dommage: feu M. de Bourbon, Hieronimo Mouron[3], et le seigneur André Dorio. Aucuns y ont mis le prince d'Orange, mal à propos pourtant, car ce fut la faute du roy, qu'il ne se servist de luy, comme j'ay dist ailleurs[4]. Aussi le roy François le disoit. Les fruictz s'en sont apparus, sans que je les die.

Lorsque l'empereur et le roy François s'entrevirent à Aigues-Mortes[5], le roy alla en la gallère de l'empereur, qui estoyt la capitainesse d'André Dorio. L'empereur pria le roy de le voir, pour l'amour de luy, et luy faire bonne chère ; ce que le roy fit très voulontiers, en luy demandant comment il se portoit, ne parlant nullement du passé, et luy dist de plus

1. *Vœuz*, pèlerinages.
2. Le correcteur a mis : trois tourneurs de casaque.
3. Voyez t. I, p. 189 et suivantes.
4. Voyez t. I, p. 240.
5. En juillet 1538. Voyez P. Jove, liv. XXXVIII.

devant l'empereur (comme j'ay ouy dire à aucuns vieux) : « Seigneur André, il faut que l'empereur mon « frère et moi facions une réconcilliation éternelle et « que nous facions une belle armée de mer pour ruy- « ner le Turc; et vous en serez le général de tous « deux »; ce que l'empereur trouva très bon.

De plus, j'ay ouy dire (mais je ne le tiens pas pour vray) que le seigneur André dist à l'empereur, à l'oreille, s'il vouloit qu'il fist lever l'ancre et faire voylle et force à ses forçatz, et par ce moyen mettre fin à la guerre; ce que l'empereur reffusa et détesta. Je croy que c'est un conte faict à plaisir; et ceux qui l'ont trouvé l'ont voulu faire sur le patron du lieutenant du jeune Pompée, qui luy vint dire à l'oreille, lorsqu'il donnoit à soupper au triumvirat[1] dans sa gallère : « Veux-tu que je te face, dist-il, monarque de tout le monde, et que je rompe la guerre? » A quoy Pompée respondit que cela se devoit faire avant le dire. Pompée fut un sot d'avoir reffusé ce party, dont il s'en fust mieux trouvé toute sa vie. Aussi à trompeur trompeur et demy, et de payen à payen et demy n'y a mal, mais non de chrestien à chrestien. Voylà pourquoy l'empereur fit là un traict d'un grand qui craignoit son Dieu, bien contre son naturel et de plusieurs grandz, quand il y va de leur ambition.

Or, qui voudroit escrire les faicts dudict André, il faudroit qu'il allast ez mers de Levant et de Barbarie, voire à nos mers, et en prendre des mémoires : lesquelles toutes raisonnent de ses plus notables actes et

1. Octave, Antoine et Lépide. Voyez Plutarque, *Vie d'Antoine*, ch. XXXIX.

victoires qu'il a eu sur les ennemis de la foy; comme à la Gollette, à Coron, à Modon, à Alger en Barbarie, en la prise de la ville d'Affrique[1] et plusieurs autres lieux. Si dict-on pourtant qu'il entreprit un peu soudainement sur Affrique, ny sans l'avoir bien recognue. Et ne faut point doubter, sans le bon secours et assistance de dom Jouan de Vega[2], pour lors gouverneur de la Scicille, et de dom Garcye de Tolledo[3], avecques tant de braves maistres de camp, capitaines et soldatz espaignolz, italiens et chevalliers de Malte, à grand peine l'eust-il prise, car il fallut que luy-mesme allast en Scicille querir vivres et munitions de guerre, ce pendant que les autres travailloyent[4]. En fin la ville fust prise de force, où ces braves Espaignolz et chevalliers de Malte combattirent selon leur valeur accoustumée; aussi y perdirent-ilz beaucoup de gens de bien et de valleur, dont ce fut un très grand dommage. L'ayant prise, il se mit à la chasse pour Dragut, qu'il faillit, ainsi que je diray.

1. Africa, Mehdije, ou Mahdia, sur la Méditerranée, à 36 lieues S. de Tunis. Elle fut prise par André Doria en septembre 1550. Brantôme s'est beaucoup servi, comme il le dit lui-même dans la vie de Dragut (voyez p. 48), d'une petite relation espagnole de ce siége. Elle est intitulée : *Conquista de Africa, donde se hallaran agora nuevamente recopiladas por Diego de Fuentes muchas y muy notables hazañas de particulares cavalleros.* En Anvers. En casa de Philippo Nutio. 1570, 35 feuillets in-8.

C'est de cet opuscule que Brantôme a tiré quelques-uns des noms de capitaines espagnols qui figurent dans la liste donnée au tome I, p. 330-334.

2. Vice-roi de Sicile. Il commanda en chef l'expédition. Voyez de Thou, liv. VII.

3. Voyez sa vie plus loin, p. 44.

4. *Var.* Demeurarent au siége. (Ms. 6694, f° 80, v°.)

Il receut un peu de blasme à Sainte Maure[1] et autres lieux. Paulo Jovio en parle, et mesme le soubçonna-on qu'il avoit quelque sourde intelligence avec Barberousse, comme corsaire à corsaire ; et aussi comme disoit lors l'Espaignol : *Corsario á corsario, no hay que gañar que los barillos d'agua :* « Corsaire à corsaire, n'y a rien à gaigner que les barilz d'eau. » Ainsi que Barberousse luy en rendoit la pareille, comm' il fit au voyage de Provance et prise de Nice, lequel s'estant retiré à Antibes, et André Dorio avec le marquis del Gouast à Villefranche, ayant perdu quatre gallères des siennes par tormentes qui donnarent à travers, ledict Barberousse fut prié et reprié par le capitaine Poulin[2] d'aller attaquer ledict André, et que jamais n'y fit meilleur ; faisant bonne mine et semblant de s'équiper et y vouloir aller, n'y alla point du tout, s'excusant sur le vent de siroc et sur quelques périlz qu'il disoit mieux voir de ses yeux clairs et fort pratiques que les autres qui luy en parloient et l'en pressoient. Mais c'estoit qu'il n'y avoit voulonté ; et, comme disent les histoires et gens de guerre et mariniers de ces temps[3], par mocquerie, qu'il n'estoit rai-

---

1. Sainte-Maure, l'ancienne Leucade, l'une des îles Ioniennes. — Le combat naval où Doria fut vaincu par Barberousse eut lieu le 27 septembre 1538. Voyez P. Jove, liv. XXXVIII.

2. Nom que porta d'abord le baron de La Garde. Voyez t. I, p. 322.

3. *Les histoires et gens de guerre*, c'est-à-dire Paul Jove. Brantôme a copié ici textuellement la traduction. On lit en effet au liv. XLIV, p. 598 : « Les capitaines de galères et sangiacs disoient par moquerie qu'il estoyt équitable que Barberousse ne nuisist de rien à Doria, comme estant son frère et alié à sauveté mutuelle, par convenance et secret accord de coursaire à coursaire, et qu'en

sonnable que Barberousse fist mal à André Dorio, comm' estant son frère et allié à sauvetté mutuelle, par convenance et secret accord de corsaire à corsaire, et qu'en bonne et juste foy il falloit qu'il luy rendist la gracieuseté qu'il avoit reçue de luy près Hyponne[1], quelques années advant. Tant y a pourtant ce grand capitaine André Dorio, lors qu'il a fallu combattre et monstrer sa valleur, il y a tousjours bien faict, nonobstant quelques petites fautes légères qu'on luy puisse imputer, qu'on peut voir dans les histoires de ces temps.

Il a esté très bien servy et assisté de ses parens, comme de ce Philipin Dorio[2], et Anthonio Dorio, et de Cigalle[3] et de plusieurs autres bons capitaines de mer. Ce sont aussi les bons capitaines et les vaillans soldatz qui cuyllent les palmes et les donnent aux grandz chefz et généraux ; car un seul ne peut pas combattre tout le monde.

Au voyage de La Gollette, dans sa gallère géneralle qui n'estoit que quatrirème[4], dont on faisoit allors grand cas, où il portoit l'empereur, il avoit mis en son estendard général, pour devise, un' estoille à rayons, environnée de plusieurs traictz et flesches, en signe d'invocquer la conduicte, l'adresse et la puis-

très-bonne foy luy rendist la gracieuseté qu'il en avoit libéralement receue près Hippone quelques années par avant. »
1. En 1535, lors de l'expédition de Charles-Quint contre Tunis. Voyez P. Jove, liv. XXXIV.
2. Voyez t. I, p. 235 et suivantes.
3. Le vicomte de Cicala ou Cigala, Génois.
4. *Var.* Sa galère générale, qu'il avoit fait construire auparadvant pour le voyage de la Goulette, à quatre par bancs et à galerie, que par advant on n'avoit encore veu. (Ms. 6694, f° 80, r°.)

sance de Dieu, avec ces motz : *Vias tuas, Domine, demonstra mihi*, ainsy que les trois roys s'y gouvernarent.

Le combat que fit Philipin Dorio devant Naples est si beau et si grand, que, quand il n'en auroit faict d'autres en sa vie que celuy, il en est à jamais comblé de gloire et louanges ; car en fin un beau combat, bien signallé, bien sanglant, bien combattu et bien desmeslé comme celuy là, vaut plus que cent petitz combatz, deffaictes et rencontres que j'ay veu louer quelques fois parmy nos gens de guerre, qui n'en vallent pas le parler. Paulo Jovio[1] raconte bien cestuy là, auquel le traict fust beau et rusé que ledict Philipin fit, lorsqu'il osta de sa battaille deux gallères, comme d'un secours de réserve, et les jetta en pleine mer : lesquelles, par son conseil et commandement, advisarent long-temps le jeu jouer ; et puis tout à coup vindrent toutes fresches donner sur les gallères espaignolles, qui n'en pouvoient plus et estoient à demy vaincues du grand combat qui avoit esté rendu, qu'en un rien elles furent emportées et rafflées : si que l'on dict, sans ces gallères du secours, la victoire demeuroit doubteuse. Ce Philipin y acquit là un grand honneur.

Il pouvoit avoir appris ceste ruse d'un pareil traict et combat que les Génevois, quelques six vingtz ans advant[2], ses compatriotes, donnarent à ce grand Alfonce[3], roy de Naples, lorsqu'ilz le deffirent et toute

1. Voyez son histoire, liv. XXV, et la lettre qu'il a adressée à ce sujet au pape, dans ses *Lettere volgari*, 1560, in-12, p. 1. — Cf., t. 1, p. 236.
2. Lisez quatre-vingt-treize ans.
3. En 1435, Alfonse Ier, roi de Naples (Alfonse V d'Aragon),

son armée s'en retournant à sa conqueste de Naples, et qu'ilz le prirent prisonnier avec tous les grandz seigneurs et capitaines de son armée. Car ayant osté et jetté de leur gros trois grandes naufz qu' estoient de l'arrière garde, en forme de secours de réserve, pour faire semblant de fuyr, et s'estans retirées vers le midy, vindrent tout à coup fondre sur les deux principalles naufz d'Alfonce, qu'ilz deffirent, et rendirent du tout la victoire entière.

Or, ce combat faict de Philipin Dorio, M. de Lautreq voulut avoir les prisonniers; mais il les luy desnia, et s'osta de là, et s'en alla à Gênes les mener à son oncle André Dorio[1] : à quoy il y eust du tort d'un costé et d'autre, d'autant que Philipin avoit faict le combat par le moyen des gens de guerre que M. de Lautrec luy avoit donnez, sans lesquelz il n'eust peu gaigner la battaille. De l'autre costé, M. de Lautrec les vouloit tous avoir, où il n'y avoit pas de raison; mais et l'un et l'autre devoient partager comme bons frères

fut défait par les Génois dans une bataille navale livrée près de l'île Ponza, sur la côte orientale du royaume de Naples, à huit lieues S. O. de Terracine.

1. « Le seigneur de Lautrec, averty de la victoire, manda que l'on envoyast en France les prisonniers; ce qui fut faict, et furent baillez à Phelippin Dorie, avec deux gallères pour les conduire; mais passant à Gennes, le seigneur André Dorie les retint, mettant en avant que le roi ne lui avoit satisfait de la rançon du prince d'Orange, qu'il avoit pris prisonnier à Porte-Fin, durant que le roy estoit au siége devant Pavie ; dont depuis avint la ruine de nostre armée de Naples, parce que ce fut le motif de la révolte d'André Dorio, et le marquis du Guast, estant son prisonnier, le pratiqua pour l'attirer au service de l'empereur. » *Mémoires* de Martin du Bellay, année 1528; Collection Michaud et Poujoulat, p. 218. Voyez Vallès, lib. X, f°ˢ 277 et suivants, et P. Jove, liv. XXVI.

alliez; et l'un, selon ses gens donnez, en devoit avoir, et l'autre, selon ses gallères, en devoit aussi avoir. Et, par faute de s'entendre bien, ilz furent en ceste discorde; aussi que M. de Lautrec estoit trop haut à la main, et qu'il vouloit impérier[1] trop outrecuydement. Tout cela luy cousta bon, car il luy cousta la vie, qu'il perdit devant Naples (comme je le dis en sa Vie), et à nous la perte de ce royaume et la ruyne de nostre armée. Si l'on n'eust mescontenté ce grand personnage, André Dorio, comme l'on ne devoit (aussi le roy François s'en repentit cent fois), les belles conquestes et victoires qu'a faict et gaigné ce grand capitaine pour l'empereur se fussent faictes pour nous; mais nous ne sçavons pas gaigner les hommes, ny entretenir quand nous les avons.

Il ne faut doubter que si ce vaillant capitaine n'eust eu en barbe Barberousse et Dragut[2], qu'il n'eust faict des choses très esmerveillables. Dieu le punit pour avoir donné la liberté à Dragut pour trois mill' escuz; car il luy fit fort la guerre après que l'armée turquesque eut pris Tripoly[3], isle du Goze[4], et saccagé l'isle de Malte, et qu'elle vint vers la Scicille et eust passé par le Far de Messine, pillé et saccagé Rège et force autres places, villes et chasteaux et bourgades, et venue jusques devant les chasteaux de Naples tirer canonnades, et tout pour la valleur de Dragut, qui menoit l'avant garde. André Dorio, venant de Gênes avec trente six gallères pour secourir Naples, qui crioit

1. Commander. Il nous est resté le substantif *impérieux*.
2. Voyez sa Vie plus loin.
3. En 1552.
4. Gozzo, au N. O. de Malte.

France, par la faveur du prince de Salerne, qui s'estoit révolté, Dragut le chargea et luy donna la chasse, et luy prit cinq de ses gallères chargées de gens de guerre, mesmes d'Allemans que conduisoit Alliprant Madruzze, jeune homme, filz de celuy que j'ay dict cy devant[1], et nepveu du cardinal de Trente, là où il mourut fort regretté de l'empereur. Il y avoit aussi force plattines[2] et saumons d'argent à battre monnoye à Naples pour la solde des soldatz qui venoient d'Espagne. Outre cela, il en fut mis deux à fondz; et fallut que André Dorio se sauvast à l'Elbe[3].

Voylà comment il en prit audict André Dorio, duquel c'est assez parlé; car Paulo Jovio ne l'a point nullement oublié dans son histoire, car il en faict plusieurs et divers et fort beaux discours; mesmes n'oublie ce beau combat devant Naples[4], lequel certes il descrist très bien, et en dict de gentilles particularitez et fort agréables, jusques à nommer les gallères nom par nom, tant françoises que espaignolles, que j'ay veu aussi dans l'histoire espagnolle[5].

Si diray-ie encore ce mot de luy. Un des bons et grandz services que fit jamais André Dorio à la chrestienté et à l'empereur, fut quand Solyman vint devant Vienne la première fois; et l'empereur allant à l'encontre avec ses forces, André Dorio s'advisa de son

---

1. Voyez t. I, p. 346 et suivantes.
2. Lingots, de l'espagnol *platina*.
3. L'île d'Elbe.
4. Liv. XXV.
5. Voyez Vallès, f⁰ˢ 268 et suivants. — Tout ce qui suit jusqu'au dernier alinéa (*Pour fin*) de la Vie d'André Doria manque dans la première rédaction.

costé, comme admiral et général des gallères impérialles, pour faire desmordre et retirer le Grand-Seigneur, d'aller en Grèce avecqu'un' armée navalle attaquer l'admiral Bassa, général de mer du Grand-Seigneur, qui aussi avoit une belle armée ; mais voyant venir André Dorio, ne l'osa attendre, et se retira, bien qu'il fust le plus fort ; sur quoy André Dorio, prenant l'occasion, s'en alla assiéger et prendre Coron et Patras[1] ; dont les nouvelles en estant venues au Grand-Seigneur, et en ayant pris l'allarme, desmordit Vienne et tira en Constantinople. Ainsi fit le brave Scipion encontre Annibal et les Carthaginois ; car, comme j'ay ouy dire à de grandz capitaines, il n'y a rien qui rompe l'entreprise de son ennemy que de l'aller voir chez luy. Voylà donc le bon service que ce grand prince Dorio fit à la chrestienté, et sur tout à l'Allemaigne qui, possible, s'en fust trouvée de l'escot.

Certes, il faut donner ceste gloire à ce prince André Dorio d'avoir esté un des grandz capitaines de la mer qui ayt esté, il y a possible, de mémoire d'homme, voire trouvé dans nos histoires. Aussi estoit-il très bien assisté de ses nepveuz et parens, comme j'ay dict, de ce brave Philipin Dorio, dont j'ay parlé, et de Jannetin Dorio[2], qu'on a de son temps veu le plus dilligent capitaine de mer qu'on eust sceu voir ; car, aussi

1. Doria s'empara de Coron et de Patras, non pas en 1529 comme le ferait croire le récit de Brantôme, mais en 1532, pendant que Soliman envahissait l'Autriche sans mettre le siége devant Vienne. Voyez P. Jove, liv. XXXI.
2. Jannetin Doria, neveu d'André Doria, tué à Gênes, lors de la conspiration de Fiesque, en 1547.

tost songé et résolu de son affaire, aussi tost exécuté; ainsi qu'il fit en l'envitaillement de Parpignan[1], sans lequel la ville estoit prise, ayant estée recongnue, blocquée et assiégée que l'on ne s'en doubtoit nullement, mesmes l'empereur. Quand le marquis del Gouast luy manda en Espaigne qu'il advisast à soy et se donnast bien garde de sa frontière de pardelà, car il y avoit quelque entreprise, l'empereur, se mocquant de cet advis, luy manda qu'il se souciast tant seulement de garder bien son gouvernement, que de son costé il garderoit bien ses Espagnes. Nonobstant cela, ledict marquis, en conférant avec le prince Dorio, despescharent ledict Jannetin Dorio, qui, avec ses gallères, aussi tost envitailla ledict Parpignan de toutes munitions de guerre, sans lesquelles la ville estoit prise; et l'empereur bien esbay quand il y vist le siège devant, contre son opinion, et bien ayse et bien obligé audict marquis et Jannetin d'avoir si bien secouru ceste place.[2]

Il fust de mesmes très diligent quand il secourut Saint-Florent en Corsègue[3]. Il fit très bien lors que l'empereur fut devant Alger[4]. Estant une grosse escarmouche attaquée par une grand saillie que firent ceux

1. En août 1542.
2. Tout ceci est tiré de P. Jove, liv. XLI; mais Brantôme a arrangé les faits à sa guise. Ainsi, suivant l'historien italien, le secours amené à Perpignan le fut non pas par Jannetin, mais par Antonio Doria.
3. San-Fiorenzo, port sur la côte septentrionale de la Corse, à trois lieues E. de Bastia. Brantôme se trompe ici: André Doria ne secourut pas cette ville, mais s'en empara sur les Français après trois mois de siége, en 1554.
4. En 1541. Voyez t. I, p. 71, note 4.

de la ville sur les Espaignolz le long de la marine¹, luy, avec sa gallère capitainesse, qui se nommoit *la Tempérance*, favorisa si bien nos gens, en costoyant la mer et tirant aux ennemis force canonnades en despit de celles de la ville, que sans elles les chrestiens ce coup là estoient fort mal menez, tant le tout leur estoit contraire; et se retirarent à leur aise; dont il en fust très loué de l'empereur et d'un chascun de l'armée. Ceste gallère *Tempérance* estoit l'une et la principalle des quatre que les Vénitiens perdirent dans leur goulfe, que ce brave Dragut quelque temps advant leur avoit pris à leur barbe; mais quelque temps après Dragut la perdit. Ledict Jannetin s'en servit pour sa capitainesse. Je l'ay ainsi ouy conter à aucuns vieux mariniers à Gênes, et les histoires espaignolles et italliennes en ont aussi escrit².

Pour fin, ce grand capitaine André Dorio est mort fort vieux. On luy donnoit près de quatre vingtz dix ans ou plus³ lorsqu'il mourut, tousjours en très bon sens, et qui le faisoit très bon ouyr discourir de son temps et des guerres passées, comme je l'ay veu.

Il a laissé après luy un digne successeur à ses biens, à ses vertuz et à ses valleurs, qu'est le seigneur Jehan-André Dorio, lequel tient auprès du roy d'Espaigne le mesme grade de son général d'armée de mer, comme faisoit son ayeul à l'endroit de l'empereur. Il est très brave et très vaillant, et brusq; jamais il ne reffusa combat, comme j'ay ouy dire à plusieurs de ses capi-

Le seigneur Jehan-André Dorio⁴.

1. *Marine*, bord de la mer.
2. Voyez plus loin la vie de Dragut.
3. Il mourut dans sa quatre-vingt-treizième année.
4. Jean-André Doria, fils d'André Doria.

taines, soldatz et mariniers. Il prit le Pignon de Bellys en Barbarye, qui estoit une rocque inexpugnable. Mais aussi dom Garcye[1] de Tolledo y servit beaucoup, qui estoit visce-roy de Scicille, et qui commandoit, et qui a esté un très bon et sage capitaine. Encor qu'il fust long et lent, ce disoit-on, et de fort petite complexion, malladif et tourmenté des gouttes, si est-ce néanmoings qu'il a bien secouru la chrestienté. Il assista fort bien à la prise de la ville d'Affricque, et fust celuy qui s'advisa, pour faire la batterie de mer, de désarmer deux gallères et les lier et joindre ensemble, et avec force tables et aix dessus bien aplanies, là où il fit mettre quatre canons en batterie qui furent en partie cause du gaing de la place[2], avec la batterie de terre et le brave assaut que les vaillans capitaines et soldatz espaignolz et italiens avec les chevalliers de Malte donnarent. Amprès dom Jouan de Vega, pour lors visce-roy de Scicille, dom Garcie eust sa place, tant pour l'amour de sa valleur que pour l'amour de la grand maison d'où il estoit[3], filz de Pedro de Tolledo. Il ha tousjours bien faict en sa charge et par tout où il s'est trouvé ; aussi estoit-il de très bon haras. Il prit la ville du Bellys et le Pignon ; il secourut Malte par deux fois ; et surtout il s'entendoit très bien avec le seigneur André Dorio[4], qui avoit la charge de la mer,

---

1. Voyez plus haut, p. 22, note 1.

2. Les faits dont parle Brantôme se trouvent au ch. XIII, f° 23, de *La Conquista de Africa*.

3. *Var.* D'où il estoit sorti, et de son père dom Pedro de Tollède, que l'empereur aymoit fort, lequel estoit un grand et suffisant et sage personnage. (Ms. 6694, f° 83, r°.)

4. *Var.* Jehan-André Dorio. (Ms. 6694, f° 83.)

et qui vint bravement et résolu au premier secours de Malte, pour combattre l'armée turquesque si elle n'eust bougé de bonn' heure ; car il estoit très vaillant, comme j'ay dict.

Ledict seigneur André n'estoit pas trop bon François. Au second secours de Malte[1], ainsi qu'il disnoit un jour avec M. le grand maistre[2] et M. le marquis de Pescayre[3] (il y avoit aussi messieurs d'Estrozze et Brissac qui disnoient, et quelques uns de nous autres), ainsi que nous disnions et qu'on causoit, comme l'on voit, il nous vint faire la guerre de la paix passée, faicte entre le roy Henry et Philippes[4], et comment nous avions quicté tant de belles places que nous avions rendu, et mesmes que son père, M. le mareschal de Brissac, en fit trop bon marché de celles qu'il avoit entre ses mains. M. de Brissac respondit que c'estoit une faute qui avoit esté faicte, et que s'il falloit recommancer et retourner à la guerre, qu'on n'en seroit pas quicte à si bon marché. Le sieur André respondit : « Ah ! pleust à Dieu que nous peussions la reffaire ! Quarta a mont' un' altra volta[5]. » Alors je replicque qu'on avoit bien veu reffaire et recommancer des parties, que ceux qui en demandoient le reffaict les perdoient le plus souvent. Luy, qui estoit bon com-

1. En 1565. Le premier eut lieu en 1560.
2. G. Parisot de la Valette, 48ᵉ grand-maître de l'ordre de Malte, né en 1494, élu en 1557, mort en 1568. Brantôme lui a consacré un article.
3. François-Ferdinand d'Avalos, marquis de Pescaire, mort en 1571. — Artus de Cossé, maréchal de France, mort le 15 janvier 1582. Brantôme en parle ailleurs.
4. La paix de Cateau-Cambrésis, conclue en avril 1559.
5. C'est une carte (un coup) à refaire une autre fois.

paignon certes, le trouva bon et se mit à rire, et sur tout le grand maistre. Et sur ce, ledict sieur André demanda cartes et dez pour jouer; car je l'ay veu qu'il estoit un très grand joueur.

Il y avoit parmy nous autres François un capitaine, enfant de Poictiers, qui s'appelloit La Roue, gentil soldadin certes, mon grand amy, et qui n'avoit que l'espée et la cappe, et son jeu; car il estoit un très beau joueur. Il s'estoit despaysé et avoit demeuré huict ou neuf ans parmy les gallères de Gênes, de Naples, de Scicille, d'Espaigne, et parmy toutes ces villes maritimes, faisant tousjours voyages, et mesmes avec le seigneur Jehan André, qui le cognoissoit fort famillièrement et jouoit fort souvent avec luy; car c'estoit la couche [1] ordinaire de cinq à six mill' escus d'un coup de dé.

Un jour ilz vindrent à jouer. Le seigneur Jehan André vint à perdre contre luy quelques dix mill' escus. Il lui demanda après s'il vouloit jouer contre une de ses gallères pour vingt mill' escus qu'il luy monstra. L'autre le voulut, et le dé escheut au sieur Jehan André. Il livre chance[2]; le capitaine La Roue lui couche tout d'un coup dix mill' escus. Le seigneur André luy quicte le dé, contre sa coustume pourtant, en disant : « Je « ne veux pas que ce jeune capitaine advanturier, qui « n'a de quoy perdre, me gaigne ma gallère pour s'en « aller triumpher en France à mes despans et de mon « honneur, et qu'on die : Voylà une des gallères de

1. Le premier enjeu.
2. « *Chance*, premier coup de dés qu'on jette pour en faire jouer un autre. Ainsi on dit *livrer chance à quelqu'un* pour lui donner lieu de jouer un coup ensuite. » (*Dictionnaire de Trévoux.*)

Jehan André qu'un tel luy a gaigné. » Et le disoit tout en riant, car pour les biens il s'en souçyoit peu, n'estant de son naturel avare, et aussi que le roy son maistre[1] l'appoinctoit très bien et luy faisoit de grandz estatz, ainsi qu'il les méritoit. Aussi le servoit-il bien partout où il s'est trouvé, comme il fit à la battaille d'Elepantho, là où il monstra tous les effectz d'un bon capitaine de mer et de bon soldat.

J'ay ouy dire[2] qu'un de ces ans, depuis la trefve faicte entre le roy d'Espaigne et le Grand-Seigneur, ilz se rencontrarent, luy et L'Ochaly[3], en quelque contrée de la Barbarye, et ce en pleine mer, chascun autant de gallères l'un que l'autre; et pouvoient avoir cinquante gallères chascun. Pour l'observance estroicte de la trefve, ilz ne se demandarent rien en le faict d'hostilité; ains, s'estans entrecogneuz les uns les autres, arrestarent leurs gallères, et se mirent toutes en joly (c'est un mot de gallères que l'on use quand elles ne voguent en advant ny en arrière et qu'elles font halte); et sur ce, tant d'un costé que d'autre, s'entre-saluèrent de canonnades et arquebuzades qu'on n'eust pas ouy tonner; et puis se despartirent ainsi, non, à mon advis, sans regretter et plaindre la loy de

1. Philippe II.
2. Il se pourrait que la mémoire de Brantôme l'eût mal servi et qu'il eût fait ici une confusion; car ce qu'il a ouï dire de la rencontre de Jean-André et de l'Ouchali, P. Jove (liv. XXXI, traduction, p. 222) le rapporte d'André Doria et de Capello, commandant l'un la flotte impériale, l'autre la flotte vénitienne, et qui, tous deux, à la hauteur de Zante (en 1532) se livrèrent un simulacre de combat « pour s'entresaluer de chascun costé par honneur ».
3. Voyez sa vie plus loin.

la trefve ny de guerre¹, qui leur eust permis de venir aux mains sçavoir à qui demeureroit la victoire, puisqu'ilz estoient en si belle mer et si belle occasion pour gaigner ou perdre. Voylà comment il faict beau d'observer toutes loix bonnes.

Dragut et L'Ouchaly².

Puisqu'il vient à poinct de parler de ce Dragut et l'Ouchaly, j'ay trouvé bon d'en toucher quelques motz que j'ay appris tant des uns que des autres mariniers du Levant, que d'un petit traicté faict en espaignol, *De la conquista d'Affricqua*³.

Ce Dragut donc fut natif de Natolie, qui est en Asie la mineure, d'un petit village qui s'appelle Charabalac, nay de pauvres parens villageois. Luy se voyant pauvre, et ambitieux d'avoir quelque peu de bien pour un jour secourir à sa misérable vieillesse, il se donna page d'un arrays⁴, corsaire de sa mesme patrie, lequel le voyant barbe rousse, et le trouvant à son gré, le prit et s'en servit en sa villaine sodomie, et s'en estant bien servy, il luy donna une fuste bien armée avec sa patente de capitaine ; et en ayant faict un assez bon commencement, il l'advantagea de plus grand nombre de vaisseaux : si bien que s'estant mis sur mer à l'advanture, il rencontra sur la mer Adriatique un seigneur magniffique vénitien, appellé Pasca-

1. *Var.* La loy de la trefve ny guerre. (Ms. 6694, f° 83, v°.)
2. Thorgud, que les historiens chrétiens appellent Dragut, né à Sarabalaz, dans la province de Mentecha ou Mentsche, en Anatolie, tué au siége de Malte en 1565.
3. Voyez plus haut, p. 34, note 1. Dans ce qui suit, Brantôme n'a guère fait que traduire ce petit livre, dont nous donnerons quelques extraits à l'Appendice.
4. Arraïs ou reïs, capitaine de navire.

lico, ayant soubz sa charge aucunes gallères qui gardoient le golfe de Venise. Il le chargea si bien, que la fortune si bonne pour luy fut qu'il en prit une partie, et avec l'autre ledict sieur magniffique fut contrainct se sauver à la volte[1] de Corfou. Dragut se retire avec sa prise aux Gerbes[2]. Et, d'autant qu'il n'avoit pas encore les moyens assez bastans pour entretenir si grand train ny si grand estat de gallères, il fit deffaire celles qu'il avoit gaignées (fors une qu'il arma pourtant sur le coup; mays après Jannetin Dorio la luy prit, comme j'ay dit[3];) et du bois et du fer en fit faire quatre galliottes très bonnes et belles, ainsi qu'il lu y pleust; et, avecqu' une très bonne que luy avoit donné Barberousse, c'estoient cinq, il se mist en cours; ayant assemblé avec luy de compagnie d'autres corsaires, ilz furent unze bonnes galliottes, et avec lesquelles ne faut point doubter des maux qu'ilz firent le long des costes chrestiennes.

Le seigneur André Dorio ne pouvant souffrir ces volleries et maux qu'on luy venoit dire tous les jours que faisoit ce Dragut, ayant assemblé toutes ses gallères génevoises et celles de Scicille, ausquelles commandoit pour lors un gallant cavallier espagnol, nommé dom Berenquel de Requessens[4], il se mit à la

---

1. *Volte*, route.
2. L'île des Gerbes, de Gelbes, Dscherbe, Djerbah ou Zerbi, *Girba*. Voyez tome I, p. 327, note 2.
3. Les deux lignes qui précèdent ont été rajoutées en marge de la main de Brantôme. Voyez plus haut p. 43.
4. Don Berenger de Requesens, pris au siége de Zerbi, fut emmené à Constantinople et mis en liberté le 10 août 1562. Il mourut quelque temps après. Voyez de Thou, liv. XXVI.

chasse de Dragut et vers Scicille et vers Sardaigne; et partout. Enfin il vint à Corsègue, en un port dict Gyrelate[1], entre Calvy et la Ayaza, là où s'amusant pour despartir entre luy et ses compaignons le butin qu'il avoit faict, et sur tout les pauvres âmes chrestiennes, il fut chargé si vivement, qu'ayant un peu rendu de combat et tiré son artillerie, il fut investy et pris, luy et tous ses vaisseaux, fors une fuste et une gallère qui se sauvarent, et aussi tost mis à la chaisne luy et ses capitaines, et tous ses gens. Pour ce, il ne perdit courage, comme j'ay ouy raconter à M. Parisot, grand maistre de Malte, qui, le voyant un jour ainsi à la cadène[2], advant qu'il fust grand maistre, et luy aussi qui l'avoit veu ainsi auparavant à la cadène, M. le grand maistre luy dict : *Señor Dragut, usança dy guerra*[3] *!* luy respondit : *Y mudança de fortuna*[4]. Tant y a qu'il ne chauma pas en sa captivité ; car il fit si bien et beau, et mesnagea ses affaires si bien, que Barberousse luy presta trois mill' escus pour sa rançon, qu'il paya : et par ainsi il sortit, en promesse et serment faisant que jamais il ne fairoit la guerre en la Rivière de Gênes.

Voylà comment il sortit, qui fust une grand' honte pour ceux qui le laissarent aller par telle avarice et pour si peu d'argent encor, luy, dis-je, qui avoit desjà faict tant de maux à la chrestienté, et estoit prest et

---

1. La Girolata, port de Corse entre Calvi et Ajaccio. C'est cette dernière localité que désigne de Thou, et dont Brantôme écrit le nom comme l'auteur espagnol.
2. *Cadène*, chaîne, de l'espagnol *cadena*.
3. Seigneur Dragut, coutume de guerre.
4. Et changement de fortune.

suffisant d'en faire d'advantage. Mais quell' est la chose que l'on ne face pour l'avarice? Ceste-là pourtant cousta bon aux Génevois et autres chrestiens, car il ne fut pas plus tost sorty qu'il se remit mieux que jamais; et s'estant retiré aux Gerbes, par le crédit qu'il eut avec aucuns des compagnons, et le bruict de son nom et valleur, il amassa une vingtaine de fustes, et tourna à la volte de Gênes, disant le serment qu'il avoit faict en prison et par contraincte n'estre bon ny tenable. Il y rencontra une gallère du visconte de Cigalla, qui venoit de Levant, chargée d'esclaves et marchandises, laquelle il prit, et aussi tost s'en retourna aux Gerbes, là où de ce butin il se reffit si bien qu'il assembla une grand' armée, avec laquelle il battit les costés de Gênes et d'Espaigne, où il fit de grandes pilleries, et puis vint prendre, près de Naples, Castel-a-mar, environ loin de vingt-huict lieus dudict Naples[1], et y prit force âmes chrestiennes. Et s'estant mis au large de la mer et arboré la bandière du rachaptement, ainsi qu'il estoit sur le marché, voicy une gallère de Malte qui parut, laquelle venoit de France et emportoit quelques vingt mill' escus de l'argent que tous les ans les chevalliers françois envoyoient là querir de leur revenu, et se le faisoient là porter. Par cas, le capitaine de l'isle d'Isquie[2] advertist par trois vollées de

---

1. Les expressions : *près de Naples et vingt-huit lieues dudict Naples*, forment une contradiction que nous expliquons ainsi : Brantôme, qui connaissait le pays, a eu raison de mettre près de Naples; mais le texte espagnol portant : *Castellu-Mar, lugar de quinientes vezinos, XVIII luegas de Napoles*, il l'a traduit sans y faire attention, et le copiste a changé XVIII en XXVIII.

2. Ischia, à l'entrée du golfe de Naples.

canon que la mer estoit brutte (ilz usent de ces motz pour dire qu'il y a des corsaires en mer). Les pauvres chevalliers françois, pensant que ce fust une salve que le chasteau leur fist, se donnarent la garde qu'ilz furent surpris et investis. André Dorio, bien fasché et despité d'avoir lasché cet homme, se remet encor à la chasse pour luy; mais il estoit retiré en une bonne retraicte qu'en la ville d'Affrique[1], dont il s'estoit saisy et gaigné par belle force.

De long temps il y avoit jetté la veue dessus, disant que c'estoit sa vraie proye; et pour l'avoir, comme fin renard, toutes fois et quantes qu'il faisoit quelque belle prise, il s'en venoit là souvant despartir son butin, et sur tout ne failloit d'en faire tousjours quelque petite part aux principaux de la ville, si bien que pensant les avoir gaignez, un jour leur conseil estant assemblé, les pria tous de le vouloir recevoir pour citoyen de leur ville, et l'honnorer du droict de leur bourgeoisie. De cinq du conseil il y en eut quatre qui le reffusarent tout à plat, s'excusants honnestement pourtant que cela ne se pouvoit faire. Il y en eut le cinquiesme qui en fut d'advis qu'on le receust, mais il ne fut creu. Dragut dissimulla le tout modestement, et celuy qui tenoit le party de Dragut s'appeloit Brambare[2]. Il s'en vint trouver Dragut en sa gallère, là où ils concertarent tous deux de la prise de la ville, qui fut telle que Dragut fit lever l'ancre et faire sié vogue[3] tant qu'on l'eust perdu

---

1. C'est-à-dire, telle que la ville d'Affrique.
2. De Thou (liv. VII) le nomme Brahem Embarc. Brantôme a suivi le texte espagnol.
3. *Scier*, « virer un bâtiment de bas-bord à force de rames et

de veue; sur le soir il retourne proue, et à force de vogue et de voylles il s'en tourne court d'où il estoit party, et un peu au dessus de la ville met en terre cinq cens bons hommes des meilleurs qu'il eust, et puis s'en vint devant la ville, contre laquelle il se met à tirer force coups de canon et donner l'allarme à ceux de la ville, qui tous accoururent aux murailles et au port pour la deffence. Cependant ses gens de terre, qu'il avoit desembarquez au dessus, coulloient tousjours, qui vindrent jusques au pied de la muraille, du costé qu'avoit esté arresté. Ce Brambare, qui l'attendoit avec d'autres siens partizans, prestarent la main pour monter, si bien que tous les cinq cens y montarent si aysément qu'on n'en eut jamais nouvelles, jusques à ce que d'une furie ilz vindrent à charger par derrière, qu'en un rien ilz se rendirent maistres de la ville, avec assez de meurtre et pillerie; toutesfois, parce que Dragut se vouloit servir de la place, il fit cesser aussi tost et le meurtre et la pillerie.

Luy estant donc logé là à son souhaict et ayant bonne retraicte, ne faut point demander s'il eust faict beaucoup de mal s'il eust eu le loysir. Mais y ayant laissé un sien cousin en garnison pour gouverneur, avec de bons hommes choisis, tant de Turcz, Mores que renégatz, il en sortit pour aller à la chasse et en cours. Sur quoy André Dorio arriva, avec une très belle armée de mer, qui l'assiégea et la prit (comme j'ay dict[1]), sans que jamais fust en la puissance de Dragut

---

le faire reculer. » — *Vogue*, « cours d'une galère. » (*Dictionnaire de Trévoux.*)

1. Voyez plus haut, p. 34.

de donner secours ny grand' allarme. Et désespéré de
retraicte (car il n'en avoit aucune), parce que les gouverneurs des costes ne le voulloient aucunement retirer, par le commandement du Grand-Seigneur, qui
luy vouloit mal, d'autant qu'il faisoit son cas à part et
vouloit faire du seigneur souverain, sans aucunement
le recognoistre ny céder à aucuns, fors au dieu Neptune, son dieu des eaux ; parquoy il s'advisa d'envoyer
une embassade vers le Grand-Seigneur, sans oublier
les présens (car à la Porte du Grand-Seigneur, despuis
les plus petitz jusques aux plus grands, les Turcs sont
naturellement outrez d'avarice), et supplia le Grand-
Seigneur de luy pardonner le passé, luy promettant
de luy faire à l'advenir de grandz services.

Le Grand-Seigneur, qui cognoissoit cet homme de
grand service, fut que très aise de luy pardonner, et
luy, en contr'eschange de son embassade, luy envoya
un de ses sancgias[1], qui apporta toute oubliance et
pardon à Dragut, et puissance de faire la guerre à outrance à la chrestienté et l'endommager, faisant commandement à tous ses gouverneurs de portz de le retirer. Nottez quel honneur et quel heur eust cet homme,
qui, ne portant pour lors autre titre que de corsaire,
ou simple rays (qui est autant à dire comme capitaine),
eust ceste présumption d'envoyer un' embassade devers l'empereur de tout l'Orient et en recevoir de luy !
Possible, telle fortune ny pareille gloire se trouvera-
elle en personne de nostre temps ny de nos pères. Luy
donc, pour monstrer à son prince qu'il ne luy avoit
rien dict qu'il ne le tint, se mit en mer et fit de grandz

---

1. Gouverneur de province, pacha à deux queues.

dommages aux chrestiens de delà, et mesmes se joignit avec l'armée du Grand-Seigneur, qu'il[1] avoit envoyée par Couradin-Bascha pour ravager tout, du despit qu'il avoit de la ville d'Affricque, prise contre la trefve entre luy et l'empereur paradvant jurée.

Il eust cet honneur de mener l'advant garde de ceste armée, qui n'estoit pas petite, car elle estoit composée de six vingtz grandes gallères et deux mahommes, sans compter force autres petis vaisseaux, comme galliottes, fustes, brigantins et frégattes. Après avoir donc pris Tripolly, le Gozze près de Malte, saccagé toute l'isle, et puis là après passé par le Far de Messine, pris Rège, pillé et saccagé un' infinité de villes, petites places, bourgades, et venu devant Naples tirer contre la ville coups de canon, et puis donner la chasse à André Dorio (comme j'ay dict[2]), et pris cinq de ses gallères et mis à fond deux; après que Dragut eut faict tout cela, André Dorio voulut avoir sa revanche, comme chascun à son tour, et que toute la grande armée fut tournée à Constantinople, parquoy il se met en queste amprès luy de toutes partz; et, l'ayant failly aux Gerbes, il vint aux Sequennes[3] de Barbarie : il le trouva dans le canal[4]. Qui fust bien aise? ce fut André Dorio, l'ayant là accullé et coigné, qu'il n'en pouvoit jamais sortir sans sa miséricorde, car il n'y avoit nulle porte derrière, ny apparence. Dragut, sans s'estonner, faict un petit fort à la haste sur terre, à l'embouchure

1. *Qu'il*, Soliman.
2. Voy. plus haut, p. 39.
3. Los Secaños de Berberia, dit la *Conquista de Africa* (f° 33 r°.)
4. Le canal de la Cantara. (*Ibid.*)

du canal, et empesche par ce moyen l'entrée aux chréstiens, d'autant qu'il y avoit faict descendre trois à quatre grosses pièces qui tiroient incessamment sur les gallères chrestiennes. Cependant il forge en soy une astuce, ny millitaire, ny renarde, mais du tout diabollique, parquoy il amasse le plus de gens du pays qu'il peut, qui pouvoient monter jusques à cinq cens, les paye très bien, et avec sa chiorme et ses soldatz et mariniers, par une belle nuict jette ses gallères hors de l'eau et les met en terre, les faisant couller et rouller par des roulleaux environ trois lieus; et fit si bien par la main des travailleurs, qu'elles s'allarent jetter de l'autre costé dans l'eau, en un autre canal, là où il les arme et reffaict soudain. Cependant ses gens de son fort de terre faisoient tousjours bonne mine et ne cessoient de combattre. Quand Dragut vist qu'il estoit temps, il envoya ses gens désengager, et leur manda de quicter le fort de nuict et se venir embarquer; ce qu'ilz firent si excortement et dilligemment, que André Dorio n'en sceut jamais rien jusques à ce que Dragut commança à paroistre en pleine mer avec ses gallères, qui avoient passé de l'autre costé. Qui fust estonné? ce fut André Dorio, qui se mit à la poursuitte; mais il n'estoit plus temps, car il estoit fort loin, et si ne craignoit-il pas tant son ennemy qu'il ne prist par rencontre (quasi à la vue d'André Dorio) une gallère qui venoit de Scicille et portoit quelques vivres et cinquante soldatz à l'armée chrestienne. Dragut raffla et friza tout cela, et puis se sauva.

J'en ay ouy faire le conte à une infinité de mariniers et soldatz, qui le disent encor par toutes les costes, et comme André Dorio s'estonna de ceste escapade; si bien qu'il ne peut croyre que ce fust esté un œuvre divin, mais du tout diabolique et infernal, auquel les Romains, forceurs de nature (et y fust esté leur Luculus) n'eussent sceu approcher: Et dist bien plus que, si le diable ne s'en fust point meslé, ou quelque nonpareil sorcier, par abjuration et imprécations, il tenoit Dragut le plus grand cappitaine de la mer, et qu'il luy cédoit la gloire ; comme certes ce cas fut admirable.

Nous[1] lisons dans Tite-Live[2] un semblable traict pourtant que fit Anibal en la ville de Tarante ; car ayant proposé aux Tarantins qu'il falloit oster leurs vaisseaux de mer du havre où ilz estoient ressarrez et assiégez de la grosse armée de mer des Romains, et eux trouvans cela impossible, il leur dist que plusieurs choses semblent souvant embrouillées qu'on les desmesle par artifice et dextérité ; et pour ce, avec des engins qu'il invanta, et des charyotz et chevaux, il fit rembarquer par terre tous les vaisseaux par la ville et les rues, l'esplanade[3] en estant très bien auparadvant faicte, si qu'ilz les roullarent si bien et en peu de temps, un chascun ayant mis la main à l'œuvre, qu'une flotte de navires assiégée parut, bien équipée et armée, n'ayant faict que roder et voguer à l'entour de la forteresse, et la vist-on surgir à la rade, devant le port, ce qui estonna fort les Romains. Dragut, possible, ou l'un des siens, pourroit avoir leu l'histoire, car tout se

---

1. Ce paragraphe est écrit de la main de Brantôme en marge du f° 85 *bis* r° du ms. 6694.
2. Liv. XXV, ch. 11.
3. C'est-à-dire l'aplanissement du terrain.

pratique si l'on n'invante de nouveau, encor qu'on die qu'il n'y a rien qui n'ait esté invanté et fayt.

Ce Dragut fust aussi cause de ceste grande deffaicte chrestienne aux Gerbes[1]; puis, quelques temps après, il vint à mourir au siège de Malte, Sultan Soliman le tenant si grand capitaine, qu'il commanda nommément à Rostan bascha[2] qu'il n'entreprist rien sans l'advis et conseil de Dragut, lequel n'estoit venu du commencement si tost là devant comme l'armée, s'amusant à amasser les vaisseaux et forces d'Alger; où estant arrivé, il trouva comme desjà on avoit assiégé le fort Sainct Elme; et de prime abord il y trouva fort à dire, car il y vist la batterie se faire de si loing que de long temps on ne l'eust pris. Par quoy il commanda de l'approcher, que luy y estant si près, pour la voir mieux faire, fust blessé d'un esclat de pierre dans la teste, dont il mourut aussi tost; ce qui vint bien à poinct pour les chrestiens, car, s'il ne fust mort, ilz n'en eussent pas eu si bon marché qu'ilz eurent, ainsi que j'ay ouy dire à M. le grand-maistre, qui en fust très aise de sa mort, et à qui j'ay veu louer ce Dragut beaucoup. Dieu les garentit tous par la mort de cet homme, car il estoit très dangereux en faict de guerre. Voylà la fin de Dragut.

L'Ouchaly[3]. Or, j'ay veu plusieurs mariniers et capitaines de

1. Où la flotte chrétienne fut détruite par Piale, en mai 1560.
2. Rustem-Pacha était mort en 1561. Le commandement supérieur de l'expédition était confié au cinquième vizir, Mustapha-Pacha, dont il sera parlé plus loin. Voyez de Thou, liv. XXXVII et XXXVIII, et de Hammer, liv. XXXIII.
3. Il est appelé par divers historiens chrétiens Ocheli ou Occhiali. par de Thou Ulucciali, et par de Hammer Ulusdchali. Les Turcs l'avaient surnommé Kilidsch-Ali. Il était né en Calabre, fut pris

mer, et mesmes les chevalliers de Malte, faire entr'eux comparaison, à sçavoir, qui estoit plus grand homme de mer et cappitaine, ou Dragut, ou L'Ouchaly. Les uns tenoient pour l'un et les autres pour l'autre. Ceux qui tenoient pour L'Ouchaly disoient qu'il avoit eu de plus grandes et honnorables charges que Dragut ; car il avoit commandé en général et admiral du Grand-Seigneur, et que la belle faction qu'il fit à la battaille d'Eléphanthe l'esleva bien fort, d'autant qu'après avoir combattu tout ce qui se pouvoit et pris l'estendard de ceux de la Religion (qui fut un grand cas, car ces braves gens ont tousjours bien faict en tous lieux qu'ilz ont estez, et sont estez invincibles, pour si peu qu'ilz sont), il se retira encor avec force vaisseaux à Constantinople, ayant ceste assurance de se présenter au Grand-Seigneur, qui enrageoit de despit et ne vouloit voir nul de ses cappitaines qui fussent estez là. Mais L'Ouchaly, pressant pour avoir l'audiance, et l'ayant obtenue, fit entendre à son prince si bien ses raisons, qu'il l'ouyst et l'honnora de plus grandz charges qu'il n'avoit ; sçachant bien aussi qu'il avoit perdu tous ses meilleurs hommes, et que de nécessité il se falloit servir de cet homme capable, resté de nauffrage et reliques de tant d'autres. Comme de vray il releva certes ce coup là son prince, son dieu Mahommet : mais Dieu mercy qu'on ne le pressa par amprès comme l'on devoit ; je diray ailleurs qui en fut la cause [1].

par les Turcs, se fit musulman et devint capitan-pacha sous Sélim II. Il mourut à Constantinople, le 27 juin 1587 à quatre-vingt-dix ans, suivant de Hammer, livre XXXIX. Voyez sur lui de Thou, liv. VI, VII, VIII et IX et les *Lettres* de Busbecq.

1. Voyez plus loin la vie de Don Juan.

Puis se mit en suprême crédit par la prise de la Goullette¹, qui fut faicte par grand fortune, et vous diray comment, ainsi que j'ay appris par M. de Savoye² à Lyon, et par d'autres. Il faut sçavoir que dans la Goullette, parmy la garnison, il se trouva un soldat françois qui de longtemps s'estoit despaysé de la France et s'estoit espaignollisé parmy les soldatz espaignolz, comme j'en ay veu un'infinité. Il mescheut à ce pauvre soldat de manger de la chair un jour prohibé; soudain le voylà pris et mis sur une frégatte, et envoyé à Naples, à l'inquisition. Par cas bon et fortuit pour luy, ceste frégatte fut rencontrée de quelques galliotes d'Alger qui la prindrent et l'emmenarent, et mirent les hommes de dedans à la cadène, comme est la coustume aussi tost que telles prises sont faictes. Ce soldat françois pria incontinent le rays de la gallère qu'on ne le maltraictast nullement et qu'on le fist parler à L'Ouchaly, car il luy diroit et révelleroit chose dont à jamais il s'en trouveroit très bien. Aucuns disent qu'il demanda à parler au Grand-Seigneur, mais ce fut à L'Ouchaly à qui il parla, car l'accès de la Porte du Grand-Seigneur n'est si libre comme de nos princes chrestiens, qui ne tiennent du barbarisme comme les Turcz. Estant devant L'Ouchaly, il luy révelle de poinct en poinct toute la force et forteresse de la Goullette, et le plus fort et le plus foible, car il estoit un très bon ingénieur, et mesmes il y fut employé là et ailleurs pour cet estat. De plus, il luy raconta le nombre de gens qui estoient léans, les munitions de vivres et de

1. En août 1574.
2. Emmanuel-Philibert. Voyez t. I, p. 51.

guerre, luy faisant la chose si facille qu'il la luy promet faire prendre dans un rien s'il le vouloit croyre et se gouverner pour luy[1]. L'Ouchaly preste l'oreille à tout ce qu'il dict, et trouve une grand' apparance en son dire. De quoy il part et s'en va à Constantinople, et déclare au Grand-Seigneur l'entreprise, et luy faict si facille l'exécution, que le Grand-Seigneur lui baille aussi tost l'armée et les forces qu'il demande, avec Synan bascha[2]. Encor promit-il mieux, qu'il ne consommeroit pas plus de jours à la prendre que le roy d'Espaigne et son père avoient consommé d'années à la garder, qui estoit, si me semble, quarante un ou trente un ans. La suputation en est fort aisée à faire[3]; la face qui voudra, je ne suis pour m'y amuser.

Le voylà donc venu, met son siége, se gouverne tousjours par l'advis de son homme ingénieux[4], tellement qu'il ne faut de l'emporter dans tant de jours qu'il l'avoit dict. Bien est-il vray qu'il eut beaucoup d'affaires après à combattre et forcer le fort de l'Estang, que Jehan André Dorio avoit faict faire, qui importoit beaucoup, là où s'estoit jetté dedans le sieur Pagan Dorio[5], son parent, et le seigneur Gabrie

---

1. Brantôme emploie quelquefois le mot *pour* dans le sens de l'espagnol *por* qui signifie *pour* et *par*.
2. Sinan ou Sinans-Pacha, rénégat albanais, fut grand-visir sous Amurat III et Mahomet III, et mourut le 3 avril 1596 dans cette charge, qui lui avait été retirée et rendue plusieurs fois.
3. Il y avoit trente-neuf ans. La Goulette avoit été prise par les Espagnols en 1535.
4. *Ingénieux*, ingénieur.
5. Pagan Doria, frère d'André Doria, fut massacré par les Maures, auxquels il s'était rendu.

Cervellon[1], très braves et vaillans capitaines, qui le deffendirent certes très vaillamment. Ces deux chefz, avecques les Italliens qui estoient léans, firent grand'-honte et la barbe aux Espagnolz qui estoient dans la Gollette, qui[2] combattirent et se deffendirent bien autrement qu'eux. Aussi il y avoit bien de la différance entre Pagan Dorio, brave et vaillant capitaine, Gabrie Cervellon et dom Juan de Puerto Carrero[3], qu'on ne tenoit à grand conte, et qui, par dérision, on l'appeloit dom Juan de Puerco Carnero, « Pourceau Mouton », allusion sur son nom. S'il eust faict comme fit dom Hernandille de Puerto Carrero, portant mesme nom, dans Amians[4], il eust mieux faict et fust esté plus estimé.

Ceste place prise, L'Ouchaly fut par amprès en une très grande vogue et belle faveur avec le Grand-Seigneur. Et voylà les deux signallez effectz de L'Ouchaly, qui l'ont faict valloir et estimer très bon et grand capitaine.

Ceux qui tiennent le party de Dragut disent que Dragut l'avoit faict de sa main, et ne sçavoit[5] que ce qu'il avoit apris de luy, et que jamais il n'estoit descheu ny tumbé en si basse fortune comm' avoit faict Dragut; que s'il en eust tasté de pareilles, à grand peine eust-il peu se relever de ces cheutes comm' avoit

---

1. Gabrio Serbellone. Il fut fait prisonnier par les Turcs le 13 septembre 1574, lorsqu'ils s'emparèrent de la citadelle de Tunis.
2. *Qui*, c'est-à-dire les Italiens.
3. De Thou l'appelle dom Pedro.
4. Il surprit Amiens le 10 mars 1597, et assiégé peu après par Henri IV, ne capitula que le 25 septembre.
5. C'est-à-dire : L'Ouchaly ne savoit.

faict Dragut; d'advantage, qu'il est fort aisé à faire expédictions et de grandz miracles de guerre avecques de grandes armées où rien ne manque et y-a-on tout à souhait ; mais faire de pierre pain (comme on dict) ainsi qu'a faict Dragut, c'est là où est la peine. Et dict-on de plus que quand Dragut n'auroit faict en sa vie que ce trait des Sequennes, et d'avoir ainsi forcé nature, c'est quasi se parangonner ou à Dieu, ou au diable, comme j'ay ouy dire à aucuns.

Du reste, L'Ouchaly a esté petit compagnon comme Dragut. Il fut natif de Callabre; j'ay veu le lieu et aucuns de ses parens qu'il venoit voir quelquefois, et leur faisoit du bien et du plaisir. Il estoit moyne, ce disoit-on ; et s'en allant à Naples pour estudier, il fut pris et puis se renia, et de peu à peu se faisant corsaire il s'advança comm' on l'a veu. Je croy qu'il prit le turban plus pour cacher sa tigne, qu'on disoit l'avoir gardée toute sa vie sans s'en deffaire, que pour autre chose; et[1] bien qu'il fist bonne mine de rénégat, il ne quitta jamays sa religion ou christianisme. Je l'ay ainsi ouy de M. de Dacqs[2], ambassadeur pour le roy en Levant, qui l'avoit veu à Constantinople.

J'ay ouy dire pourtant qu'il estoit plus cruel que Dragut, et n'avoit si grande civillité que Dragut, qui aymoit les François. Aussi quand il[3] fut employé pour

1. Ce qui suit jusqu'à la fin de l'alinéa est ajouté en marge de la main de Brantôme. (Ms. 3262; f° 168.)
2. François de Noailles, évêque de Dax, de 1556 à 1562, mort à Bayonne en 1585. Il fut successivement ambassadeur à Venise, à Londres, à Rome et à Constantinople. On trouva assez singulier qu'on eût choisi un prélat pour ce dernier poste. Ses *Négociations* se trouvent en manuscrit à la Bibliothèque impériale.
3. *Il*, Dragut.

la France, et commandé par le Grand-Seigneur pour courir les mers pour l'amour d'elle, il s'y employa de très bon cœur. Je l'ay ainsi ouy dire à M. le baron de La Garde, qui l'a mené et luy a commandé par le commandement du Grand-Seigneur. J'en ay assez dict, remettant aux grandz mariniers et bons capitaines de mer qui ont tasté de l'un et de l'autre à en discourir, et donner leur advis sur leur perfection et presséance de tous deux[1].

Si faut-il, advant finir, que je die encore ce mot. La prise de la Gollette fust de telle importance au Grand-Seigneur, que dernièrement en ceste guerre [de Perse][2] s'estant emeue quelque contention d'honneur et de services faictz à leur maistre (comme cela est coustumier parmy les grandz capitaines) entre Mustaffa bascha[3], général de l'armée en la première année et conqueste, et qui despuis fut premier vigier[4] à la Porte du Grand-Seigneur après la mort de Méhémet bascha, mais après désappoincté et disgratié, et Synan bascha, qui estoit soubz luy en ceste première conqueste, et puis après général, venant donc aux reproches et à leurs valeurs et services faictz, Mustaffa se vantant d'avoir conquis la Cypre à son

---

1. Ce qui suit jusqu'à l'article du marquis de Santa-Crux ne se trouve pas dans le manuscrit 6694.
2. La guerre de la Turquie contre la Perse commença en 1577.
3. Mustapha Lala-Pacha, né près de Constantinople vers 1535, mort près de Tiflis le 7 août 1580. Brantôme se trompe en disant qu'il fut premier visir après la mort de Mohammed-Sokoli, assassiné en octobre 1579. Celui-ci eut pour successeur d'abord Ahmed-Pacha, puis (mai 1580) Sinan-Pacha.
4. Vizir.

maistre¹, l'autre respondit qu'il se sentoit autant glorieux, et son maistre autant obligé à luy, de luy avoir conquesté la Gollette, place inexpugnable, et avec le fort garny de si grande quantité de bons capitaines et soldatz. Mais l'autre luy reprocha que ce n'estoit luy seul qui en devoit avoir la gloire, mais l'Ouchaly, qui avoit esté l'auteur de l'entreprise et exécuteur avec luy. Synan réplicqua que l'autre aussi n'avoit pas luy seul conquis la Cypre, mais d'autres grandz capitaines et baschas qui le valloient bien ; et, qui plus est, il y avoit consommé une grande traisnée et laps de temps, et mesmes ès prises de Fama-Augusto et Nicotie² ; que le moindre secours qui fust venu des chrestiens, il se retiroit avec sa courte honte ; au lieu que luy, en trente un jour, il avoit faict sa conqueste, sans grandes longueurs ny de grandz fraiz à son maistre, au lieu que luy³ y en avoit faict de fort extraordinaires en sa Cypre, qui pourtant, dist Mustaffa, par amprès avoit bien raporté despuis le rembourcement et beaucoup de bons moyens et revenus. Voylà les reproches que se faisoient ces deux grandz baschatz fondez sur de bonnes raisons. J'ay ouy faire ce conte à un honneste Italien qui pour lors estoit à Constantinople, et que je l'ay veu ainsi escrit dans un livre italien qui a esté faict sur ceste guerre de Perse, il ne peut pas y avoir de cela plus haut de vingt ans⁴.

1. Sur les Vénitiens, en 1570 et 1571. Voyez t. I, p. 295.
2. Famagouste et Nicosie. La seconde de ces villes fut prise par les Turcs, le 9 septembre 1570, après huit mois de siége, et la première le 2 août 1571.
3. *Luy*, Mustapha.
4. Je ne sais pas ce que Brantôme a pu apprendre de son « hon-

Enfin ces deux grandz baschatz et capitaines un peu après se deffirent l'un de l'autre, comme cela se voit souvant en la court de tous les grandz rois et princes souverains, et s'est veu par un' infinité d'exemples. Faut noter en ce discours comme ce Scynan bascha estimoit autant la conqueste et la prise de la Gollette comme l'autre pouvoit de sa Cypre; toutesfois l'Ouchaly en fut le principal auteur et exécuteur, bien que ce Synan fust un très grand et très vaillant capitaine, très grand ennemy des chrestiens s'il en fut onc, et qui ordinairement dissuadoit la guerre contre les Perses, et la persuadoit du tout contre les chrestiens[1], et la luy faisoit plus aisée et utile que contre tous les autres cent fois.

neste Italien, » mais je crois qu'il a puisé tout simplement ce qu'il raconte dans le livre dont il parle. Seulement, suivant son habitude, il ne s'est pas astreint à rendre bien rigoureusement les paroles de son auteur. Voici ce que je lis dans l'*Historia della guerra fra Turchi et Persiani* da S. T. Minadoi da Rovigo, 1594. in-4, p. 146 (la première édition est de 1588) : « Era Sinan antichisimo inimico di Mustaffa, et parevali poter con lui concorrer in ogni cosa; percioche se Mustaffa haveva ridotta l'Isola di Cipro nel poter turchesco, nel termine di tanti mesi, egli in pochissimi giorni haveva soggiata la Goletta in Africa ; et se Mustaffa era d'animo grande, et per gli anni venerabile, Sinan nell' uno et nell' altro voleva esserli eguale, et in tanto Sinan voleva a Mustaffa esser superiore, in quanto (il che pare fosse l'origine di queste acerbità d'ire) che nella impresa del Giamen, dove è l'Arabia felice, esso Sinan Mostrò far cosa, che Mustaffa non ardì, non bastò, nè seppe ponere ad effetto, et egli solo, di quella celebre vittoria, et di quell' importante acquisto, portò il vanto e l'intero honore; et continovamente dapoi s'erano fra loro nodrite mille dissensioni, onde sempre l'uno dell' altro, et con gli atti et con la lingua, nelle occasioni, si di chiarava invido et concorrente. »

1. Minadoi, *ibid.*, p. 179.

Advant ces deux grandz capitaines et corsaires Barberousse[1] Dragut et L'Ouchaly, l'ung faict de sa main (comme j'ay dict), et l'autre non, avoit esté ce grand Barberousse, le surpassé de tous deux, duquel, bien que j'aye escrit de luy en mon livre des couronnelz de France, si faut-il que j'en die encor quelque petit mot, affin que le monde sçache que jamais des Romains ny des Grecz, grandz conquerreurs de réaumes et de terres, il n'y en a eu de tel.

Il prit et conquesta, par sa prouesse et industrie, deux réaumes : celuy d'Alger ; il est vray que son frère aisné en fit le premier fondement, mais aussi il luy ayda en la conqueste, et le garda très bien après sa mort. L'autre réaume fut celuy de Thunys[2]. Qu'estoit cela, sinon qu'en peu de temps il conquesta une seconde Carthage, que ces braves et vaillans Romains consommarent tant d'années pour en avoir la raison et la mettre à bas? Et ce Barberousse en un rien la conquist ; et, pour la conserver, fit teste à ce grand et redoubté empereur Charles V, y estant en personne[3], qui, sans la révolte de ses esclaves qui estoient dans la rocque[4], et la surprise qu'ilz y firent, on ne sçait en quoy l'empereur eust esté, et eust, possible,

---

1. Khaïr-Edyn, dit Chérédin ou Hariadan, connu chez les chrétiens sous le nom de *Barberousse*, fut l'un des plus grands hommes de mer du seizième siècle. Il succéda (1518) à son frère Aroudj sur le trône d'Alger, reconnut la suzeraineté des sultans de Constantinople, et devint en 1536, capitan-pacha. Il mourut à Constantinople en juillet 1546. Voyez sur lui P. Jove, liv. XXXIII.

2. En 1534. Voyez P. Jove, liv. XXXIII.

3. En 1535.

4. *La rocque*, le château. Voyez P. Jove, liv. XXXIV.

luy donné à songer, veu les grandz empeschemens de toutes sortes qu'il eut à y parvenir. Les histoires en sont assez pleines sans que j'en parle. Et nonobstant, ce brave roy corsaire ne s'estonna point de sa perte, arrivée plustost par disgrâce, fortune de guerre et de trahison ; sort de la place, reffaict un second petit armement de quatorze gallères qu'il avoit caché et sauvé dans quelques petis recoings de palluz¹ et canaux de là auprès, dont il les faict aussitost sortir en forme et belle contenance de guerre, et d'homme plutost vaincœur que vaincu, se faict parestre et se faict recognoistre par autres quatorze gallères que l'on avoit envoyées à André Dorio, soubz la conduicte d'un certain capitaine génevois, nommé le seignor Adam, lequel aussi tost qu'il² l'eust veu luy donne la chasse si belle et si affreuse, que s'il n'eust gaigné le gros d'André Dorio il estoit troussé³ ; met luy et toute son armée en allarme, et à sa barbe se sauve dans Alger ; faict encore plus : d'un mesme vol s'en va piller et saccager l'isle de Minorque, y prend le port de Maon, et puis, chargé de butin, prend la route de Constantinople, se présente au Grand-Seigneur, luy raconte sa perte et sa disgrace ; nonobstant laquelle, et la cognoissant point advenue par sa faute, le reçoit très bien, luy redonne un nouveau armement ; et faict le diable pis que jamais. Allez m'en trouver de pareilz

1. Marais, bas-fonds
2. C'est-à-dire : aussitôt que Barberousse l'eut vu, il lui donne la chasse.
3. Brantôme, qui a pris le fait dans P. Jove (liv. XXXIV), l'a un peu arrangé, car dans l'historien il est dit au contraire que Barberousse ne poursuivit point le capitaine Adam.

capitaines et corsaires ausquelz la fortune aye si bien dict et si mal aussi, et s'en estre si bien relevez! Voyez les histoires de ces temps, tant italliennes qu'espaignolles.

S'il est vray qu'il soit esté François[1], comme j'ay dict ailleurs, il a faict honneur au nom françois; et, s'il ne l'est, il est à louer d'où il soit; car il a non seullement espouvanté les chrestiens, mais les Arabes et les Mores, ayant faict la guerre aux uns et aux autres, et par mer et par terre, les ayant rendus tributaires.

Un des beaux exploictz qu'il fist contre les chrestiens fut le siège et prise de Castro-Novo[2], où y avoit dedans en garnison trois mille braves Espaignolz naturelz, desquelz estoit maistre de camp ce vaillant capitaines Sarmento[3], qui, quelques années advant, avoit esté esleu des soldatz amutinez en Lombardie, dont je

1. Suivant P. Jove (liv. XXXIII), il était fils d'un Grec mahométan de Métélin.
2. Le 7 août 1539. — Castro-Nuovo, situé dans le golfe de Cattaro, avait été pris neuf mois auparavant par les Espagnols, unis aux Vénitiens.
3. Brantôme a mal interprété, ici et t. I, p. 334, le texte de P. Jove en représentant à tort Francesco Sarmento comme chef des soldats espagnols qui s'étaient soulevés en Lombardie, non pas quelques années avant, mais l'année précédente, en 1538. Ce qui a causé son erreur, c'est que P. Jove dit qu'après la prise de Castro-Nuovo par les chrétiens « Sarmento fut mis dedans pour capitaine, avec quatre mille soldats de ces vieilles bandes qui par leur méchante rébellion avoyent gasté toute la contrée de la ville de Galera (Gallarato) sur le Milannois. » (Liv. XXXVIII, traduction, p. 604-605.) Dans le récit qu'il fait de la révolte de ces soldats, même livre, l'historien italien ne prononce pas une fois le nom de Sarmento.

parle ailleurs. Il mourut là en combattant vaillamment sur la bresche; et Barberousse estant après fort curieux de recouvrer sa teste pour l'envoyer en don au Grand-Seigneur, quelque dilligence qu'il y peust faire, ne se peut jamais trouver parmy les mortz, tant il y en avoit de tuez et amoncellez les uns sur les autres. C'estoit combattu et soubstenu une bresche et un assaut vail-lamment cela! Voyez les histoires italliennes et espaignolles, vous y verrez force faictz merveilleux[1].

Il mourut fort vieux et cassé, et roy d'Alger absolu, la seconde année que le roy Henri II commença à régner[2]. Il avoit un compagnon qu'il avoit fort aymé, qui fut Synan[3], surnommé le Juif, qui fut un très renommé corsaire aussi et grand homme de mer; et pour ce le grand sultan Soliman l'envoya son admiral en la mer Rouge. C'est assez parlé de ces corsaires.

Le marquis de Santa-Crux[4].

Et pour finir les bons capitaines de l'empereur et du roy d'Espaigne, j'y mettray encor le marquis de Sainte Croix[5], car il a esté très bon. Je l'ay veu général des gallères de Naples, d'où le roy d'Espaigne le retira, et pour sa suffisance s'en servit à la grand'

1. Voyez P. Jove, liv. XXXVIII.
2. Brantôme se trompe : Henri II monta sur le trône le 31 mars 1547, plus de huit mois après la mort de Barberousse.
3. Ce Sinan, qu'il ne faut pas confondre avec celui dont il est question plus haut (voyez p. 61, note 2) était un renégat croate (ou dalmate), frère du grand-vizir Rustem-Pacha. Il fut fait capitan-pacha par Soliman, et mourut en 1554.
4. Don Alvarez de Bassano, marquis de Santa-Cruz, amiral sous Charles-Quint et Philippe II, mort en 1587.
5. *Var.* Parmy ces grands cappittaynes de mer, faut aussi mettre le marquis de Santa-Crux, car il ha esté très bon. Je l'ay veu.... (Ms. 6694, f° 87 r°.)

mer océane contre le millord Drach¹, angloys, le plus
fameux homme de dessus ceste mer qui ayt esté il y
a plus de deux cens ans, et qui a bien donné de l'affaire à l'Espaigne. J'espère en parler ailleurs. Ç'a esté
aussi ledict marquis qui deffit M. d'Estrozze vers la
Tercère². Voylà pourquoy je ne m'estendray sur ses
louanges, encor qu'il en mérite plus hautes que les
miennes; mais il me siéroit mal de dire tant de bien
de celuy qui a faict mourir le plus grand de mes amis, et
faict mourir et trencher la teste à tant d'honnestes
gentilz-hommes françois qu'il fit à ce voyage.

Or maintenant, après avoir parlé du père, qui est Dom Phillipe
l'empereur, il faut parler ast'heure⁴ du filz, qui est ce roy
grand roy d'Espaigne dom Phillippe, roy très cathol- d'Espaigne³.
lique; lequel, encor qu'il n'ayt mis le pied tant de fois
à l'estrieu et paru à la campaigne, ny monté sur mer,
comme l'empereur Charles son père, si est-il un grand
roy et un grand capitaine, puisque plusieurs roys et
capitaines ont estez autant louez et estimez d'avoir
faict de belles conquestes et mené de grandes guerres
aussi bien assis en la chaire de leurs conseilz comme
en leurs selles d'armes. Sans m'amuser à l'allégation de
plusieurs exemples, je n'allègue que celuy de nostre
roy Charles cinquiesme, lequel eut le surnom de Sage,

---

1. *Var.* Drap (ms. 6694, f° 87 r°).—François Drake, célèbre
amiral anglais, né en 1545, mort en 1596.

2. En 1582. Voyez dans un autre volume la vie de Philippe
Strozzi.

3. Philippe II, fils de Charles V et d'Isabelle de Portugal, né
en 1527, succéda à son père sur le trône d'Espagne en 1556 et
mourut le 13 septembre 1598.

4. *Var.* Asture (ms. 6694, f° 87 v°).

et duquel le roy d'Angleterre[1] se plaignoit qu'il luy faisoit une guerre si importune sans bouger de son cabinet.

D'advantage, comme j'ay ouy dire à de grandz capitaines, il est plus difficille de donner remède aux inconvéniens qu'on ne void point qu'à ceux qu'on void ; car, comme l'on dict communément, quand l'on void les choses à l'œil, et mesmes de la guerre, l'on y remédie plus aisément. Voylà donc ceux qui conseillent et remédient, non seullement aux maux qu'on void, mais aussi qu'on ne void point, sont fort à estimer, et monstrent avoir un proffond jugement et grand sens. Aussi dict-on qu'il faut faire la guerre à l'œil ; et qui la faict bien les yeux fermez, ou en absence et bien loing, est fort à louer. De plus encor, quand tout est dict, ainsi que j'ay ouy dire à plusieurs de bon advis, quand un grand roy ou grand prince a passé les premiers fœuz de sa jeunesse à la guerre, ce n'est pas le meilleur ny pour luy ny pour tout son royaume qu'il la face tousjours en personne : les raisons là dessus s'y peuvent aporter belles ; et aussi que c'est trop se faire esclave de Mars, et non perà compaignon à luy. D'advantage il y a différance, et y en doit avoir, entre les roys et nous autres gentilzhommes qui vivons de cela.

Au surplus, quand un roy faict tant de l'hasardeux et du cheval léger[2], il n'est pas possible qu'il n'y arrive une fois en sa vie quelque faute ou disgrace de fuite ou d'autre erreur; de laquelle, s'il est une fois

1. Édouard III.
2. Brantôme semble faire allusion ici au combat de Fontaine-Française (1595), où Henri IV s'exposa de la manière la plus imprudente et n'échappa qu'à grand'peine aux Espagnols.

tasché tant soit peu, il ne s'en peut jamais bien laver.
Et telz motz quand on dict : « Il a fallu au roy se re-
« tirer plus viste que le pas, » ou bien : « il a fuy à
« bon escient, » quand ce ne seroit que cent pas, il
ne s'en sçauroit jamais nettoier, sonnant ce mot si
mal à la bouche [qu'à jamais il en put fort villaine-
ment]. Voylà pourquoy les roys doivent mesnager leurs
hasardz et leurs vies, à la mode que font aucuns avares
leurs thrésors, lesquelz ilz espargnent en choses petites
et basses, et les despendent en choses nobles et de
conséquance, quand il est question. De mesmes les
roys doivent faire de leurs vies, ne les advanturer à
tous hurtz[1] et occasions légères, mais à d'autres belles
et de très grandes, que si le malheur veut qu'ilz y
meurent, on die d'eux qu'ilz sont mortz en une belle
bataille ou en un' honnorable rencontre, où signallé
combat, bravement et vaillamment les armes au poing,
toutes tainctes de sang, comme plusieurs grandz empereurs et roys ont faict, dont le nombre est infiny.
S'il faut qu'ilz se retirent, que ce soit en valleureuse
et honorable relique de battaille, comme fit ce brave
Phillippe de Vallois après la battaille de Crécy[2], qui,
après avoir combattu tout ce qu'il se pouvoit jusques
à la serée[3], qui le fit retirer au gyste en un chasteau et
ville, où le gouverneur luy ayant demandé de la muraille son nom, il respondit que c'estoit la fortune restée de la battaille perdue[4]. S'il faut qu'ilz soient pris,

1. *Hurtz*, heurts.
2. Le 26 août 1346.
3. *Serée*, soir, soirée.
4. Il est reconnu depuis longtemps que la phrase : « Ouvrez,
c'est la fortune de la France, » que l'on attribuait au roi, ne pro-

que ce soit à la mode du roy Jehan devant Poictiers, et le roy François devant Pavie; lesquelz, plustost que fuyr avec plusieurs autres, furent pris, n'en pouvant plus, tous las du combat; ou bien du tout sortir bravement victorieux, ainsi que fit nostre grand roy Henry IV à la battaille de Coutras et à celle d'Ivry, et comme advant luy avoient faict ses deux illustres prédécesseurs, les roys Charles VIII⁰ et Louys XII⁰, aux battailles de Fornovo et d'Agnadel.

Ainsi les rois, qui sont esclairez[1] de toutes parts, doibvent mener leurs vies et leurs honneurs; car ilz sont tant veuz que, s'ilz bronchent tant soit peu, ilz sont marquez de tous costez. Si ne sçauroit-on reprocher au roy d'Espaigne qu'il n'ayt grandement aymé la guerre de son vray naturel. Dès lors que l'empereur son père luy eust mis tout son estat entre ses mains, il nous alla de premier coup dresser de grosses armées, et nous les jetter si bien sur les bras, qu'il nous fit donner la battaille de Sainct-Quantin, qu'on gaigna sur nous, avec de grosses pertes de beaucoup de gens de bien et seigneurs. Et au partir de là, alla en personne assiéger la ville de Sainct-Quantin, la battre furieusement et la prendre d'assaut, gardée aussi bien de feu M. l'admiral de Chastillon que place de ce temps-là qui ayt esté prise. Et puis prit Han et le Castellet; et s'en contentant, ne voulut passer plus outre ny venir à Paris, comme beaucoup le présumoient et en avoient

---

venait que d'une mauvaise lecture de Froissard. Le vrai texte est : « Ouvrez, c'est l'infortuné roi de France. » Voyez Froissard, édition du *Panthéon littéraire*, liv. I, ch. ccxcii, t. I, p. 240.

1. *Esclairez*, exposés à la lumière.

craincte; mesmes on dict qu'il le devoit faire, et l'empereur mesmes le dict; mais pourtant il ne voulut passer plus outre. Luy mesmes [1], au champ de Galon [2], il ayma mieux faire sa paix [3] que venir à Paris, qu'il avoit autres fois tant menacé; et en estant sur le point d'y venir, il y songea; non pas mesmes voulut que son armée passat d'Italie en France, par les persuacions de M. de Bourbon, après la perte de la bataille de Pavie; car c'est un grand faict que d'aller attaquer un royaume de France tout à coup dans son fort.

Le roy d'Espaigne donc y pensa bien aussi, lequel, conduict d'un bon et sage advis, tant de luy que de ses capitaines, s'arresta coy; dont, possible, luy eust mal pris s'il eust poussé plus advant; car nostre grand roy Henry s'estoit remis sus bout avec une très bonne armée. Et gaigna mieux de réculler [4] ainsi pour faire amprès ce qu'il nous fit; car il nous alla encor livrer une seconde battaille, dont la perte nous fut de fort grande importance, qui fut celle de Gravellines [5], où M. le mareschal de Termes fut pris, et M. d'Anebaut [6] avec force gentilzhommes et seigneurs mortz; desquelz en fut feu M. d'Archiac [7], de la noble maison de Montberon, un fort honneste, brave et vaillant jeun' homme, et

1. Charles-Quint.
2. Jalons ou Jaalons, près de Châlons-sur-Marne.
3. La paix de Crespy, le 18 septembre 1544.
4. *Var.* De se reculer (ms. 6694, f° 87 r°).
5. Le 13 juillet 1558.
6. Jacques d'Annebaut, fils du maréchal auquel Brantôme a consacré ailleurs un article, tué à la bataille de Dreux, en 1562.
7. René de Montberon, baron d'Archiac, fils de François de Montberon et de Jeanne de Montpezat.

qui monstroit bien d'où il estoit descendu, ne faisant nullement tort à ses nobles ancestres[1]; car il fut tué en combattant fort vaillamment jusques à la dernière vigueur. Ceste perte de battaille (à ce que j'ay ouy dire à des plus grandz de la France), nous porta plus de dommage qu'on n'a creu.

Puis amprès, ce grand roy[2] dressa une des grandes armées que l'empereur son père n'avoit faict, et luy mesmes vint en personne, prend sa route vers Amians, pour continuer encor quelque usage de nous donner quelque battaille, car il en avoit une fort grand' envie, croyant tousjours que la fortune le favorisast comm' elle avoit faict. Aussi de son costé l'avoit bien nostre roy Henry, qui n'avoit pas moins belle armée, comme chascun sçait, ny moins d'envie de combattre et avoir sa revanche. Mais Dieu ayant pitié de la mort de tant de mille personnes, s'ilz en fussent là venus, inspira les deux roys valleureux et bons pour entendre à une paix[3], laquelle, après estre fort débatue à Cercan[4], fut conclue, arrestée et liée d'un nœud si bon et si sainct, qu'ell' a duré inviollable jusques icy, encor qu'il n'ayt pas tenu à nous qu'on n'en ayt donné de grandz subjetz pour la desnouer ou rompre du tout. Je m'en rapporte à tant d'entreprises qui se sont faictes sur[5] la

1. Le correcteur a ajouté sur le ms. 3262 : *Eustache*, *Adrian* et *François de Montberon*.
2. Philippe II.
3. La paix signée à Cateau-Cambrésis en avril 1559.
4. Cercamp-sur-Canche, abbaye de Bernardins, près de Frévent (Pas-de-Calais).
5. Tout ce qui suit jusqu'à la fin de l'alinéa a été biffé sur le ms. 3262 et remplacé par cette phrase : « Je m'en rapporte à tant

DOM PHILLIPE, ROY D'ESPAIGNE.

Flandre par les moyens du prince d'Orange et du conte Ludovic son frère[1], advant le massacre de la Sainct Barthellemy, et puis amprès aussi lors que l'on donna deux cent mill' escus au seigneur conte Ludovic de Nanzau par la distribution et les mains du mareschal de Raiz, qui en retint cinquante mille pour luy, pour faire sa barbe, et n'en donna que cent cinquante mille; qui fut cause de la mort et perte dudict pauvre conte, qui fut grand dommage, car c'estoit un vaillant et généreux prince; puis par les hautes menées et exécutions de feu M. d'Allançon, qui prindrent terriblement fœu celles là, mais pourtant comm' un fœu de paille furent aussi tost évaporées, pour de grandes fautes que j'espère de dire un jour. Quelz attentatz se sont faictz sur Gênes, il y a dix ans[2], lors qu'elle estoit en révolte, et combien y fit de voyages et de tours Fregouse[3]! De sorte qu'il ne tint qu'à peu, et non à mauvaise voulonté de nous autres, qu'elle ne fust françoise, non pas Gênes seulement, mais Naples et plusieurs autres places de l'Italie qui estoient prestes à branler et se révolter, voire la pluspart des potentatz, par nostre solicitation et manigances sourdes. Mais à tout il y fut pourveu sagement par la grand' providence

---

d'entreprises qui se sont faictes sur la France, desquelles je puis bien sçavoir quelqu'une, le tout s'estant tramé du règne du roy Charles IX et du roy Henry III. »

1. Voyez plus loin les notices qui leur sont consacrées.
2. Brantôme, qui a écrit cette notice à trois ou quatre époques, sans prendre la peine de changer les dates qu'il avait mises d'abord, veut probablement parler ici des troubles qui éclatèrent à Gênes en 1574.
3. Galeas Frégose, comte de Muret, qui servit en France sous Charles IX et Henri III.

de ce grand roy, lequel pourtant ne s'en esmeut autrement à nous vouloir faire la guerre, encor qu'on luy en eust donné assez d'occasions. J'en peux bien sçavoir quelques choses, estans venues tant du roy Charles neufviesme que du roy Henry troisiesme.

Sur quoy je fairay un petit conte, par forme de digression : qu'un peu devant les tumultes de Flandres, le conte d'Aiguemont[1], les prévoyant, prit la poste et s'en alla en Espaigne trouver le roy son maistre pour luy annoncer les orages et tempestes qu'il en voyoit venir[2]. Il passa à Paris, où il se tint un conseil estroit de luy et de deux grandz personnages françois que je ne nommeray point, fors un qui estoit huguenot, M. l'admiral. L'autre[3] n'estoit pas de ceste religion (ce disoit-il); mais il les favorisoit du tout soubz main, ne s'osant déclarer manifestement, par plusieurs raisons que je dirois bien. Ces trois firent là un bon symbolle, et y taillarent bien de la besoigne, que l'on a bien sçeu despuis et veu esclore aucunes, et le tout tendant la plus grande part à rompre la paix entre la France et l'Espaigne. Tant y a que le dict d'Aiguemont, après ceste belle consultation, s'en alla en Espaigne, où il fust bien venu et receu de son maistre, auquel il anonça tout ce qui estoit advenu en Flandres et ce qui devoit advenir, comme prophette, ou plus-

1. Egmont. Voyez sa Vie plus loin.
2. Il arriva à Madrid au commencement de mars 1565. Voyez Strada, livre IV.
3. C'est probablement le connétable Anne de Montmorency que Brantôme associe à cet incroyable projet d'alliance entre Philippe II et les Huguenots. Il n'est guère besoin de dire qu'il n'a sans doute fait ici que recueillir quelques propos de cour.

tost comme principal conseiller et négociateur de tout. Le roy d'Espaigne trouva ces évènemens fort estranges, et demanda audict conte les remèdes et son advis pour y pourvoir; qui luy fit responce qu'il n'en sçavoit de plus propre que de faire la guerre en France comm' auparadvant, et que jamais il n'y fit plus beau ny bon, et que desjà il luy promettoit plusieurs villes aux frontières, aussi seures que s'il les tenoit en la main; car il avoit parlé à ses deux marchans qui luy aydoient à la livraison en partie de la marchandise. Ce qu'entendant, le roy d'Espaigne le renvoya bien loing et lui disct: *Conde, no me hablays mas d'esto, porque yo quiero mas presto perder la Flandes que de quebrantar tan vellacamente la fe dada de mi al rey christiano, mi querido hermano y tan moço.* « Conte, ne me parlez plus de cela; car j'aymerois mieux perdre toute la Flandre que de rompre si villainement la foy que j'ay donnée au roy très chrestien, mon bon frère, et tant jeune qu'il est. »

Jamais ce grand prince ne reffusa marché que celuy là. Cas estrange! En telle responce donc si magnanime du roy d'Espaigne pouvons-nous recognoistre s'il nous a esté si cruel ennemy comme l'on a tant crié en France par la bouche et la voix de plusieurs, non de tous. Et si l'on me met au devant pourquoy il a tant entretenu de pensionnaires en France, et donné pensions, je le croy et l'advoue, et en nommerois plusieurs et des plus hautz hupez, si je voulois; mais il les faut blasmer ceux là, car il n'appartient à aucun subject, sans congé du prince, prendre pension d'un estranger. Mais il faut louer le roy d'Espaigne; car ce n'a jamais esté à mauvaise intention qu'il entretenoit ses pensionnaires, pour luy ayder à faire la guerre contre leur maistre, mais pour luy persuader tousjours à ne la faire point et le tenir en ceste bonne humeur de paix. En quoy certes telz conseillers ont bien faict et sont à louer, si ce n'est qu'ilz n'en devoient tirer d'argent pour si sainct office, et que la loy le deffend comme j'ay dict.

D'aucuns, plus remuans et plus passionnez, pourtant ont tenu qu'il eust mieux vallu faire ceste guerre que la nostre civile : je m'en raporte de cela aux meilleurs discoureurs. Possible, y eussions-nous gaigné, possible non : tesmoingt ceste dernière guerre déclarée contre luy, dont on maudist en France ses conseillers ; car nous y avions perdu Cambray, Callays, Ardres, Dorlan, Le Castellet, La Cappelle et Amians, et en eussions bien perdu d'autres sans sa mort et sans la paix[1].

Cecy ne faict rien à nostre propos pour ast' heure, encor que j'en aurois grand envie d'en parler ; ce sera un' autre fois.

Mais[2] pour tourner encor aux tentations que l'on a donné au roy d'Espaigne de nous tourmenter et nous persécuter en guerre, quelle charge de conscience est-ce à la France, après la victoire de ceste tant fameuse bataille d'Elepantho, que le Turc n'en pouvoit plus et ne battoit que d'un' aesle et prest à perdre

---

1. Le ms. 6694 (f⁰ˢ 89-90) portait d'abord *et en perdrons bien d'autres*, ce qui indique que ce passage avait été écrit pendant la guerre déclarée à l'Espagne par Henri IV, le 17 janvier 1595, et terminée par la paix de Vervins, le 2 mai 1598, plus de quatre mois avant la mort de Philippe II (13 septembre).

2. Les quarante-neuf lignes qui suivent jusqu'à (p. 83, ligne 5). *Despuis la paix faicte*, sont biffées dans le ms. 3262.

Constantinople, aller rompre le cours de ceste victoire[1] par le voyage qui se fit en Flandres, où fut pris Montz et Valanciennes par M. le comte Ludovic, M. de La Noue, Genlys, Le Poyet, Rouvray et Villandray[2], avecques un' infinité d'autres honnestes et vaillans hommes; et puis par nostre embarquement que nous estions prestz à faire de Brouage sans la Sainct-Barthélemy, où nous y menions douze mill'. hommes de guerre des bons de la France? Il ne faut doubter, sans ces deux empeschemens et allarmes, que le Turc n'eust perdu la plus grand part des terres et isles du Levant. Et pourtant le roy d'Espaigne se tint coy, et ne voulut rendre la pareille, car il ne manquoit nullement de moyens. Je ne veux point parler des traverses que nous luy avons faict vers le Portugal, vers la Tercère, Sainct-Michel et autres lieux, et de terre et sur mer de par delà ; car, pour en parler sainement, nous avions tous les droictz du monde de le traverser de ce costé là, d'autant que ledict royaume de juste droict appartenoit à la reyne mère de nostre roy[3],

1. Voyez l'article de don Juan d'Autriche.
2. François de La Noue, dit *Bras-de-fer*, célèbre capitaine calviniste, né près de Nantes en 1531, blessé mortellement au siége de Lamballe et mort à Moncontour le 4 août 1591. Brantôme en parle longuement ailleurs. — Jean d'Hangest, seigneur de Genlis, mort en prison à Anvers, en 1572. — Poyet, capitaine huguenot, qui s'empara le 13 octobre 1573 de Sainte-Gertrude. — Rouvray, autre capitaine huguenot, sur lequel on peut consulter d'Aubigné, tome I, col. 219, 408, 459. de l'édit. de 1626. — Villandray est probablement ce Villandry qui faillit payer de sa vie une plaisanterie fort indécente à l'égard de Charles IX. Voyez d'Aubigné, ibid., année 1571, tome II, col. 528.
3. Catherine de Médicis, qui prétendait avoir des droits sur le trône de Portugal, les avait cédés à dom Antonio, prieur de Crato,

dont ailleurs nous en parlerons. En ceste querelle, ce roy s'est si bien deffendu, qu'il nous a battu à la routte de M. d'Estrozze, et chassé de ce que nous avions pris en ces parts de delà, et s'est rendu paisible roy de Portugal sans venir nullement sur le nostre. Il est vray qu'on dira qu'à la fin il a fort favorisé la Ligue : je le croy; car on l'avoit tant picqué et picotté, qu'à la fin il fallut bien qu'il ruast, estant si sensible et généreux qu'il estoit; encor ne se désempara-il jamais de l'amitié de nostre roy. M. Forget[1] y envoyé (aujourd'huy secrettaire des commandemens et grand homme d'estat) le sçait bien, et M. de l'Onglée[2], agent vers le roi d'Espaigne pour lors, et s'y tenoit tousjours près de luy comme son ambassadeur, sur la fin, n'advouant jamais qu'il soubstint la Ligue contre luy sinon pour faire la guerre à ceux de la religion, et l'exterminer pour remettre la cathollique romaine en son entier, comme ell' avoit esté d'autres fois; aussi qu'il est fort dévot et bien zellé à sa religion, sans aucune faintise, ne cou-

au secours duquel elle envoya une expédition aux Açores (1582), où fut battu et périt Philippe Strozzi, et qui se termina par la capitulation des Français enfermés dans l'île de Tercère, le 4 août 1583.

1. Pierre Forget, seigneur de Fresnes, intendant général des bâtiments de la couronne, mort en 1610.

2. Dans la liste des chevaliers de Malte, du prieuré d'Aquitaine, figurent Antoine et Guillaume de la Motte-Longlée, reçus chevaliers l'un en 1556, l'autre en 1560. Peut-être l'un des deux est-il celui que mentionne Brantôme et dont j'ignore le prénom; je puis dire seulement que de 1583 à 1587, et peut être avant ou après, il fut « résident en Espagne pour le service du roi. » On trouve la copie de plusieurs lettres à lui adressées, à ces dates, par Henri III et Catherine de Médicis dans le manuscrit 3321 du fonds français à la Bibliothèque impériale, f°ˢ 117 à 126.

vrant ses ambitions soubz le voyle de religion ou piété, comme faisoit Ferdinand, son bon prédécesseur, roy d'Arragon, comme j'ay dict cy devant[1]; mais il a tout faict pour l'amour de Dieu, n'ayant despuis la paix faicte en France[2], jamais laissé couller une seulle année qu'il n'aye faict un armement, soit par mer ou par terre, contre les Turcz et infidelles, ou fust pour faire quelque belle journée, qu'ilz appellent *jornada*, qui se prend non tant seullement pour quelque battaille que pour quelque siège, entreprise, ou autre expédiction grande et signallée, comme sont estez le voyage et bataille des Gerbes, les guerres d'Oran[3], le voyage et prise de Belys et Pignon de Belys, où j'eus cet honneur[4] de m'y trouver, les deux secours de Malte, faictz et arrivez à propos, la guerre contre les Mores en Grenade[5], et battaille gaignée, et eux subjuguez et chassez du tout, ceste mémorable et incomparable journée d'Elepantho, le voyage de la Goullette et sa perte, mais ce n'a esté sa faute; bref, force autre armemens de mer, pour aller en cours et pour nettoyer les mers, où il se faisoit toujours de fort beaux actes et grandes prises et grandz services pour la chrestienté; car c'estoit chose infaillible qu'à tous les printemps, en Itallie et en Espaigne, comme j'ay

1. Voyez t. I, p. 116 et suivantes.
2. La paix de Cateau-Cambrésis, en 1559.
3. L'île de Zerbi, prise par les Espagnols au mois de mars 1560, fut la même année reprise par Piale et Dragut. — Oran, assiégé par le fils du dey d'Alger, en 1563, fut délivré par les Espagnols.
4. *Var.* J'éus cet heur (ms. 6694, f° 90).
5. De 1568 à 1570.

veu, on y voyoit tousjours battre le tabourin pour y amasser gens, tousjours remuer et embarquer gens de guerre contre le Turc, sinon despuis huict ou neuf ans, que, se voyant M. d'Alancon sur ses bras fort rudement, il fut contrainct de faire la trefve avec le Grand-Seigneur[1], qui luy couste bon, car il n'y a année qu'il n'en donne de pention à la Porte du Grand-Seigneur, aux vigiers, aux baschas et autres, plus de huict à neuf cens mill' escus, comme je tiens de bon lieu.

[Voylà[2] comment, à son très grand regret, il a esté contrainct de composer avec les infidelles, ayant ceste bonne obligation à toute la chrestienté, à ceux de Flandres[3], vers lesquelz il luy a fallu tourner ses armes, qu'il a mené l'espace de vingt cinq ans ou plus, ordinairement et sans relasche, desquelz longtemps a qu'il en eust eu la totalle raison sans les menées de la France et d'Angleterre, encor que ceste guerre luy a espuisé ses thrésors plus que toutes les guerres qu'il a faict contre les infidelles et autres, et surtout] ceste grand' armée qu'il dressa il y a deux ans[4] contre l'Angleterre, qui a esté la plus belle que l'on aye veu de long temps en ceste grand mer Océane de deçà; et ce, pour tirer de captivité ceste pauvre royne d'Escosse[5], de

1. Elle fut signée pour un an en 1582 et renouvelée trois fois pour le même laps de temps; en 1587, elle fut conclue pour deux ans.

2. Ce qui est compris entre [ ] est biffé sur le ms. 3262.

3. Le manuscrit 6694, f° 90 r°, portait d'abord : Aux mutins et séditieux de Flandres.

4. En 1588. — Brantôme écrivait donc ce passage en 1590.

5. En écrivant ceci, Brantôme a oublié que Marie Stuart était morte sur l'échafaud le 18 février 1587, c'est-à-dire plus d'un an avant le départ de *l'Invincible armada*.

laquelle ce roy pour bonne piété se voulut rendre protecteur et libérateur, s'il eust peu ; mais ce barbare ellément d'eau se banda contre luy, et, ce coup là, trop injustement. Or[1] là dessus qu'on m'aille dire que le roy d'Espaigne ne soit tout plein de bonté, de piété, de valeur, et remply de saincte religion et divin zelle ! car il s'en fust bien passé s'il eust voulu, et eust faict il y a long temps une trefve avec le Turc, comme il a faict despuis pour ceste guerre de Flandres.

Certes, comme j'ay ouy dire à aucuns très grandz et poinct passionnez, que les révoltez en ont eu quelques raisons, tant pour secouer le joug des Espaignolz, qui est certes insupportable, que pour se garder de l'inquisition, comme d'une malle beste, disoient-ilz, et fort dangereuse. D'autres les blasmoient d'avoir repris les armes après que dom Juan[2], arrivé en Flandres pour les contanter, en chassa tous les Espaignolz, et les renvoya tous en Italie, après le sac d'Anvers[3], et leur avoir accordé la paix et beaucoup de libertez de vivre. Ilz vinrent après rompre tout, et aux armes plus que devant, ce qui fascha fort au roy ; car, pour avoir sa revanche d'eux, il ne la peut avoir sur les Turcz, qui luy avoient pris sa Goullette, place fort importante pour la chrestienté. J'ay ouy dire que, lorsqu'il en sceut la nouvelle de la perte, il la porta si fort impatiamment qu'il en devint malade[4], non tant pour sa perte

---

1. Ce qui suit jusqu'à la fin du paragraphe a été changé ainsi par le correcteur sur le ms. 3262 : Il a heu de grandes guerres de desmeslez avec ses subjectz de Flandres. (F° 177 v°.)
2. Voyez plus loin la Vie de don Juan.
3. En 1576. Voyez t. I, p. 278-280.
4. Le ms. 6694 (f° 70) portait en outre : Et en cuida mourir.

(disoit-il), *mas porque los perros triumfan de los pobres christanios*, « mais parce que les chiens triumphent des pauvres chrestiens. » Car il luy estoit à grief de voir tant de chrestiens encadenez et menez esclaves, et traictez misérablement pour jamais. Ce ne fut point sa faute; car il y avoit fort bien dilligemment pourveu, y ayant envoyé une fort grosse armée ; mais il y fust fort mal servy.

Il y en a plusieurs qui s'estonnent pourquoy, en l'aage qu'il est et malladif, s'il ne se distraict point de tant d'occupations d'affaires (car il les veut tous sçavoir et en dire son advis et donner commandement), et ne face la retraicte de l'empereur son père[1]. Ceux là voudroient bien qu'il la fist et ne s'en meslast point; car ilz s'en trouveroient mieux, et y perdroient un très dangereux ennemy. D'autres le louent et l'en estiment d'advantage pour continuer tousjours son ambition tant plus qu'il vieillist. Aussi dict-on que l'advarice et l'ambition ont quelque sympatie ensemble et ressemblance, un peu dissemblable, d'autant que tous vices s'affoiblissent et s'abbattent par le temps, l'aage et la vieillesse, car les personnes vieilles n'ont plus la force ni la vigueur de les exercer, fors l'avarice: car quiconque en est tasché, tant plus il vieillist, tant plus il l'augmente. De mesmes aucuns ambitieux qui ont estés une fois attainctz bien au vif de l'ambition, à grand peine s'en peuvent-ilz deffaire bien aisément, mais la couvent tousjours en leur ame jusqu'au tumbeau. Que

---

1. Brantôme, en conservant, sans le modifier, ce passage dans sa seconde rédaction, a oublié qu'il avait parlé plus haut (p. 80) et qu'il allait parler plus bas (p. 92) de la mort de Philippe II.

s'il y a aucuns qui s'en despouillent du tout et disent n'en avoir, c'est qu'ilz en font des bons ypocrites, et qu'ilz nous font accroyre qu'ilz n'en ont un seul brin, ou qu'ilz n'en peuvent plus pour la maintenir, ou bien pour autres raisons qu'ilz cachent et pallient; ou du tout, s'ilz s'en deffont à bon escient, c'est un très grand miracle, comme du roy de Naples, Jacques de Bourbon[1], d'un duc de Guienne[2], d'un duc de Savoye[3], qui se rendirent religieux, et de l'empereur Charles. Encor pensé-je qu'ilz s'en repentoient quelquefois et en couvoient tousjours, quoy qui fust, un peu dans leur âme, et la cachoient sourdement, ny plus ny moins qu'un grand brazier de fœu soubz une cendre qui semble morte.

Je croy que si on eust esleu l'empereur pape comme il le desiroit[4], qu'il ne l'eust pas reffusé, non plus que ce duc de Savoie, et fust mort pape, et n'eust faict en cela comme le dict duc de Savoye, qui quicta le papat et reprit son hermitage de Ripaille. Aussi dict-on que les ambitions sont aussi bien parmy les monastères, les cloistres et religions que ailleurs. Telles repentances et conversions sont bonnes pour nous autres gentilz-hommes, qui, estans vieux et cassez, ne devons estre ambitieux, car nous ne servons en un' armée ou en une court que d'importunité ou empeschement ou

---

1. Jacques II de Bourbon, comte de la Marche, non pas roi de Naples, mais mari de la reine Jeanne de Naples, mourut dans un couvent de franciscains, à Besançon, en 1438.

2. Saint Guillaume, duc d'Aquitaine, mort le 28 mai 812, au couvent de Saint-Guilhem du Désert qu'il avait fondé.

3. Amédée VIII. Voyez t. I, p. 54 et 55.

4. Voyez t. I, p. 54.

conchiement. Mais il faict tousjours beau voir un roy vieillard; et aussi que les royaumes se portent mieux régis par un roy aagé que jeune.

Certainement ce roy d'Espaigne, ayant abandonné le monde et faict comme son père, en acquerroit bien le renom d'un très bon religieux; mais puisqu'il est né roy et grand, pourquoy ne veut-on qu'il vive et meure en roy, puis qu'il peut faire son salut aussi bien ainsi que religieux, et ne recognoisse aussi des affaires de son royaume, et mesmes qu'il n'a pas en luy un successeur formé comm' il estoit lorsque l'empereur son père se deffit de ses estatz entre ses mains? Encor l'empereur par ceste conversion fit-il tort à sa réputation, et à ses terres, et à ses serviteurs, qui demeurarent ainsi veufz d'un si brave maistre; mesmes que ses soldatz espaignolz en furent très mal contens, et l'en brocardarent jusques à ne l'appeller plus par ce beau nom de jadis d'empereur, mais par mocquerie et desdain aucuns l'appelloient *Fray Carlo de Santo-Hieronimo*[1]. C'estoient les soldatz indiscretz et nouveaux; mais les vieux, et qui avoient recogneu ses armes et ses valleurs, defferoient tousjours à son beau nom et vénérable mémoire, le pleurant, et regrettant sans cesse dequoy il les avoit laissez : et, pour l'amour de luy, servirent tousjours son filz et l'aimarent fort; aussi les aymoit-il fort.

Il me souvient qu'après la prise de Belys et son Pignon il y eut environ quelques trois ou quatre

---

1. Frère Charles de Saint-Jérôme. — Le monastère de Yuste, où s'était retiré Charles-Quint, appartenait à l'ordre des Hiéronimites.

cens soldatz qui, de tous ces terces d'Italie, se desbaucharent et se désembarquarent à Mallegua[1], et se desbandarent, mal contens et demy amutinez; et, soubz umbre de voir leurs parens (disoient-ilz), vindrent à la court à Madrid; et, sans faire le petit semblant, appertement commençarent à crier qu'ilz voulloient leurs payes qu'on leur devoit; et se pourmenans quadrilles par quadrilles par les rues, braves et en poinct comme princes, portans leurs espées hautes, les moustaches relevées, les bras aux costez[2], bravoient et menassoient tout le monde, ne craignans ny justice ny inquisition : pour la justice, qu'elle n'avoit esgard sur eux, qui estoient gens de guerre; pour l'inquisition, il n'y avoit ny moyne ny prebstre que, les rencontrant par les rues, ilz ne dissent leur colibet ; à l'un : *Senor frayle, à donde esta la puta*[3]? à l'autre : *Senor clerigo, como va la puta*[4]? et autres petis motz pareilz, scandalleux pour gens d'église. Tout cela fut raporté au roy, de leurs menaces et de leurs insolences, et pour ce les falloit chastier. Le roy d'Espaigne ne le voulut point, mais dist seulement : « Ce sont eux qui me font régner; je serois « bien marry donc de les faire mourir. » Parquoy il commanda au duc d'Albe (car j'y estois) d'aller parler à eux, de les appaiser et faire retirer et r'embarquer aux gallères, et que pour le seur ilz ne seroient pas plus tost en Italie, qu'ilz trouveroient là tout l'argent de leurs montres, lequel estoit desjà passé, et

1. Malaga.
2. Nous dirions aujourd'hui : le poing sur la hanche.
3. Monsieur le moine, où est la putain ?
4. Monsieur le prêtre, comment va la putain ?

qu'ilz n'en perdroient une seulle. Cela les contenta fort; et par ainsi se retirarent, non sans louer fort leur roy.

Aussi les paye-il bien lousjours; et s'ilz demeurent long temps sans faire monstre, et qu'on leur en doive jusqu'à douze, quinze ou vingt, ilz n'en perdent jamais pas une; et sont tousjours très bien payez, et mieux que de l'empereur, d'autant que le roy a plus de bien que son père, et les Indes luy produisent plus, tant d'Espaigne que du Portugal, que l'empereur n'avoit pas. Aussi que cestuy-cy ne faict de si grandes despances et démesurées deçà et delà comme faisoit son père, et est un peu plus escarce, et espargne fort pour employer tout à la guerre et au maintien de sa grandeur et estat, fors le superbe bastiment de l'Escurial, où il a despendu vingt millions d'or qu'aucuns ont tenu pour fort vaine despance. Tous les ans il y employoit un million, et y a mis vingt ans pour le mettre en perfection : œuvre de nature certes miraculeux. Ces derniers amutinez qui sont avec les estatz de Flandres, s'ilz fussent estez du temps du roy Phillippes, ilz fussent estez bien tost contens, et n'eussent pris le party contraire[1]. Je parle ailleurs de plusieurs amutinemens de ses gens.

Ainsi a passé ce prince ses vieux ans parmy les armes, comme il a passé ses jeunes de mesmes. Il les a très bien aymées en sa jeunesse. Lorsque l'empereur le mit en possession des Pays-Bas, et qu'il l'en-

---

1. Allusion à la révolte des troupes espagnoles qui, envoyées dans leurs quartiers d'hiver entre Grave, Ruremonde et Maestricht, se révoltèrent à la fin de l'année 1599. Voyez de Thou, liv. CXXII.

voya querir en Espaigne, il vouloit fort prendre la
charge des armées de son père; mais jamais l'empereur ne le voulut, craignant le perdre, n'ayant que
celuy là : de quoy le filz en désesperoit, car il estoit
bien né pour les armes, et luy séoient bien. Aucuns
disoient qu'une belle jallouzie l'en empescha, s'il eust
faict quelque plus beau exploict que luy.

J'ay ouy raconter à plusieurs gentilzhommes et
dames qui estoient pour lors à la court de l'empereur
que ce roy son filz, en toutes les villes et pays où il
en prit possession et fit ses entrées, il s'y fit de très
beaux tournois et combatz à cheval et à pied, surtout à Baings[1], chez la reyne d'Hongrie; où il ne se
fit jamais partie, fust à pied, fust à cheval, que le roy
d'Espaigne n'en fust et ne fist la sienne, où il acquist
tousjours la réputation des mieux faisans et combattans, et de force et d'adresse, monstrant tousjours les
armes si belles en la main qu'il emportoit tousjours le
prix. J'en ay veu un livre en espaignol, qui s'intitule
El viage del principe[2], qui en descrit la pluspart des
combatz qu'y furent faictz, et comme le roy d'Espaigne y faisoit tousjours des mieux : aussi estoit-il de
fort bonne grâce, beau et agréable, blond, et qui
s'habilloit fort bien, comme j'ay veu; aussi le mons-

1. Binch, dans le Hainaut, où la reine de Hongrie avait un
château.

2. Voici le titre exact de ce livre, dont l'auteur est Juan Chris-
toval Calvete de Estrella : *El felicissimo viaje del muy alto y poderoso principe Don Phelippe, hijo del emperador Don Carlos quinto
maximo, desde España a sus tierras de la baxa Alamaña, con la de-
scripcion de todos los estados de Brabante y Flandes*-Anvers, Nucio,
1552, in-f°; très-rare.

tra-il bien après qu'il fut hors de la discipline de l'empereur son père, et qu'il fut en pleine liberté; car il nous fit la guerre à bon escient, ainsi que j'ay dict cy-devant.

Voylà ce que pour ast'heure je puis dire de la vie de ce grand roy, duquel despuis la mort est ensuivie, de laquelle en passant j'en diray ce que j'en ay appris[1].

« C'est qu'en ceste année 1598, le roy don Phillippes, IIIe du nom, le prince estant allé en la place de Madrid, aux festes et esbatz qui s'y faisoient le jour de la célébration de la feste sainct Jehan Baptiste, le roy son père (que Dieu absolve!) n'y fut pas, parce que lors il estoit mallade de la goutte, qui l'avoit saisy aux deux mains. Son Altezze, revenant de ces jeux et esbatz, faisoit rapport à son père de ce qu'il y avoit veu. Sa Magesté luy respondit : « Je suis « bien aise de ce que tu y a pris plaisir, parce que tu

---

[1]. La relation qui suit, jusqu'à la fin du sonnet, occupe quatre feuillets intercalés dans le ms. 6694, et qui ne sont ni de la main de Brantôme ni de celle de son copiste. Nous la mettons entre guillemets, car elle n'est point de Brantôme. On la retrouve en effet presque textuellement dans l'*Histoire universelle* de d'Aubigné (édition de 1626, t. III, p. 707 et suivantes), où elle commence ainsi : « C'est qu'en l'an 1598 le prince d'Espagne étant allé à Madrid aux festes et esbatemens (j'use des mots de l'escrit).... » Les deux auteurs se sont servis d'un même document qui avait été envoyé d'Espagne à Paris. D'Aubigné dit formellement qu'il raconte la mort de Philippe II « non suivant les mémoires que la haine espagnole peut avoir produits, mais sur ce qu'un secrétaire de l'ambassadeur en a dépesché à un des principaux conseillers de ce royaume. »

De Thou, lui aussi, a utilisé, en l'abrégeant, cette relation, dont il existe une copie dans la collection Dupuy, ms. 89, f° 165 v°.

« ne verras plus en ma vie aucune allégeance de ceste
« malladie. » Et commanda ledict deffunt roy que chascun se préparast pour aller à l'Escurial. Sur quoy le
docteur Mercado, médecin de la chambre, luy dist
qu'il ne falloit pas changer d'air, de crainte de faire au-
manter l'accident de son mal. A cela le roy respondit
qu'il falloit bien qu'on l'y portast en vie, puis qu'aussi
bien l'y falloit-il porter après sa mort. Enfin, pour
obéir à sa voulonté, ses lacquais et va-de-pied le
portarent sur leurs espaulles, et demeurarent six
jours à faire sept lieux.

« Il fust quelques jours en meilleur estat, encores
qu'il ne se peust tenir debout, et falloit qu'il fust assis ou couché; et là dessus augmente sa goutte, de laquelle ses médecins luy appaisarent la doulleur; de
sorte qu'incontinant Sa Magesté voulut donner ordre
au salut de son âme, se conffessa et communia, et sur
ce commanda que Don Quarcia de Boesa, archevesque de Tollède[1], dist la messe; mais ce fust le nonce
du pape qui la dist avec la sollempnité requise.

« Il sortit à ce bon roy une apostume fort vénéneuse
au genouil droict qui ne le laissoit reposer. Ses médecins, n'y sçachant que faire, envoyarent querir un
nommé Olias, médecin de Thollède qui estoit à Madrid[2], et luy et les autres, avec le licentier Vergara,
ayant donné ordre à faire meurir l'apostume; la firent

1. Garcias de Loaysa (et non Boesa), précepteur de Philippe III,
archevêque de Tolède, mort à Alcala de Henarès le 28 février
1599. (Voyez de Thou, liv. CXXII *in fine*.) D'Aubigné et de Thou
écrivent bien Loaysa.

2. Le texte de d'Aubigné ajoute : « Grand personnage qui faisoit des choses si extraordinaires qu'on le soupçonnoit de magie. »

ouvrir pour en faire sortir la mauvaise humeur qui y estoit. Et après cela il luy survint quatre autres apostumes en l'estomach, lesquelles ilz ouvrirent semblablement afin que toutes purgeassent; et de ceste mauvaise humeur il creut grand' abondance de pouilz[1], de façon qu'on ne les pouvoit espuiser. Ilz estoient en peine de pouvoir tourner Sa Magesté dedans son lict, et ne le pouvoient faire autrement qu'en faisant soubzlever son corps par quatre hommes, avec les draps par dessoubz et, ce pendant, les autres accoustroient le lict.

« Dix jours auparavant sa mort, luy arriva un grand paroxisme qui luy dura cinq heures, de façon que les espritz vitaux luy commançoient à faillir; plusieurs seigneurs se préparoient au deuil. Sa Magesté retourna à soy; et, en présence de l'archevesque et de ceux de la chambre, elle leur dist : « Mes amis et vassaux,
« il ne me sert de rien que vous affligiez ni faschiez
« pour le recouvrement de ma santé, parce qu'elle ne
« dépend plus des remèdes humains. Ce qu'il faut
« faire, est que vous regardiez de bonn' heure pour
« ensepvellyr mon corps. Maintenant, attendant que
« je vous laisse, je veux que vous faciez venir vostre
« prince, qui sera bientost votre roy, et que vous
« m'apportiez le cercueil dedans lequel je dois estre
« ensepvelly, et au haut de l'effigie vous mettiez la
« couronne royalle, laquelle cependant vous pourrez
« garder dedans un buffect. »

« Cela fust ainsi faict, et, en la présence du prince et de l'infante, Sa Magesté appella Kayer de Valasco[2],

1. *Pouilz*, poux.
2. La relation de d'Aubigné l'appelle Jean Rayer de Velasco.

et luy dist : « Vous souvenez-vous pas d'un petit
« coffre que je vous ay donné à garder il y a quelque
« temps? — Ouy, Sire, » respondist-il. Lors il luy dist
qu'il luy apportast ledict coffre, qui estoit fort petit; et
estant ouvert, ilz en tirarent une pierre qui estoit de très
grande valleur, laquelle Sa Magesté commanda estre
donnée à l'infante, et luy dist : « Ma fille Ellizabeth[1],
« ma chère Eugénie, reçois ceste bague que ta mère
« m'apporta. Je te la donne pour mon partement de
« ce monde. » Et, se tournant vers le prince, il luy
dist : « Mon filz, as-tu agréable que je la donne à ta
« sœur? — Ouy, monsieur (dist-il), voire tout ce
« que j'ay. » Le roy fit beaucoup de cas de ceste parolle, et lors Sa Magesté recommanda que l'on cherchast un' autre papier qu'il avoit là; et le donnant
au prince, il luy dist : « Tu verras par là par quel
« moyen tu as à gouverner ton royaume[2]. » Il fist
aussi tirer un fouet de discipline, qui estoit sanglant
par les boutz, et, le tenant en haut, il dist : « Ce sang
« est de mon sang, non toutesfois proprement du
« mien, mais celuy de mon père (que Dieu absolve!),
« lequel avoit accoustumé se servir en ceste disci-
« pline. Et afin que l'on en sçache la vérité et com-
« bien il estoit dévoctieux, je l'ay bien voulu décla-
« rer. » Il fit tirer aussi un papier de dessoubz son

---

1. Isabelle-Claire-Eugénie, née en 1566, mariée le 2 décembre
1578 à Albert, archiduc d'Autriche, auquel elle apporta en dot
les Pays-Bas, morte en 1633.

2. Cet écrit a été publié sous le titre de *Coppie des instructions
secrettes laissées au roy Philippes III d'Espagne, par Philippes II,
son père.* MDXCVIII, sans nom de lieu ni d'imprimeur, 24 p. in-4.
Il en existe un exemplaire dans la collection Dupuy, ms. 605.

chevet de lict, lequel fust leu par ledict Kayer, et contenoit ce que dessoubz :

« Nous, dom Phillippes, par la grâce de Dieu, roy
« de Castille, etc., ayant par l'espace de quarante ans
« gouverné deux royaumes, le LXXIe an de mon aage
« je le remetz et résigne à mon Dieu, à qui il est, et
« mon âme en ses très bénistes mains, afin que sa
« divine magesté face d'elle ce qu'il luy plaira; et
« veux qu'après qu'elle sera sortie de ce corps il soit
« embaumé et vestu en habit royal, et mis dedans le
« cercueil de bronze qui est icy ; et après y avoir tenu
« mon corps autant de temps qu'il est accoustumé,
« que l'on le porte au sépulchre de ceste façon :

« Que le guidon de l'archevesque marche devant,
« puis la croix, les moines et le clergé; après, l'ade-
« lantado[1], vestu en deuil, avec l'estandard royal traî-
« nant en terre. Le duc de Nagera[2] portera la cou-
« ronne en un grand bassin couvert d'un voille, et le
« marquis d'Aquilar[3] portera l'espée ; et mon corps
« sera porté par huict de mes serviteurs en chef, ha-
« billez de deuil, avec leurs torches allumées ; et
« l'archevesque marchera après, les grandz et nostre
« héritier universel derrière avec son deuil allant à
« l'église. Que mon corps soit mis en un tumbeau
« qui se faira ; et après que le service sera dict par
« le prélat, on me mettra en la cave qui sera ma
« dernière maison pour jamais.

1. Le gouverneur de la province.
2. Manrique de Lara, duc de Najara, vice-roi de Valence, né le 10 avril 1533, mort le 5 juin 1600.
3. Bernard Manrique, marquis d'Aguilar, grand-chancelier du royaume de Castille.

« Cela faict, vostre roy, IIIe de mon nom, s'en ira
« à Madrid, à Sainct-Hiérosme, où se faira ma neuf-
« vaine, et ma fille avec ma sœur s'enfermeront pen-
« dant ce temps aux Cordelliers. Et vous, prince,
« oultre ce que je vous ay autresfois dict, que vous
« ayez beaucoup de soing de vostre sœur, qui estoit
« tout mon amour et la lumière de mes yeux, tenez
« la république en paix; donnez-luy de bons gouver-
« neurs, récompançant les bons et chastiant les mau-
« vais.

« Je veux que le marquis de Montdalard[1] sorte de
« la prison en laquelle il est, et demeure libre, à la
« charge, qu'il n'entrera point à la court.

« L'on pourra aussi délivrer la femme d'Anthoine
« Perez[2] et luy rendre son bien, à la charge qu'elle se
« retirera dedans un monastère, et que ses filles n'héri-
« teront que de la part de leur mère.

« Je pardonne à ceux qui ont esté pris pour la
« chasse, et à ceux qui seront condempnez à mort par
« faute d'avoir un pardon du roy. »

« Sa Magesté demanda le dernier embrassement à ses
enfans, leur disant qu'ilz s'allassent reposer. Au sortir,

---

1. D'Aubigné l'appelle avec raison, mais en orthographiant mal son nom, le marquis de Montdegear : c'était Louis Hurtado de Mendoza, marquis de Mondejar, mort en 1604.

2. Antonio Perez, dont il sera longuement parlé plus bas, ministre de Philippe II, né en 1539, mort en 1611. Il fut disgrâcié lorsque furent découvertes ses relations intimes avec la maîtresse du roi, Anne de Mendoza, princesse d'Eboli, femme de Ruy-Gomez de Silva, puis arrêté avec elle le 28 ou 29 juillet 1579. Sa femme, Juana Coello et ses sept enfants restèrent en prison jusqu'au mois d'avril 1599. Voyez plus loin l'article de don Juan d'Autriche.

le prince dist à Christophe de Mira[1] : « Qui est-ce qui
« tient la clef maistresse[2]? — C'est moy, monseigneur,
« respondist-il. — Donnez la moy, dist le prince.
« — Vostre Altesse me pardonnera (dist Christophe
« dy Mira); c'est la clef de confiance. » Sur cela, le
prince dist : « C'est assez. » Et entra en sa chambre,
et dom Christophe retourna au roy, lequel il trouva
un peu allégé, et luy dist : « Sire, Son Altesse m'a
« demandé la clef maistresse, et je ne luy ay pas voulu
« donner sans le congé de Vostre Magesté. » Le roy
lui respondist : « Vous avez mal faict. »

« Il luy arriva après un autre paroxisme, et demanda
l'extrêm' onction, laquelle l'archevesque luy donna.
Il commanda qu'on tirast un cruciffix qui estoit gardé
en un coffre, par ce que c'estoit celuy avec lequel
mourut son père, et voulut aussi mourir avec iceluy.

« Après que Sa Magesté eust eu l'extrêm' onction,
Son Altesse voulut le revenir voir; et lors dom Christophe entra, et mettant le genouil en terre, présenta
à son Altesse la clef, laquelle elle prit, et la donna au
marquis de Devia[3]; et sur ce poinct le roy luy dist :
« Je vous recommande dom Christophe pour le meil-
« leur de mes serviteurs que j'ay eu, et vous recom-
« mande aussi les autres afin que vous en ayez soing. »

---

1. De Thou et d'Aubigné le nomment Chr. de Mora.

2. Les Espagnols appellent *llave maestra*, soit la clef de la porte de la maison, soit la clef qui ouvre tout, c'est-à-dire le passepartout.

3. Don Francisco Gomez de Sandoval y Rojas, marquis de Denia (et non Devia) qui devint si célèbre sous le nom de duc de Lerma. Il mourut en 1625, après avoir été ministre tout puissant de 1598 à 1618.

Et lors Sa Magesté se retourna pour leur dire à Dieu. En les embrassant, il perdist la parolle, et demeura deux jours en ceste façon. Elle mourut le treiziesme du mois de septembre, à trois heures du matin. L'archevesque dist la messe. Le nouveau roy retourna de l'Escurial le 16 à huit heures du soir, laissant sa sœur aux Cordelliers, et se retira à Sainct Hierosme. La court en demeura fort attristée[1]. »

1. D'Aubigné termine ici sa relation en ajoutant ce que Brantôme, lui aussi, aurait pu et même dû dire : « Si mon lecteur trouve en ce discours quelque chose qui ne soit pas du style accoutumé, qu'il sache qu'aussi l'ai-je transcrit religieusement sur la copie que reçut un secrétaire d'Estat. » *Hist. univ.*, t. III. col. 711.

Avec les feuillets dont nous avons parlé plus haut (p. 92, note 1), il s'en trouve un autre contenant le fragment suivant, et au verso duquel Brantôme a écrit : » *Discours de la maladye du roi d'Espaigne, dom Phellipe. Sur la maladie dont il mourut.* C'est une note qu'il n'a point utilisée.

« Car pour ne desguiser ses peines, qui ne s'estonnera de voir ung si grand monarque attaché et comme immobile, et comme crucifié en son lict, n'ayant appuy que sur les espaules, sans pouvoir estre remué : piedz et points percez de fistules, dont y en avoit sept en deux doigtz de la main dextre qui perpétuellement suppuroient, et ne pouvoit souffrir d'y estre tant soit peu touché, et qui a duré un an entier ? De le voir travaillé ensemble de gouttes aux jointures et extrémitez par l'espace de six ans, de fiebvre éthique dans le corps, avec accès de tierce et double tierce qui, l'espace de deux ans, luy a dévoré les membres et séché les parties nobles ; de dysenterie aux intestins, qui perpétuellement le vuidoit, sans pouvoir estre nettoyé ny changé de linge au dessoubz l'espace de vingt deux jours entiers ; d'une altération d'estomac et soif estrange en la gorge qui procédoit de ces deux derniers et qui ne se pouvoit estancher ; de doleur de teste et des yeux qui luy estoit continuelle, tant pour la senteur de son lict et la malignité des vapeurs qui lui montoint au cerveau et lui rendoint l'halaine forte, que pour la grande inquiétude provenant de l'acrimonie de l'hu-

Après sa mort sçeue en France ou en Flandres, aucuns firent son tumbeau par ce sonnet, auquel en tout ne faut prester créance, comm' à chose faicte par hayne, passion et animosité :

Sonnet sur la mort du roy d'Espaigne.

Il est donc mort, ce grand, ce tyran, ce monarque,
Cet altéré de sang, ce monstre ambitieux,
Qui pensoit esviter l'ordonnance des cieux,
Braver Pluton, la Mort, les Destins et la Parque !

Mais Charon l'a passé, qui avec luy embarque
Cest' inquisition dont le fœu furieux
A si long temps bruslé les hommes généreux,
Conduisant aux enfers ce triumphe en sa barque.

Il fit mourir sa femme ; il tua son enfant ;
Il pille Portugal, injuste triumphant
Du royaume d'autruy, et puis insatiable,

meur qui le rongeoit, sans dormir ne jour ne nuict, et sur tout le tourment excessif de ce cruel aposteme qui luy vint au genouil, pour la douleur estrange que l'inflammation de cest humeur apporte à une partie si sensible? Joinct les élancements intolérables qu'il lui a fallu supporter, tant à la confection de la matière et maturation de l'humeur, qu'il ne fust possible de résoudre par aulcung médicament qu'à l'ouverture qui en fust faicte, et à la suppuration grande et ordinaire qui emplissoit le jour deux escuelles, et dont la puanteur estoit telle, qu'elle ne se pouvoit endurer? »

A la suite de cette note qui ne se retrouve pas dans le ms. 3262, Brantôme a écrit de sa main : « Ne faut oublier la maladye pédiculayre, ayant esté persécuté tellement des pous que luy, grand roy, n'en pouvoit estre jamais netoyé et tenu net, si, qu'aveq les autres maus le feyrent mourir. Grand cas celluy-là ! Ainsin mourust Hérodes.

Pauvre en son habondance, il brouilla les François ;
Feit mettre à mort leur roy, violla toutes les loix,
Ores jouet des mortz et des vivans la fable.

Or, si ce grand roy a aymé l'espée de la guerre, il a bien autant aymé, ou plus et trop, l'espée de la justice, en suivant bien la doctrine de l'empereur qu'il luy donna, de l'aymer et embrasser, comme cy-devant j'ay dict; voire tellement l'a-il aymée et révérée, qu'il ne l'a espargnée sur son propre filz, Dom Charles, prince d'Espaigne, ayant eu plus de considération à la garde de son estat qu'à la vie de son filz; ce que ne fist ce grand Charlemaigne à l'endroict du sien[1].

Je ne veux entreprendre dire les raisons pourquoy ce prince dom Charles mourut, car elles me sont closes, et aussi qu'on en parle fort diversement. Bien dict-on qu'il y en avoit de très justes et pertinentes, et de nombre trente-deux, dont la moindre estoit qu'il avoit voulu faire mourir son père. Cela se disoit pour lors en nostre court de France, mais c'estoit en risée[3].

J'ay ouy raconter à un grand personnage espaignol

Dom Charles, prince d'Espaigne[2].

---

1. Pepin le Bossu, fils naturel de Charlemagne, conspira contre son père (792) et fut relégué dans un monastère.

2. Don Carlos, fils de Philippe II et de Marie de Portugal, né le 9 juillet 1545, mort en prison le 24 juillet 1568. Il existe dans le ms. 721 de la collection Dupuy la traduction en français d'une lettre de Philippe II au duc d'Albe sur la mort de don Carlos. Elle est datée du 26 juillet 1568. Voyez aussi deux pièces italiennes sur la prison du prince, fonds S. Victor, n° 1068, 4°.

3. *Var.* Que pouvoyent doncq estre les autres? (Ms. 6694, f° 97 r°.) — Ce qui suit jusqu'à la p. 102, *in fine. Ceux qui l'ont veu*, manque dans la première rédaction.

que le roy d'Espaigne le tenant prisonnier, il assembla un jour son conseil pour sçavoir ce qu'il en fairoit[1]. Les uns opinarent qu'il ne le devoit faire mourir ny respandre son propre sang, qui, possible un jour, crieroit vengeance devant Dieu, mais qu'il le falloit mettre dans une prison austère et perpétuelle. Les autres dirent qu'il le falloit bannyr et confiner en Flandres, et là luy bailler exercice à son haut courage, qui tant desiroit la guerre, pour la faire là aux rebelles hérétiques et les du tout exterminer, ou bien l'envoyer aux réaumes de Naples et de Scicille et les luy donner en partage, et luy amollir le cœur par un si beau don et bienfaict, provenant d'un bon naturel d'un doux père qui luy pardonnoit sa faute. D'autres dirent qu'il le falloit plustost envoyer à Oran, et l'en faire roy, et là se comporter avec les Mores ou bien ou mal, comme il luy en viendroit la fantaisie. A quoy respondit à tous le roy d'Espaigne : que pour le tenir en prison, n'y avoit point de raison, d'autant qu'à un tel enragé et endiablé de lion il ne se pourroit trouver de cage (fust-elle de fer) assez forte pour l'y retenir en seurté qu'il n'en eschappast. Pour l'envoyer en Flandres, il n'y seroit pas plus tost qu'il s'accorderoit avec les rebelles, les pardonroit, et les accosteroit en quelque façon que ce fust pour se faire encor plus rebelle qu'eux et luy faire la guerre ; de luy donner les réaumes de Scicille et de Naples, c'estoient deux trop petis morceaux et réaumes pour ressasier et borner son ambition, d'autant qu'en hautesse de courage naist souvant convoitise de régner,

---

1. Voyez Strada, liv. VII.

soit par injustice, soit par intollérance de suppérieur, comme l'on dict, ou par les mauvais advis et persuasion des serviteurs que l'on tient près de soy; et « s'il vous plaist, disoit-il, si les Napolitains de tout « temps sont estez subjectz aux mutations et rebel- « lions, que ne feroyent-ilz avec luy? De plus, il s'en « ayderoit des moyens et richesses qui sont là, et sur « tout de ses gallères, qui luy viendroient faire la « guerre jusques dans toute l'Espaigne; car qui est le « plus fort sur la mer vers l'Italie, il est quasi maistre « d'Espaigne; mesmes qu'il s'accosteroit plustot des « forces et gallères d'Alger et du Levant plustot qu'il « ne fist tous les maux du monde à luy et en tous ses « pays. » Pour le regard de l'envoyer à Oran, aussitost il fairoit confédération avec les roys de Faix[1], de Marocque, et de tous les Mores, pour entrer en Espaigne et la ravager aussi bien que jamais firent les Sarrazins. Parquoy il conclud sur ses raisons que le meilleur estoit le faire mourir; dont un matin on le trouva en la prison estouffé d'un linge, non, dict-on, sans avoir advant desbagoulé contre son père mill' injures et exécrations, mallédictions et villainies, lorsqu'on luy anonça sa mort, et l'avoir adjourné devant Dieu à y comparestre un jour pour sa cruauté.

Ceux qui l'ont veu et cogneu disent qu'il estoit fort natre[2], estrange, et qui avoit plusieurs humeurs bigarrées[3]. Il se faschoit fort de demeurer oysif en Espaigne, et mesmes quand il ouyst parler le conte d'Aigue-

1. *Faix*, Fez.
2. *Natre*, malicieux, méchant. Voyez t. I, p. 313.
3. *Var.* Fort bizarres. (Ms. 6694, f° 97 v°.)

mont¹, qui lui proposa force belles choses, dont les mains luy démangearent si fort pour mener guerre, qu'on dict qu'il se voulut desrober pour aller en Flandres. Dom Rui Gomez, très fidel au roy, son gouverneur, en advertist Sa Magesté, qui parla bien à luy; toutesfois il ne fut pas sans responce, disant que s'il vouloit estre oysif, qu'il ne le vouloit pas estre en si jeune aage et en si belle occasion qui s'en présentoit; de sorte qu'il se mocquoit de son père et de ses oysivettez; si bien qu'il fit faire un jour un livre de papier tout en blanc, et par mocquerie fit mettre en la subscription, et au commencement dudict livre : *Los grandes y admirables viages del rey dom Philipe*² ; et au dedans y avoit : *El viage de Madrid al Pardo de Secovia, del Pardo al Escurial, del Escurial á Aranges, de Aranges al Escurial, del Escurial al Pardo, del Pardo á Madrid, de Madrid á Aranges, de Aranges á Tolledo, de Tolledo à Valledolit, de Valledolit á Bourgos, de Bourgos á Madrid, y del Pardo á Aranges, de Aranges al Escurial, del Escurial á Madrid, y de aqui á las Cortes de Monzzon*³. Et ainsi de feuillet en feuillet en emplit le livre par telles inscriptions et escriptures ridiculeuses, se mocquant ainsi du roy son père et de ses voyages et pourmenades qu'il faisoit en ses maisons de plaisance ; ce que le roy sçeut et en vist le livre, dont il en fust fort aigry contre luy.

Parmy les injures et pouilles qu'il dist de son père

1. Quand celui-ci alla en Espagne, en mars 1565.
2. Les grands et admirables voyages du roi don Philippe.
3. Le voyage de Madrid au Pardo, du Pardo à l'Escurial, de l'Escurial à Aranjuez; etc., et de là aux états de Monçon.

après sa sentence, furent qu'il luy reprocha qu'il luy avoit soubstraict et ravy sa femme done Elizabet de France, qui justement luy avoit esté donnée par accord faisant la paix, et qu'elle luy estoit deue; ce qui luy desplaisoit fort, car il l'ayma tousjours et l'honnora jusqu'à la mort; comme certes ell' estoit des plus aymables princesses du monde; et luy faschoit fort qu'on la luy avoit ostée.

Bref, s'il eust vescu, il eust faict enrager son père; car il estoit fort bizarre et tout plein de nattrettez. Il menassoit, il frappoit, il injuroit[1]. Si bien que dom Rui Gomez, fort favory du roy d'Espaigne s'il en fust onc, et qui avoit esté nourry avec luy dès sa jeunesse, et qui estoit venu de Portugal avec la princesse sa fame[2] (car il estoit Portugais), n'en pouvoit chevir, et à toute heure supplioit le roy de luy oster ceste charge et la donner à un autre, qu'il en seroit très aise; mais le roy, se fiant en luy, ne le voulut jamais : et tousjours ce prince menaçoit son gouverneur qu'un jour, quand il seroit grand, qu'il s'en repentiroit.

Quand à ses autres serviteurs et officiers, quand ilz ne le servoient bien à son gré, ne faut point demander comment il les estrilloit. Moy estant en Espaigne, me fut faict un conte de luy, que son cordonnier luy avoit faict un paire de bottes très mal faictes; il les fit mettre en petites pièces et fricasser comme trippes de bœuf, et les luy fit manger toutes devant luy en sa chambre de ceste façon.

1. *Var.* Il injurioyt (ms 6694, f° 97 v°).
2. Voyez plus haut, p. 97, note 2.

Il aymoit fort à ribler le pavé[1], et faire à coups d'espée, fust de jour, fust de nuict, car il avoit avec luy dix ou douze enfans d'honneur des plus grandes maisons d'Espaigne, les uns les forçant d'aller avec luy et en faire de mesmes, d'autres y allans d'eux-mesmes de très bon cœur. En quoy on a observé en Espaigne que la plus part de tous eux, voire tous, ont esté tuez en mauvais garnemens; et force ont finy mal, retenant fort de la nourriture de leur prince, qui leur avoit appris tout cela.

Quand il alloit par les rues quelque belle dame, et fust-elle des plus grandes du pays, il la prenoit, et la baisoit par force devant tout le monde; il l'appelloit putain, bagasse, chienne; et force autres injures leur disoit-il. Celles qui le venoient baiser à l'amiable quand il leur disoit : « Putain, baisez-moi », il les caressoit plus modestement, en leur disant qu'elles estoient fort gracieuses putains et vesses[2]. Bref, il leur faisoit mil petis affrontz; car il avoit très meschante opinion de tous les femmes, et plus encore des grandes dames que des autres, les tenant pour très hypochrites et traistresses en amour, qui en cachette et soubz les rideaux estoient plus putains que les autres. Bref, il estoit leur fléau de toutes, fors de la reyne, que j'ay veu qu'il honnoroit fort et respectoit; car estant devant elle, il changeoit du tout d'humeur et de naturel, voire de couleur. En fin il estoit un terrible masle; et s'il eust vescu, assurez-vous qu'il s'en

---

1. Battre le pavé. *Ribler* signifie le plus souvent voler, friponner.

2. *Vesse*, femme de mauvaise vie.

fust faict accroyre, et qu'il eust mis le père en curatelle. Aucuns l'ont soupçonné de la religion, tant de Luther que de Calvin, et qu'il s'entendoit avec les protestans, qui luy promettoient l'Empire et les Pays-Bas, car il avoit de l'ambition tout ce qu'il luy falloit. Le père, très habile prince, le prévint par le moyen de Ruy Gomez, qui lui révéloit tout; en quoy il[1] fut très digne de louange, et point ingrat à l'endroict de son premier maistre, qui estoit le roy d'Espaigne.

Je me suis laissé dire qu'il s'estoit faict un livre en Espaigne (voire imprimé) de ses natrettez, bizarreries, de ses traictz et humeurs, là où il y en a de toutes façons, et de quoy à passer le temps en les lisant. Il avoit eu pour précepteur M. Bossulus[2], François, qu'on a veu despuis en France, l'un des sçavans et bien disans de son temps, et qui parloit aussi elloquamment plusieurs langues; de meschante vie pourtant, dont il luy en pouvoyt faire de bonnes leçons.

On dict aussi que luy s'estant descouvert de quelque chose d'importance à dom Juan, qu'il[3] le révéla au roy d'Espaigne, dont il[4] l'en ayma d'advantage tous-

---

1. *Il*, Ruy Gomez.
2. Voici la note que je trouve sur lui dans Duboulay: « Mathæus Bossulus inter primos sui temporis philosophos excelluit. In Becodiano diu docuit, gymnasiarcha Guill. Gallandio. Ille tamen in suspicionem venit hæreseos, sed illam a se amovit. Regebat adhuc in Artibus in Harcuriano, anno 1583. (*Historia Universitatis parisiensis*, t. VI, p. 962.)
3. *Il*, don Juan.
4. *Dont il l'en aima davantage toujours*, c'est-à-dire: et pour cela Philippe II aima toujours don Juan. — Suivant Strada, liv. VII, don Carlos avait confié à don Juan son projet de passer secrètement dans les Pays-Bas.

jours, mais mal recogneu despuis, et dom Charles l'en[1] hayt si bien, qu'ordinairement ilz avoient dispute, jusques là qu'il l'appella une fois bastard et filz de putain; mais il luy respondist : *Sy, yo lo soy; mas yo tengo padre mejor que vos* : « Oui, je le suis, mais j'ay un père meilleur que vous; » et en cuydarent venir aux mains.

Je crois qu'après que ce prince eust eu bien jetté sa gorme, comme ces jeunes poullins, et passé tous ses grandz fœux de première jeunesse, qu'il se fust rendu un très grand prince, et homme de guerre et d'estat. Il fut filleul de l'empereur, en portant le nom; tout petit filz qu'il fust, quand il s'en alla réduire en son monastère il le voulut voir[2], et en eut très bonne opinion et espoir, et luy fit de très belles leçons; et puis luy donna sa bénédiction, qui luy servit à faire un bon commancement.

Quant à mon petit jugement, je le jugeois un jour grand[3], et luy trouvois une très bonne façon et bonne grâce, encor qu'il eust son corps un peu gasté; mais cela paroissoit peu[4].

Dom Juan d'Autriche[5]. Si n'approchoit-il pas pourtant jamais en tout à dom Juan d'Austrie, lequel estoit un beau et très

1. *L'en hayt si bien*, c'est-à-dire : haït si bien don Juan.
2. Don Carlos avait onze ans lorsque Charles-Quint se retira à Yuste.
3. C'est-à-dire, je le jugeais devoir être grand un jour.
4. Il avait, dit Strada (liv. X), tout le corps défectueux, une épaule haute, et une jambe plus longue que l'autre. — C'est à peu près ainsi, du reste, qu'on peut se le représenter d'après ses portraits.
5. Don Juan, fils naturel de Charles-Quint, né à Ratisbonne en 1546, mort à Bouge, près de Namur, le 1er octobre 1578, d'une fièvre pernicieuse qui décimait son armée.

accomply prince; et n'ay jamais veu homme approchant des vertuz bien universellement à feu M. de Nemours, Jacques de Savoye, que luy. Il estoit fort beau, comme j'ay dict, de bonne grâce, gentil en toutes ses actions, et courtois, affable, d'un grand esprit, et sur tout très brave et vaillant, et qui croyoit le conseil, et luy obéissoit fort pour se faire grand, comme il le fust esté si la mort ne l'eust prévenu. Pour sa première guerre, il fut général du roy d'Espaigne son frère en la guerre de Grenade[1], où il se fit signaller pour estre un très vaillant prince; et mesmes aucuns vieux capitaines et soldatz qui restoient encor en vie de l'empereur son père s'escriarent tous après : *Ea, es verdadero hijo del emperador*, « Il est filz de l'empereur[2]. »

A ce coup, il fit une chose très belle pour la religion d'Espaigne, car il chassa tous les Mores de Grenade, de sorte qu'ilz n'ont plus infecté l'Espaigne despuis, et ne se ressentent plus du maranne[3], comm' ilz faisoient, au moins aucuns de leurs voisins, pour traicter par trop avec eux. Emprès cela faict, par sa renommée qui volloit par le monde, tant des chrestians que des infidelles, il fut faict général de la saincte ligue[4], mais pourtant après le reffus de M. le duc d'Anjou, nostre feu dernier roy Henry IIIe, et de

1. En 1570.
2. Le texte espagnol dit : « Voyez, c'est le vrai fils de l'empereur. »
3. Voyez t. I, p. 170.
4. La ligue formée contre les Turcs entre l'Espagne, le pape et les Vénitiens, fut signée le 25 mai 1571, et eut pour résultat la célèbre victoire remportée près de Lépante le 7 octobre suivant.

M. de Savoye; car le bon pape Pie cinquiesme leur ayant présenté à tous deux l'estendard l'un après l'autre, Monsieur s'excusa sur les affaires du roy son frère et de son royaume, et M. de Savoye sur son indisposition. Dom Jouan ne fit pas comme les autres; car de grand joie et très voulontiers il accepta ce beau et sainct baston de général. Aussi s'en acquicta-il très bien en ceste tant grande, tant sanglante et tant signallée battaille de Lépante, et telle que despuis ceste grande battaille actiacque donnée entre Marc-Anthoine et Cæsar-Auguste, jamais il n'en fut donné une telle; encor celle-cy[1] fut mieux cent fois débattue et combattue que la leur. Hélas! je n'y estois pas, mais sans M. d'Estrozze j'y allois, tant pour un mescontentement que j'avois eu à la court d'un grand, que pour faire ce beau voyage et voir ceste belle armée; et résolument j'y fusse esté, comme fut ce brave M. de Grillon[2], car j'ay tousjours aymé à voyager. M. d'Estrozze m'amusa tousjours sur un grand embarquement de mer qu'il vouloit faire, et mesme me le fit commander par le roy Charles d'en estre[3]; et ainsi m'amusa un an sans rien faire, au lieu que j'eusse faict le voyage et fusse retourné assez à temps pour m'y trouver, comme fit M. de Grillon, en ce beau embarquement de Brouage, qui ne prit poincte et ne nous servit que de ruynes à nos bour-

1. *Celle-cy*, la bataille de Lépante.
2. L. de Balbe de Berton de Crillon (ou Grillon), célèbre capitaine du seizième siècle, né à Murs (Provence) en 1541, mort en 1615. Il combattit à Lépante, et d'après son récit on fit une relation de la bataille. Voyez la note I de la page suivante.
3. Voyez plus haut, p. 81.

ces de tant de nous autres qui avions des vaisseaux. Je conterois maintenant de ceste battaille au vray ce qu'il me faut emprumpter de la bouche d'autruy.

J'ay donc ouy dire[1] que l'armée turquesque partit le vingt cinquiesme d'apvril, jour de Sainct George, car c'est la grand feste des Turcs[2], et n'en chaument d'autres ny révèrent autre sainct ; mesmes que le grand sultan Solyman ce jour-là faisoit sortir toutes ses armées, tant de terre que de mer, en campaigne et sur mer ordinairement, fors celle qu'il envoya à Malte, ayant anticipé le jour, ce qui, possible, luy porta malheur, tant il luy tardoit de ruyner et prendre ceste place.

Ceste armée donc estant partie ce jour l'an 1571, et amprès avoir faict plusieurs et grandz maux, pilleries, ravages, et prises de pauvres chrestiens, tant sur la terre ferme où ilz descendoient, que sur les isles, ayant sceu comme dom Juan partoit de Messina pour la combattre, ell' envoya vers le Grand-Seigneur aussi tost pour sçavoir sa voulonté, qui manda que

1. *J'ay donc ouy dire.* Brantôme aurait dû ajouter : *et j'ai lu*, car son récit est en partie emprunté à deux relations publiées peu de temps après la bataille : *Advis de la glorieuse victoire obtenue par l'armée chrestienne contre l'armée turquesque au golphe de Lepantho, le septiesme jour d'octobre* 1571. Paris, pour Jehan Dallier, 1571, 30 p. in-8 non foliotées. — *Autre véritable discours de la victoire des chrestiens contre les Turcs en la bataille navale de Lepantho, advenue le 7ᵉ jour d'octobre l'an* 1571; *pris du récit fait au Roy par monsieur le capitaine Grillon, revenant de ladiete bataille.* Paris, pour Jean Dallier libraire, 1571, 22 pages in-8, non foliotées. Brantôme s'est surtout servi de cette seconde relation dont il a copié textuellement différents passages.

2. La fête de Saint-Georges tombe le 23 avril. Cf., t. I, p. 22, note 4.

l'on combattist résolument. La dicte armée estoit composée de deux cens trente deux gallères grosses, sans douze que l'Ouchaly, visce-roy d'Alger, mena, et autant de galliottes. Aprez donc plusieurs maux faictz, et battu la terre et la mer depuis le quinziesme d'apvril jusqu'au seiziesme de septembre que partit dom Juan de Messine, avec deux cens huict gallères, six galléasses, vingt deux grosses naufz et quarante frégattes. Dessus y avoit huict mill' Espaignolz, douze mille Itallïens, et trois mille advanturiers, et trois mille Tudesques, sans compter les mariniers; ce qui estoit peu pourtant.

Estant revenu le chevallier Villandrade[1] de prendre langue, et assuré que l'armée des ennemis estoit à l'Élépantho, dom Juan fit assembler tout le conseil pour sçavoir ce qu'ilz en auroient à faire. Il en avoit parlé à part à M. de Rommegas[2], qu'il estimoit beaucoup : aussi avoit-il raison, car c'estoit le meilleur homme de mer qui fust là, sans faire tort aux autres, et qui avoit plus faict la guerre aux Turcz. Luy ayant donc demandé ce qu'il luy en sembloit : « Ce qu'il « m'en semble, dist M. de Rommegas, monsieur? Je « dis que si l'empereur vostre père se fust veu une « fois en sa vie une telle armée de mer comme ceste-

---

1. Des relations citées plus haut, l'une porte Gilandrade, l'autre Gil Andrada. On lit Gilles Andrada dans la lettre de Romégas, citée à la note suivante, et que Brantôme nous paraît avoir connue.

2. Mathurin d'Aux-Lescout de Romegas, l'un des plus célèbres marins du seizième siècle, lieutenant général du magistère de Malte, mort à Rome en 1581. On trouve à la Bibliothèque impériale, fonds français, n° 3969, f° 128, l'extrait d'une lettre écrite par lui de Rome au sujet de la bataille. Cette lettre a peut-être été imprimée.

« cy, il n'eust jamais cessé qu'il ne fust esté empe-
« reur de Constantinople ; et le fust esté sans difficulté.
« — Cela s'appelle, dist dom Juan, qu'il faut donc
« combattre, M. de Rommegas ? — Ouy, monsieur.
« — Combattons donc ! » Il en demanda l'advis au
segnor M. Anthoine Colomne[1], qui estoit lieutenant
de la ligue, le pape l'ayant créé tel après dom Juan.
Il luy respondist seullement : *Etiamsi oportet me
mori, non te negabo.* Jehan André Dorio ne demanda
pas mieux, car il a esté tousjours courageux, et dist
qu'il falloit combattre. Les généraux des Vénitiens,
les seigneurs Vinier[2] et Justinian Barbarico[3] le voulurent ainsi et de bon cœur, car c'estoit à eux et à
leurs terres que les Turcz en vouloient, et desjà ilz y
avoient très bien accommancé. Le seigneur grand commandador[4], depuis lieutenant de roy en Flandres, le
voulut aussi, mais, à ce que j'ay ouy dire à aucuns,
il voulut peser trop toutes choses, à la mode espaignolle, et le marquis de Santa-Crux de mesmes. Tant
y a que j'ay ouy raconter que plusieurs vouloient
battaille, les autres non, et que si dom Juan ne fust
esté brave et vaillant, l'on n'eust jamais combattu,
car M. de Rommegas l'a dit depuis à un chevallier
d'honneur qui me l'a dict ; car c'estoit luy qui aumentoit le courage de tous.

Ces deux armées donc résolues de se battre bien,
la turquesque part d'Elépantho le soir, et à la poincte

1. Marco-Antonio Colonna, duc de Palliano et de Tagliacozzo.
2. Sebastiano Venier, qui mourut peu de temps après la bataille de Lépante.
3. Le provéditeur Giustiniani Barbarigo.
4. Don Louis de Zuniga et de Requesens. Voyez t. I, p. 116.

du jour se trouve en pleine mer; la chrestienne, faisant grand force contre le vent qui estoit contraire, de mesmes apparoist à la poincte du jour. La turquesque venoit à pleine voille, ayant le vent en poupe. Soudain[1] dom Jouan fit mettre toute son armée en bataille le plus tost qu'il peut, et la rangea en quatre battailles ou bandes : l'une estoit de la main droicte, menée par le seigneur Jehan André Doria, avec cinquante galères et deux grandes galléasses : à la gauche, estoit conduicte l'autre par le seigneur Justinian Barbarico, général des galères vénitiennes, avec cinquante galères aussi et deux galléasses; et au milieu des deux, dom Juan mit toute sa battaille, qui estoit de soixante-dix galères, et à son arrière-garde venoit le marquis de Sancta-Crux, avec trente galères et deux galléasses, à la teste de la battaille[2]; ainsi en ce bel ordre marcha en grand braverie vers l'ennemy. Estant encor à quatre milles loing, il fit tirer une canonnade à l'ennemy par bravade[3] et comm' à coup perdu, comme luy faisant signe par là qu'il estoit préparé à la battaille, et alloit droict à luy, et luy monstroyt de quoy; et outre fit monter le caro à l'arbre[4], et la

1. La plus grande partie de ce qui suit, jusqu'à l'alinéa commençant par *l'Ouchaly donna grand peine aux nostres*, (p. 117) est tiré textuellement de l'*Autre véritable discours*.

2. La relation ajoute : « Et deux autres à sa corne gauche, et en ce bel ordre....

3. « L'amiral turc interrompit le silence par un coup de canon à poudre, comme salut et invitation au commandant des confédérés de le reconnaître de la même manière. Don Juan répondit par un boulet de gros calibre. » De Hammer, traduction Dochez, liv. XXXVI.

4. Le *caro* ou *carreau*, pavillon carré que l'on arborait à l'arbre (au mât) de la galère qui portait l'amiral.

flamme a la peno¹, tous signalz de bataille. Et voyant toute son armée en si bel ordre, descendict en une frégatte, et alla par toute l'armée, visitant et animant un chascun à bien faire et à mettre toute son espérance en Dieu, monstrant un cruciffix qu'il avoit en la main (ce disent aucuns), qui favoriseroit leur bonne cause, prononçant ces parolles de si bonne et généreuse grâce qu'il n'y avoit nul qui ne l'admirast de sa résolution et courage, et qui ne se conformast du tout en luy, et ne luy monstrast un visage très assuré, et envie très grande de bien combattre. Soudain après cela s'en retourna en sa réalle; car les armées (celle du Turc estant en un très bel ordre de croissant) s'approchoient de voilles et de rames les unes des autres. A son costé droict estoit, tout contre sa réalle, la généralle du pape, sur laquelle estoit M. Anthoine Collomno, lieutenant de Sa Sainctété, et à son costé la capitainesse de Savoye, commandée par M. de Ligny², un fort honneste et brave seigneur, digne de sa charge, que j'avois veu à Malte, et qui m'offrit beaucoup de courtoisie, par le commandement que luy en avoit faict madame de Savoye³; et dans ceste gallère de Savoye estoit le duc d'Urbin⁴. De son costé gauche estoit la généralle des Vénitiens, et à son costé estoit la capitainesse de Gênes, en laquelle estoit le prince de Parme⁵. Les deux dernières, qui

1. Ou penon, vergue.
2. Jean de Luxembourg, comte de Ligny.
3. Marguerite de France, fille de François 1ᵉʳ.
4. François-Marie de la Rovère, mort le 28 avril 1631.
5. Alexandre Farnèse, duc de Parme (1586), l'un des plus grands généraux du seizième siècle, mort à l'abbaye de Saint-Wast

faisoient aesles à la battaille, estoient la génerralle de Malte, et à main droicte celle de Paulo Jourdan Ursin[1], avec celle de Lonmelin[2] à main gauche; et à la poupe de la réalle, pour conserver[3], estoient la capitainesse du commandador major, et la *Patronne d'Espaigne*.

En ceste belle ordonnance l'on alla à eux, et ilz firent la moictié du chemin; car ilz présumoient tant d'eux, que jamais nos chrestiens ne les attendroient. Lors, tout à coup, on vist le vent qui estoit contraire, se faire bon environ midy que l'on commança la battaille, qui fust commancée de la corne gauche et de la battaille, où les deux réalles et génerralles, tant d'un costé que d'autre, soudain qu'elles se virent, elles s'accostarent et s'investirent, taschant chascune à se rendre maistresse de son ennemie; et tout le reste de l'armée, chascune de son costé, en fist de mesmes. Pour fin, après un très grand combat, la réalle de dom Juan se rendit maistresse de la Turque, et mit en pièces tout ce qui estoit dedans. Et ayant la teste esté couppée au bascha[4], soudain elle fut mise

---

le 2 décembre 1592. Il était fils d'Octave Farnèse et de Marguerite, fille naturelle de Charles-Quint.

1. Paul-Jourdain des Ursins, comte d'Anguillara, duc de Bracciano, mort en 1585.
2. Lomellini, génois.
3. C'est-à-dire : pour voguer de conserve.
4. Muesinsade-Ali, capitan-pacha. Suivant de Hammer, sa tête fut portée à don Juan, qui ordonna de la jeter à la mer; mais elle fut placée au bout d'une pique. On lit dans *l'Advis*, que nous avons mentionné plus haut, p. 111, note 1 : « Dom Jouan d'Austrie fait couper la tête à ce grand bascha; il la fait mettre au bout d'une pique, laquelle il retint longuement serrée estroitement entre l'un de ses bras, s'en parant comme d'un trophée. »

sur le bout d'une picque en signe de trophée ; ce qui estonna les Turcz, et anima les chrestiens de plus ; si bien que toute l'esquadre des gallères turquesques, qui estoient venues affronter et attaquer la bataille chrestienne, fut de mesmes traictée que leur généralle.

Dom Juan, victorieux de ce qui l'estoit venu charger et attaquer, ralia le plus de gallères qu'il peut ; et, voyant que du costé de sa corne droicte on estoit encore aux mains et bien dangereusement, donna si à propos qu'il se fit maistre bien tost de toute la bataille, et cassa et brisa tout ce qui se présenta devant luy.

L'Ouchaly donna grand peine aux nostres ; mais il fut chargé si à propos par le seigneur Jehan André Dorio, qu'après avoir faict tout ce qu'il peut et rendu le dernier combat, se sauva avec trente-deux[1] gallères. On luy donna la chasse tant que l'on peut ; mais la nuict survint, qui empescha la veue et la poursuitte.

Les Vénitiens firent très bien, où[2] mourut le seigneur Justin ou Justinian Barbarico, le général, qui fit ce jour là très bien, et estoit digne de sa charge. En mourant, il dist qu'il mouroit très heureusement pour une telle victoire.

Dom[3] Juan coucha au champ de bataille, et l'endemain fist recognoistre le nombre des vaisseaux qui estoient pris et mis à fondz, où se trouva, entre gal-

---

1. Le ms. 3262 porte *trendeux*.
2. *Où*, c'est-à-dire : dans cette bataille où....
3. Ce paragraphe est tiré de l'*Autre véritable discours*.

lères et galliottes, deux cens sept, le nombre des mortz dans ces vaisseaux environ trente mille, et douze mille chrestiens délivrez de la chaisne (qui a esté un bel œuvre celuy-là), sans ceux qui furent noyez ou allez mourir ailleurs, et de pris plus de six mille[1].

Le roy Charles en eut pareil advis, et manda à l'évesque de Paris[2] cet advis, pour en remercier Dieu et chanter *Te Deum laudamus*.

Du costé des chrestiens, y eut bien, ou de mortz ou de blessez, jusques à huict ou neuf ou dix mill' hommes, tant sur les quinze gallères qui furent prises (aucunes recourues[3]), que sur les autres; desquelles quinze fut la généralle de Malte, qui combattit longtemps contre sept gallères; mais ce maraut de l'Ouchaly survint, qui emporta une des chevalliers du Sainct-Esprit de Savoye, une de Gênes, et l'autre de Siccille, et une du pape.

Ce sont des battailles celles-là, bien rendues et débattues, non pas les triqueniques[4] des nostres, où nous ne rendons de combat pour un double, et la plus part s'enfuyent, comme nous en avons veu de nostre temps.

Et, pour mieux faire remarquer ceste-cy, voyez,

1. Suivant de Hammer, les Turcs perdirent deux cent vingt-quatre bâtiments et trente mille hommes. Douze mille esclaves chrétiens furent délivrés. La perte des alliés se monta à quinze galères et six mille hommes.
2. Le cardinal Pierre de Gondi. Les lettres du roi à ce sujet sont imprimées à la suite de l'*Autre véritable discours*.
3. Recouvrées.
4. « *Triqueniques*, affaires de néant. » (*Dictionnaire de Trévoux*.)

s'il vous plaist, les grandz personnages mortz du costé des Turcz[1] : premièrement, Fertauf-bascha, général de l'armée de mer; Aly, bascha de terre ; Ahmal-bey, capitaine des genissaires ; Assan-bey, filz de Barberousse ; Méhémet-bey, gouverneur de Métélin ; Ydey-bey, gouverneur de Cion ; Caraban, gouverneur de Soubasselz ; Campsau-bey, gouverneur de Rhodes ; Dely Soliman ; Tapart ; Cheluby ; Provis-aga, gouverneur de Napoly de Romanie ; Amipsa-bey, gouverneur ou roy de Tripoly ; Dardagam-bey, gouverneur du Tercenal ; Mustafa Cheluby, thrésorier général de l'armée ; Affist Cayga, capitaine de Galipoly ; Pery Begoly, capitaine d'une escadre de gallères ; Ochiman

1. Cette énumération est empruntée à l'*Autre véritable discours*, dont voici le texte, que Brantôme n'a pas copié fidèlement : « Fertauf-Bascha, général de l'armée de terre, mort.—Aly Bascha, général de la mer, mort. — Les enfants d'Aly Mahemeth et Sahin-Bey, prins. — Achmat-Bey, capitaine des janissaires, mort. — Mahemet-Bey, gouverneur de Négrepont, pris. — Assan-Bey, fils de Barberousse, mort. — Mahemet-Bey, gouverneur de Méthelin, mort. — Ider-Bey, gouverneur de Sion, mort. — Carabahut, gouverneur de Soubracets, mort. — Iapart Cheluby, gouverneur de la Cavalle, mort. — Provis-Aga, gouverneur de Mapoli (Napoli) de Romanie, mort. — Amipsa-Bey, fils du roy de Tripoli, mort. — Dardagam-Bey, gouverneur du Tercenal, mort. — Mustapha Chelubi, trésorier général de l'armée, mort. — Afistcaiga, capitaine de Gallipoli, mort. — Peribegoli, capitaine d'esquadre des galères, mort. — Dely Soliman, capitaine, mort. — Oschiman Beoli, capitaine de fanal, mort. — Datmuts, patron réal et son fils, morts. — Tramontana, patron d'Aly Bascha, mort. — Siroc, bey d'Alexandrie, prins. — Dondomy, capitaine de fanal, mort. Daly, capitaine d'Argiers, mort. — Caracoge, capitaine de fanal, mort. — Iafer-Aga, vice-roy de Tripoli, mort. — Noret, aga de Dragout, rais, mort. » — Je n'ai pas besoin de dire que la plupart de ces noms sont défigurés.

Beoly, capitaine de fanal; Datamis, patron réal et son filz Tremontana, patron d'Aly-bascha; Dondomy, capitaine de fanal aussi; Daly, capitaine d'Alger; Caragoge, capitaine aussi; Jafer-aga, visce-roy de Tripoly de Surye; Maret-aga, filz de Dragut; les enfants d'Aly, Méhémet et Sahin-bey, pris; Méhémet-bey, gouverneur de Negrepont, pris; Siroc, bey d'Allexandrie, pris; et Carachaly, grand corsaire, sauvé avec l'Ouchaly. Il y en a eu un' infinité d'autres mortz et pris. Cependant faut noter quelz gens de marque sont tous ceux que je viens de nommer.

Ainsi se gaigna cette battaille, sans autres particularitez qui seroient trop longues à mettre par escrit, aussi quell' a esté au long descrite par plusieurs. Faut noter[1] que la réalle portoit pour son estendard un grand cruciffix et une Nostre-Dame-de-Pitié, et un autre des armes de la ligue. La corne gauche portoit un gaillard[2] jaune, la corne droicte en portoit un verd, et l'arrière-garde une bandière blanche et en poupe.

Jamais ne fut une si belle battaille de mer donnée : aussi celuy qui en porta les nouvelles à Venise, s'appellant le seigneur Laffran[3] Justinian, ainsi qu'il fut devant le dozze ou duc de Venise, et mis le genouil en terre, luy dist : « Sérénissime prince, je vous apporte « la nouvelle de la plus glorieuse victoire que la chres-« tienté eut jamais. » Certes elle l'estoit : que si on

---

1. Les cinq lignes qui suivent sont tirées de l'*Autre véritable discours*.

2. Ou gaillardet, pavillon échancré à deux pointes.

3. D'autres disent qu'il s'appelait non pas Lanfranc, mais Onfroy.

l'eust bien poursuivie comme il falloit, Constantinople trembloit, et estoit aussi tost conquis. Mais la jalouzie de nos princes chrestiens gasta tout, et mesmes d'aucuns que je sçay, lesquelz je ne nommeray point, qui, ne désirans la grandeur d'autruy, et portans envie à dom Juan, on suscita de la guerre ailleurs où n'y avoit ni propos ni raison, puis qu'il y alloit du faict de la chrestienté. J'ay grand peur que Dieu s'en soit irrité despuis sur ces perturbateurs.

Les Vénitiens, de l'autre costé, se faschans de la guerre, priarent le roy de France de moyenner la pais envers le Grand-Seigneur, où fut envoyé M. l'évesque de Dax[1], de la maison de Nouaille en Lymosin, fort grand et digne personnage de ceste charge, les Vénitiens, l'ayant esleu et demandé au roy; lequel d'autres fois, du temps du roy Henry second, avoit esté ambassadeur envers eux et bien venu d'eux, comme je l'y ay veu. Il fit un très heureux voyage pour eux vers le Grand-Seigneur, et en obtint la bonne pais qu'ilz desiroient.

Et par ainsi, de très bonnes occasions et bons effectz qui n'eussent manquez d'en sortir pour la chrestienté faillirent à l'appétit des malheureuses envies, jalouzies et divisions. Ainsi jadis se perdit la noble Terre-Saincte, laquelle, tant que les princes chrestiens furent d'accord, fleurissoit et aumentoit de jour en jour; mais venans à se diviser et s'envier tout à coup, elle nous eschappa villainement des mains.

---

1. François de Noailles. Voyez plus haut, p. 63, note 2. La paix avec Venise fut signée à Constantinople, le 7 mars 1573.

Grand'honte, certes, à nous autres, et de ce temps là et d'aujourd'huy! car, pour le seur, si les princes chrestiens se fussent bien entenduz et accordez, infailliblement l'on eust faict un grand effort sur l'empire de l'Orient; car j'ay ouy dire à gens qui estoient à Constantinople pour lors que les nouvelles y furent apportées de ceste grande deffaicte que le Grand-Seigneur, tout son conseil de sa Porte et les gens de guerre estoient si estonnez, que, si l'on eust veu seulement cinquante gallères chrestiennes paroistre, ilz quictoient la ville.

Une chose fust bien contre nous et pour les ennemis, c'est que fut en hyver et au mois d'octobre que fut cet escheq; et pour ce, à cause du mauvais temps d'hyver et des vents et orages qu'il produist, la belle occasion se perdit. Mais si cela fust arrivé en may ou juing, la victoire se fust poursuivie (autrement ce fust esté un grand blasme et grand' honte aux vainqueurs), en renvoyant les mallades et blessez, les vaisseaux cassez et rompus, et brisez, d'où ilz estoient venus, pour les remettre et reffaire, puis faire un' eslection tant d'hommes que de vaisseaux sains et gaillardz, et puis donner voille, comme j'en ay ouy discourir aux grandz discoureurs. Il est bien vray que l'année après se fist un nouveau armement, mais il ne fist ny servist de rien, sinon qu'on alla en la Morée et assiéger Navarain; mais on le faillit à cause du grand secours qui vint.

Voylà que c'est que d'avoir donné loisir de respirer et de prendre halayne et courage à l'ennemy. Cela arrive souvant parmy les grandz capitaines, qu'après une grande victoire ne sont pas tousjours sages et bien advisez, et font tousjours quelque faute lourde, et, qui pis est, sont si insolents et aises de leur victoire, qu'il leur tarde à tout' heure qu'ilz ne soient tournez en leur patrie pour se monstrer, faire leur parade et entrer en triumphe, aïnsi que fit M. Antonio Columno, à qui le pape donna le triumphe[1], et voulut qu'il entrast dans Rome triumphant, ny plus ny moins et en la mesme sorte que les anciens consulz et grandz capitaines romains, ainsi que j'ay ouy dire à ceux qui le virent et estoient à Rome pour lors, et que c'estoit une très belle chose à voir. J'estois lors à la court quand ces nouvelles y vindrent; mais j'y en vis aucuns grandz se mocquer de « ce sot triumphe, » qu'ilz appelloient ainsi. Cela fust esté mieux encor si l'on en eust faict de mesmes à dom Juan, le grand général, et qu'il fust esté suivy de M. Anthonio, du général des Vénitiens, de Jehan-André Dorio, et de tous ses autres grandz capitaines, tant de mer que de terre, qui avoient si bien faict et qui méritoient de triumpher aussi bien que Marc-Anthoine, jusques aux braves et vaillants soldatz, advanturiers et mariniers qui avoient si bien faict : car, en telles choses, il faut que l'honneur soit desparty esgallement à un chascun de ceux qui ont bien faict. Voylà ce que pour lors on en discouroit.

Sur quoy il me souvient d'avoir leu en un livre espaignol[2] que le roy dom Ferrant d'Arragon, après que ses capitaines, où M. le marquis de Pescayre estoit

1. Voyez *Advis de la magnifique et triomphante entrée du seigneur Marc-Antoine Colonna, capitaine général de Sa Sainteté, faicte en la ville de Rome, le tiers jour de décembre dernier*, Paris, J. Dallier, 1572, 8 feuillets in-8, non paginés.
2. Ce livre est toujours l'histoire du marquis de Pescaire, par

des plus advancez, eurent gaigné ceste battaille contre les Vénitiens et leur général Barthélemy d'Alviano, auprès de Vincense[1], et fort heureusement, il récompensa tous les capitaines et soldatz selon leur mérite; et, outre plus, fit mettre par escrit dans les livres des thrésoriers, nom par nom, tous les capitaines et soldatz, jusques au dernier qui avoit esté en ceste battaille, ensemble tous ceux qui estoient mortz, récompansant leurs parens; si bien que, parmy les papiers et registres de la chambre des comptes d'Espagne, ce papier se trouve et y est enregistré, de sorte qu'il demeura là pour insigne mémoire à jamais de leur valeur et mérite; en quoy ce roy mérite d'estre à louer et qu'on le servist. De mesme il ne devoit, en ceste belle battaille d'Élepantho, estre ny capitaine, ny advanturier, ny soldat, ny marinier, tant petit fust, que leurs noms ne fussent enroollez et escritz dans quelque beau papier et livre qui servist à jamais de souvenance de la valeur de ces braves hommes, tant de ceux qui moururent que de ceux qui en eschapparent vifz.

  Cela devoit avoir esté faict, de par Dieu, ainsi que j'ouy un jour à Malte discourir un gentil capitaine espaignol, que l'on devoit amasser tous les os des Turcz qui estoient morts en ce siége[2], et estre curieux jusques là de n'en oublier un seul, et les mettre tous en un monceau, et là en dresser une montaigne, afin qu'elle servist à jamais d'éternelle mémoire et insigne

Vallès, et, sans aucun doute, Brantôme en écrivant ceci avait sous les yeux le passage qui se trouve au f° 28, r°.
 1. Vicence. Voyez tome I, p. 185.
 2. Le siége de Malte, en 1565.

et mémorable trophée pour les braves chevalliers qui les avoient desfaictz, et de leur valeur, et qu'on peust dire : « Voylà une montaigne des ossemens des « Turcz qui moururent au siége de ceste place, qu'ilz « ne peurent prendre; » que là amprès s'y dressast un' aiguille en piramide, où l'escriteau fust engravé. Certes ce capitaine estoit tout noble d'aller trouver ceste invantion gentille, qui devoit avoir estée pratiquée pour la gloire de si braves chevalliers. Auprès de Nancy, où le duc de Bourgogne fust deffaict et tué, l'on y void une chappelle où les Lorrains furent curieux d'amasser et d'y poser tous les os des Bourguignons qui là moururent, et ce en signe de leur belle victoire[1]. Je suis esté trop long en ceste digression : il est aisé à me pardonner, car elle n'est point mauvaise.

Pour retourner encor à dom Joan, à ce que je tiens de braves et grandz capitaines qui l'ont veu en affaires, il estoit si brave et vaillant que si tout le monde l'eust voulu croire, il se fust faict un roy ou petit empereur

1. Brantôme commet ici une légère erreur. Les Bourguignons tués à la bataille de Nancy (5 janvier 1477) furent enterrés sur le champ de bataille. Le 25 octobre 1484, un nommé frère Jean Villey de Lesse, obtint la permission d'ériger « une chapelle pour sa demourance près du ruz de Jarville et de clore de murailles le lieu où les Bourguignons et gens de Charles de Bourgogne furent morts et ensevelis à la journée de Nancy, pour y faire cimetière et prier pour les trépassés; laquelle chapelle, en octroyant ladite permission, fut nommée *Notre-Dame-de-Bon-Secours.* » (Extrait du registre des patentes de 1478 à 1486, conservé au Trésor des chartes de Nancy, f° 324.) Cette indication m'a été fournie par mon ami, M. Charles Cournault.—Voyez aussi dom Calmet, *Histoire de Lorraine*, tome III, col. 384-387.

de quelque royaume ou empire d'Orient, et y eust bien planté l'Évangille de nostre Dieu. On l'a un peu blasmé pour la perte de la Goullette, si bien que dans Rome il s'en fit un pasquin :

> El cardinal con la bragueta,
> Dom Juan con la raqueta,
> Han perso la Goleta [1].

Ilz veulent dire que le cardinal de Granvelle, pour lors visce-roy de Naples, s'amusant trop à l'amour, et dom Joan trop à jouer à la paume, en aimant fort l'exercice, avoient perdu la Goullette. Il estoit aisé à ceux qui firent ce pasquin de bavarder; mais il ne tint nullement à dom Juan, car de jour en jour il se préparoit pour l'aller secourir; mais ceux de dedans le prévindrent et ne tindrent comme on le présumoit. Et pensoit-on que, s'ilz eussent tenu la moytié autant que ceux de Malte tindrent, ilz estoient bravement secourus, et tout de mesmes; et eust-on faict un grand eschecq sur les Turcz, qui avoient toute leur armée en terre, et les eust-on pris à l'impourveu, si qu'il en fust allé très mal pour eux. Voylà pourquoy dom Juan n'eust là aucune coulpe ny faulte.

Quelque temps amprès, le roy d'Espaigne l'ayant faict venir à soy en Espaigne, et après l'avoir bien embouché, l'envoya en Flandres, où il alla en gallant cavallier, et non en homme qui eust peur; ains, pour faire le chemin, il y alla en brave advanturier et de gallant homme; car, sans autre grand embarras de train ny

---

1. Le cardinal avec sa braguette, — don Juan avec sa raquette, — ont perdu la Goullette.

d'armée, pour plus aller assurément et assurer sa personne, il prend la poste avec six chevaux seullement, ayant avec luy le seigneur Octavio Gonzague[1] pour confident, et un postillon françois qu'il prit en Espaigne, gentil compaignon, et qui sçavoit toutes les postes, chemins, routes et traverses de France. Il m'a mené cent fois par les postes de France, et mesmes celles de Guienne ; et disoit-on qu'il estoit Suysse francisé, ou my Savoyard espaignollisé. Il le passa par toute la France en un temps dangereux et pays escabreux, et mesmes en Guienne, sur la vigille de la guerre, car dans trois mois après nous l'eusmes ; vint à Paris, descend en la rue Sainct Anthoine, tout devant le logis de l'ambassadeur d'Espaigne[2]. La nuict venue, le va trouver, parle à luy un peu, et sçachant que ce soir il y avoit un bal fort sollempnel au Louvre, y vient déguisé avec le seigneur Octavio, voit danser toute la court, la contemple, et sur tout par grand' admiration, la belle reyne de Navarre, sœur à nostre roy, la merveille du monde ; demeure en estaze pour voire une telle beauté ; puis après se remet et s'en part ravy, fort et bien ædiffié d'elle et de nostre court, ainsi que j'ay ouy dire à un petit secrettaire pour lors de l'embassadeur d'Espaigne. L'endemain se poūrmène par Paris, voit le Pallais, admire sa grandeur et la beauté de la ville, sans estre cogneu ny rien sceu de luy qu'après son départ, puis reprend la poste, poursuyt son voyage droict à la duché de Luxembourg[3], et de là en Flandres, où, ayant

1. Fils de Ferdinand de Gonzague, prince de Guastalla.
2. Don Diego de Zuniga.
3. Il arriva à la frontière du Luxembourg, le 4 novembre 1576.

trouvé Anvers pris et saccagé, fit une paix[1], soubz condition d'en chasser les Espaignolz, ce qu'il fit; et s'en allarent tous en Itallie, tant chargez de butin d'Anvers qu'ilz n'en pouvoient marcher.

Ce prince fut bien trompé en ceste paix, et bien luy servit de se monstrer bon, vigilant et grand capitaine. Aucuns le blasmarent de ce traicté de paix, de se désarmer ainsi et renvoyer ses gens. Et ce fust ce qu'un de ces ans sçeut très bien remonstrer ceste brave, généreuse et belle infante[2] à qui le duc d'Escot[3], fust ou de luy ou d'autres qui l'en avoient prié, en porter la parolle, que jamais elle n'auroit son Pays-Bas paisible qu'elle n'en eust chassé les Espaignolz. A quoy lui respondant, et luy donnant un grand soufflet, elle lui dist : « N'avous pas honte de me dire[4] ceste parolle, « veu que vous sçavez bien que pour les avoir chassez « il en prit très mal à dom Juan d'Austrie mon oncle? » Comme de vray, les Estats ne gardarent guières la paix, en quoy ilz furent fort blasmez; car ilz assemblarent une fort grosse armée de cinquante mill' hommes, composée de ceux de leur nation, de François, d'Anglois, de reystres que le prince de Casimir[5] avoit amené. Mais dom Juan fist aller leur armée en rien; et se dissipa de soy-mesme, car il l'alla assaillir,

1. Le 12 février 1577, don Juan signa avec les États un accord connu sous le nom d'*Édit perpétuel*, qui stipulait, entre autres, l'éloignement des troupes espagnoles.
2. Isabelle. Voyez plus haut, p. 75, note 1.
3. Philippe de Croï, duc d'Arschot.
4. *Var.* N'avous pas de honte me dire? (Ms. 6694, f° 102 r°.) Ce passage y est écrit de la main de Brantôme.
5. Voyez tome I, p. 324.

encores qu'elle fust retrenchée de grandz retranchemens; et leur donnant une camisade[1], n'ayant avec luy que quatre mille Espaignolz, luy à la teste, fausse tout leur retranchement et barricades, enfonce, donne dedans, deffaict tout ce qu'il trouve; et n'eust esté une brave troupe (fort petite pourtant) de François et quelques Angloys qui se résolurent, là où se trouva aussi à propos M. de La Noue, à faire teste, et qui fit très bien, il leur enlevoit résolument leur logis et leur deffaisoit la plus part de leur armée, et le reste mettoit en routte.

J'estois lors à la court que ces nouvelles vindrent au roy, qui ne se pouvoit saouller de louer un tel acte généreux et vaillant. Un peu advant, M. de La Noue m'avoit escrit, me priant l'aller trouver, et me mandoit les forces de l'armée des Estatz, qui estoient grandes, et m'escrivoit ainsi : « Nous sommes plus « fortz que dom Juan, *mas los Espagnoles dizen* « *que son superiores en valor*[2]. » Telz estoient ses motz.

Or ce pauvre prince ne jouist longuement de ceste belle gloire et louange, car luy qui avoit tant cherché de mourir dans un champ rude de Mars, alla mourir dans un lict mol et tendre, comme si ce fust esté quelque mignon de Vénus, et non un filz de Mars. Il mourut de peste, qu'il avoit prise de madame la marquise d'Avré[3] (disoit-on), de laquelle il estoit espris; mais tout le monde ne dict pas cela, et mesmes en Espaigne,

1. Le 31 janvier 1578, à Gemblours.
2. Mais les Espagnols disent qu'ils sont supérieurs en courage.
3. Diane de Dompmartin, femme de Charles-Philippe de Croy, marquis d'Havré.

car on tient qu'il mourut empoisonné, et par des bottines parfumées¹; et vays dire comment :

Dom Juan avoit un secrettaire que le roy d'Espaigne luy avoit donné, et en qui il se fioit fort, qui s'appelloit le seigneur Escovedo²; il avoit esté à dom Ruy Gomez. Ledict dom Juan l'envoya un jour de Flandres vers le roy pour luy raporter les affaires de son estat. Estant à la court, après avoir fait sa légation et charge, il s'enquiert des nouvelles de la court, et mesmes des dames, ainsi que nous autres courtizans sommes curieux aussi tost de nous en enquerir quand nous y arrivons. On luy dist que la princesse d'Eboly, vefve de Ruy Gomez (que j'ay veu une très belle fame, et elle estoit de la caza de Mandozza), traictoit fort l'amour avec Anthonio Perez, que j'ay veu secrettaire majour du roy Philippe, et son principal conseiller, et très favory, très habil'homme, et qui faisoit tout. Escovedo, qui avoit esté à son mary et à elle, et qui se ressentoit encores de l'ancienne amitié et fidellité qu'il portoit à son feu maistre, ne peut supporter sur le cœur ceste nouvelle, qu'il ne s'en deschargeast à sa feu dame et maistresse, ladicte princesse d'Eboly, et ne

---

1. Cela est aussi vrai que l'empoisonnement de Jeanne d'Albret par des gants parfumés.

2. Antonio Escovedo, qui avait été élevé dans la maison de Ruy-Gomez de Silva, prince d'Eboli, dont il a été parlé plus haut, p. 97 et 104, était devenu le secrétaire et l'homme de confiance de don Juan, à qui il était tout dévoué. Il fut une dernière fois envoyé par lui, en 1577, de Flandre en Espagne, où il arriva au mois de juillet, et le 31 mars de l'année suivante, il fut assassiné à Madrid, par ordre de Philippe II. Antonio Perez avait décidé le roi à ce meurtre, qu'il se chargea de faire exécuter. Voyez Mignet, *Antonio Perez et Philippe II*, 1854, in-18, p. 92 et suivantes.

luy remonstrast le meschant bruict qui couroit d'elle et le grand tort qu'elle se faisoit. Elle, en collère aussitost de telles sottes remonstrances, le renvoya bien loing avec de fort rudes menaces[1], et descouvrit le tout à son amy Anthoine Perrez, qui, en concevant la vangeance, le fit tuer, et supposa force mémoires faux qu'il monstra au roy d'Espaigne, par lesquelz le monstroit traistre et infidelle au roy, et que dom Juan, son maistre, tramoit pour s'impatroniser, non seulement de l'estat de Flandres, mais de celuy de Milan et royaume de Naples. Bref, il ne manqua pas de fausses impositions et d'invantions à quantité. A quoy le roy prenant pied, comme jaloux de son estat (car quelle est la chose qu'un prince ne face pour maintenir son estat quand on le luy veut esbranler?) faict donner la venue à la vie de dom Juan, comme j'ay dict; en quoy le roy est excusable, mais Anthonio Perez très blasmable[2].

Dieu, qui est juste juge des meschantes actions humaines, en produist aussi tost la punition ; car le président de Castille[3], el conde de Barajas[4], de la caza de Sappatos, en Aragon, avec Matheo Vasque, secretaire

---

1. « Une fois, Escovedo les trouva tous deux *juntos en la cama, o en el estrado en cosas deshonestas*, et il s'écria : « Voilà qui ne « peut plus se souffrir, et je suis obligé d'en rendre compte au roi.» La princesse lui répondit : « Escovedo, faites-le si vous voulez, *que mas querio el trasero de Antonio Perez que al rey.* » Voyez Mignet, p. 78.

2. Le ms. 6694, f° 103 r°, ajoutait : *et dampnable*, mais ces mots ont été biffés.

3. Don Antonio Pazos, évêque de Pati, puis de Cordoue.

4. Le comte de Barajas, majordome-majeur de la reine.

du roy¹, et tous deux grandz ennemis d'Anthonio Perez, firent tant sur la perquisition de la mort d'Escovedo, qu'ilz en sçeurent la vérité, et que, pour le seur, ladicte princesse et Anthoine Perrez l'avoient pourchassée, et de plus descouvrirent les fauces accusations et impositions du pauvre dom Juan. De quoy le roy, très indigné et fasché, fit mettre et l'un et l'autre en prison ; mais cela ne répara pas la vie du pauvre dom Juan, ny du pauvre Escovedo, ny les regretz qu'en fit le roy, non plus que fit le roy Louys onziesme, le bon rompu, à l'endroit d'un pauvre moyne de son royaume, lequel voyant un jour le roy disner, et ayant, par cas, tout contre soy un capitaine de Picardie à qui le roy en vouloit, il fit signe seulement de l'œil à Tristan l'Hermite², son grand prévost; car le plus souvent il n'usoit pas d'autres commandemens, sinon par guignades et signes. Tristan, pensant qu'il fist signe du moyne, ne faut aussi tost de le prandre dans la basse-court, et le faire jetter dans un sac en l'eau. Le cappitaine, qui avoit veu le signe du roy, se douta que c'estoit pour luy ; parquoy tout bellement s'esvada, et monta à cheval, et picqua vers la Flandres. On dist au roy, le lendemain, qu'on l'avoit veu sur le grand chemin qui s'en alloit à grand erre. Le roy envoya querir Tristan et luy dist : « Tristan, pourquoy ne fistes-vous ce « dont je vous fis signe hier de cet homme ? — Hà ! il « est bien loing ast' heure, dist Tristan. — Ouy, bien « loing, dist le roy ; on l'a trouvé vers Amiens. — Mais

1. Matheo Vasquez de Leça, l'un des secrétaires du cabinet du roi.

2. Tristan l'Ermite, grand prévôt de Louis XI, né en Flandre dans les premières années du quinzième siècle.

« vers Rouen, dist Tristan, où il a desja beu son saoul.
— Qui entendez-vous? dist le roy. — Hé! le moyne,
« dist Tristan, que vous me monstrates ; je le fis jetter
« aussi tost en un sac dans l'eau. — Comment, dist le
« roy, le moyne? et Pasque-Dieu (car c'estoit son ju-
« rement), c'estoit le meilleur moyne de mon royaume.
« Qu'avez vous faict? Eh bien! il luy faut faire dire
« demain une demy-douzaine de messes de *Requiem*,
« et par ainsi nous voylà autant deschargez, car j'en-
« tendois ce capitaine picard. »

Voylà comment le moyne sauva la vie au capitaine, ayant esté pris pour l'autre. Ce fut bien un qui-pro-quo d'apotiquaire ; mais la vie de l'autre n'en fut nullement réparée. Il n'est pas bon de faire telz commandemens par signes ; vous en voyez l'inconvénient. Il n'y a que de parler haut et clair et absolument, en roy et magistrat souverain.

Ainsi la mort d'Escovedo ny de dom Juan ne furent point remises ny réparées pour l'emprisonnement d'Anthonio Perrez, ny pour son bannissement ; lequel, rompant les prisons, s'enfuist en Arragon[1], où il fit en partie ceste belle révolte de Saragosse et d'Aragon[2],

---

1. Il se sauva de prison le 20 avril 1590, onze ans après son arrestation. Il avait été mis à la torture le 22 février précédent.
2. Perez évadé de prison, se réfugia en Aragon, à Calatayud, dans un couvent de Dominicains. Dix heures après son arrivée, il fut réclamé par Philippe II. Il invoqua alors les *fueros* de la province, et se plaça sous la protection du tribunal suprême du grand justicier, le *justicia mayor*, que Brantôme appelle la *justice d'Aragon*. Transféré à Saragosse, il fut acquitté par le tribunal. Le roi, après avoir inutilement entamé contre lui d'autres poursuites, parvint à le faire traduire devant l'Inquisition ; mais le jour où on le transféra de la prison de la *Manifestacion*

qui eust pris grand fœu sans la grand prudence du roy, qui, ne s'en estonnant aultrement, y envoya dom Allonzo de Vargas avecques une grosse armée de Castille dont il estoit général ; lesquelz [1], amprès avoir faict des mauvais, quand il falut venir au bon du faict, se rendirent et posarent bas les armes ; et par commandement du roy fut trenchée la teste à la justice d'Aragon [2], qui fut grand faict ; car ell' a esté de tout temps très fière et si arrogante que rien plus. Et s'appelloit dom Juan de la Musa ; lequel estant pris, le roy ne fit qu'envoyer un petit billet qui portoit : *Vista esta carta,*

---

dans celle du Saint-Office, une émeute éclata (24 mai 1591). Le marquis d'Almenara, commissaire du roi, fut pris et blessé si grièvement qu'il en mourut quinze jours après ; les inquisiteurs furent forcés de se dessaisir de Perez et de le laisser réintégrer dans sa première prison. Une nouvelle tentative pour le livrer au Saint-Office, aboutit à une insurrection (24 septembre) plus terrible que la première, et Perez, délivré cette fois, sortit triomphalement de Saragosse. Il se cacha quelque temps dans les montagnes, rentra déguisé dans la ville, qu'il quitta le 11 novembre, et plusieurs jours après parvint à gagner la frontière de France.

1. Bien que l'insurrection se fût apaisée après la délivrance de Perez, Philippe II envoya contre les Aragonais une armée devant laquelle se dispersèrent sans combat les soldats que ceux-ci avaient rassemblés à la hâte pour défendre leurs priviléges. Le chef des troupes royales, don Alonzo de Vargas, entra à Saragosse le 12 novembre (1591), et le mois suivant commencèrent les supplices.

2. Le grand justicier d'Aragon, don Juan de la Nuza, fut arrêté le 19 décembre (1591) et décapité le lendemain. M. Mignet (p. 277-278) donne ainsi d'après un document manuscrit la teneur du billet royal : En recibiendo esta, prendereys á don Juan de la Nuça, justicia de Aragon, y tan presto sepa yo de su muerte como de su prision, hareysle luego cortar la cabeça.

cortareys la cabeça al justicia d'Aragon, sin otra dilation, por que se convienne a nuestro servicio, su pena de nuestra indignation. Dada, etc. « La présente veüe, vous fairez trencher la teste à la justice d'Aragon sans autre délay, parce qu'il convient à nostre service, sur peine d'indignation. » C'est commander, cela, en motz briefz, et non par signes, comme l'autre que viens dire. Il fit prendre aussi prisonnier le duc de Villermes et le conte d'Arande, tous parens du roy, et menez en Castille. On ne sçait s'ilz en ont eu autant tous ces rebelles[1]. Aussi certes avoient faict une grande injure au roy; car ayant pris dans son logis dom Inigo de Mandozza, marquis d'Almenara, surintendant de toutes les affaires d'Aragon, et l'ayant sorty de sondict logis et mené dans la rue, luy baillarent tant de coups de baston, qu'il mourut au bout de quinze jours dans la prison.

Quant à Anthonio Perrez, il se sauva tellement quellement, comm' il peut, par les montaignes avecques toutes les peines du monde, pluyes, neiges, glaces et ventz, vint en Béard, où il demeura longtemps avecques madame la princesse sœur du roy[2], luy persuadant et mettant en advant beaucoup de belles occasions (ainsi que font tousjours les mal contens et rebelles) pour conquérir par delà : si bien que madicte dame y envoya quelques gens ; mais la plus-

1. Le duc de Villahermosa et le comte d'Aranda, dont le premier descendait des anciens rois d'Aragon, furent arrêtés en même temps que don Juan de la Nuza, et moururent en prison l'année suivante (1592).

2. Il arriva à Pau auprès de Catherine de Bourbon, sœur de Henri IV, le 26 novembre 1591. Voyez Mignet, p. 294 et suivantes.

part furent deffaictz, et s'en tournarent fort piètres[1]. Amprès, ledict Anthonio s'en alla avecques elle à la court troûver le roy et luy parler[2]; de là en Angleterre[3], où il n'a pas mieux faict ses affaires qu'ailleurs. Tourné en France ast'heure[4], il dist qu'il veut aller en Constantinople trouver le Grand-Seigneur[5], là où, s'il peut, il nuira au roy son maistre tout ce qu'il pourra pour son grand esprit, comme il l'a très bon, habile, et qui sçait les affaires de son maistre mieux qu'homme du monde, les ayant maniez de longtemps, qu'il a faict à souhait et comm' il vouloit. Il sera homme, possible, dict-on, pour se renier, estant en tel désespoir; et force gens l'ont faict et le fairoient.

Ce fut luy qui le premier fut médiateur et traffiqueur des amours d'entre ladicte princesse de Deboly et le roy; et par ainsi faisant pour autruy il voulut faire pour soy, n'estant pas si fol de s'oublier, ainsi que coustumièrement telz traicteurs d'amours ou porteurs de poulletz sont coustumiers dé faire; lesquelz

1. Plusieurs Aragonais, réfugiés en France, tentèrent avec quelques Béarnais sur la frontière d'Aragon une expédition qui échoua complétement.

2. Catherine amena Perez à son frère, à Tours, en février ou en mars 1593.

3. Perez se rendit en Angleterre, au mois d'avril ou de mai 1593, et y resta jusqu'au mois d'août 1595; il revint alors en France rappelé par Henri IV. Ce fut à Londres, en 1594, qu'il publia sous le pseudonyme de Raphaël Peregrino, les *Relaciones*, où il a raconté l'histoire de sa disgrâce et de ses malheurs.

4. *Var.* Il est encor tourné en France asture. (Ms. 6694, f° 104 r°.)

5. Il écrivait en février 1601 au connétable de Montmorency une lettre de plaintes, où il parlait « de chercher un maître qu'il pût servir. » Voyez Mignet, p. 363.

ne sont si remplis de fidellité à l'endroict de ceux qui les employent (au moins la pluspart d'eux) qu'ilz n'eschansonnent et ne tastent, ou devant ou après, le bon morceau qu'ilz appareillent pour autruy. [Bien sotz seroient-ilz, car en telles friandes occasions il n'y a nul respect, ce dict messer Priapo.]

Par ainsi fit Anthoine Perez, dont mal luy en prit et à la dame ; car le roy l'avoit servie et aymée longtemps, si bien que son filz aisné, que l'on appelle *el ducque de Pastrana*[1], luy ressemble du tout, ce dict-on, estant blond ainsi que le roy. Ruy Gomez le sçavoit bien ; mais il falloit qu'il passat par là, car pour récompanse [des cornes qu'il luy faisoit porter] il luy faisoit de grandz biens et faveurs ; car il luy fist espouser ceste femme, qui estoit fille du duc de Francqueville[2], très grand seigneur d'Espaigne, dont son filz second[3] en porte le nom, mais pourtant il y en a procez. Le tiers[4] s'appelle comme le père, Ruy Gomez. La fille[5], le roy la marya avec le duc de Medina de Sidonnia, celuy qui fut général de ceste grande armée espaignolle dernière en Angleterre. Bref, d'un simple gentilhomme portugais qu'il estoit quand il vint trouver le roy, il est mort un très riche et grand seigneur, et du tout gouvernant son maistre.

J'ay ouy dire que le plus grand subject que le roy prist de l'aymer fust que, jouant un jour en Flandres

1. Ruy de Silva, duc de Pastrana, mort en 1596.
2. Diego Hurtado de Mendoza, duc de Francavilla.
3. Diego de Silva, né en 1564, mort en 1630.
4. Ruy Gomez de Silva, marquis de la Eliseda, mort en 1616.
5. Anna de Silva, mariée à Alphonse-Perez de Gusman, duc de Medina-Sidonia, mort en 1615.

à la prime¹ et deux autres, une reste grande y allant de tout, qui montoit à vingt mille escus, le roy d'Espaigne, allant d'affection à la prime, la vint à rencontrer, dont il fut très aise (car quiconque, soit² le grand seigneur et libéral, est avare au jeu), soudain s'escriant qu'il avoit prime³. Ruy Gomez avoit cinquante cinq, lequel, pour n'empescher la joye que le roy son maistre avoit d'avoir rencontré prime, en monstrant son jeu au tiers et au quart, il jette ses cartes et les mesle parmy les autres, disant seulement : « Je le quicte. » Le lendemain, le tiers et le quart, qui estoient grands seigneurs, et me semble que le duc de Feria⁴ y estoit, dirent au roy le traict qu'avoit faict Ruy Gomez; et le roy luy ayant demandé la raison, et Ruy Gomez luy ayant dict qu'il ne vouloit luy empescher et offancer la joye et contentement qu'il avoit eu à rencontrer prime, et qu'en nulle façon il ne luy vouloit donner fascherie (comme certes le serviteur doit tousjours tascher, le plus qu'il peut, complaire en tout à son maistre, mesmes tel que celuy là, et en telle chose), le roy luy en sceut si bon gré qu'il l'en recompensa au triple, et despuis l'en ayma plus qu'il n'avoit faict. Je tiens tout ce grand discours précédent de fort bon lieu et point vulgaire. Il peut estre du tout vray ou à demy, mais un grand seigneur françois espaignollisé me l'a ainsi dict, et un gentil capitaine espaignol.

1. Jeu où l'on ne donnait que quatre cartes.
2. *Soit*, même.
3. On avait *prime* quand on réunissait quatre cartes de couleurs différentes.
4. Gomez Suarez de Figueroa, duc de Féria, mort le 7 septembre 1571.

Je romps ceste digression pour tourner encores à dom Juan, de la valeur duquel j'ay parlé, et de la mort. Pour son origine, j'en diray ce petit mot, et puis plus. Il fut filz naturel du grand empereur Charles, et d'une grand dame et comtesse de Flandres, mère d'un grand dont nous avons parlé, ou possible parlerons, et non point d'une boullengère de Bruxelles ou lavandière (comme la plus part du commun l'a dict : ce sont abus), laquelle estoit belle en toute extrémité, qu'on nommoit dame Barbe de Plombergh[1] et despuis maryée au seigneur Reguel, gentilhomme du pays de Namur ou Luxembourg. De l'avoir bien aymée et jouy, le faut croyre; mais d'estre mère de don Joan, ce sont abus; car il tenoit par trop du noble et d'un costé et d'autre. Aussi tost qu'il fust nay, l'empereur son père envoya querir un riche pasteur des montagnes du Liège, et le luy donna à nourrir et eslever fort curieusement, sans que peu de personnes le sceussent, et à endurer et endurcir au travail, ny plus ny moins qu'un de ses enfans, sans le nourrir mollement ny délicattement, et sans qu'il dist qu'il fust filz de l'empereur, sinon au bout de quelque temps qu'il vint à se faire grand, et que l'em-

---

1. Suivant Strada (livre X), la mère de don Juan n'était pas Barbe de Blomberg (ou Blombergen), « mais une dame plus illustre, qui tenait le rang de princesse. » Philippe II avait révélé ce secret à l'infante Isabelle, sa fille, et celle-ci à une personne de qui Strada l'avait appris.

Don Juan fut élevé non par un berger, mais par Luis de Quixada, grand-maître de la maison impériale, et il passa pour le fils de celui-ci jusqu'en l'année 1560, où Philippe II lui apprit sa naissance, devant toute sa cour, à Valladolid, au milieu d'une partie de chasse (Strada, livre X).

pereur voulut quicter le monde et se retirer en Espaigne, qu'il commanda au roy son filz de l'envoyer querir, le mandant au pasteur pareillement de le mener, et qu'il s'en servist, et luy ordonna une pention fort belle et grande, et le luy recommanda plusieurs fois comme s'il estoit son propre frère. J'ay appris[1] cela en Espaigne de quelques uns grandz et habiles gens qui le sçavoient bien.

Que c'est d'une belle et généreuse naissance! Celuy qui avoit esté nourry en maison champestre comme pasteur, s'estre depuis rendu si gentil, si gallant, si honneste, si agréable, comm' il a esté, et sentant si peu sa nourriture ruralle, ainsi que je l'ay veu en Espaigne! car il estoit fort beau et de fort bonne grâce, comme j'ay dict; et s'il avoit esté nourry en vie rustique, si n'en tenoit-il rien, car il avoit bonne et belle façon parmy les soldatz. Il avoit bien aussi bonne et belle grace parmy les dames, desquelles il estoit fort doucement regardé et bien venu.

A luy succéda en sa charge de général en Flandres le prince de Parme[2], son nepveu, duquel pour ast'heure je ne parleray, d'autant que j'en faictz un discours à part, sur une comparaison qui se peut faire de huict grandz capitaines, et bien jeunes pourtant, de nostre temps, à sçavoir: nostre roy Henry troisiesme dernier; M. le duc d'Alençon, son frère; le roy de Navarre; M. de Guyse; M. du Maine son frère; M. le prince de Parme; le conte Maurice et M. de Biron[3],

1. *Var.* J'ay apprins.... (ms. 6694, folio 105, recto).
2. Alexandre Farnèse.
3. Il s'agit du maréchal de Biron, tué au siége d'Épernay, en 1592, et non de son fils, décapité en 1602.

dernier mort, de la valeur et suffisance desquelz j'espère en dire ce que j'en pourray. Parquoy je remetz cette partie à lors, pour parler de feu M. de Savoye, Philibert dernier.

M. de Savoye fut fort aymé du feu empereur son oncle; car il aymoit cordialement sa mère, sa belle-sœur, donne Béatrix de Portugal, sœur de donne Yzabel, impératrice. Aussi ceste belle-sœur rendoit pareille amour à son beau-frère : de telle sorte qu'elle fit perdre l'estat à son mary; car elle ne cessa jamais qu'elle ne le brouillast au party de l'empereur, au lieu qu'auparavant il estoit bien à son aise, et ne luy demandoit rien. Il se dict et se list[2] que l'empereur estant à Naples, à son retour de Thunes[3], M. de Savoye[4], son mary, escrivit une lettre à un gentilhomme, nommé M. de Montfalconnet[5], qu'il aymoit fort, et se tenoit près de l'empereur, qu'il sceust de luy comment il se devoit gouverner en ce faict de guerre de Savoye, qu'il voyoit se préparer et tumber toute sur luy. L'empereur luy manda qu'il se gouvernast à l'accoustumée, en connivant, sans autrement se déclairer ny pour l'un ny pour l'autre. Mais sa femme, qui estoit altière et d'un courage animé, ne cessa jamais qu'elle

Monsieur de Savoye[1].

1. Emmanuel-Philibert, duc de Savoie, fils de Charles III et de Béatrix de Portugal, sœur d'Isabelle (ou Élisabeth), femme de Charles-Quint. Il naquit à Chambéry en 1528, succéda à son père en 1553 et mourut en 1580.

2. Brantôme a emprunté ce fait aux *Annales d'Aquitaine*, de J. Bouchet, édition de 1557, f⁰ˢ 275 v°, 276 r°.

3. En 1535.

4. Charles III.

5. Ce nom a été rajouté par Brantôme sur le ms. 3262 (f° 204 r°).

ne le fist déclairer du tout; dont mal luy en prit, à l'un et à l'autre; car il fut despouillé de son bien[1]; et elle, de deuil de sa perte et qu'ell' en estoit cause, mourut à Nice comme désespérée.

On[2] dict que la mère du duc de Cleves[3] mourut ainsi de tristesse, quand elle vit son filz privé de ses biens et réduict à petit pied. Et dictes que les femmes meurent de joye! non pas ces deux-là. Pour fin, ceste duchesse de Savoye fut très mauvaise Françoise.

J'ay ouy compter à un vieux gentilhomme de nostre pays, qui s'appelloit le bon homme Prémillac[4], vieux advanturier de guerre du temps passé, qui avoit près de cent ans, lequel, tournant du royaume de Naples après le siége et la mort de M. Lautrec, et perte de nostre armée[5], il arriva un jour de Penthecoste, en passant, à Chambéry. Il s'advisa, avec quelques cinquante ou soixante compaignons qu'il avoit commandez en enseigne, d'aller à la porte de la grand'église demander la passade[6] et l'aumosne à Leurs Altezzes, ainsi qu'elles iroient à la messe, comme pauvres soldatz desvallisez. Voicy venir madame la duchesse de Savoye avec son arrogance et superbetté, tant de ses façons naturelles que de ses habitz, et avec sa grand beauté aussi, car elle en estoit pourveue, et de beauté

1. Turin fut pris par les Français le 27 mars 1536. Béatrix mourut le 8 janvier 1538.
2. *On*, c'est J. Bouchet, dans les *Annales d'Aquitaine*, f° 303.
3. Marie, duchesse de Juliers, femme de Jean III, duc de Clèves, mère de Guillaume, duc de Clèves et de Juliers, qui fut chassé de ses États, par Charles-Quint, en 1543.
4. *Var*. Premiliat (ms. 6694, f° 105, v°).
5. En 1528.
6. De l'argent pour continuer son voyage.

et de gloire, comme il falloit. Ces pauvres François, estans tous de rang, luy demandarent la passade. Elle, les regardant desdaigneusement, leur dict : « Vous « estes François? je ne donne point d'aumosne aux « ennemis de l'empereur mon frère. Vous avez esté « bien estrillez d'où vous venez ; je voudrois que tant « de François qu'il y en a en France fussent de mesmes. » Et ainsi passa sans leur faire du bien autrement. Voylà le bien que cette duchesse nous souhaitoit.

M. de Savoye donc, son mary, ayant perdu tout son estat, tant du Savoye que du Piémont, au moins la plus grand part, il se retira à Nice, et son filz M. le prince de Piémont[1] avec l'empereur qui le receut de très bon cœur (j'en dirois bien aucunes raisons secrettes, mais je m'en passeray bien), et luy faict un très bon traictement, le tient en sa court fort honnorablement, et l'eslève en luy faisant voir les armes : si bien qu'en peu de temps il se rend très capable pour servir l'empereur; et pour avoir perdu son bien ne perdit jamais le cœur, mais l'en augmenta d'advantage ; et pour mieux le favoriser, prend en devise ces motz de Virgille, des Æneides :

..... Spoliatis arma supersunt [2].

Comme voulant dire : qu'il n'est pas despouillé celuy à qui restent encor les armes en main.

Belle devise certes, et digne d'un si courageux prince ! Et parest bien autant altière et brave que celle

1. Celui qui est le sujet de cet article.
2. Cet hémistiche n'est pas de Virgile, mais de Juvénal, satire VIII, vers 120.

du marquis de Villanne[1], l'un des plus grandz seigneurs d'Espaigne, à qui l'empereur ayant osté (fust ou par justice ou force) deux de ses plus belles terres, néanmoins pour cela il n'en demeura si pauvre et desnué qu'il ne luy en restast encore d'advantage, tant il estoit oppulant. Et pour ce fit faire un jour un saye sans manches, et avec le bas de saye très long, fort emple ; et tout à l'entour avoit cet escriteau, en broderie très riche en plusieurs endroictz dudict saye : *Aunque me sean quitadas las mangas, no me faltan las faldas* : « Encor qu'on m'ait osté les manches, les pans de la robbe, ou bas de saye, ne faillent, et me sont restez. » Et ainsi se pourmenoit en la court de l'empereur avec son saye et ses escriteaux, qu'un chascun advisoit et lisoit par grand spéciauté.

Ce marquis de Villanne estoit celuy auquel l'empereur ayant commandé de loger en son logis M. de Bourbon, il luy fit responce qu'il le fairoit puisqu'il luy commandoit, mais qu'il ne trouvast pas mauvais si, après qu'il en seroit party, qu'il y mist le fœu, car il ne voudroit qu'il luy fust reproché que sa maison eust servy de retraicte à un traistre et infidel à son roy.

M. de Savoye donc s'estant faict bien expert aux armes, l'empereur en eut telle bonne opinion qu'il luy donna à mener avec le duc d'Albe l'advant-garde en la guerre des protestans, puis le fit son lieutenant général aux guerres de Picardie ; et ne l'appelloit-on que le prince de Piedmont, et mesmes aux prises de

---

1. Probablement un fils de Diégo de Pacheco, marquis de Villena.

Therouanne et Hedin (où je perdis mon pauvre frère le second, dict le capitaine Bourdeilles, l'un des braves de son temps[1]), là où il se remit et rempluma un peu ; car encor que l'empereur luy baillast tout son entretien de sa maison, si est-ce qu'il luy falloit beaucoup à despenser ailleurs; et pour ce bien souvant les moyens luy failloient. Et en ces deux prises il y gaigna force prisonniers, les plus grandz chefs comm' à luy deubz, et les moyens, il les achepta à vil prix des soldatz et après en tira de grandes rançons (dont M. de Bourdeilles, mon frère aisné[2], pris là à Hesdin, en fut d'un grand escot, qui a porté grand préjudice à nostre maison). Puis il fut général du roy d'Espaigne à la battaille de Sainct-Quantin et au siège, là où il gaigna beaucoup aussi, et de mesme façon, de prisonniers, comme des autres. Pour fin, il fit si bien, et servit si bien ses maistres, que la paix se faisant entre nos roys[3], en un' heure et un traict de plume, il recouvra tous ses biens et terres qu'il avoit perdu ès guerres en trente ans. Quel heur voylà! Outre plus, il eut force argent ; il eust de bonnes pentions et d'un costé et d'autre, mesmes une chose que guières on n'a veu avoir qu'estoit deux compagnies de cent hommes d'armes : l'une du roy de France, très bien entretenue, appoinctée et payée, dont j'ay veu le conte de Montravel[4] lieutenant ; et l'autre du roy d'Espaigne,

1. Voyez t. I, p. 27.
2. André, vicomte de Bourdeille, sénéchal de Périgord, né vers 1529, mort au château de Bourdeille en janvier 1582. Il resta prisonnier à Lille, de 1553 à 1556.
3. A Cateau-Cambrésis, en 1559.
4. François de la Baume, comte de Montrevel, mort en 1565.

entretenue de mesme : ceste-cy pour servir l'Espaigne et l'autre pour servir la France ; laquelle ne failloit, quand ell' estoit mandée, de venir et se rendre comme les autres où ell' estoit commandée. Je l'ay veue souvant, et mesmes au siège de La Rochelle, où elle entra en son quartier ; et la faisoit très beau voir, car ell' estoit très bien montée et de bons hommes, avecques les cazaques très belles, toutes de vellours cramoisy en broderie d'or et d'argent.

Tant que madame sa femme, nostre bonne fille de France[1], fut en vie, il ne fit de faux bon contre la France ; car elle l'esclairoit et le gaignoit et amadouoit de tout ce qu'elle pouvoit, et tant aussi que nous tenions encor Pignerol et Savaillan[2] dans son pays, qui le servoient d'espine en son pied. Mais il ne cessa jamais qu'il ne les eust, en gaignant le roy[3] par belles parolles et persuasions, et par bonne chère qu'il luy fit en ses terres, par les bons mellons d'Ast[4] qu'il luy donna à manger, et par la fresche glace qu'il luy donna à boire ; tous petis et foibles appas pourtant pour l'induire à le récompenser au double par ces deux villes. Mais on croyoit qu'à grand peine le roy en eust dict le mot sans madame de Savoye, sa bonne et vraye tante, qui méritoit un tel présent, voire meil-

---

1. Marguerite de France, fille de François Ier, née en 1523, épousa Emmanuel-Philibert, en 1559, et mourut à Turin le 16 août 1574. Le traité pour la restitution de Pignerol et de Savigliano fut signé le 14 décembre 1574. L'original existe dans le portefeuille 94 de la collection Godefroy, à la bibliothèque de l'Institut.

2. Savigliano.

3. Henri III, qui passa par Turin en revenant de Pologne.

4. Asti, en Piémont.

leur, pour la bonne amitié qu'elle luy portoit et à la grandeur de son estat.

Il offrit de plus au roy quelques trois ou quatre mille hommes de sa milice (ainsi estoient-ils nommez), que nous pourrions comparer proprement à nos légionnaires[1]. Mais quelle milice estoit-ce? très piètre. Et quelz gens de guerre? qui ne servoient que de nombre, et non de faction. Tesmoing le siège de Leveron[2], que s'il n'y eust eu devant de nos braves soldatz françois, ceux de dedans avec trois cens hommes les eussent mis en pièces cent fois, et ne fust esté jamais parlé de milice. Or, avec tous ses artiffices, il obtint du roy tout ce qu'il vouloit.

Tout cela fust esté bon (car faict ses affaires qui peut) si, quelques années après, il n'eust tenu la main[3] avec le marquis d'Ayamont[4], gouverneur de l'estat de Milan, au mareschal de Bellegarde[5], de s'emparer du marquisat de Saluces, et se rendre rebelle au roy, afin de se l'impatroniser et rendre propre à luy par amprès, comm' a faict monsieur son filz[6] despuis,

---

1. Par une ordonnance en date du 24 juillet 1534, François Ier avait créé sept légions, chacune de six mille hommes, et qui portait le nom des provinces où elles se recrutaient. Henri II reprit en 1557 ce projet, qui n'avait pas reçu son entier accomplissement et auquel on ne tarda pas à renoncer.

2. Livron, dans la Drôme, fut assiégé à la fin de 1574 par les catholiques. Voyez de Thou, l. LIX.

3. *Tenir la main à quelqu'un*, le persuader, le séduire.

4. Probablement François de Guzman de Zuniga, marquis d'Ayamonte.

5. Roger de Bellegarde, maréchal de France. Brantôme parle avec détail de ses trahisons dans la notice qu'il lui a consacrée.

6. Charles-Emmanuel Ier, mort en 1630.

lequel le trouvant desnué de gens, d'argent et de moyens, l'usurpa, au grand despit du roy¹, qui, ce jour, en ayant sceu les nouvelles ainsi qu'il estoit sur le poinct d'aller à la messe et faire ses pasques, il s'en retourna et ne les fit point, tant il fut en collère. Et que M. de Lursinge², un fort grand personnage et digne de sa charge, voire d'une plus grande, ambassadeur de son Altezze devers Sa Magesté, luy en voulut faire des excuses, il en fut bien rejecté. Entr' autres qu'il allèga, c'est que son maistre avoit eu advis que M. de L'Édiguières et tous ses huguenotz luy en vouloient; et pour ce il avoit gaigné les devans, d'autant qu'ilz estoient ses ennemis. Le roy disoit partout qu'il ne vouloit point de telz officieux que celuy là; que, quant bien M. de Lesdiguières l'eust pris, il luy eust aussy tost osté quand il luy eust pleu, et à luy-mesmes il le luy osteroit et lui fairoit cher couster ceste charité, tellement qu'un jour il luy en bailleroit si sarré sur les doigtz, qu'il s'en repentiroit, d'autant que sa force, au prix de la sienne, estoit si foible, qu'il n'en oseroit quasi parler.

Le roy, qui de soy n'estoit pas trop eschauffant ny turbullant, on le trouva ce coup fort eschauffé, dont il falloit bien dire qu'un tel affront³ luy touchoit jusques au vif. Tout de mesmes luy toucha-il quand le père soubstenoit ainsi le mareschal de Bellegarde, de telle façon qu'il le faisoit ordinairement coucher en sa chambre : aussi le roy luy sceut-il bien rendre envers

1. En 1588. Voyez de Thou, l. XCII.
2. René de Lucinge, seigneur des Alimes.
3. Le correcteur a mis : telle surprise.

ceux de Genève, desquelz il en prit la protection, contre son gré pourtant (car il hayssoit par trop leur religion), mais pour vangeance il le fit; dont M. de Savoye s'en trouva très mal sur les entreprinses qu'il y vouloit faire dessus.

En cela M. de Savoye estoit bien de cest' humeur, que, pour sa grandeur, il bouchoit les yeux à tout, còmm' il l'avoit monstré longtemps advant en nos guerres estrangères; lequel, durant la trefve de l'empereur et du roy, il fist un' entreprise une fois sur la ville de Metz[1], par le moyen de quelques cordelliers, et la faillist. Et ainsi que M. des Sept-Fontaines, ambassadeur pour le roy en Flandres (despuis évesque de Lymoges, grand personnage, certes, et qui avoit peu de ses pareilz, de la maison de l'Aubespine[2]), luy remonstra le viollement de foy et de la trefve, il luy fit responce : « Comment le roy François prit-il mes pays, « lors qu'on ne s'en doubtoit aucunement, et en « trefves ? Doubtez-vous de moins que je n'en voul- « lusse faire autant si je pouvois ? car c'est alors qu'on « n'y pense point et ne se donne-on garde, que les « belles entreprises se font. » Il avoit raison de parler ainsi; car, comme je tiens de plusieurs très grandz capitaines, et mesmes de M. du Bellay, au livre de l'*Art militaire*[3], il se faut donner garde de ces temps

---

1. En 1555. Il n'y avait pas alors de trêve entre le roi et l'empereur. Voyez de Thou l. XV.

2. Sébastien de l'Aubespine, seigneur de Sept-Fontaines, évêque de Vannes, puis de Limoges (1559), mort le 2 août 1582.

3. Des deux éditions du traité de Langey, l'une (1548) est intitulée : *Instructions sur le faict de la guerre;* et l'autre (1592), *De la discipline militaire.*

de trefves et surcéances d'armes plus que de la chaude guerre; car bien souvant se présente-il de si bons morceaux, que pour eux on en peut bien rompre son jusne, et amprès que la chose est faicte, il n'y a plus de raparation; et ce mot luy est si mal sonnant, quand on dict : « Je n'eusse pas pensé une telle meschanceté « jamais, que de violler ainsi la saincte foy donnée. » Pour fin, M. de Savoye, pour faire ses affaires, il estoit peu scrupulleux et fort habile. Aussy avoit-il fort pâty, ayant esté despouillé; et s'il ne fust esté tel, et ne s'en fust faict accroire par son espée qui luy estoit restée, et par sa valeur, il fust demeuré le plus pauvre prince qui fut jamais.

Il a laissé monsieur son filz, qui est aujourd'huy son successeur en tout, et qui, pour son jeun' aage, s'est rendu un bon et vaillant capitaine, en ayant appris de fort bonn' heure l'usage. Aussi j'ay veu dire à des soldatz espaignolz : *que no hay en el mundo qu'un rey, un ducque y un conde*[1], entendant le roy de France[2], le duc de Savoye et le comte Maurice[3], m'esbahissant pourtant comment ce duc, duquel je parle ailleurs, peut sitost s'accommoder à la fattigue de la guerre; car je l'ay veu en son enfance si tendret et si dellicattement nourry de par madame sa mère, que je n'eusse jamais pensé qu'il fust venu à ceste grande gloire qu'il a. J'espère en parler ailleurs. Bref, il est vray filz de père. Bien est-il vray (à ce que j'ay

---

1. Qu'il n'y a au monde qu'un roi, un duc et un comte.
2. Henri IV.
3. Maurice de Nassau, fils de Guillaume le Taciturne, né en 1567, mort en 1625.

ouy dire) qu'il n'a tant la grâce de soldat que le père, lequel l'avoit très bonne.

Aussi tiens-je d'un vieux capitaine espaignol, qui estoit son maistre d'hostel, qu'en son jeun' aage, estant aux armées de l'empereur son oncle, il se plaisoit fort parmy les soldatz espaignolz, et estoit parmy eux le plus souvant, jusques à porter l'harquebuz et fourniment comm' eux, et aller aux escarmouches ; à quoy l'empereur prenoit tous les plaisirs du monde.

Il mourut, non guières vieux, de mal de reings et de gravelle dont il estoit tourmenté, si bien qu'il ne portoit jamais son espée au costé, pour cause de la seincture qui lui eust trop eschauffé les reings ; mais il la portoit tousjours soubz le bras comm' un sergent, et cela ne luy sioit point mal ; car il avoit très bonne grâce en tout, et sentoit fort son soldat, et aymoit tous honnestes exercices, et surtout à forger des canons d'arquebus. Il en faisoit de très bons. J'ay veu sa forge, et nous faisoit monstre de son exercice.

On disoit qu'il ne ressembloit guières à feu son père, duquel j'ay veu le monde en France en faire de si fatz et de si scandaleux contes qu'il n'en faut rien croyre ; car, à ce que j'ay ouy dire à ceux qui l'ont veu, il n'estoit point homme pour faire toutes ces sottises ; car il estoit très sage et fort homme de bien.

C'est assez pour ce coup d'avoir parlé de M. de Savoie jusqu'à un' autre fois ; car il ne faut pas tout à un coup débiter toutes ses denrées.

Nous parlerons de M. le conte d'Aiguemont[1], lequel

Le conte d'Aiguemont,

---

1. Lamoral, comte d'Egmont, né en 1522, décapité à Bruxelles, le 5 juin 1568. Il avait épousé Sabine, comtesse palatine, duchesse de Bavière, morte le 19 juin 1598.

a esté un fort brave et vaillant capitaine, pour si peu qu'il en ayt faict le mestier; car, au plus beau cours de ses vaillances, la paix se vint à faire entre la France et l'Espaigne, amprès qu'il venoit de fraiz de gaigner la battaille de Sainct-Quentin et[1] Gravelines. Car, à ce que je tiens de la pluspart des Espaignolz, les Flamans et François qui y estoient, ilz luy en attribuoient le seul gaing[2] : si bien que le commandement luy ayant esté faict par M. de Savoye[3], lieutenant général du roi d'Espaigne, et par Ferdinand de Gonzague, principal chef du conseil, pour aller seullement recognoistre l'ennemy et l'amuser, ce pendant que le gros arriveroit, voyant à l'œil qu'il y faisoit bon pour luy, ne voulut point temporiser, mais avec sa trouppe de reystres et lanciers bourguignons charge, luy, sans aucun respect de commandement, et si à propos qu'il mit en route toute nostre armée, et avoit quasi demy achevé lorsque le gros arriva.

Un an et demy après[4] il donna encor luy seul un' autre battaille à M. le mareschal de Termes près de Gravellines, qu'il gaigna, le deffit et le prit prisonnier, comme j'ay dict cy-devant : ce qui fut un second contre coup à la France fort dangereux. Que si le tiers s'en fust ensuivy, elle estoit troussée. Et croy que sans la paix cet homme nous eust bien porté du dommage; car il nous estoit ennemy, et fort heureux et vaillant; avec cela aussi le présumoit-il fort, et en estoit beaucoup plus enflé de gloire.

1. C'est-à-dire : et celle de Gravelines.
2. Le gain de la bataille de Saint-Quentin, livrée le 10 août 1557.
3. Emmanuel-Philibert.
4. Lisez : onze mois après, le 13 juillet 1558.

Sur quoy je me souviens qu'à nostre retour du voyage de Malte, ainsi que j'estois allé baiser les mains à M. de Savoye, me faisant pourmener dans son jardin de Thurin où estoit sa forge[1], il me dist le commencement des troubles de Flandres, désespérant pourtant fort de ses affaires, s'ilz n'avoient d'autres chefs qu'un qui s'estoit desjà déclaré, qu'on appelloit le sieur de Brederode[2], lequel pourtant estoit un grand seigneur du pays et un grand homme d'estat, et qui fut le principal autheur des révoltez qu'on nomma les *Gueux;* nom certes vil, par trop bas, fatal et malheureux, bien différent de celuy qui est venu après, qu'on nomme les Estatz, nom certes plus beau, plus spécieux et plus heureux que le premier. Et si M. de Savoye n'estimoit pas trop le dict seigneur de Brederode pour la guerre, il exaltoit bien autant le dict conte d'Aiguemont, lequel il disoit que s'il se déclaroit, comme il s'en doubtoit, que leur affaire iroit fort bien, le tenant pour un fort grand et vaillant capitaine, si la gloire ne le perdoit : « car, me disoit-il, je l'ay veu si glorieux et outre-cuydé après nos deux battailles dernières gaignées contre vous autres, qu'il luy sembloit nul estre digne esgal ny parangonné à lui, estimant fort peu un autre. Mais je luy en rabbattois bien les coups; et fort souvant en avons-nous eu différens ensemble, comme quasi me voulant desdaigner pour son général; mais je luy fis bien recognoistre après, et ce qu'il devoit.

Je croy que mondict sieur de Savoye prophétiza

---

1. Voyez plus haut, p. 151.
2. Henri, comte de Brederode, mort en Allemagne en 1588.

alors de ce conte; car il[1] se sentoit tant de foy[2] qu'il luy sembloit advis que jamais le roy d'Espaigne ne luy fairoit mauvais tour, ny que le duc d'Albe osast jamais luy faire mettre la main sur le collet. Mais il en arriva bien autrement; car, ayant esté convié en un festin à Bruxelles, lui et le conte d'Orne[3], grand seigneur et des principaux du pays, après le disner, le duc d'Albe, s'estant retiré en son cabinet et conseil, les envoya tous deux constituer prisonniers[4].

Ce fut le capitaine Salines, non celuy qui estoit habitant d'Ast[5], mais son cousin, qui eut charge de constituer prisonnier le conte d'Aiguemont; auquel ayant dict en toute révérance espaignolle qu'il le faisoit prisonnier de par le roy, et qu'il laissast l'espée, ce fust le conte d'Aiguemont qui fut estonné; et dist au capitaine Sallines telz motz : *A mi, capitan Sallines, quitar l'espada qui tan bien ha servido el rey! Pues que tal es su volluntad, assi se haga.* « A moy, capitaine Sallines, oster mon espée qui a si bien servy le roi! Puis donc que telle est sa voulonté, qu'elle soit faicte. » Et lui-mesme se l'osta et la donna au capitaine Sallines, lequel le mena en la prison qui estoit destinée pour luy, estans si bien séparez luy et le conte

1. Le comte d'Egmont.
2. *Foy*, confiance.
3. Philippe de Montmorency-Nivelles, comte de Horn (ou Hoorn), amiral de Flandre, mort sur l'échafaud avec le comte d'Egmont, le 5 juin 1568.
4. Le 9 septembre 1567, à l'hotel de Culemberg. Suivant Strada, ce fut le duc d'Albe lui-même qui signifia au comte d'Egmont son arrestation, tandis que Ferdinand de Tolède, fils naturel du duc (voyez t. I, p. 106), arrêtait le comte de Horn.
5. Probablement Asta, bourg de la Gueldre.

d'Orne, qu'ilz ne se virent plus jusques au jour de leur supplice.

Auquel jour, la sentence estant donnée audict conte d'Aiguemont, il la prit fort patiemment, et soudain demanda l'évesque d'Ypre[1], fort homme de bien et digne prélat, et fort son famillier, auquel il se confessa fort sainctement; et luy donna une bague fort riche que le roy d'Espaigne lui avoit donné lors qu'il fut en Espaigne, en signe d'amitié, pour la luy envoyer et faire tenir : ce fut lors qu'il luy alla proposer toutes ces belles choses contre la France que j'ay dict cy dessus[2]; et puis luy envoya ses humbles recommandations, le priant d'avoir pitié de sa femme et de ses enfans. Et l'heure de l'exécution venue, ce conte d'Orne ayant esté mené et despesché tout le premier[3] sans qu'il le sceust, sinon quand il vist sa teste, il fust conduict par le capitaine Sallines et Juillem Romero[4], estant au mitan de tous deux, et passa parmy tout du long de la grand place où estoit au bout l'eschaffaut, toute remplie de trente enseignes de gens de pied espaignolz en battaille, au beau mitan desquelz il passa; et saluant tous les capitaines et soldatz avecqu' une fort belle, douce et triste façon, la larme à l'œil, et eux tous aussi, qui tous d'une voix disoient que c'es-

---

1. Martin-Baudoin Rithovius, premier évêque d'Ypres, de 1562 à 1583.

2. Voyez plus haut, p. 78.

3. Le comte d'Egmont fut exécuté le premier, comme le dit la relation que Brantôme rapporte lui-même plus bas, p. 157 et suivantes.

4. Julien Romero était premier mestre de camp général lorsqu'il mourut à Crémone d'une chute de cheval, en 1578.

toit grand dommage de la perte d'un si grand capitaine, s'en alla à l'eschaffaut tout couvert et paré de drap noir; et sans estre attaché, comme l'on void en France nos criminelz, monta dessus, haranga le peuple, se recommanda à Dieu; et puis l'exécuteur ayant tiré un rideau pour n'estre exécuté à la veue du peuple, luy trencha la teste. Le corps fut jetté au dessoubz de l'eschaffaut par une trappelle faicte à propos, avec celuy du conte d'Orne, et la teste présentée au peuple, le rideau estant tiré, comme avoit esté celle du conte d'Orne, que le conte d'Aiguemont avoit desjà advisée lorsqu'il voulut monter audict eschaffaut. Voylà la façon de la mort de M. le conte d'Aiguemont, comme plusieurs le disoient de ce temps là, et d'autres qui en ont escrit.

Mais d'autant que M. de Mondoucet[1], lors ambassadeur pour le roy en Flandres vers madame de Parme[2] et le duc d'Albe, en envoya l'advis au roy, je le veux incérer icy; lequel estant venu à M. de l'Aubespine le jeune[3], secrettaire des commandemens, l'un des vertueux et honnestes seigneurs de son temps, et qui aymoit la noblesse si très tant que, quand il mourut en fort jeun' aage et en sa grande beauté, comme il estoit très-beau, ell' y perdit beaucoup. Il me tenoit pour de ses grandz amis, et se plaisoit quelques fois à

1. Claude de Mondoucet, seigneur de la Cheminée, maître d'hôtel du roi. Il existe de lui diverses lettres dans les mss. 8753, 8780 et 8832 du fonds Béthune, à la Bibliothèque impériale.

2. Marguerite d'Autriche, femme d'Octave Farnèse duc de Parme (1548), gouvernante des Pays-Bas, morte en 1586. — Voyez t. I, p. 169, note 1, et plus haut, p. 23, note 4.

3. Claude de l'Aubespine, secrétaire d'État, mort le 11 septembre 1570, à vingt-six ans.

me conter des nouvelles; dont ce matin qu'il receut celles dudict conte, ainsi que je l'estois allé voir, il me monstra cet advis, lequel estoit tel :

« Le second jour de juin[1], les contes d'Aiguemont et d'Orne, après avoir estez gardez quelque temps dans la citadelle de Gand, sortirent par le commandement du duc d'Albe, pour estre menez à Bruxelles, dont le capitaine Almada en eust la charge. Ledict conte d'Aiguemont estoit dans un coche faict en chariot, dans lequel estoit le capitaine Tordezillas et un autre capitaine espaignol. Au devant d'iceluy marchoient quatre compagnies d'arquebuziers espaignolz, et autour dudict chariot les harquebuziers de la compagnie dudict capitaine Tordezillas, et derrière estoient les picquiers des compagnies cy dessus. Suivoit après le chariot du conte d'Orne, dans lequel estoit avec luy Anthonio d'Avila et le capitaine Errasso, et autour les harquebuziers du dict Errasso, et après ses picquiers en rang, et ceux de dom Anthonio de Tholedo et de don Hernando de Sayaveda, et tous avec leurs enseignes desployées et tambours battans, le tout estant accompaigné, aux costez de la campaigne, de cinquante lances de dom Sancho d'Avilla[2] à l'advant-garde, et autant à l'arrière-garde; et en cet ordre ainsi entrarent dedans Bruxelles sur les deux heures après midy. Le quatriesme de juin, marcharent dans la ville en battaille, et avecqu' une batterie de tabourins et phiffres si piteuse, qu'il n'y avoit spectateur de si bon cœur qui ne paslit et ne

1. 1568.
2. Voyez sa vie plus loin.

pleurast d'une si triste pompe funèbre. Toutes les compagnies[1] furent logées, les aucunes dans la ville, et les autres demeurarent pour la garde en la maison du roy, qui est devant la place; et furent menez et logez séparement, les portes et fenestres de leurs chambres toutes fermées. Sur les unze heures du soir on leur vint annoncer leur arrest, pour avoir le lendemain leurs testes trenchées.

« Le conte d'Aiguemont, qui lors dormoit, trouvant fort estrange une si triste nouvelle, s'estomacqua et s'altéra outre mesure, et avec grandes exclamations demanda comm' il estoit possible qu'on le voulust traicter de ceste façon, ne pensant avoir faict chose, contre le service de Dieu et Sa Magesté, indigne de son devoir. Bien disoit-il que la mort ne luy estoit point ennuyeuse, pour ce que c'est un passage inesvitable et un debte auquel nous sommes naturellement obligez; mais ce qui luy estoit plus en cela douloureux estoit la perte qui en résultoit de son honneur et réputation. Puis réytéra en disant : « Voylà une
« sentence très sévère. Je ne pense point avoir tant
« offencé Sa Majesté que je mérite une punition si
« cruelle, ayant faict ce pourquoy je meurs! Toutes-
« fois, si j'ay failly, que ma mort soit l'expiation de
« mes fautes, sans qu'on me déshonnore et honnisse
« les miens pour l'advenir, et que ma femme et mes
« enfans ayent à souffrir, estans confisquez mon corps
« et mes biens, outre qu'il me semble que mes grandz
« services passez méritent bien qu'on use de quelque
« grâce en mon endroict. Despuis que c'est le plaisir

---

1. *Var.* Compaignées (ms. 6694, f° 109 r°).

« de Dieu mon créateur et du roy mon seigneur, je
« m'attendz de prendre la mort en patience. » Puis il
se leva de son lict et s'habilla, et prit de l'encre et du
papier, escrist une lettre au roy d'Espaigne, par laquelle luy requeroit pardon de ses fautes, luy suppliant très humblement d'avoir pour recommandée
sa pauvre et desollée femme, et d'avoir pitié de ses
enfans, lesquelz, pour les péchez du père, demeureroient très pauvres et en termes d'estre misérables
toute leur vie, s'assurant tant de Sa Magesté que courtoisement et de bénignité il leur useroit de telle grâce,
puis qu'ilz estoient innocens des fautes de leur père,
et aussi pour l'amour des grandz services qu'il luy
avoit faict par le passé. Après qu'il eust fermé la lettre
et bien scellée, il la donna à l'évesque d'Ypre pour la
faire tenir seurement au roy d'Espaigne, avecqu' une
bague qu'il avoit au doigt, que le roy son maistre luy
avoit donnée, dont il l'en pria bien fort. Ce que ledict
évesque luy jura sur sa foy de l'envoyer très fidellement à Sadicte Magesté; à quoy il ne faillit. Et dicton que le roy catholique la leut en pitié, bien fasché
qu'il avoit esté contrainct d'en venir là; mais il n'estoit plus temps, et ne servoit cela plus rien. Ledict
conte après se conffessa fort dévoctement audict
évesque d'Ypre, qu'il avoit choisy pour son conffesseur, tant parce qu'il l'aymoit de longue main qu'aussi
il le tenoit pour un fort homme de bien.

« Le conte d'Orne, du commancement, ne se peut
si bien asseurer et résoudre, se despita, maugréant et
regrettant fort sa mort, et se trouva quelque peu oppiniastre en la conffession, la regrettant fort, disant
qu'il estoit assez conffessé; toutesfois, après avoir

songé en soy et digéré son faict, et cognu qu'il n'y avoit nul remède de la prolongation de sa vie, en fin de son propre mouvement demanda un conffesseur, et continua despuis à user d'apparance de bon chrestien et catholique, et non sans grande contriction de ses fautes.

« Et en ces altères[1] demeurarent jusques à neuf heures du lendemain matin, ne parlant d'autre chose que de leur faict de conscience et du tort qu'on leur tenoit au respect de la fidellité et obéissance qu'ilz avoient tousjours porté à leur prince.

Le conte d'Aiguemont commença à solliciter fort l'advancement de sa mort, disant que puis qu'il devoit mourir qu'on ne le devoit tenir si longuement en ce travail. Sur les dix heures, on le tira dehors; et fût le premier conduict sur l'eschaffaud, accompaigné du maistre de camp et du capitaine Sallines, d'aucuns prebstres et de l'évesque d'Ypre, son conffesseur. Il estoit vestu d'une juppe de damas cramoisy, et d'un manteau noir avec du passement d'or, les chausses de taffetas noir et le bas de chamois bronzé, son chappeau de taffetas noir couvert de force plumes blanches et noires, et un mouchoir ouvré en la main, sans qu'il eust les mains liées aucunement, lesquelles on luy avoit laissées libres sur sa parolle de cavallier, et qu'il ne donneroit empeschement par lequel le bourreau peust faillir son coup. Il n'estoit suivy ny de bourreau ny de sergens. Bien est-il vray que le prévost se tenoit près l'eschaffaut avecqu' une baguette rouge pour représenter la justice. Et allant

---

1. *Altères*, agitations, inquiétudes.

audict eschaffaut ainsi accompagné, passa à travers toutes les compagnies que nous avons dict cy-dessus, et qui estoient toutes en battaille; et en passant au beau mitan, saluoit et disoit adieu à tous les capitaines et soldatz qui estoient là, lesquelz pleuroient et regrettoient de voir un si grand capitaine mourir ainsi. Puis estant monté sur l'eschaffaut, qui estoit tendu tout de drap noir, se mit à genoux, et, tournant les yeux vers le ciel, commança à haute voix à faire quelques clameurs et exclamations sur la contrition cogneue de ses repentances, de ses infidellitez et désobéissances; tellement que le peuple en estoit esmeu à grand pitié. Et bien tost après se despouilla son manteau et sa juppe, et se remettant à genoux, baissa son chapeau sur les yeux, et puis dist l'oraison *In manus tuas, Domine, etc.*, fort dévoctement; et comme il commençoit à la redire, le bourreau, qui s'estoit tousjours tenu caché, commança à parestre, et luy enleva et fit sauter la teste de dessus les espaulles fort dextrement. Le corps fut incontinant levé et couvert de drap noir.

« Le conte d'Orne vint après, qui de mesmes fut despesché. Il ne fit prières si belles que le conte d'Aiguemont; il ne pria que le peuple de prier Dieu pour luy. Leurs testes furent posées sur des bassins, et demeurarent en spectacle l'espace de deux heures. Le corps du conte d'Aiguemont fut mis dans un cercueil bien embaumé, et porté en une de ses terres, où il fut ensepvelly, comme fut celuy du conte d'Orne en sa conté. Les gens du conte d'Aiguemont plantarent ses armes et enseignes de deuil à sa porte du pallais; mais le duc d'Albe en estant adverty, les en fit bien oster bientost et emporter dehors.

« La grande amitié que le peuple portoit audict conte d'Aiguemont, et l'excecive douleur que chascun avoit conceue de sa mort, fut telle que plusieurs allarent à l'église Sainçte Claire, où gisoit son corps, baisant le cercueil avec grande effusion de larmes, comme si ce fust esté les sainctz ossements et relicques de quelque sainct; et tous d'un accord prioient pour le repos de son âme; ce qu'on ne fit pour l'autre conte, lequel estoit à la grand' église. »

« Quoy qu'il en soit, il n'y eut personne qui ne pleurast ledict conte d'Aiguemont, et n'y eut Espaignol qui ne le plaignist; voire le duc d'Albe en donna grande signiffiance de tristesse, encor qu'il l'eust condempné; car c'estoit un des vaillans chevalliers et grandz capitaines qui fust au monde. » — Cet advis est le plus vray.

Après ceste exécution faicte, le duc d'Albe fit battre aux champs, et marcha avec toute son armée pour aller faire la guerre à outrance, et vanger la mort du pauvre conte d'Arambergue[1], qui avoit esté tué à une deffaicte[2] par le conte Ludovic de Nanzau en Zélande; dont, le mesme jour que le conte d'Aiguemont fut exécuté, sa femme, madame la contesse, fort honneste, belle et sage dame, estoit venue à Bruxelles pour consoller (ce qui est à noter) madame la contesse d'Arambergue sur la mort de son mary[3]; laquelle,

---

1. Voyez tome I, p. 315, note 1. La vie du comte d'Aremberg se trouvera plus loin.
2. A la bataille d'Heigerloo, le 24 mai 1568.
3. Marie de La Mark, fille de Robert, comte d'Aremberg. Il en sera encore question dans la vie de son mari.

ainsi qu'ell' estoit en sa chambre et sur ces propos, on luy vint annoncer qu'on alloit trancher la teste à son mary. Je vous laisse à penser si ell' eut besoing de la consolation le moins du monde, de celle qu'elle donnoit à foison à l'autre contesse; de sorte que toutes deux avoient bien besoing de Dieu, et plus encor la contesse d'Aiguemont, puisque son mary n'avoit receu mort si honnorable que le conte d'Arambergue.

Voylà donc la fin de ce pauvre conte, duquel, avant que je l'achève, je diray de luy que c'estoit le seigneur de la plus belle façon et de la meilleure grâce que j'aye veu jamais, fust-ce parmy les grandz, parmy ses pairs, parmy les gens de guerre et parmy les dames, l'ayant veu en France et en Espaigne, et parlé à luy.

Mais pourtant, voyez et considérez un peu une chose que je vous veux dire, que j'ay appris de madame de Fontaines[1], l'une des sages, belles, vertueuses et honnestes dames qu'il est possible de voir; laquelle, du temps qu'elle estoit fille et qu'on l'apelloit Torcy, sœur à feu M. de Torcy, gentil cavallier et capitaine, elle fut nourrie fille de la reyne Éléonor en France et en Flandres, où alla ladicte reyne se tenir avec l'empereur son frère, et la reyne d'Hongrie, sa sœur, après qu'elle fut vefve du roy François; et là, madicte dame de Fontaines, estant fille Torcy, belle des plus d'allors, et qui ne se fit point effacer ny à Espaignolle, Flamande, Allemande ny Itallienne, ny à tout autre, fit un long séjour avec la reyne sa maistresse; et là ce fut où elle vist le conte d'Aiguemont

1. Voyez tome I, p. 31, note 7.

fort jeune, et son commancement, et comment il vint; mais elle m'a dict qu'en toute la court il n'y avoit point jeun' homme plus neuf que luy, et d'assez mauvaise petite grâce, et à qui on en faisoit fort la guerre, et les hommes et les dames; mais après plusieurs petites algarades receues, il se rendit ainsi gallant et honneste, brave et vaillant homme comme nous l'avons veu. Possible que la nourriture et la guerre continuelle qu'on luy faisoit luy apporta cela.

<small>Le prince d'Orange[1].</small> A ce festin des contes d'Aiguemont et d'Orne avoient estés pareillement conviez le prince d'Orange et le conte Ludovic de Nanzau son frère; mais ilz sentirent la fricassée de loing, et pour ce se retirarent en Allemaigne; ce qui fascha fort au duc d'Albe, car il avoit faict dessaing (ce disoit-il), *de pescar y tomar los salmones y dexar las sardinas y truxicas*, « de pescher et prendre les grandz saumons, et laisser les petites truites et sardines », comme despuis il se vanta qu'il en avoit attrapé deux grandz; mais les autres ne s'estoient voulu jetter dans les retz et filetz; ce qui fut cause que son festin fut imparfaict, pour les conviez faillis qu'il avoit dessaignez[2].

Cependant le prince d'Orange ne chauma pas, et amassa une grosse armée en Allemaigne, et force François s'y jettarent aussi, jusques à mille ou douze cens chevaux, et force harquebuziers des contrées de France en là, qui n'avoient peu passer les rivières et

1. Guillaume I de Nassau, dit le Taciturne, prince d'Orange, fils de Guillaume de Nassau, dit le Vieil, et de Julienne, fille d'Othon, comte de Stolberg, né en 1533, assassiné à Delft le 10 juillet 1584.

2. *Qu'il avoit dessaignez*, c'est-à-dire qu'il avait eu le dessein de faire venir.

franchir les passages pour se joindre à M. le prince de Condé avec M. l'Admiral : les chefz estoient messieurs de Genlys, de Mouy[1], d'Antricourt[2], guidon de la compagnie de M. d'Anjou[3], nostre général, et autres. Enfin l'armée estoit très belle, et plus grande deux fois que celle du duc d'Albe ; mais en temporisant et usant de prudence accoustumée, il fit aller toute ceste armée en fumée, et la chassa hors de Flandres, et la renvoya d'où ell' estoit venue. Et de ces bris et reliques plusieurs François se joingnirent avec le duc des Deux-Pontz[4], mesmes les princes d'Orange et le conte Ludovic et leur jeune frère y estoient, que je vis tous joinctz ensemble (estant ledict duc mort) à Branthôme[5], chez moy, où je m'estois retiré du camp, à cause d'une grosse fiebvre quarte qui m'avoit si villainement empoigné que je ne m'en peus deffaire de dix mois. Et ce fut là que je vis tous ces messieurs chez moy, qui me firent, et François et estrangers, tant les plus grandz que petis, tous les honneurs et toutes les meilleures chères du monde, sans qu'il me fust faict aucun tort ny à ma maison, non pas un seul image de l'église abbatu, ny une vitre cassée ; jusques là à dire que, si la messe y estoit en propre personne, on ne luy

1. Louis (Claude ou Artus) de Vaudray, seigneur de Mouy, assassiné en 1569 par Maurevel, *le tueur du roi*.

2. Autricourt ou Hautricourt, capitaine huguenot, tué à Moncontour (octobre 1569).

3. Henri III.

4. Wolfgang, duc de Bavière et de Deux-Ponts, né le 26 septembre 1526, mort à Escars, en Limousin, le 11 juin 1569. Voyez sur lui Le Laboureur, *Additions aux Mémoires de Castelnau* liv. VII, chap. VIII, tome II, 1659, p. 730 et suiv.

5. *Var*. Brantosme (ms. 6694, f° 111 r°).

eust faict un seul petit mal pour l'amour de moy. Aussi leur fis-je très bonne chère, et que le roy de Navarre m'aymoit, et M. l'Admiral surtout, à qui j'appartenois de fort près à cause de madame l'Admiralle sa femme [1]. Bref, j'euz occasion grande de me contenter fort d'eux, là où j'avois force de mes bons amis et parens.

Ce fut donc là que je vis ces princes estrangers, et entretins un assez long temps ledict prince d'Orange en un' allée de mon jardrin, que je trouvay un fort grand personnage à mon gré, et qui discouroit bien de toutes choses ; et m'entretint du peu d'effect de son armée, et en donnoit la coulpe à la faute d'argent et aux estrangers qui l'aymoient desmesurément ; mais qu'il ne s'arrêteroit en si beau chemin, et qu'il revolleroit bien tost. Il avoit une fort belle façon, et estoit d'une fort belle taille. Le conte Ludovic son frère l'avoit plus petite. Je le [2] trouvois triste, et monstroit par sa mine qu'il se sentoit accablé de la fortune. Mais ledict conte Ludovic estoit plus ouvert en son visage et le monstroit plus joyeux : on le tenoit plus hardy et hasardeux que le prince d'Orange, et le prince aussi plus sage, plus meur que luy et plus advisé. Aussi l'empereur Charles l'avoit nourry ; et se ressentoit si bien d'une si belle nourriture, que despuis il s'en estoit bien servy en tous les grands affaires que despuis il a manié, en ayant tant donné de traverses

1. Coligny fut marié deux fois : 1° à Charlotte de Laval, morte le 3 mars 1568 ; 2° à Jacqueline de Montbel, comtesse d'Entremonts et de Montbel, veuve de Claude de Batarnay, comte du Bouchage.
2. *Le*, le prince d'Orange.

au roy d'Espaigne, qu'il[1] s'est veu n'avoir guières[2] de terres en Flandres, tant il luy avoit brouillé cet estat, et le brouilla encores de telle sorte que le roy d'Espaigne n'en pouvant avoir raison par guerre descouverte, il le fallut avoir par la couverte, où rien ne fut oublié pour en trouver force façons.

Enfin[3], un pauvre maraut espaignol, biscain, qui s'appeloit Jehan Jaurégui, qui ayant esté presché et persuadé par quelques uns, ou plustost charmé ou ensorcellé, entreprit de le tuer. Et un jour, estant entré dans sa salle, l'avant veu disner à son aise et ouy discourir de plusieurs cruautez que les Espaignolz avoient commis en Flandres, amprès avoir disné et s'en allant en son antichambre, et qui monstroit à ceux qui avoient disné avec luy, tant Flamans que François, comme messieurs de Laval[4], Bonnivet[5] et des Pruneaux[6], une tapisserie où estoient représentez quelques soldatz espaignolz usantz de leurs cruautez,

1. *Qu'il*, le roi d'Espagne.
2. Le ms. 6694 (f° 111 v°) portait d'abord : « ung seul pouce. »
3. Le 18 mars 1582. Brantôme a emprunté presque textuellement le récit de l'assassinat du prince aux premières pages d'un petit écrit intitulé : *Brief recueil de l'assassinat commis en la personne du très illustre prince, monseigneur le prince d'Orange.* Anvers, 1582, 62 p. in-8.
4. Paul de Coligny, comte de Laval, fils de François de Coligny, seigneur d'Andelot, né en 1555, mort le 15 avril 1586.
5. Henri Gouffier, seigneur de Bonnivet, assassiné à Breteuil en 1589.
6. C'est la leçon que donne le ms. 6694. Le ms. 3262 porte par erreur : « des principaux, » ce qui est évidemment une faute de copiste, car la relation citée plus haut et de Thou mentionnent comme étant auprès du prince d'Orange, Sorbiers, sieur des Pruneaux.

voycy venir ce gallant, qui estoit si résolu en son faict qu'il tire un coup de pistollet chargé d'une balle seule, et l'attaint au dessoubz de l'oreille droicte, et le perce de part en part, passant la balle par le pallais et sortant par la joue gauche, près la maschouère de dessus[1]. Ledict seigneur (comme despuis il dist) ne sçavoit que c'estoit, et pensoit qu'il y eust quelque ruyne d'une partie de la maison, car il ne sentoit point avoir esté frappé : toutesfois la veue luy esblouit quelque temps. A l'instant, les seigneurs et gentilz-hommes mirent l'espée au poing, qui donnarent des coups d'espée à travers du corps de ce pauvre diable; et fut M. de Bonnivet qui donna le premier coup, et le tuarent.

M. le prince, estant revenu à soy, cria : « Qu'on ne le tue pas ! » mais cela estoit desjà faict, luy mort. En telles choses si importantes, la vie d'un grand, on ne peut estre si sage et retenu (toutesfois il le faut pour sçavoir beaucoup de secretz), tesmoingt la mort du roy Henry troisiesme, nostre dernier roy. Cet Espaignol fut foullié et visité. On trouva sur luy force billetz et oraisons qu'on luy avoit donnez luy faisant acroyre qu'il seroit invincible et invisible, qui fut cause qu'il entreprist ce coup ; mais il y fut trompé.

On dict que ce prince, estant revenu à soy, s'escria :

1. *Var.* Je m'imagine que cest Espaignol, quand il voulut donner ce coup ainsin que ce prince advisoit ceste tapisserie d'Hespaignolz, que aussi luy les advisant de mesmes, qu'il les invoqua et implora ni plus ni moings que firent les conjurateurs du pauvre Cæzar avant que commencer la dance : ilz se tournarent vers l'estatue de Pompée qui estoit là, pour l'implorer, afin de mieux asseurer leur coup, à quoy il les favorisa. (Ms. 6694, f° 112 r°.)

« Ah! que son Altezze¹ pert aujourd'huy un bon ser-
« viteur en moy! » laquelle estoit pour lors à Anvers.
Que si l'on n'eust trouvé beaucoup de choses dans les
poches de cet Espaignol, le peuple se vouloit esmou-
voir contre les François, car on ne sçavoit d'où venoit
le coup; mais en un rien qu'on eut leu et descouvert,
le tout s'appaisa.

Cependant le prince se fit penser, et fut secouru si
bien qu'il eschappa de ceste blessure. Et pour revanche, assurez-vous qu'il ne chauma pas à brouiller
l'estat pis que jamais contre le roy d'Espaigne, et luy
faire le pis qu'il peut. Mais comme ce qui doit estre
ne peut faillir, et que nos vies et nos mortz et leurs
façons et genres de les mener, filer et achever, sont
destinées et escriptes², il fut tué quelques années après
fort estrangement, et vous le vays dire, ainsi que je
l'ay appris d'un gentilhomme qui estoit lors en la
ville de Delphe³, où il⁴ mourut, et que les nouvelles
en vindrent à la court, où j'estois.

Il faut donc sçavoir que, quelques six ou sept ans
advant sa mort, fut faicte une entreprise sur la ville
de Bezançon en Bourgoigne, dicte la Franche-Conté,
par la menée de M. le prince⁵, lequel estoit maire
perpétuel de ladicte ville; et s'ayda, pour la conduicte,
d'un certain homme de là qui conduisoit tous ses
autres affaires, lequel se nommoit Briet⁶. Mais la ville

1. Le duc d'Alençon.
2. Le correcteur a ajouté : « parmi les arrêts de Dieu. »
3. Delft, en latin *Delphi*.
4. *Il*, le prince d'Orange.
5. Le correcteur a ajouté *d'Orange* sur le ms. 3262.
6. De Thou l'appelle Pierre Guyon.

estant à demy prise, fut regaignée par M. le cardinal de la Baume[1], de grande et illustre maison, homme de bien, d'honneur et valleur. Il estoit cousin de madame de Carnavallet[2], l'une des honnestes dames de France, des belles et agréables. Ce cardinal, qui estoit jeune, brave et valleureux, s'esmeut, sentant ceste rumeur, et se rallie si bien avecques ses amis et les serviteurs du roy d'Espaigne, qu'il chassa les preneurs et entrepreneurs de la ville; si bien qu'il la remet en sa première liberté et puissance de son maistre, et en faict pendre quelques soixante ou quatre-vingtz, dont ce Briet fut des premiers.

Au bout de quelques jours, un jeun' homme[3] natif de Nogarol, où est un chasteau près de Bezançon qui est au roy d'Espaigne, s'en partit de là, et s'en vint en Flandres tout gueusement habillé et tout mallotru; et ainsi un jour se présente au principal secrettaire du prince d'Orange, et se faict cognoistre à luy, en luy disant qu'il estoit filz de Briet, et qu'il eust pitié de luy. L'autre, sentant nommer Briet, et luy demandant encor s'il estoit son filz, il le présente au prince d'Orange, qui, pour l'amour du nom du père, et qu'il estoit mort pour luy, le reçoit en son service, et le donne au secrettaire pour apprendre

1. Claude, cardinal de la Baume, archevêque de Besançon de 1544 à 1584.

2. Françoise de la Baume, mariée en secondes noces, le 20 novembre 1566, à François de Kernevenoy, chevalier de l'ordre du roi, seigneur de Carnavalet et de Noyen, grand écuyer et gouverneur de la personne, chef du conseil et surintendant de la maison du duc d'Anjou. — Voyez sur lui Le Laboureur, *Additions aux Mémoires de Castelnau*, tome II, p. 817.

3. Il s'appelait Balthasar Gérard.

soubz luy et escrire; car il avoit très bonne façon et estoit beau, et le fit très bien habiller et mettre bien en poinct. Il apprend donc si bien soubz ce secrettaire et son maistre, que bien souvant en son absence le prince se servoit de luy : si bien que ce premier secrettaire venant à mourir, le prince luy donna sa place; et se sert ainsi de luy, qui le servit l'espace de cinq ans très fidellement; au bout desquelz il se résout de le tuer, encor qu'il eust veu jouer le jeu auparavant à l'Espaignol qui faillit à le tuer.

Nonobstant, un jour, ayant espié le temps, l'occasion et l'heure, ainsi que le prince eut disné et rentré dans son cabinet pour ses affaires, ce Briet (car il se faisoit tousjours ainsi nommer, se disant tousjours filz de Briet) luy apporta un grand fattras de lettres pour signer; et par ainsi, tous deux renfermez dans le cabinet, les gardes disnant, et le reste de la maison aussi, il tire un pistollet et en donne au prince, et de la dague trois ou quatre coups; et sans faire bruit, ny que les gardes en eussent rien ouy, il sortit aussi résolu comme les autres fois, portant ses lettres en la main; encor dist-il au capitaine des gardes qu'il ne faisoit que travailler nuict et jour, et qu'il n'estoit pas possible d'y pouvoir plus tenir.

Quelques jours advant, il avoit achepté un fort bon et beau cheval d'Espaigne, que le prince avoit voulu voir, et luy avoit faict accroyre que c'estoit pour quelquesfois passer le temps; ce que son maistre approuva fort.

Estant donc à son logis, il prend son cheval qu'il avoit faict tenir tout prest, et monte dessus et s'en va le plus viste qu'il peut. Le malheur fut pour luy qu'arrivant à Dortrel[1], belle ville aussi, il trouve que le basteau qui est pour le passage estoit par delà; si bien qu'encor qu'il criast fort aprez et l'appellast, il ne peut venir assez à temps, d'autant que le traject est fort grand et large. Que s'il l'eust trouvé à propos de son costé, sans doubte il estoit sauvé. Cependant il se faict tard : on trouve que M. le prince demeure en son cabinet plus que de coustume. Ses gentilz-hommes et gardes se doubtent, s'approchent du cabinet; n'oyant leur bruict[2], advisent par le trou : voyent le prince mort estendu, rompent la porte, le voyent en tel estat. Les gardes disent que, pour le seur, nul n'y estoit entré ny sorty que Briet; pourquoy, se doubtent qu'il avoit faict le coup, vont à son logis, ne le trouvent poinct. Le capitaine et ses gardes courent après, le trouvent sur le port du passage qu'il attendoit le batteau; et ainsi qu'ils luy escriarent, il s'escria aussi : « Est-il mort? Tuez-moy aussi, mais laissez-moy un « peu prier Dieu. — Ah! paillard, tu n'ez pas digne « de mourir d'une si bonne main que la mienne; il « faut mourir de la main d'un bourreau », dist le capitaine. Il devoit se précipiter dans la mer, son cheval et tout, et tenter le sort et se sauver avec son cheval à nage, bien que le travers fust large, ou bien se noyer comme d'autres ont faict, bravement, sans donner la gloire de sa prise ny occasion de son martyre. Dieu ne le voulut, possible, ou qu'il estoit destiné à cette mort[3].

1. Dordrecht.
2. Le ms. 3262 a corrigé *leur* en *nul*.
3. Le correcteur a changé cette phrase en celle-ci : « Dieu ne le

Ilz le prindrent donc, et le menarent à Delphe, où estant, il conffessa soudain qu'il avoit faict le coup, et que nul ne lui avoit faict faire ny poussé sinon son propre instint, et qu'il avoit recogneu le prince si meschant homme qu'il n'estoit pas digne de vivre. « Et en cas qu'il ne soit vray (disoit-il), allez-vous en
« en telz cabinetz, vous y trouverez, en telz et telz
« endroictz, instructions amples, escrites tant de la
« main du prince que de la mienne, comme il vouloit
« faire mourir le roy et ruyner la France; de mesme
« autant contre le roy d'Espaigne; autant contre la
« reyne d'Angleterre, qui luy avoit si bien assisté;
« **tout autant encor contre aucuns Flamandz de ses**
« **plus grandz amis**; autant encor contre l'Allemaigne.
« Bref, dist-il, c'estoit le plus meschant homme qui
« nasquit jamais, et pire encor que Néron, lequel
« encor, soubz umbre de religion, eust voulu ruyner
« tout la chrestienté : si bien, dist-il, qu'en ayant
« pitié, j'ay pensé faire un œuvre agréable à Dieu
« de le tuer. » Notez la ruze et la meschanceté de cet homme d'aller invanter telles menteries : ainsi faict tout désespéré.

Tout cela conffessé, il fut condempné à la mort; et premièrement eut la gesne ordinaire et extraordinaire très cruelle, sans qu'il sonnast jamais mot, sinon percister tousjours en son dire. Puis, avant mourir, l'espace de dix-huit jours, il fut martyrisé très cruellement. Le premier, il fut mené en la place, où il

voulut ainsy. » (Ms. 3262, f° 219 v°.) — L'histoire de l'assassinat du prince et de l'arrestation du meurtrier est racontée d'une façon tout à fait différente par de Thou, livre LXXIX.

trouva une chaudière pleine d'huylle toute bouillante, dans laquelle luy fut enfoncé le bras dont il avoit faict le coup. Le lendemain, le bras luy fut couppé, lequel estant tumbé à ses piedz, luy tout constamment le poussa du pied du haut en bas de l'eschaffaut. Le troisiesme jour, il fut tenaillé par devant aux mammelles et devant du bras; le quatriesme, par le dernier[1] aux bras et aux fesses. Et ainsi consécutivement fut cet homme martirisé l'espace de dix-huict jours, et tousjours retourné en la prison, endurant tous ces martires très constamment. Le plus grand qu'il endura (après la mort), c'est qu'il fut attaché tout nud au mitan de la place, et tout à l'entour de luy furent mises forces charrettées de charbon auquel on mit le fœu; et estant en braize et flamme ardante, ce pauvre patient se rostit là un tout long temps; et alors il s'escria et perdit patience, et puis fut osté par amprez. Pour la fin, en dernier martire, il fut roué et maillotté[2], dont il ne mourut point, car on ne luy avoit donné que sur les bras et jambes pour le faire plus languir; et vesquit encor plus de six heures, demandant un peu d'eau pour boire, mais on ne luy en osa donner. Enfin, le lieutenant criminel fut prié de le faire parachever et estrangler, afin que son âme ne se désesperast et ne se perdist. Le bourreau vint donc; et ainsi qu'il fut près de luy, il luy demanda comment il se portoit. Il luy respondit: « Comme tu m'as laissé. » Mais ayant tiré la corde pour luy mettre au col, il se releva; et comm' ayant appréhention de la mort,

1. *Dernier*, derrière.
2. Frappé à coup de maillet.

qu'il n'avoit eu encores (ce qui fut un grand cas, et que plusieurs observarent en luy), il dist au bourreau : « Hà! laisse-moy; me veux-tu encor martiriser? « Laisse-moy mourir ainsi. » Et ayant esté estranglé, il finist ainsi sa vie. Voylà de terribles tormens! Ce gentil homme qui vist tout cela me l'a ainsi conté, et que telles nouvelles arrivarent à la court et à Paris : je m'en rapporte à la vérité.

Tant y a que, si le prince d'Orange avoit entrepris ce que dist ce Briet, c'estoit un grand cas (je m'en rapporte aussi de mesmes à la vérité) que nul homme de bon jugement croira, car ce prince avoit un' âme et un Dieu, et une générosité.

Il a laissé après lui une brave lignée[1], le prince d'Orange d'aujourd'hui, qui, après une longue prison,

1. Guillaume s'était marié quatre fois : 1° à Anne d'Egmont, dont il eut : Philippe-Guillaume, prince d'Orange, qui resta dans la religion catholique et le parti espagnol, et mourut le 20 février 1618 sans postérité, et Marie, femme de Philippe, comte de Hohenlohe; 2°' à Anne, fille de Maurice, électeur de Saxe, dont il eut Maurice de Nassau, prince d'Orange après la mort de son frère (1618), mort le 23 avril 1625, et Emilie, femme d'Emmanuel Ier, roi de Portugal, morte à Genève en 1624; 3° à Charlotte de Bourbon, fille de Louis, duc de Montpensier, qui fut d'abord abbesse de Jouarre, puis embrassa la réforme et mourut le 6 mai 1582. Il en eut six filles : Louise-Julienne de Nassau, femme de Frédéric III, comte palatin du Rhin, morte le 15 mars 1644; Élisabeth, femme de Henri de la Tour, duc de Bouillon, morte le 2 septembre 1642 ; Catherine-Belgique, mariée à Philippe-Louis, comte de Hanau; Charlotte-Brabantine, femme de Claude de la Trémoille, duc de Thouars; Charlotte-Flandrine, abbesse de Sainte-Croix de Poitiers, morte le 10 avril 1640; Émilie, femme de Frédéric-Casimir, comte palatin du Rhin; 4° à Louise de Coligny, fille de l'amiral et veuve de Charles de Téligny. Il en eut Henri-Frédéric, prince d'Orange, et Renée, morte sans alliance.

fut livré¹ par son roy et remis en tous ses biens, dont il n'a esté ingrat, et l'a très bien servy, tenant son party et celuy de l'infante. L'autre est ce brave conte Maurice, dont je parle ailleurs à part. Du troisiesme mariage, il n'a eu que des filles, comme mesdames la contesse Palatin, de Bouillon, de la Trimouille, et madame la princesse d'Orange, et un' autre; toutes filles de madame de Zouare, qui quicta l'habit et espousa M. le prince. Du quatriesme, est sorty M. Henry, conte de Nanzau, qui, pour son beau commancement de son jeune aage, monstre desjà bien qu'il ne dégénère rien de ses prédécesseurs, tant du costé du père que de la mère, Louyze de Colligny, très belle, sage et honneste dame, fille de ce grand² M. l'Admiral, et vefve de cet honneste homme M. de Théligny, tué à la Sainct-Barthélemy.

Le roy d'Espaigne gaigna beaucoup à la mort de ce grand prince d'Orange, comm' il a paru despuis; car il a esté plus paisible seigneur de la Flandres que durant son vivant. Dont par là il³ s'est monstré très grand et très habile capitaine : mesmes les Espaignolz le disoient bien, car il leur donnoit bien de l'affaire.

*Le conte Ludovic de Nanzau*⁴. Si le conte Ludovic son frère eust vescu plus qu'il ne fit, il le fust esté bien aussi; car il se faisoit très vaillant, et se faisoit tous les jours un très habil' homme, comme j'ay dict. Le prince son frère⁵ vint en

---

1. *Livré*, délivré, *liberatus*.
2. Les mots *ce grand* ont été biffés sur le ms. 3262.
3. *Il*, le prince d'Orange.
4. Ludovic ou Louis de Nassau, vaincu et tué le 14 avril 1574, à la bataille de Monkerkeide ou de Moock.
5. En 1569. Voyez plus haut, p. 165.

France, mais il n'y demeura guières ; car il s'en alla à la Rochelle, et là s'embarqua pour s'en aller par mer en Allemaigne, et laissa en France ledict conte son frère, lequel, pour son entrée, servit bien son party ; car ce fut luy qui fit ceste belle retraicte à la battaille de Montcontour, secondant à propos M. l'Admiral, qui avoit esté fort blessé. Au bout de quelque temps, il alla en Flandres, où, avec M. de La Noue et plusieurs gentilz-hommes françois, capitaines et soldatz, il prit Valencianes et Montz, là où soudain ce grand duc d'Albe le vint assiéger, sans luy donner loysir de prendre allaine : ce qui fut un traict de grand capitaine ; car à un révolté (comme je le tiens d'un grand) il le faut prendre tout chaud et luy donner sur les doigtz, et l'empescher surtout qu'il ne gaigne temps par le temporisement qu'on luy pourroit user. Le duc d'Albe fit ainsi ; car, amprès avoir repris Vallencianes par la citadelle, il vint aussitost bloquer et assiéger Montz de telle furie qu'il n'eut de quoy à la tenir. Et fut ledict conte (qui tumba mallade) contrainct de faire capitulation avecqu' honneste composition : et luy fut très bien gardée jusques à un seul poinct.

Voyez comment les loix de la guerre doivent estre aussi sainctes et religieusement observées comme les autres ; car il ne faut point doubter que si ledit duc eust pris ailleurs et d'autre façon ledict conte, qu'infailliblement il luy eust faict son procez, et passer par les mesmes pas que les contes d'Orne et d'Aiguemont ; et ainsi la loy l'ordonnoit ; mais la foy de guerre si sainctement donnée le sauva. En quoy est grandement à louer ledict duc, au pris de plusieurs que j'ay veu et cogneu, qui n'en ont faict de mesmes en telz endroictz, disans qu'à un rebelle ou à un hérétique il ne faut garder la parolle ny la foy[1]. Cela est bon pour ces capitaines ou autres ignorans l'art de la guerre, et pour ceux aussi qui ne vont point aux coups, qui jugent dans leurs chaires tribunalles comm' il leur plaist, ne se souciant d'aller à la guerre, ny appréhendans de se trouver en telles occasions pour leur rendre la pareille; mais les grandz et braves capitaines qui se treuvent ordinairement aux hasardz de la fortune de Mars doubteux, y advisent bien et pèsent deux ou trois fois ces folz jugemens, et ne viollent jamais les parolles ny promesses.

J'ai ouy dire que le duc d'Albe se trouvant à la porte ainsi que l'on sortoit, il salua fort courtoisement le conte Ludovic, qui estoit fort mallade dans une lictière, et luy fit beaucoup d'honnestes offres, luy tenant fort briefves parolles pourtant; mais bien plus longues à M. de La Noue, auquel il fit grand honneur et admira fort sa valeur et vertu. Il salua aussi tous les capitaines et soldatz françois fort courtoisement. Cela s'appelle sçavoir bien son entregent de guerre. Quelque fat de général n'eust pas faict ce traict, ains eust faict du sot, du fendant et du mauvais, du froid, du retiré et de l'altier. Le conte Ludovic s'estant retiré, et conduict tres seurement où il avoit demandé et avoit esté arresté, advisa à se guérir; et puis estant bien guéry, reprit mieux que devant le harnois; et puis se remet à la guerre, et se trouvant en une rencontre contre le duc d'Albe[2], il y fut tué et tous ses

1. Voyez tome I, p. 123.
2. L'armée espagnole était commandée non par le duc d'Albe,

gens deffaictz, où il y avoit pour le moings six ou sept cens François, très braves soldatz, qui, eschappez du siège de La Rochelle, et cassez (comme je vis et en cognus aucuns), s'estoient allez mettre à son service. Ainsi finit ce brave conte. Que si la mort ne l'eust gaigné, il eust bien donné autant d'affaire au duc d'Albe comme son frère.

Ainsi que de bonn' heure il commança contre ce brave conte d'Arambergue, qu'il deffit en Zellande par l'opiniastretté des Espaignolz, qui crioient à tout' heure audict conte qu'il les menast au combat contre ces hérétiques et chiens; mais ledict conte leur remonstrant le danger éminent qui se présentoit à leurs yeux de les charger en lieu si désadvantageux, rien pour cela; ains, comme gens prédestinez à leur malheur et de leur général, criarent plus que devant contre luy, jusques à l'appeller traistre, et qu'il s'entendoit avec les ennemis. Luy, qui estoit tout noble et courageux, leur dit : « Ouy, je vous monstreray si « je le suis »; donna la teste baissée, et combattant très hardiment il tumba mort par terre; et de ces opiniastres, mal disciplinez à n'obéir à leur général, les uns furent tuez, les autres se sauvarent à la fuite; desquelz, au moins aucuns des plus opiniastres et coulpables, le duc d'Albe en fit punition, autant pour donner exemple et leçon à telz soldatz, mal créez,

Le comte Jehan d'Arambergue, appelé messire Jehan de Lins, aucuns disent de Lines[1].

qui depuis le mois de novembre 1573 était retourné en Espagne, mais par son fils bâtard, don Fernand de Tolède. — Voyez de Thou, liv. LIX.

1. Jean de Ligne, baron de Barbançon, comte d'Aremberg, prince de l'Empire, vaincu et tué le 24 mai 1568, à la bataille d'Heigerloo. — Cf. tome I, p. 315. note 1.

que pour le regret qu'il eut de la perte d'un si bon et loyal capitaine, comm' il[1] le fit parestre là, et l'avoit faict en plusieurs endroictz, comme à nos guerres estrangères, estant lieutenant aux armées de la reyne d'Hongrie, qu'elle avoit choisy pour très capable, ainsi qu'il fut au siége de Metz. On appelloit son cartier le cartier et le camp de Brabançon; car il estoit de ceste race des Brabançons, bonne et noble race dont nous en avons en France.

Outre ses valeurs, il estoit un très beau et très agréable seigneur, surtout de fort grande et haute taille et de très belle apparance. Il vint servir le roy en France à nos guerres secondes[2], où il mena douze cens lances bourguignonnes qu'il faisoit très beau voir; et luy en général leur commandoit. Il ne tint pas à luy qu'on ne combatist à Nostre-Dame-de-l'Espine[3]; et mesmes il demandoit fort la poincte. La paix de Chartres[4] s'en ensuivit; et luy, cependant que ses trouppes se raffraischissoient un peu par le pays, vivant pourtant très modestement, car le roy d'Espaigne les payoit fort bien, il se tint quelque temps à la court, quasi tout le caresme, se tenant à l'hostel de Villeroy près du Louvre, despuis à M. d'Anjou et à la reyne de Navarre. Le roy le deffrayoit du tout sur son séjour, et estoit servy de sa cuysine et officiers. Il venoit ordinairement à la court chez le roy et chez la reyne,

1. *Il*, le comte d'Aremberg.
2. La seconde guerre de religion commença en 1567.
3. Près de Châlons-sur-Marne.
4. La paix 'ut signée à Longjumeau le 23 mars 1568; mais elle est quelquefois appelée *paix de Chartres*, parce qu'elle fut publiée sous les murs de cette ville assiégée alors par les huguenots.

aussi privément comme s'il eust esté de la court mesmes. Aussi Leurs Magestez et Altezze luy faisoient très bonne chaire; et luy leur rendoit un très grand honneur et humilité autant que nos seigneurs de France. Il paressoit bien qu'il avoit esté très bien nourry, et avoit bien retenu ce qu'il avoit veu en la court de l'empereur son maistre.

Il devint fort amoureux de la beauté de madamoyselle de Chasteauneuf de Rieux[1], qui pour lors emportoit le los des plus belles; et pour ce il se mit à la servir, mais avec un tel respect et telle discrection, qu'il donnoit bien à cognoistre d'avoir servy en bon lieu et en celuy dont il a eu réputation; mesmes que je l'ouïs dire un jour à la reyne-mère « qu'il paressoit bien (disoit-elle) que ce seigneur n'avoit aymé « ny servy en bas et commun lieu. » Et d'autant que M. d'Estrozze et moy estions fort serviteurs esprits de ceste belle damoyselle Chasteauneuf, il se mit à nous aymer d'advantage et nous accoster, si bien que quasi ordinairement il nous convioit d'aller manger avec luy et nous envoyoit chercher, luy estant tousjours (comme j'ay dict) servy de la cuysine du roy; et la plus part de nos devis estoit sur nostre maistresse. Et d'autant, quand il estoit près d'elle dans la chambre de la reyne et que nous luy defferions comme il méritoit, il vouloit que nous fussions quasi tousjours ensemble à l'entretenir. Ses motz n'estoient nullement communs ny pauvres, mais très rares et très riches,

---

1. Renée de Rieux, dite *la belle Châteauneuf*, fille d'honneur de Catherine de Médicis. Elle fut maîtresse de Henri III et épousa Philippe Altoviti, baron de Castellane.

car il parloit fort bien et très bon françois, comme force autres langues. Bref, il estoit très vertueux et très parfaict.

Il avoit, avec sa grand'beauté, une deffectuosité en luy qu'on n'eust cognu, qu'estoit qu'il ne voyoit goutte d'un œil; et cet œil estoit si beau et si pareil au bon, qu'on n'y eust rien recognu, et estoit aussi beau que l'autre. Il avoit esté ainsi offensé d'un coup. Pensez qu'il eut bien la curiosité de le faire guérir; et n'y espargna ny moyens ny invantions pour le faire bien penser, afin de ne se rendre difforme ny désagréable à la dame qu'il servoit pour lors; de laquelle je luy en jettois aucunesfois quelques traictz et attaques en l'air et à la vollée, avec toute discrétion, ainsi que je le voyois quelquefois en ses bonnes. Il respondoit de mesmes avec toutes les louanges et vertuz de ceste dame, et non sans en monstrer encor une sourde passion et regretz couvertz.

Enfin, ce seigneur, estant mandé du duc d'Albe, délaissa nostre court et nostre France, non sans tristesse. Ce fut au mois d'apvril[1], et alla mourir en Flandres à ceste deffaicte. Il laissa après luy une femme qui en fut très désollée. C'estoit une très belle dame, sage et vertueuse, et estoit digne d'un tel mary. Nous la vismes en France quand ell' accompaigna nostre reyne Ellisabet[2], que l'impératrix luy avoit donnée pour sa principalle conduicte. Elle n'y demeura guières; car, amprès les nopces accomplies,

---

1. 1568.
2. Élisabeth, fille de Maximilien II et de Marie d'Autriche, épousa Charles IX en 1570. Brantôme lui a consacré une notice.

elle s'en retourna. Il la faisoit très beau voir; et si ell' y eust demeuré d'advantage, la court en fust estée embellie d'advantage.

Avec le duc d'Albe en ce voyage fut don Sancho d'Avilla, lequel estoit castellan du chasteau de Pavie lors que le duc d'Albe le prit là; et en fit estonner beaucoup, d'autant qu'on ne le tenoit pas pour si grand capitaine qu'il fut après; et en faisoit grand cas, et quelques fois en prenoit advis. Il falloit qu'il eust quelque bon sens naturel, et valeur naturelle aussi, car de l'acquis ny de la pratique il en avoit peu, parce qu'il avoit faict plus d'estat[2] de garder son chasteau et demeurer léans ordinairement comme une vraie morte-paye, que non d'aller aux champs busquer[3] advanture. Mais estant avec le duc d'Albe, il se façonna de telle façon par l'assidue continuation de la guerre qu'il exerça, qu'en peu de temps il se rendit un très bon capitaine. Et pour ce fut esleu gouverneur de la citadelle d'Anvers, la nompareille forteresse du monde, et le vray rempart de toute la Flandres pour le roy d'Espaigne. Aussi fut-elle mise entre très bonnes et seures mains et très fidelles, car il la garda très bien sans nul reproche; où il fut après assiégé par tous les Estatz, qui tout à coup s'estoient

Dom Sanche d'Avilla[1].

---

1. Suivant de Thou (liv. LXXV), il s'appelait d'Avila, du lieu de sa naissance; car il n'appartenait point à une famille noble. Il avait été élevé dans la maison du duc d'Albe qui le fit capitaine de ses gardes; il ne lui survécut que peu de temps et mourut des suites d'un coup de pied de cheval. Le duc, comme nous l'avons dit ailleurs, mourut le 12 décembre 1582.

2. Ce mot est passé dans le ms. 3262.

3. *Busquer*, chercher; de l'espagnol *buscar*.

révoltez et emparez quasi de toutes les villes de Flandre; et falloit nommément qu'ilz eussent la citadelle d'Anvers; car leur révolte et victoire demeuroit manque. Ayant donc assemblé plusieurs grandes forces, la vindrent assiéger, la ville tenant pour eux, et battre fort furieusement, et la tenir fort à l'estroict[1]. Il pouvoit avoir dedans quelques douze cens braves Espaignolz, qui tous avec leur général ne s'estonnarent nullement, firent très bien teste.

Par cas (comment à quelque chose sert le malheur et le désordre!), quelques quinze cens soldats espaignolz peu paradvant s'estoient amutinez pour leurs payes et s'estoient saisis de la ville de Lost[2], où ilz faisoient le diable. Eux, oyans le bruict des canonnades que l'on tiroit (car Lost n'en estoit qu'à cinq lieus) à leurs compagnons, et sçachant comme ilz estoient fort à l'estroict et sarrez, touchez d'une ambitieuse charité envers leurs compagnons, et d'une craincte qu'il leur fust reproché de les laisser perdre à faute de leur secours, vont prendre tous par un matin résolution de les aller secourir, quand bien ilz devroient tous mourir. Parquoy tous sortent de leur ville, et jurent tous qu'ilz ne boiroient ny ne mangeroient qu'ilz n'eussent entré dans la citadelle, combattu et chassé l'ennemy qui la tenoit assiégée. Ilz marchent donc très déterminez, chascun prenant sa fassine en la portant sur un' espaulle, et sur l'autre l'harquebuz ou la picque; et pour plus grande bravade, ou plus tost pour présage de victoire, chascun print

---

1. En 1576.
2. Alost. Voyez Strada, liv. VIII.

un rameau de chaisne qu'il pendit sur son morion et bourguignotte. Sans avoir donc peur de rien, marchent résoluz, sarrez, et vindrent droict à la citadelle, font entendre leur résolution à don Sanche et ses compaignons; entrent par la porte du secours, sont receuz, Dieu sçait comment bien, de don Sanche et de leurs compaignons; lesquelz amprez s'estre bien embrassez et entre-saluez, ainsi qu'on les convioit de se raffraischir et faire la collation, que don Sanche avoit faict très bien accoustrer, firent responce qu'ilz avoient tous juré de ne manger et boire qu'ilz n'eussent veu l'ennemy, ne l'eussent combattu, et ne l'eussent jetté de là où il estoit; et pour ce, qu'ilz vouloient tenir leur serment; parquoy demandarent qu'on leur ouvrist la porte et qu'on les laissast aller, et que don Sanche les menast au combat.

A telle si belle occasion et résolution don Sanche ne voulut faillir et temporiser, parquoy amprès avoir très bien ordonné de l'assaut, faict soudain ouvrir la porte de la citadelle; et aussi tost ces braves et déterminez soldatz donnarent la teste baissée dans les retrenchements, en criant : *Santiago! Santiago! Hespaña! Hespaña*[1]*!* et de prime abordade donnarent à celuy que tenoient quelques six cens François qui pour lors s'estoient mis avec les Estats, qui étoient tous vieux soldatz, qui, par plaisir et par courage, s'estoient desbandez des vieilles garnisons des frontières de Picardie et de Champagne.

Tout ainsi que les Espaignolz les assaillirent vaillamment, les François leur respondirent bravement;

1. Saint Jacques! Espagne!

car ilz alloient per à per; qui fut cause que les Espaignolz s'escriarent : *Estos son Francezes; dexamolos, que son diablos : vamos á combatter los hombres.*
« Ceux-cy sont François, laissons-les ; car ce sont diables, et allons combattre les hommes. » Et courans du long de la trenchée, vindrent où estoient les Flamans, Allemans et quelques Anglois, qu'ilz faussarent et emportarent fort aisément, de sorte : sauve qui peut, pour les Estats, et pour les Espagnolz : tue qui peut, et de suivre la victoire, tousjours crians : *Santiago! Santiago! Hespaña! Hespaña! Sierra! sierra! Carne! carne! A sangre! á sangre! A fuego! á fuego! A sacco! á sacco*[1]*!* Et par ainsi, donnarent si bien la chasse à l'ennemy, qu'il en demeura beaucoup de mortz sur la place. Le jeune conte d'Aiguemont[2] se sauva avec les François, qui se sauvarent et retirarent bravement. Je tiens ce conte tant d'aucuns soldatz françois qu'espagnolz que j'entretins quelque temps amprès ceste deffaicte, estans venuz à la court, à Bloys, aux premiers Estatz[3].

Les victorieux, estans absolus maistres de la ville, commençarent à bien la piller et se faire tous riches : car trois mill' hommes butinarent une ville qui estoit assez bastante pour saouller et ressasier une armée de cinquante mill' hommes. J'en ay parlé ailleurs[4]. Mais

---

1. Joignons-les! au carnage! à sang! à feu! à sac! — Sur le mot *cierra*, voyez tome I, p. 269, note 1.

2. Philippe, comte d'Egmont, fils de celui qui avait été décapité. Il fut pris à ce combat, fut relâché en 1577 et finit (1599) par abandonner le parti des États et se rallier à l'Espagne.

3. Ces états se tinrent du 6 décembre 1576 au 2 mars 1577.

4. Cf. tome I, p. 278-280. Voy. *Briève et véritable histoire de*

tant y a, qui poisera ce bel exploict, quelque ennemy qu'il soit de la nation espaignolle, ne peut qu'il ne loue à jamais ces braves soldatz et leur général don Sanche; lequel, un temps après, fut tué au siège de Mastric[1], dont j'espère en parler en la vie du prince de Parme; et ce dom Sanche s'estoit rendu si bon capitaine par ses continuelles factions[2], qu'il est mort en telle réputation, et au grand deuil du roy d'Espaigne et de tous les bons hommes de guerre de sa nation et d'autre.

Comme fut quasi en mesme temps Chapin Vitelly, lequel fut un très bon capitaine. Aussi, en ses ans plus vigoureux, il en monstra grandes preuves en la guerre de Sienne, duquel s'ayda fort le marquis de Marignan, ensemble d'Astolpho ou Rodolpho Baillon, d'une brave et vaillante race, qui despuis fit si bien dans Fa-

Chapin Vitelli [3].

la prinse d'Anvers et des actes inhumains des Espagnols, le 4 novembre 1576, traduit du flamand, 1577, in-12.

1. Brantôme se trompe. Don Sanche d'Avila mourut, non pas au siége de Maestricht, qui eut lieu en 1579, mais en 1582 ou au commencement de 1583 (p. 183, note 1). Il l'aura confondu avec un autre capitaine espagnol, Sanche de Leyva, qui périt effectivement à ce siége. Voy. de Thou, livre LXVIII.

2. *Factions*, exploits.

3 Chiappino Vitelli, marquis de Cetona, mort à cinquante-six ans, le 30 juin 1576, non pas en Italie, mais au siége de Ziriczée. Il était né à Città-di-Castello dans le duché de Spolète. Son obésité et son nom donnèrent lieu à l'épitaphe suivante d'après laquelle son corps fut transporté en Italie, ce qui explique l'erreur de Brantôme sur le lieu de sa mort.

O Deus omnipotens, crassi miserere Vitelli,
    Quem mors præveniens non sinit esse bovem.
Corpus in Italia est, tenet intestina Brabantus;
    Ast animam nemo. Cur? quia non habuit.

magoste en Cypre, et mourut martyr : j'en parle ailleurs[1]. Tous deux lui assistarent bien, et nous nuisirent beaucoup en ceste guerre.

Le roy d'Espaigne commanda au duc d'Albe de se servir de ce Chapin Vitelly, pour la suffisance qu'il cognoissoit en luy, et qui le rendoit son pentionnaire. Le duc d'Albe le tint en telle estime qu'il luy bailla la charge de commander à toute son infanterie, dont il s'en acquicta très bien : les effectz en ont faict foy. Et si estoit le premier de son conseil. Il mourut quelque temps après en Italie, de malladye.

De[2] ceste brave race des Vitelli sont sortis de braves

1. Voyez plus haut, p. 165, et tome I, p. 295, note 6.
2. *Var.* « Il est sorty de ceste race de bons et grands capitaynes, comme fust ce brave Charles Vitelly, qui, venant à la bataille de Fornoue aveq une bonne troupe, au secours du roy Charles, et ne pouvant aveq ses gens arriver assez à temps, prist la poste et y arriva si à point, que si on l'eust voulu croyre l'on eust bien mieux poursuivy la victoire et rendue plus sanglante qu'elle ne fust. Il mourust amprès en Calabre, pour le service du roy, duquel fust loyal serviteur et partisan, et ne fit point comme plusieurs autres de sa nation. Il y eust aussi ce brave Vitelly qui servist bien le duc Cosme contre les banys de Fleurence; aussi, quant il s'alla jetter bravement dans Orbitelle que le capitayne hespagnol Joan de Luna, qui estoyt dedans en garnison, l'alloyt abandonner à Barberousse, sans le brave secours de cavallerie et la belle résolution dudict Vitelle, et par ainsin ledit corsayre quita son entreprise. J'ay cognu un cardinal Vitelli, très bon partisan françoys et galant homme; pour fin, sa esté toujours une brave race. » (Ms 6694, f° 116, v°.) Ce passage est écrit en marge de la main de Brantôme. A la suite on lit ces lignes : « Or je n'aurois jamais faict, si je voulois desduire les uns amprès les autres et discourir des valleurs, capacitez et mérites des bons cappitaines espaignols, italiens, impéraux et autres étrangers, car il y en a tant eu que ce me seroit un labeur insupportable et im-

et vaillans hommes, dont j'en ay cognu aucuns de mon jeune temps, comme le seignor Allexandre et le seignor Vicence, et le seignor Alfonce Vitelli, que le roy Henry deuxiesme avoit nourry page de sa chambre : lequel avoit un oncle, qu'estoit le cardinal Vitelli[1], un très habil' homme de sa robe, que j'ay cognu à Rome, et bon partizan dudict roy Henry, et point ingrat de la pention qu'il luy donnoit. Il eut une grand' attaque une fois en plein consistoire contre le cardinal de Lorraine, qu'il disoit estre trop brouillon[2], pour le bien de la France dont il estoit natif, et à qui il devoit tant : j'en parle ailleurs. Il y a eu aussi de braves capitaines et vaillans hommes de guerre des Vitellosi, sortis du mesme estocq des Vitellis[3].

Barthélemy d'Alviano a esté de son temps un très Barthélemy d'Alviano[4].

possible d'en entreprendre la publication de leurs vertus et valleurs ; or, pour ce coup, me suffira d'avoir dict ce que j'en ay dict, en priant plusieurs que j'ay obmis de ne m'en vouloir mal et m'en excuser, car ma plume est si imbécille et si foible que je ne sçaurois à tous suffire (que, possible, en les voulant louer je n'y sçaurois attaindre). En remettant la charge à tant de bons et braves escripvains et historiographes espaignols, italiens et latins, qui certes vallent mieux que nos François, qui n'ont jamais si bien escript qu'eux : nos histoires et les leurs en font la très évidente différance. Ast'eure, il faut un peu escripre de nos bons et grands cappitaines françois, desquels nous avons en abondance comme de gerbes en une fertile moisson. » — Après ce passage vient immédiatement la Vie de Charles VIII.

1. Vitellocci Vitelli, cardinal, évêque de Città-di-Castello et d'Imola, mort en 1568.

2. Le correcteur a remplacé le mot *brouillon* par *bouillant*.

3. Voyez tome I, p. 140.

4. Célèbre général vénitien, mort en 1515, à soixante-deux ans, suivant P. Jove, liv. XV. Sa Vie ne fait point partie de la première rédaction et ne figure que dans le ms. 3262.

grand et bon capitaine, mais pourtant estimé plus vaillant, hardy et hasardeux que sage, considéré[1] et provident : deux conditions contraires qui ont servy à aucuns et nuit à d'autres : ainsi qu'il luy arriva à la bataille d'Agnadel[2] contre nostre grand roy Louis douziesme, qu'il donna et chargea furieusement et sans considération, contre l'advis du conte Petillano[3], général de l'armée des Vénitiens, dont ilz en eurent différent ensemble, et contre celuy aussi de la Seigneurie, qui l'avoit deffendu expressément, ains seulement de temporiser et amuser l'armée du roy. Mais enfin, comme brave et hasardeux, il voulut combattre et à son dam; car il fut pris[4] en combattant bravement jusques à n'en pouvoir plus, et mené devant le roy. Il[5] luy fit très bon recueil comm' à un très vaillant prisonnier de guerre. Et luy ayant demandé ce qu'il pensoit faire, d'hasarder ainsi une battaille avec tout l'estat vénitien, il luy respondit qu'il n'eust sceu jamais mieux faire ny acquérir plus grande gloire et honneur, à perte ou gaing, que de combattre un si grand, brave et puissant roy et prince; voulant essayer la fortune, il estoit venu à ce combat.

Et de faict, luy et ses gens pour la première poincte firent très bien; mais venant M. de Bayard avec ses

1. *Considéré*, sensé. Nous avons encore le mot *inconsidéré*.
2. Le 14 mai 1509.
3. Nicolas des Ursins, comte de Pitigliano, capitaine général des Vénitiens, mort à la fin de l'année 1509.
4. Brantôme avait écrit en marge ces mots qui semblent avoir été rayés de sa main : « Vandenesse, frère de M. de la Palisse, le prist. Il eust cet heur et honneur. » (Ms 3262, f° 226 v°).
5. *Il*, le roi.

gens de pied, qui estoit à l'arrière garde, et s'advançant bravement, il donna si à propos par flanc et aux
costez des Vénitiens (dict l'histoire¹), qu'ilz perdirent
cœur, et ne firent puis après rien qui vaille, sinon
quelques bons soldatz esleus dudict Barthélemy, habillez de blanc et de rouge², qui, s'opiniastrans au
combat, demeurarent sur le champ. Braves gens,
certes! Le Roy, qui combattoit vaillamment, ne
chauma pas de son costé; et pour ce, la bataille gaignée, et mis à mort pour le moins quatorze à quinze
mill' hommes, et ledict Alviano blessé et pris, et tumbé
entre les mains du brave M. de Vandenesse³, frère à
M. de la Pallice, le conte Petillano, voyant ses gens
de pied deffaictz, se retira un petit plus viste que le
pas avec sa gendarmerie et cavallerie restée de la
mortallité, avec peu de perte de nos braves François.

Ledict Alviano mené devant le roy, devisant avec
Sa Magesté, ce fust lors qu'il luy dist ce que j'ay dict
cy-devant. Ell' avoit faict donner une fausse allarme,
pour cognoistre si ses gens estoient trop desbandez,
et pour les r'allier et les cognoistre s'ilz seroient promps
et diligens aussi tost, si un bon affaire ou grand besoing survenoit; et ainsi qu'elle demanda audict Alviano ce que ce pouvoit estre, il respondit en riant :
« Je ne sçay pas (sire), sinon que vous voulez com-
« battre les uns les autres; car, de nos gens, je vous

---

1. *L'histoire*, c'est à dire le *Loyal serviteur*, (chap. 29).
2. « Le seigneur Berthelome d'Alvyano, entre autres gens avoit
une bonne bande de ces Bresignelz qui portoient sa livrée de blanc
et rouge, tous gentilz compagnons et nourriz aux armes. (*Loyal
serviteur*, ch. 29.)
3. Brantôme lui a consacré un article qu'on trouvera plus loin.

« assure qu'ilz ne vous visiteront de quinze jours. » Le roman de M. de Bayard le dict ainsi[1]. Ne faut point doubter si le roy trouva ce mot bon, qui tendoit tousjours d'autant plus à sa gloire.

Or, tout ainsi que ce capitaine estoit hardy et vaillant, et comme la vaillance, hardiesse et ardeur de courage ne rit pas tousjours en son homme, selon que la fortune variable faict en guerre, et qu'ell' est journallière en l'hardiesse aussi bien qu'en la pusillanimité, il fut taxé d'avoir failly en son courage bouillant, et de s'estre retiré par trop viste à la bataille mémorable de Vincence[2] (dont j'en parle ailleurs), contre le viceroy dom Raymond de Cardona, Prospero Colomne, et le grand marquis de Pescayre, qui fut le principal du gaing, disent les Espaignols[3] : lesquels disent aussi que du commancement, ledict Alviano et ses trouppes, avec Paulo Baglion[4], bon et vaillant capitaine aussi, ainsi qu'en porte la race de long temps, donnarent fort furieusement et firent un bon escheq; mais l'infanterie espaignolle et l'allemande, conduictes par ce grand marquis, arrivant à propos, attaquarent la cavallerie dudict Alviano avec telle furie qu'ils la désordonnarent aussi tost et la mirent en route; de telle sorte que ledict Baillon fust pris, ainsi qu'il couroit inadvertamment et imprudemment (disent les Espaignolz) pour chercher un chemin court pour atteindre Alviano *que huya á priessa*[5]. Il tumba dans un

1. Ainsi, ou à peu près. Voyez le *Loyal serviteur*, ch. 29.
2. Le 7 octobre 1513. Voyez tome 1, p. 185.
3. Voyez Vallès, livre I, ch. 8, f° 23 v° et suivants.
4. Jean-Paul Baglione.
5. Qui s'enfuyait en grande hâte. Voyez Vallès, f° 27, v°.

champ plein d'eau, là où il fut pris ; et Alviano, passant le ruisseau Reron à grand presse, se sauva à Padoue, non sans se despiter et maugréer Dieu (dict l'Espaignol) *de que era ennemigo del nombre de los Italianos, y amigo de los Hespañoles*[1].

Quasi tel blaphême cuydarent faire les pauvres chrestiens dans Antioche, persécutez d'une si extrême famine, que les plus grandz ne sçavoient où trouver du pain : que pouvoient faire les petitz ? Si que tous ensemble, désespérez de ceste malle rage de faim, peu s'en falut qu'ilz ne s'addressassent à Dieu, ne le maugréassent et ne l'accusassent d'ingratitude, de n'avoir esgard à leurs peines, maux et labeurs, à la perte de leurs biens, qu'ilz avoient vendu et mis à l'abandon, ny à la sincérité de leur dévoction ; mais comm' à un peuple estrange, les permettoit d'estre ainsi livrèz et abandonnez ès mains des ennemis de sa foy. Voyez en le conte dans l'Histoire de la guerre d'Orient[2]. Il ne faut point doubter que, par tel despit et rage, il n'y en eust plusieurs qui, dans l'âme ou à ouvert, n'en firent telz blaphêmes ; car qui n'est celuy qui, pour

---

1. « De ce qu'il était ennemi du nom italien et ami des Espagnols. » Brantôme a quelque peu altéré le texte espagnol qui porte : « Passo el rio Reron doliendose, y casi quexandose muchas vezes, que Dios fuesse enemigo del nombre italiano, huyo a Padua.... » (Vallès, f° 28, r°.)

2. Trois jours après que l'armée des croisés se fut emparée d'Antioche (juin 1098), elle y fut assiégée par Kerbogha, sultan de Mossoul, et eut à subir pendant près de trois semaines une affreuse famine. L'*Histoire* que cite Brantôme, et dont il emprunte presque les termes, est la traduction de Guillaume de Tyr publiée par Gabriel du Préau, sous le titre de : *Histoire de la guerre sainte, dite la Franciade orientale*, Paris, 1573, in-f°, liv. VI.

telle rage et désespoir, n'en dye d'advantage, si ce ne sont ceux qui sont confitz en toute religion et dévoction doublement¹. Parquoy ne faut point doubter aussi que cet Alviano n'en dist pis encor que je ne dis, tant pour son despit que de tout temps les gens de guerre se dispensent aisément à telz blaphèmes, mais plus jadis qu'aujourd'huy. Les Italiens sont estez grandz blaphémateurs, comme je l'ai veu la première fois que je fus jamais en Italie. Je ne les veux accuser tous, car il y en a d'aussi gens de bien qu'en tous autres pays, et aussi qu'aujourd'huy ilz s'en sont fort corrigez. J'en parle ailleurs².

Et pour retourner encor audict Alviano, il faut prendre exemple en luy : que tout vaillant et hardy capitaine ou autre ne se peut jamais vanter tel en sa vie qu'après sa mort, laquelle seule couronne nos vies; car bien heureux est-il qui en sa vie n'a faict quelque escapade reprochable en la guerre, ainsi qu'en arriva ce coup à ce vaillant et *invicto* (comme dict l'italien) Barthélemy, tout vaillant comme l'espée qu'il estoit.

Il eust mieux valu qu'il luy fust arrivé ce qui arriva ceste fois mesmes au providadour Loredano³, qui avoit esté aussi motif⁴, avec Alviano, de l'attaque du combat; lequel estant pris, et promettant à aucuns soldatz espaignolz une grand quantité d'or pour sa rançon,

---

1. Le correcteur a ajouté : « Et se sont bien résignés à la volonté de Dieu, ainsy qu'il faut faire. »
2. Brantôme en parle en effet à la suite des *Rodomontades espaignoles*.
3. André Loredano.
4. *Motif*, cause, auteur.

le traisnant les uns les autres à qui l'auroit, fut enfin jetté dans un fossé plein d'eau, de despit, et là se noya[1]. C'est un inconvénient qui arrive de pareilz souvant aux guerres à force honnestes gens, ainsi pris et débatuz pour pareille altercation à qui l'aura, comme j'en parle ailleurs.

Ledict seigneur Alviano pourtant ne perdit pas cœur pour tel malheur arrivé ; mais, comme l'ayant remis et restauré mieux que jamais, il se remet en campaigne et mieux que jamais guerroye et fattigue ses ennemis par rencontres, combatz, courses et surprises et mesmes en une où il cuyda attrapper ce grand marquis de Pescayre, par une grande et longue cavalcade qu'il fit un jour ; car force de ses capitaines espaignolz le voyant fort loing d'eux, mesprisans leur garde, ne la faisoient qu'à demy : sans que le marquis, (fust ou qu'il se doubtast de cet homme turbulant et jamais oysif, ou qu'un bon démon l'en advisast), fit ce soir renforcer ses gardes, redoubler ses sentinelles ; si bien que, sans telle prévoyance, ledict Barthélemy l'attrappoit et luy enlevoit son logis, à sa grande honte et grande perte de ses gens. Et oncques puis (dist l'histoire espaignolle[2]) ledict marquis ne faillit de commander à ses capitaines faire tousjours leurs gardes aussi sarrées, estroictes et renforcées comme s'ilz eussent l'ennemy en teste, en queue ou à costé. Je vous laisse donc à penser si ledict Barthélemy eust despit d'avoir failly son coup, car il estoit très assuré, sans ce bon ordre et prévoyance dudict marquis.

1. P. Jove (liv. XII), dit qu'il fut étranglé par un valet d'armée. Cf. Vallès, f° 27 v°, et Guichardin, liv. XI.
2. Voyez Vallès, f° 32 r°.

En cet exemple dudict Alviano, force braves et vaillans capitaines, cavalliers et autres gens de guerre, et mesmes les jeunes gens, y doivent bien penser et regarder ; lesquelz, pour avoir faict un ou deux coups de vaillance, en deviennent si insollans et enflez comme grappaux [1], de gloire, qu'il leur semble n'avoir jamais de peur et qu'ilz combattroient le diable s'il se présentoit devant eux ; mais il ne faut qu'une mal'heure, que, venant à faillir de cœur, prennent tell' espouvante aux plus belles et plus esclairées factions qu'ilz en sont déshonnorez à bon escient, comme j'en ay veu force en ma vie. Et ne considèrent-ilz pas (pauvres aveuglez qu'ilz sont) que tout homme est journallier, soit de la nature, soit de la voulonté de Dieu ? Ne considèrent-ilz pas aussi que les quictes espées que nous portons à nos costez, que nous tenons pour les plus luisantes, les plus assurées et pour les plus esprouvées, nous viennent à faillir quelques fois au plus grand besoing où nous les employons ? Et ainsi rien ne nous est assuré, ny nos espées que nous portons, ny nos cœurs qui les veulent faire valoir [2]. Et si, pour rabiller leurs fautes et les nettier [3], ilz reprennent les armes, il faut qu'ilz y facent des miracles de valeur et de l'espée, et que Moïse fit de sa verge, autant que fit monsieur sainct Michel [4], quand il combattit le diable et le porta par terre, et comme force grandz capitaines

---

1. *Grappaux*, crapauds.

2. Le correcteur a ajouté : « Car tout bien nous doibt venir d'en hault. »

3. *Nettier*, rendre net, nettoyer.

4. C'est-à-dire : et ce que Moïse fit de sa verge, et autant que fit monsieur sainct Michel....

et gens de guerre ont faict par de beaux combatz et exploitz qu'ilz ont faict, comme je les nommerois bien, et comme fit ce brave Alviano en plusieurs belles occasions qu'il chercha de luy-mesme, ou que d'ailleurs se présentarent à luy ; et mesmes à la bataille de Marignan, où ne pouvant arriver (estant général des Vénitiens, liguez avec nostre roy pour lors) avec son infanterie et tout le reste et attelage de son armée, prit l'eslite de sa cavallerie, et par une grande cavalcade arriva sur les dix heures du matin, ainsi qu'on estoit aux mains [1]; et bien à propos, car il n'y a si grandz capitaines ny si vaillans hommes de guerre, voyant arriver à l'improviste nouveau secours inopiné, qui n'en prenne l'allarme et ne s'en estonne, voire ne branle.

Aussi dict-on de luy que ç'a esté le premier qui, par sa grande vigilance et dilligence, a esté inventeur des grandes courvées et cavalcades de guerre, pour aller de bien loing rechercher son ennemy dans son camp et ses loges [2], ainsi que fit le brave M. de Nemours en la reprise de Bresse, dont j'en parle en son lieu.

Le premier commancement dudict Alviano, de sa guerre, fut lorsqu'il alla trouver, avec aucuns de ses braves compaignons et capitaines des Ursins, le grand capitaine Gonsalvo à Naples; où, s'y estant [3] jetté et ressarré, pour ne pouvoir bien tenir la campaigne contre nos braves François, se voyant renforcé par ces nouvelles forces survenues, dresse un' armée de neuf cens

---

1. Voyez Guichardin, liv. XII, et le *Loyal serviteur*, ch. 60.
2. *Loges*, logis.
3. Il s'agit ici de Gonzalve.

hommes d'armes et mille chevaux légers, et neuf mil' hommes de pied, se met aux champs et plus n'aregarde à la deffencive comme paradvant, ains du tout à l'offencive ; et despuis nos affaires allarent par delà très mal.

Voylà ce que nous valut ceste fois Alviano avec ses trouppes et sa personne, qui, estant fort jeune et tout fœu, fit rage en ceste guerre ; ce que très mal recognut le grand capitan envers luy après, qui[1], s'estant mis à faire la guerre aux Florentins, Gonsalvo les vint secourir contre luy, très mal recognu du service passé, que j'ay dict, vers Naples[2] : grand' ingratitude pourtant !

Or, pour venir à la fin dudict Alviano, après plusieurs beaux faictz et services à la seigneurie de Venize, ainsi qu'il estoit sur les dessaings de retirer[3] Bresse et Véronne, comme il l'eust faict, n'en faut doubter, luy vint une malladie d'un flux de ventre qui l'emporta, n'ayant pas attainct encor soixante ans. Les Vénitiens le regrettarent fort, et tous les soldatz de l'armée encores plus, qui, ne se pouvans saouler de s'en ressouvenir de luy, retinrent son corps vingt-cinq jours durant près d'eux, tousjours en l'armée, ainsi qu'elle marchoit, l'accompaignant tousjours d'une pompe funèbre et triste pour le conduire en toute seureté jusques à Venize, afin qu'il ne luy fust faict aucun outrage, à luy, dis-je, que ses ennemis, aucuns mal discrets, eussent voulu s'en vanger. Et ainsi que

---

1. *Qui*, Alviano.
2. Voyez Guichardin, liv. VI.
3. *Retirer*, reprendre.

les Vénitiens voulurent demander sauf-conduict à Marc-Anthoine Coulomno, commandant en Bresse et Véronne, Théodore Trivulse [1], très bon et brave capitaine, ne le voulut jamais permettre, disant qu'il n'estoit pas raison ny bienséant que celuy qui en sa vie n'avoit jamais eu peur de ses ennemis, qu'en sa mort il fist signe de les craindre [2]. Et ainsi fut porté seurement, et enterré à Venize avec grande magnifficence en l'églize de Sainct-Estienne, où j'ay veu encor de mon temps jeune sa sépulture, la première fois que j'y fus.

Voylà la mort de ce grand capitaine, qui nous fit en sa vie et du bien et du mal, ores pour nous, ores contre, n'ayant pris la mort en guerre, qu'il avoit tant recherchée, comme plusieurs grandz capitaines que j'ai nommé et nommeray en mon livre. Il faut louer le susdict Théodore Trivulse en sa résolution de n'avoir voulu demander le saufconduict. Il hazardoit bien pourtant ce pauvre corps ; s'il fust esté pris et enlevé de ses ennemis [3], possible luy eussent-ilz faict pareil tour et pareilles funérailles que fit le pape Urbain [4], le-

---

1. Théodore Trivulce, maréchal de France, mort à Lyon en 1531. Il était neveu de Jean-Jacques Trivulce, à qui Brantôme a consacré un article que l'on trouvera plus loin.

2. Brantôme a tiré ceci de Guichardin, liv. XII. — Cf. P. Jove, liv. XV.

3. Les quinze lignes qui suivent ont été biffées sur le ms 3262 par le correcteur, qui, après le mot *ennemi*, a écrit : La pompe funèbre faite à messire Bertrand....

4. Urbain VI. Plusieurs cardinaux ayant conspiré contre lui, il les fit arrêter et mettre plusieurs fois à la question. Un seul d'entre eux, l'Anglais Adam Eston, évêque de Londres, finit par recouvrer la liberté. Les autres, Jean, archevêque de

quel, ayant pris prisonniers sept cardinaux sismatiques[1] et bandez contre luy, en fit jetter à Gênes quatre, un sac dans l'eau ; et les autres trois, convaincuz par justice devant le clergé et le peuple, les fit exécuter et deffaire avec une doloire, et puis seicher leurs corps dans un four, et les os les mettre et enserrer dans certaines quaisses faictes à propos, lesquelles il faisoit tousjours charger sur des mulletz quand il alloit par pays, et marcher devant luy avec leurs chappeaux rouges par dessus lesdictes quaisses, pour advertissement, souvenance et terreur à tous ceux qui eussent voulu attenter sur sa personne et pontificat. Voyez l'Histoire de Naples[2]. Quel convoy et quelle pompe funèbre ! Celle de messire Bertrand du Glesquin fut bien plus belle et plus honnorable, lequel estant mort

Corfou, Louis Donato, Barthélemy de Cothurno, Martin del Giudice, Gentil de Sangre, furent mis à mort à Gênes, en 1386.

1. *Sismatique*, c'est le mot espagnol *cismatico*.
2. Cette *Histoire de Naples* que Brantôme a déjà citée deux fois (tome I, p. 182 et 270), sans en désigner l'auteur et que le vague de ses indications ne m'avait pas encore permis de découvrir, est le *Compendio dell' istoria del regno di Napoli*, de Pandolfo di Pesaro. Elle parut en 1539 et a été réimprimée plusieurs fois. Le passage auquel renvoie Brantôme s'y lit au livre V ; le voici : « De' sette cardinali i quali menava seco prigioni, cinque ne fece mettere in sacchi et buttarli in mare. Gli altri convinti giudicialmente in Genova, in presentia del clero et del popolo, li fece ammazare con una accetta ; poi fece seccare corpi in un forno e servargli in certi valigioni, i quali posti sopra muli, quando cavalcava si faceva portare innanzi con li cappelli rossi sopra i valigioni, per ammonitione, memoria et terrore di quelli che contra di lui volessero machinare alcuna cosa. » (Édition de Venise, 1613, in-4°, part. I, p. 203.) Collenuccio a été traduit en français par D. Sauvage, 1595, in-8, et c'est de cette traduction, plutôt que du texte italien, que s'est servi Brantôme.

devant le Chasteau-Randon[1], et ceux de dedans s'estans renduz, fut ordonné et advisé par ceux de l'armée qui commandarent après luy qu'on porteroit sur son tahu, où estoit le corps, les clefz, en signe d'obédience et humilité. Beau traict, certes! L'on est en diverses opinions où il mourut. Les uns, comme M. du Haillan, le tiennent en ce chasteau [2]; et moy j'ay veu en un vieux roman de sa vie, escrit en lettre gottique, que ce fut devant le chasteau de Bernardières ou de Condac [3], deux petis chasteaux et bicoques en Périgord qui ne vallent pas le parler, qui sont près de moy, mesmes que les bonnes gens et bonnes femmes vieilles de là le disent encor. Je m'en raporte à ce qui en est; c'est le moindre de mes soucys.

Telz convois et pompes funèbres, certes, contentent aucunes personnes, soit ou qu'elles se leur attribuent en leur vivant, ou tendant à la mort, ou que leurs parens et amis, les pensant plus honnorer, les font faire telles: bien contraires à ce grand Saladin, soldan de Babilonne, de Damas, et roy d'Ægypte, l'un des grandz capitaines à mon gré qui ayt esté en Orient, tant pour ses beaux faictz que pour ses gentiles façons belles honnestetez et courtoisies, si nous voulons croyre Bocace en un des contés qu'il faict de luy[4], qui est

---

1. Châteauneuf de Randon (Lozère). — Le 13 juillet 1380.

2. Du Haillan (livre XVI) dit simplement: « Ceux de dedans rendirent la place et apportèrent les clefs de leur ville sur le cercueil dudit connestable. »

3. Il y a deux Condat en Périgord: Condat-sur-Vézère, près de Terrasson, et Condat-sur-Tricon, près de Bourdeille. C'est de celui-ci que veut parler Brantôme.

4. Voyez le *Décaméron*, journée X, Nouvelle IX.

très admirable, pour avoir quasi traversé toute la chrestienté, déguisé en simple marchand, pour en venir recognoistre les forces des chrestiens, et sur tout des François, leurs formes et façons de faire et leur parler. Après donc qu'il eut faict et parfaict tant de belles choses contr'eux, il faict trembler tout l'Orient devant son nom et ses armes : mourant en la cité d'Ascalon, ordonna, après son trespas, que sa chemise fust portée sur une lance à travers toute la ville par un sien escuyer, héraut ou trompette, faisant un tel cry à haute voix : « Le roy de tout l'Orient, qui l'a tant faict craindre soubz soy, est mort, et n'emporte de tous ses biens avec luy que cela[1]. » Voylà la pompe funéralle dont se contenta ce grand prince.

Nos roys, nos empereurs, nos grandz princes et capitaines chrestiens ne se contentent de si peu, et font bien ; car certes telz honneurs que l'on deffère en leurs funérailles sont beaux et fort à estimer ; et croy que telles magnifficences n'offencent point Dieu, puisque messieurs les grandz supérieurs de l'Églize le permettent, voire s'en veulent ressentir, comme je l'ay veu et d'eux et de nos roys, qui sont belles, certes, dévotieuses, contrites et pitoyables. Les anciens empereurs romains ont porté la plus grand part des façons ; mais nous en avons converty leurs abus en une

---

1. Brantôme a puisé ce fait dans l'éloge de Saladin par P. Jove, qui parle aussi du récit de Boccace. Voyez *Elogia virorum bellica virtute illustrium*, Florentiæ, 1551, in-f°, p. 28, 29. Plusieurs auteurs chrétiens ont raconté ces particularités de la mort de Saladin, qui ne sont rapportées par aucun historien musulman, Voyez la *Bibliothèque des Croisades*, par MM. Michaud et Reinaud, tome 1, p. 582, et tome 7, p. 361.

bonne, pure et saincte religion, et pie cérémonie. J'en parle ailleurs..

Pour retourner encor à nos autres grandz capitaines, que je ne veux encor délaisser, Machiavel² et ses bons averlans³ ou adhérans ont fort loué Cæsar Borgia, et mis au rang des grandz capitaines, comme certes en son vivant il l'a faict paroistre par aucuns beaux exploictz. Voyez-en les histoires italienes et autres, et mesmes Guichardin. Et pour ce ne veux faillir à le colloquer en ce rang, tant parmy les Italiens que les Espagnolz, et il l'estoit.

Il fut filz de Roderigo Borgia, natif de Valance, et puis pape nommé Allexandre. Et⁴ quel pape! Dieu le sçait et ses effectz l'ont monstré ; tesmoing les bons tours, veux-je dire meschans, qu'il fit à nostre roy Charles VIIIᵉ, et au pauvre frère du Turc qu'il rendit tout empoisonné⁵, et la confédération qu'il eut avec le Turc mesme, contre tout devoir d'un chrestien. Ce

---

1. César Borgia, troisième fils naturel du pape Alexandre VI et de Julie Farnèse, dite de Vanozza, fut d'abord cardinal, puis quitta la pourpre, se maria, fut créé duc de Valentinois par Louis XII et périt au siége de Viana (Navarre) en 1507.
2. Voyez le ch. VII du traité du *Prince*, de Machiavel.
3. *Averlan*, compagnon, camarade.
4. Les six lignes qui suivent sont biffées sur le ms. 3262.
5. Djem ou Dschem, que les historiens chrétiens appellent Zizim, frère de Bajazet II, s'étant révolté contre lui, se réfugia d'abord à Rhodes (1482) près du grand maître qui l'envoya en France. Il y fut sept ans prisonnier des chevaliers de Saint-Jean qui le livrèrent à Innocent VIII (1489). Le successeur de celui-ci, Alexandre VI, par le traité qu'il fit avec Charles VIII (janvier 1495), remit au roi le prince ottoman qu'il avait auparavant empoisonné, suivant le dire des historiens du temps. Djem, conduit à Naples, y mourut le 24 février 1495.

Cæsar fut faict cardinal[1] par le chappeau de son père, qu'il eut après la création de son papat. Il se fit partizan de la France, où il se maryà avec madamoyselle d'Albret[2], l'une des belles filles de la court, y nourrie, comme j'en parle ailleurs en un discours de cela. Il eut cent lances des ordonnances du roi Louis XIIe, bien entretenues. Il eut la duché de Valantinois avec grosse pention. Il fit en son temps du bien et du mal, comme je diray. Sondict père eut un filz aisné[3] qui fut duc de Candie, et Cæsar Borgia fut le second, faict cardinal, et eust le chappeau de son père après estre créé pape. Mais se faschant de la robbe, et ayant la fantaisie dressée aux hautes conceptions et entreprises du monde, la quicta[4]; et portant envie à sondict frère, que le père eslevoit de tout ce qu'il pouvoit en l'estat temporel, le fit une nuict, par de meschans garnimens ses semblables, à ce apostez, tuer et jetter dans le Tybre; dont le pape en conceut un' extresme fascherie pour tel scandale et misérable tour. Il dissimulla pourtant le faict, et ayda à ce Cæsar ce qu'il peut pour le faire grand du monde; et commança de plain abord à exterminer en la Romagne et terres du patrimoine de Sainct Pierre tous ces petis seigneurs particuliers et

1. En 1493.
2. Charlotte, fille d'Alain, sire d'Albret, et de Françoise de Bretagne, morte le 11 mars 1514.
3. Brantôme commet ici une erreur. Le fils aîné d'Alexandre VI s'appelait Pierre-Louis, fut duc de Gandia, épousa une fille naturelle d'Alphonse II, roi de Naples, et mourut sans postérité. Le second fils, celui que Brantôme appelle à tort l'aîné, Jean, duc de Gandia et de Sessa après la mort de son frère, fut assassiné en 1497 par César Borgia.
4. En 1498.

tyrans, qui pilloient et ruynoient tous leurs pauvres peuples et subjectz par un' infinité de concussions, rançonnemens et pilleries ; si qu'enfin il les mena si bien et beau qu'il les réduist au petit pied. Il réduisist la Romagne, Boulloigne, Ravanne, Civita Castellano, qu'il fortiffia par le moyen de son père de telle sorte, et la ville et chasteau, que je pense n'avoir veu jamais place de terre ferme plus forte que celle-là. Si bien que les Ferruccys, qui paradvant la tenoient en subjection, n'osarent oncques plus remuer ny lever la teste. Plusieurs autres places remit-il en l'estat ecclésiastiq, qu'il ne se parla oncques plus après de ces petis tyranneaux, dont l'église luy en eust ceste bonne obligation[1].

A propos de ces tyranneaux, il faut que j'en die ce mot. Et voulez-vous un plus grand, quasi en ces mesmes temps, que Sigismond Malatesta, seigneur d'Aremini[2], grand homme de guerre certes, mais très mal condictionné, qui, ne se contentant de faire mille maux aux hommes, il s'addressa à ses propres femmes? La première fut fille du conte de Crimignolla[3], qui luy porta un très beau et très grand mariage[4], belle et bien honneste. Après son père mort, il la répudia. Mais passe celuy-là ; car il fit mieux envers elle qu'il ne fit à la seconde, fille de Nicollas d'Est, duc de Ferrare, très sage femme, bonne et chaste ; il la fit

1. Voyez Machiavel, *le Prince*, ch. VII.
2. Sigismond Malatesta, seigneur de Rimini, célèbre capitaine du quinzième siècle, mort le 6 octobre 1467, à cinquante-un ans.
3. François, comte de Carmagnola, célèbre capitaine, né à Carmagnola (Piémont), décapité à Venise le 3 mai 1432.
4. *Mariage*, dot.

mourir de poison[1]. La troisième fut fille de Francisque Sforce, duc de Milan[2], une très belle femme aussi; pour combler la mesure de ses meschancettez, il l'estrangla de ses propres mains.

Or, si la fortune eust rit autant à ce Valantin[3] sur la fin que sur le commancement, ne faut doubter qu'il eust tout gardé pour luy, et faict fort petite part de tout son butin à Monsieur Sainct-Pierre, tant il estoit ambitieux et avare.

On dict que le dragon se faict et se forme d'un gros serpent, dévorable qu'il est, en dévorant et mangeant plusieurs autres serpens et serpenteaux. Et, pour ce, on donna à cedict Cæsar pour devise un dragon dévorant plusieurs serpens, avec ces motz : *Unius compendium, alterius stipendium.* Ainsi devint et accreust jadis Rome par les ruynes de la ville d'Albe; et ainsi ledict Cæsar devint opullant et enrichy des despouilles de ces tyranneaux. Et le pouvoit-on brocquarder de mesmes, comme fit le roy Louys XIe, une fois l'un de ses capitaines, qui en ses guerres avoit picouré quelques callices et vieilles reliques d'églises d'or et de perles et pierreries : il en fit faire un fort beau et riche collier, qu'il portoit ordinairement au col. Et ainsi qu'il parut un jour devant Sa Magesté et

---

1. Genefve, fille de Nicolas III, marquis d'Este, et de Laura Malatesta. Sa chasteté, vantée par Brantôme, n'était pas tellement à l'épreuve qu'elle ne fût convaincue d'adultère par son mari qui la fit mourir. Elle chassait de race, du reste, car sa mère, Laura Malatesta, dite *Parasina*, avait éprouvé le même sort et pour la même cause.

2. C'était une fille naturelle.

3. *A ce Valantin*, à ce duc de Valentinois, à César Borgia.

sa court, il y eut aucuns courtizans qui voulurent toucher ledict collier devant luy; il[1] s'escria aussi tost, en leur disant : « Hà! n'y touchez pas, ce sont relicques : vous serez excommuniez. » De mesmes euston peu dire des despouilles qu'avoit gaigné ledict Cæsar sur l'église qu'il fit parestre en plusieurs façons, et mesmes en une que je vays dire.

Il faut donc sçavoir que lors qu'il vint en France pour espouser madamoyselle d'Allebret, comme j'ay dict, et qu'il fit son entrée à la court du roy Louis XIIe, pour lors estant à Chinon (j'en ay trouvé et veu le discours dans le thrésor de nostre maison assez bien escript, et en ryme telle quelle pour ce vieux temps et assez grossière; et pour ce je ne m'en suis icy voulu ayder, car elle pourroit importuner le lecteur; mais je l'ay mise en prose au plus clair et net langage); il entra donc, le mescredi xviij[e] jour de décembre mil quatre cens quatre-vingtz-dix et huict, ainsi : Premièrement au devant de luy M. le cardinal de Roan[2], M. de Ravastain[3], M. le seneschal de Thoulouse[4], M. de Clermont[5], accompaignez de plusieurs seigneurs et gentilz-hommes de la court, jusques au bout du pont pour luy faire compagnie à son entrée. Devant avoit xxiv mulletz fort beaux, chargez de bahus, coffres et

1. *Il*, Louis XI.
2. Georges, cardinal d'Amboise, archevêque de Narbonne, puis de Rouen, né en 1460, mort le 25 mai 1510.
3. Philippe de Clèves, seigneur de Ravenstein.
4. François de Rochechouart, seigneur de Chandenier, chambellan du roi, sénéchal de Toulouse.
5. René de Clermont, seigneur de Clermont et de Gallerande, vice-amiral de France, gouverneur de Honfleur, mort en 1523.

bouges[1] (ainsi porte l'original), couvertz de couvertures rouges avec les escussons et armes dudict duc. Après venoient xxiv autres mulletz avec couvertes de rouge et jaune my-parties, car ilz portoient la livrée du roy, qui estoit jaune et rouge ; j'ay veu la reyne Marguerite d'aujourd'huy, sa petite fille[2], les porter longtemps par ses pages et lacquais. Suyvoient après douze mulletz avec les couvertes de satin jaune, barrez tout à travers. Puis venoient x mulletz ayans couvertes de drap d'or, dont l'une barre estoit de drap d'or frizé, et l'autre ras ; qui sont en tout soixante dix par conte. Quand tous les mulletz furent entrez dans la ville, ilz montèrent tous au chasteau. Et après vinrent seize beaux grandz coursiers, lesquelz on tenoit en main, couvertz de drap d'or rouge et jaune, ayantz leurs brides à la genette, et à la coustume du pays (dict ainsi l'original). *Item*, après venoient xviii pages, chascun sur un beau coursier, dont les seize estoient vestuz de vellours cramoisy, et les deux autres de drap d'or frizé. (Pensez que c'estoient, disoit le monde, ses deux mignons de couchette, pour estre ainsi plus braves que les autres.) Plus, par six lacquais estoient menées (comme de ce temps l'on en usoit fort) six belles mulles richement enharnaschées de selles, brides et harnaiz tout completz de vellours cramoisy, et les lacquais vestuz de mesme.

En après venoient deux mulletz portans coffres, et tous couvertz de drap d'or. Pensez (disoit le monde) que ces deux-là portoient quelque chose de plus ex-

1. *Bouges*, sacs.
2. Son arrière petite-fille.

quis que les autres, ou de ses belles et riches pierreries pour sa maistresse et pour d'autres, ou pour quelques bulles et belles indulgences de Rome, ou pour quelques sainctes reliques (disoit aussi le monde). Puis après, venoient trente gentilz-hommes, vestuz de drap d'or et de drap d'argent. C'estoit trop petite trouppe aussi (disoit la court), veu le grand attirail précédent. Il en falloit, pour le moins, cent ou six vingtz, vestuz à la mode de France, les autres à celle d'Espaigne.

Item, avoit trois menestriers, c'est asçavoir deux tabourins et un rebec (dont l'on en usoit fort de ce temps), comme aujourd'huy font les grandz seigneurs d'Allemaigne et généraux d'armées, qui usent de leurs cymballes quand ilz marchent, ainsi que fit le baron Dosne [1] par grand' obstentation ; mais ce brave grand M. de Guyse les luy cassa, et en fit taire le son à sa grand' honte.

J'ay veu ce grand roy de Navarre Anthoine, père à nostre roy, en user de mesmes, à l'imitation d'Allemaigne, lorsqu'il fut lieutenant [2] général du roy Charles IX⁰, quand il marchoit ; ce qu'il faisoit beau voir, à la guerre, sonnans tousjours devant luy ; et nous en donnoit beaucoup de plaisir en chemin, qui nous soullageoit d'autant. On disoit que le duc de Saxe [3] luy en avoit faict présent.

Pour retourner encor à la musique dudict Cæsar Borgia, ces deux tabourineurs de cy-dessus estoient vestuz de drap d'or, ainsi qu'estoit la coustume de

1. Fabien de Dhona, défait par le duc Henri de Guise au combat d'Auneau, en 1587. Cf. tome I, p. 340.
2. Il fut nommé lieutenant général le 30 mars 1561.
3. Auguste, mort en 1586.

leurs pays (dict le texte de l'original), et leurs rebecz accoustrez de fil d'or; et aussi les instrumens estoient d'argent avec de grosses chaisnes d'or. Et alloient lesdictz menestriers entre lesdictz gentilz-hommes et le duc de Valantinois, sonnans tousjours.

Item, quatre trompettes et clairons d'argent, richement habillez, sonnans tousjours de leurs instrumens. Il y avoit vingt-quatre lacquais, tous vestuz de vellours cramoisy my-party de soye jaune; et estoient tout autour dudict duc, près duquel estoit M. le cardinal de Rouan, qui l'entretenoit.

Pour quant audict duc, il estoit monté sur un grand et gros coursier, harnaisché fort richement, avecqu'une robbe de satin rouge et drap d'or my-party (je ne puis pas bien comprendre, quant à moy, ceste façon d'estoffe), et bordée de force riches pierreries et grosses perles. A son bonnet estoient, à double rang, cinq ou six rubys, gros comme une grosse fève, qui monstroient une grande lueur. Sur le rebras[1] de sa barrette avoit aussi grande quantité de pierreries, jusques à ses bottes, qui estoient toutes lardées de cordons d'or et brodées de perles,

> Et un collier, pour en dire le cas,
> Qui valoit bien trente mille ducatz.

Ainsi porte la rithme.

Son cheval qu'il chevauchoit estoit tout chargé de feuilles d'or, et couvert de bonne orfœuvrerie, avec force perles et pierreries. Outre plus, il avoit une belle petite mulle pour se pourmener par la ville, qui avoit

---

1. *Rebras*, rebord.

tout son harnaiz, comme celle[1], bride, poitral, tout couvert de roses de fin or, espois[2] d'un doigt.

Pour faire la queue de tout, y avoit encor vingt-quatre mulletz avec couvertes rouges ayant les armoyries dudict seigneur, avec aussi force cariage de charriotz qui portoient force autres besoignes, comme lictz de camp, vaisselle et autres choses.

> Ainsi entra, pour avoir bruict et renom,
> Ledict seigneur au chasteau de Chinon,

dict la ryme.

Voylà l'équipage du gallant (dont je n'ay rien changé du langage de l'original) que le roy, estant aux fenestres, vist arriver. Dont ne faut doubter qu'il ne s'en mocquast, et luy et ses courtizans, et ne dissent que c'estoit trop pour un petit duc de Valantinois.

Je croy que le roy Louys XIe [le bon rompu], en eust bien dict son mot, et bien brocardé, avec sa robe de bure et son chappeau de laine velu, et son image de plomb de Nostre-Dame y attaché. Et sur ceste vanité de parades, j'en vays faire une petite digression.

Dont[3] il me souvient que nostre roy dernier, Henry IIIe, faisant un jour la diète[4] à Sainct-Germain en-Laye, où il s'estoit retiré à part hors de sa court, qu'il avoit laissée à Paris avec la reyne sa mère, un jour, moy y estant pour luy demander un petit don duquel on m'avoit donné advertissement, il me fit cet

1. *Celle*, selle.
2. *Espois*, épais.
3. *Dont*, donc.
4. *Diète*, retraite.

honneur de me laisser entrer en sa chambre à son disner, l'huyssier luy en ayant demandé congé, ainsi qu'il le permettoit à plusieurs, et non à tous. Je le vis disner, où estoit M. d'Arques, ne faisant qu'entrer en faveur, despuis M. de Joyeuse [1]. Durant son disner, il se mit à parler de la grande dépense que faisoient les gentilzhommes de son réaume, et principalement de ceux de sa court; que bien qu'il fist de grandz dons à sa noblesse, et non pas encor tant qu'il voudroit, que pourtant il ne falloit pas qu'ell' en abusast et mist tant en despances si superflues et excessives qu'elle faisoit, tant pour les habillemens que pour les grandz trainctz de leur suite, de chevaux, d'oyseaux, de chiens, et autres choses : car il falloit espargner au bon temps de la paix ; et quand viendroit un voyage et un bon affaire de guerre, il falloit alors despendre bien à propos, en luy faisant service et à tout le réaume. Et sur ce, il s'adressa à Arques, et luy monstra et réprima [2] quatre mulletz qu'il avoit d'ordinaire, tant de grandz chevaux, courtautz, oyseaux et chiens, et qu'il falloit se retrancher désormais de tout cela ; et sur ce, luy allégua le train que le roy Charles son frère et luy, l'un estant duc d'Orléans, et l'autre duc d'Angoulesme, qui n'avoient tous deux que six mulletz et quatre petites haquenées pour leurs montures, et demy-douzaine de courtautz pour leurs escuyers. Il alléga aussi avoir ouy dire à la reyne sa mère que le roy François, son grand-père, qui commança les pompes et les grandes magnificences, n'eut jamais que douze mulletz, tant de sa

1. Voyez tome I, p. 44, note 4.
2. *Réprimer*, blâmer.

première que seconde chambre[1]; et M. le Dauphin[2], advant qu'il fust maryé, n'en avoit que quatre; et puis luy et madame la Dauphine en eurent dix, M. d'Orléans[3] n'en eut pas plus aussi que de quatre; mesmes il dist que son train estoit trop grand, et qu'il le vouloit retrancher. Bref, le roy en fit un ample discours, addressant tousjours sa parolle à Arques, d'une si belle façon et grâce (car il l'avoit très bonne, avec l'éloquance qui luy estoit fort famillière et diserte), qu'un chascun des assistans admira et loua fort ceste remonstrance, qui estoit fondée sur la vérité et toutes bonnes raisons, non sans que ledict Arques n'en rougist et n'en fust un peu estonné.

Aucuns disoient : « Qui eût jamais creu que ce « grand roy, remply de toute grandeur, libéralité et « magnifficence, se fust mis ainsi sur l'œconomie, le « règlement et la parcimonie ! Ah ! que cela ne dur[er]a « guières ! il est trop généreux, libéral et magniffique. » Comme de vray, il ne peut encommancer en luy pour donner exemple aux autres, ny régler Arques ny ses autres favorys; car il les remplist de si grandz dons et biens-faictz, qu'un seul d'eux avoit et menoit plus grand train que ne firent jamais les roys François, Henry, et autres enfans de France.

Si ce grand roy eust faict ce règlement, il eust faict beaucoup pour luy et pour sa noblesse; car, et quelle raison que tant de seigneurs, et petis et grandz, veuil-

---

1. C'est-à-dire pour les personnes attachées à ces deux chambres.
2. Henri II.
3. Charles, duc d'Orléans, né le 22 janvier 1522, mort en 1545.

lent imiter les princes du temps passé, voire les surpasser? nous en voyons à la court par milliers.

Je me souviens, moy estant petit garçon, nourry en la court de ceste grande reyne de Navarre Marguerite[1], soubz ma grand-mère, sa dame d'honneur et seneschalle de Poictou[2], ne luy avoir jamais veu que trois mulletz de coffre, et six de ses deux lictières, la première et la seconde. Bien avoit-elle trois ou quatre charriotz pour ses filles[3]. Aujourd'huy on ne se contente pas de si peu, ny hommes ny femmes; c'en est le moindre de mes soucys. Bien qu'on me pourroit objecter d'avoir faict ceste digression, je ne l'ay faicte que pour autant déprimer la vaine gloire et la bonbance sotte de ce duc Valantin, auquel, pour retourner, je veux conter sa fin.

Après qu'il eut bien faict des siennes et usé de ses tours inconstans et peu assurez de sa foy, il se fist hayr à nostre roy, qui estoit son principal appuy, et puis au pape Jule; et ne sçachant où se recourre, il envoya au grand capitan[4] pour luy demander un passeport et saufconduict pour l'aller trouver en seurté à Naples, et conférer avec luy de beaucoup de choses[5]. L'autre luy envoya fort librement, bon et ample. Où estant, et luy proposant de grandz dessains pour s'emparer de toute la Toscane, un jour luy ayant donné le bon soir en sa chambre pour se retirer en la

1. La sœur de François Ier.
2. Louise de Daillon, femme d'André de Vivonne, sénéchal de Poitou.
3. Les filles de sa suite.
4. Gonzalve de Cordoue. Voyez tome I, p. 130 et suivantes.
5. En 1504.

sienne, et ledict Consalvo l'ayant embrassé de bon cœur par un beau semblant, fut aussi tost en sortant de la chambre constitué et retenu prisonnier dans le chasteau; et envoya à l'heure mesmes en son logis oster et prendre le saufconduict qu'il luy avoit donné auparavant (il n'estoit point besoing de faire ceste cérimonie). Et pour excuse, ledict Consalvo dist que le roy Ferdinand son maistre luy avoit mandé et commandé le retenir prisonnier, et que son commandement pouvoit plus que son sauf-conduict, parce que la seurté qui se bailloit de l'authorité du serviteur ne valloit rien si la voulonté du maistre ne la rattiffioit. Mesmes luy reprocha que, ne se contentant de ses meschancettez passées, il alloit allumer (selon les dessains qu'il avoit entendu de luy) un feu qui alloit embrâser et ruyner toute l'Italie[1]. Quelle conscience dudict Consalvo, et sur quoy fondée! Car, s'il eust peu usurper et surprendre pour luy et pour son maistre, il l'eust faict sans doubte[2] ny aucun scrupulle.

En ces saufz-conduitz plusieurs y doivent bien arregarder comment ilz les donnent et les reçoivent. J'en faictz un discours sur ce subject en celuy de M. de Nemours, Jacques de Savoye[3]. Enfin il n'y a que de les avoir des roys, supérieurs et grandz souverains; car ilz sont subjectz à révocquer ceux que leurs ser-

1. Tout ceci est tiré presque textuellement de Guichardin, liv. VI. — Cf. Collenuccio, liv. IX, p. 414.

2. *Doubte*, crainte, hésitation.

3. Ce discours sur les sauf-conduits, s'il a jamais été fait, ne figure point dans la vie de M. de Nemours telle qu'elle a été imprimée.

viteurs donnent. Et se doivent reigler à un traict que fit le duc Esforce[1], le dernier duc de Milan, lequel, banny de son estat et reffugié à Venize, obtint par le moyen du pape[2], des Vénitiens et autres de ses amis, un saufconduict de l'empereur pour le venir trouver à Bouloigne à son couronnement, sans se fier à aucun que luy eust peu donner Anthoine de Lève, pour lors gouverneur de l'estat, ou autres de ses capitaines. Et ainsi qu'il fist la révérance à Sa Magesté, il tira son saufconduict de sa poche; et le luy présentant, il luy dict: « Cæsarée Magesté, voylà mon saufconduict qu'il
« vous a pleu me donner pour venir à vous et me jet-
« ter à vos piedz pour vous rendre conte de mon
« innocence. Lors que je vous le demanday, ce n'estoit
« point pour aucune meffiance que j'eusse de vous et
« de vostre généreuse bonté, vertu et miséricorde:
« mais je me deffiois de vos capitaines et généraux qui
« m'ont faict tant de tort, et m'en eussent faict de
« mesmes, m'estant mis en chemin sans vostre seurté,
« bien qu'ilz me vouloient donner la leur ; mais j'ay
« eu plus de fiance en la vostre. Ast'heure que je suis
« près de vostre personne et très Impériale Magesté,
« je ne crains rien et n'ay besoing plus de saufcon-
« duict; et pour ce je le vous rendz, me tenant en
« toute franchise estant près de vous[3]. » L'empereur trouva ce traict fort beau, et l'en ayma d'advantage, et luy remit sa duché, qu'il ne garda guières; car il mourut tost après, comme j'ay dict ailleurs; et si fist

1. François-Marie Sforce. Voyez tome I, p. 179.
2. Clément VII.
3. Brantôme a pris ceci dans Vallès, f° 289; mais il a arrangé à sa manière le récit de l'auteur espagnol.

plus, luy donna une très belle et honneste fame, Christine de Danemarc, l'une des belles et honnestes dames du monde, dont je parle ailleurs.

Voylà comme le sauf-conduict de l'empereur servit à ce duc, et celuy de Consalve mal au duc Valantin. Pourtant il n'y a que bien tenir sa foy, en quelque façon que ce soit. Pour régner (comme disoit Cæsar), c'est une grande tentation de la rompre, mais pour oster la vie à un pauvre diable desjà abbatu de la fortune, ou luy faire espouser une prison perpétuelle, comme vouloit faire le roy d'Aragon, et Consalve fit mal, et y alla de sa réputation; car l'honneur d'ung grand capitaine, voire de tout autre, est un grand cas; et là où il[1] marche, il faut fermer les yeux à tout, si ce n'est qu'on veuille s'armer du dire que c'est raison, par la voulonté de Dieu, que qui rompt sa foy, on la peut luy rompre sans reproche, ainsi que ce Valantin fut fort touché de ce vice en son temps, en plusieurs endroicts, desquelz, sans en alléguer tant, je ne diray que celuy qu'il fit au petit roy Charles VIIIe en allant à Naples. Luy ayant juré et donné sa foy si inviollable, avec celle de son père le pape Allexandre [un autre grand parjure], la luy rompit et le quicta tout à plat. Un autre plus grand et plus énorme fit-il : c'est qu'ayant assiégé Astor, seigneur de Faence[2], dans sadicte ville, et prise par composition, la vie et bagues sauves de luy et des siens, soubz umbre d'un bon traictement pour quelques jours, et après en avoir abusé et gasté vilainement, estant d'une extresme

---

1. *Il*, l'honneur.
2. Astor Manfredi, seigneur de Faenza. Voy. Guichardin, liv. V.

beauté et jeune garçon, il le fist secrettement mourir, et plusieurs autres des siens. Quelle vilainie! Bajazet[1], ayant pris Constantinoble, après avoir abuzé et violé l'impératrix et ses filles, et prostituées à d'autres, les fit aussi mourir meschamment[2].

Voylà comme il en prit à ce Valantin; car ayant tant de fois rompu sa foy aux uns et aux autres, Dieu voulut qu'on luy en fist de mesmes. Et croy que sa vie eust couru fortune, ce me dist une fois un vieux bon homme, maistre de la poste de Medina-del-Campo, lequel, m'en monstrant la rocque où avoit esté emprisonné ledict Valantin[3], et sarré fort estroictement, me dist : *Señor, por aqui se salvo Cæsar Borgia por gran milagro*[4]. Comme de vray ce fut un grand miracle, car s'en estant subtillement dévallé par une corde de ce grand précipice, il s'enfuist au réaume de Navarre, vers le roy Jehan[5] son beau-frère; et grand cas aussi de s'estre ainsi sauvé par le beau mitan de toute la Castille. Toutesfois, ledict maistre de poste me dist que quelque sien esprit famillier y avoit opéré, tenoit-on pour lors en Castille.

Estant donc en Navarre comme désespéré, le roy Louys XIIe ne le voulant recevoir plus, pour ne desplaire au roy d'Aragon, et qu'il estoit mal content de luy, il se mit à faire la guerre contre l'Espaignol au

1. Bajazet, lisez Mahomet II.
2. Brantôme se trompe. Constantin Dracosès, le dernier empereur de Constantinople, n'avait ni femme ni filles.
3. César Borgia avait été emmené en Espagne, d'où il se sauva en 1508.
4. Monsieur, par là, se sauva à grand miracle Cæsar Borgia.
5. Jean d'Albret.

camp de Viane[1], place du susdict réaume, où il fut tué d'une zagaye par les ennemis sortant d'une embuscade, non sans avoir bravement et vaillamment combatu. En quoy furent trompez force François, Italiens et Espaignolz, d'avoir faict une fin si belle et honnorable, que l'on cuydoit un jour misérable et honteuse par l'espée de justice, pour expier les maux et les cruautez qu'il avoit faictz en sa vie. Il est à présumer que Dieu eust miséricorde de luy par quelque repentence qu'il en fit. Ainsi sa bonté toute divine s'estant aussi bien sur les mauvais que sur les bons, selon qu'ilz la réclament et font repentance.

Or, pour finir ces derniers propos de ces violateurs de foy, le roy Louys XIe ayant faict assiéger Jacques d'Armaignac, duc de Nemours[2], par M. de Beaujeu et Thanneguy du Chastel[3], luy s'estant rendu la vie sauve à eux, qui la luy promirent, n'en voullut nullement tenir la composition ny ratifier leur foy, et ne laissa pour cela à luy faire trancher la teste. A ce bon roy tout luy estoyt permis, et avoit sa dispense de tout, bien qu'il ne fust jamais à Rome pour l'obtenir du pape, ainsi que fit Charlemagne, comme j'en parle ailleurs. A grand peine ce bon roy eust fait le traict, sur le poinct de sa foy donnée, que fit un de ces ans le pape Sixte[4], le plus redoubté pape pour la justice en toute

1. Viana, en Navarre, à treize lieues S. O. de Pampelune.

2. Jacques de Nemours, pris dans son château de Carlat (Auvergne) en 1476, fut décapité à Paris le 4 août 1477.

3. Pierre II de Bourbon, sire de Beaujeu, mari d'Anne, fille de Louis XI, né en 1439, mort en 1503. — Tanneguy du Chastel, vicomte de la Bellière, mort en 1477. — Cette anecdote est biffée sur le ms. 3262.

4. Sixte-Quint.

l'Italie qui fut jamais ; duquel et de sa sœur[1] ayant
esté faict un pasquin, sur ce que ledict Pasquin, vestu
d'une chemise fort salle, se plaignoit qu'elle n'estoit
point blanche, et que sa lavandière l'avoit quicté pour
se faire duchesse (il disoit cela parce que la sœur du
pape n'avoit pas longtemps qu'on l'avoit veue lavandière et laver le linge ; et le pape l'osta de ce mestier
et la fit duchesse, comme de vray il avoit raison de
l'anoblir), il fut si en collère qu'il fit faire un bandon
que quiconque sçauroit l'autheur de ce pasquin ou l'auroit faict luy-mesmes, en luy révellant, qu'il luy donnoit la vie sauve et dix mille escus. L'auteur fust si
impudent et si cupide du lucre, que luy-mesme se vint
accuser à Sa Saincteté, et luy dire franchement qu'il
l'avoit faict, et demander son sallaire promis par le
bandon. Le pape, l'aregardant, luy dist : « C'est raison.
« Ce que je t'ay promis je le tiendray ; et pour ma vie
« je ne voudrois te faucer la foy. Parquoy je te donne
« la vie ; et viste, qu'on luy donne les dix mill'escus :
« mais aussi ce que je ne t'ay promis je le tiendray,
« qu'est qu'on luy couppe le poing et la main qui a si
« mal escript, afin qu'il te ressouvienne de n'escrire
« jamais plus parolles si scandalleuses et touchans de
« si près. » Force grandz personnages n'eussent pas si
effrontément, en un tel faict si scandalleux et inju-
rieux, gardé leur parolle. Et pour ce, faut louer ce
grand pape, monstrant en cela qu'il importe beaucoup
souvant à garder et rompre sa foy, et qu'il y va de la
conscience, de la grand'conséquance et de l'honneur
d'aller à l'encontre, ainsi que j'en faictz un discours

1. Camille Peretti.

ailleurs assez beau, et remply de beaux et bons exemples de nos temps[1].

Le seigneur Jehan-Jacques Trivulse[3] fut un grand capitaine italien, toutes-fois très bon François, et qui fit de très grandes monstres d'armes pour le service de la France, pourtant mal recogneu du roy François premier, qui, ayant conceu quelque léger soubçon contre luy, par la suscitation de M. de Lautreq, qui

Le seigneur Jehan Jacques Trivulse [2].

1. Voyez tome I, p. 118 et suivantes.
2. Jean-Jacques Trivulce, marquis de Viglevano, maréchal de France, né à Milan vers 1447, mort, non à Chartres, comme Brantôme et d'autres l'ont écrit, mais à Châtres (Arpajon), le 5 décembre 1518.
3. Dans le ms. 6694, la vie de Trivulce vient après celle de Louis XII et est rédigée ainsi : « Pour venir maintenant aux bons cappitaynes qu'a heu ce grand roy à son service, il eust Jehan Jacques Trivulse qu'il ayma fort, et eust cest honneur d'estre son compère et tenir madame Renée de France, la seconde fille, despuis duchesse de Ferrare, sur les fonds, qui fut ung honneur dheu à un plus grand qu'à luy. Il le servist fort bien en la conqueste et conservation de son duché de Milan. Aussi le roy son maistre se fia tant à luy, en sa valleur et preudhommie qu'il luy en donna le gouvernement absolu, chose fort peu usitée de commettre l'administration d'une conqueste à ung qui est de la patrie mesmes; et quand on le remonstra au roy, il fit responce qu'il se sentoit bien asseuré de sa fidellité et qu'il ne luy feroit faux bon, et quand il le feroit, il se tenoit assez puissant et courageux pour le reconquérir sur luy et sur le duc de Milan et leur rompre la teste à tous deux, ainsin qu'il le monstra encor au duc de Milan, mais non au sieur Jehan Jacques, car il ne varia jamais sinon quelque temps apprez un peu envers le roy François, qui ne fut pas contant de luy. En homme remuant qu'il estoit, aussi bien en son aage sec comme verd, il alla faire quelque confédération et fraternité aveq' les cantons des Suisses, jusques à s'en fayre bourgeois, ce que le roy trouva fort mauvais, et luy en fist ung estrange visage ; dont il en mourut de despit à Chartres, et dit-on de luy que lorsqu'il vouleut mourir... » (Ms. 6694, f° 128.)

luy porta de l'envie, le deffavorisa fort de ses bonnes grâces ; de telle façon que ledict roy estant un jour à Chartres¹, et par un matin tournant de la messe, s'estant faict porter ledict Jehan-Jacques dans une chaire (estant fort boiteux, gouteux et attainct de quatre-vingtz ans, et fort cassé des grandes courvées de guerre qu'il avoit faict et souffert en sa vie), ainsi que le roy vint à passer sans faire semblant de l'avoir veu, ledict Jehan-Jacques s'escriant, luy dist : « Sire, ah ! Sire, au moins un mot d'audiance ! » Le roy, tournant la teste de l'autre costé, ne le voulut ouyr. Dont ce bon homme conceut un si grand despit, que de là il s'alla jetter dans le lict et n'en releva jamais jusques à ce qu'il fut mort. Et comme durant sa malladie on en dist la cause au roy, touché en sa conscience, l'envoya visiter ; mais pour toute responce il dist : « Hélas ! il « n'est plus temps : son desdain qu'il m'a usé² et mon « despit ont desjà faict leur opération en moy ; je suis « mort. » Le roy puis après en fut fort marry, et s'excusa fort de ne l'avoir bien recogneu en ses services notables qu'il avoit faict aux roys Charles VIIIe, Louis XIIe et à luy mesme.

M. de Lautreq fust cause de sa deffaveur, comme j'ay dict, par le moyen de madame de Chasteau-Briand³, sa sœur, que le roy aymoit. Aussi, quelque temps après, Dieu permit qu'il eust sa venue⁴ après qu'il eut perdu l'estat de Milan. Et tout ainsi que le

1. Voyez la note 2 de la page précédente.
2. Le dédain dont il a usé envers moi.
3. Françoise de Foix, femme de Jean de Laval, seigneur de Châteaubriand, morte le 16 octobre 1537.
4. *Sa venue*, son tour.

roy ne fist cas dudict Jehan-Jacques, et le desdaigna tant de ne vouloir parler à luy, de mesmes le roy en usa envers M. de Lautreq; à qui voulant faire ses excuses de sa perte de Milan, ne le voulut voir ny ouyr que par seconde personne (dict-on) pour le commancement, et après tellement quellement il parla à luy.

Ainsi ces deux personnes furent traictées de mesme façon, selon la voulonté de Dieu; mais à l'un le despit luy transperça le cœur, et mourut; et l'autre traisna quelque temps après, non sans en porter longuement le desdain et le despit sur l'âme; car ces deux subjectz sont deux maux certes incurables à un homme généreux.

Ce brave donc capitaine, le seigneur Jacques, mourut ainsi. Et dict-on de luy que lors qu'il voulut mourir, il avoit ouy dire à quelques philosophes que les diables hayssoient fort les espées et en avoient grand frayeur, et s'enfuyoient quand ilz les voyoient blanches en l'air et flamboyer. Tel fut l'avis de la Sibille quand elle mena Æneas aux enfers, et qu'elle le vist à l'entrée de la porte avoir peur de messieurs les diables : « Non, non, dist-elle, n'aye point de peur; tire seulement ton espée : *Vaginaque eripe ferrum.*[1] » Aussi ledict seigneur Jehan-Jacques, fondé sur telle opinion, lors qu'il voulut mourir, il se fist mettre son espée sur le lict toute nue près de luy, et tant qu'il peut il la tint en lieu de croix comme les autres; et de vray, l'espée portoit la croix sur elle et luy servoit d'autant; et aussi que, cependant qu'elle renvoyeroit les diables, luy voyant ainsi en la main, eussent peur et ne s'ap-

---

1. *Enéide*, lib. VII, vers 260.

prochassent de luy pour luy enlever et emporter son âme avecqu' eux; et par ainsi[1], ne s'en osans approcher de luy, ell' eust loisir de s'eschapper et passer par la porte de derrière, et s'envoller viste en paradis[2]. L'invantion et la ruse n'en eust pas estée mauvaise, s'il eust peu tromper de ceste façon ces messieurs les diables, qui se meslent de tromper les pauvres humains.

Voylà donc ce grand capitaine mort, ayant ordonné que son corps fust porté ensepvelir à Milan[3]; ce qui fut faict, et fort honnorablement. Sur sa sépulture fut

1. *Var.* Et par ainsin ne s'aprochans qu'elle eust loysir d'eschaper et passer (pensez) par la porte de derrière et s'en aller viste en paradis. Quel abus et superstition de ce grand personnage! M. de Grignaux·, chevalier d'honneur de la reyne Anne, bon rompu s'il en fust onq, fist mieux, car estant en ambassade à Romme, il rancontra un jour une troupe de cardinaux assemblez qui s'en alloyent conjurer un dyable et le jetter hors d'un pauvre tormanté: « Ah! dist-il, je m'en vays aveq vous autres.—Ne sortés « pas, luy dirent-ilz, car vous n'estes pas confez ny en estat comme « nous, et le naturel des diables est, quand on les sort ainsin, ilz se « jettent dans un autre corps qu'ilz rencontrent, s'il n'est pas bien « préparé et net de sa conscience. — Je feray mieux, dist-il, car « je me mettray dans le bénistier jusques au cul, et empliray ma « bouche d'eau béniste; par ainsi, les deux trous bien préparés et « bouchés, le diable n'y pourra entrer. » (Ms. 6694, f° 128, v°.)

2. Brantôme a pris ce faict dans Rabelais, qui, au chapitre XXIII du livre III de *Pantagruel*, s'exprime ainsi: « ...Naturellement les dyables craignent la splendeur des espées... C'estoyt peut-estre la cause pourquoy le seigneur Jan-Jacques Trivolse, mourant à Chartres demanda son espée, et mourut l'espée nue on poing, s'escrimant tout on tour du lict, comme vaillant et chevaleureux, et par ceste escrime, mettant en fuite tous les dyables qui le guettoyent on passaige de la mort. »

3. Dans l'église Saint-Nazaire.

· Jean de Talleyrand, seigneur de Grignols (ou Grignaux), prince de Chalais, chambellan de Charles VIII.

mis : *Hic quiescit qui nunquam quievit*, « Icy repose qui ne reposa jamais. » M. de Montluc, après sa mort[1] et sur son exemple, a pris ceste devise, ainsi qu'on la voit dans son livre.

L'occasion principalle qui esmeut le roy à disgratier ledict seigneur Jehan-Jacques fut qu'il s'estoit faict recevoir bourgeois des cantons des Souysses. Que pouvoit-il moins faire, qu'ayant perdu la bonne grâce et l'appuy de la France, il falloit qu'il en cherchast ailleurs? Mais le roy le cognoissant homme prompt, remuant et de peu de repos, il craignoist qu'il fist quelque mauvais remuement, avec ces gens promptz et légers de ce temps, contre luy et sa duché de Milan, voire au cœur de la France. S'il se doubtoit de cela, il avoit raison de se deffier de luy.

Le roy Louys XIIe n'en eust pas telle deffiance quand il luy donna le gouvernement absolu de sadicte duché ; lequel, quand on luy remonstra qu'il faisoit faute de donner une telle charge à un homme estranger, et qui estoit de la patrie, et mesmes sur une nouvelle conqueste, il respondit qu'il se sentoit si assuré de sa fidellité et prudhommie, qu'il avoit desjà tant bien manifestée au roy Charles VIIIe, qu'il croyroit fort bien qu'il ne luy fairoit faux bon ; et quant bien il l'entreprendroit, il se tenoit assez puissant et courageux pour luy rompre la teste, et au duc de Milan, s'il se conféroit avec luy. D'avantage, le naturel de

1. *Après sa mort*, c.-à-d. après la mort de Montluc. On lit en effet dans la dédicace de l'éditeur de Montluc *à la noblesse de Gascogne* : « Tirant à la mort, il commanda qu'on mit sur son tombeau ces vers :

   Cy-dessous repozent les os
   De Montluc qui n'eût onc repos. »

ce roy estoit fort de l'aymer; et luy avoit grand crédit auprès de Sa Magesté, jusques là qu'il le fist son compère, ayant tenu sur les fondz sa seconde fille, madame Renée de France, despuis duchesse de Ferrare; qui luy fut un tel honneur, qu'un des plus grandz princes de la chrestienté s'en fust fort contenté et bien gloriffié.

Voylà enfin ce grand capitaine, après plusieurs beaux exploictz faictz de sa main et de sa cervelle, mort en l'aage de quatre-vingtz ans[1].

Théodore Trivulse[2].

Il eut un cousin qui fut Théodore Trivulse, marquis de Pisqueton, général du roy d'Espaigne premièrement, puis des Vénitiens, après du roy François premier; qui, pour ses valleurs et mérites commanda pour le roy en Italie, et fit si bien que le roy le fit chevallier de son ordre, et puis mareschal de France, amprès gouverneur de Lyon, comme l'avoit esté aussi auparavant Jehan-Jacques; et tous deux se portoient si bien en ceste dernière administration de ville, que le peuple en demeura fort content.

Ce Théodore mourut le mesme jour de sa nativité, aagé de soixante quinze ans. Le roy luy fit de grandz biens, et à son frère le cardinal Trivulse, et le fit évesque de Périgueux[3].

Le prince de Melfe[4].

M. le prince de Melphe a esté, certes, un bon et sage

1. Lisez : soixante et onze ans environ.
2. Théodore Trivulce, fils de Pierre Trivulce, seigneur de Codogno, mort en 1531 à Lyon. Il fut gouverneur de Milan, de Gênes, puis de Lyon, et maréchal de France.
3. Antoine Trivulce, cardinal (1500), mort le 18 mars 1508, ne figure point, malgré l'assertion de Brantôme, sur la liste des évêques de Périgueux.
4. Jean Caraccioli. — Voyez tome I, p. 158, note 3.

capitaine, bien renommé parmy les siens et les nostres. Il fut de ceste grande maison de Carraciole, faicte par la reyne Jehanne II.ᵉ de Naples, qui advança le seigneur Carraciol¹, dont est sorty le susdict prince. Elle le fit son grand séneschal, et l'ayma par dessus tous ses favoris (j'en parle en la vie de ladicte Jehanne, selon l'Histoire de Naples²), et puis le deffit, sans que j'en parle plus.

Pour venir donc à nostre prince Carraciol, M. de Lautrecq, en son voyage de Naples, envoya dom Pedro di Navarra assiéger sa place de Melfe (comme j'ay dict cy devant)³, où s'estoit ledict prince enfermé, pour l'assurer mieux, avec sa femme et ses enfans. Il y soubstint le siège et les assautz qu'on luy donna si vaillamment, qu'enfin il y fut pris au dernier assaut, qu'on dict et se list que ceste prise rapporta de mortz près de cinq mille personnes⁴.

Les autres places, à cet exemple, et craignans pareil carnage, se rendirent toutes, fors Naples, Gayette et Manfredonia, et quelques autres petites places de la mer, lointaines du camp.

Ce prince pris, ses biens et moyens pris, pillez et saccagez comme sa place, il eut recours à l'empereur pour payer sa rançon, qui la reffusa, et luy en

1. Jean Caraccioli, grand sénéchal du royaume de Naples, amant de Jeanne II, qui le fit assassiner en 1432.
2. C'est-à-dire suivant le *Compendio dell' istoria del regno di Napoli* de Collenuccio. Voyez plus haut, p. 200, note 2.
3. Voyez tome I, p. 158.
4. P. Jove, que Brantôme suit ordinairement, porte (livre XXV) à cinq cents la perte des assaillants et à trois mille celle des assiégés. C'est aussi le chiffre que donne Guichardin (livre XVIII).

fist de mesmes comme son ayeul fit à dom Pedro de Navarre¹. Que pouvoit-il doncques moins faire ce brave prince, après avoir si bien faict, combattu, battaillé, et mal recogneu, que d'avoir recours au roy son ennemy, et se réconcillier avec luy? qui le receut très humainement, le remit en sa grâce, luy donna sa rançon, luy fit des biens, tant à luy qu'à ses enfans, en biens d'église et autres, se servit de luy, qui de son costé, point ingrat, le servit aussi très bien aux guerres de France et mesmes en la duché de Luxembourg, en la ville d'Arles, qu'il tint à la barbe de l'empereur au voyage de Provance, et luy fit recevoir la honte entière, pour avoir entrepris ce voyage, par l'advis et mocquerie qu'il donna à Anthoine de Lève, qu'il se donnast bien garde de s'amuser au Piedmont et d'attaquer Thurin, comme estoit son dessain, ains qu'il tirast droict en France et se ruast sur la Provance; que jamais il n'y fit si beau et bon; en luy allégant des raisons si belles et si péremptoires, que ledict Anthoine y prenant goust, pensant qu'il en parlast à bon escient pour faire son accord avecque l'empereur par ce moyen, il le creust et y fust si beau et si bien inganné de ce bigu² qu'il en mourut de despit, voyant que ses affaires alloient tout au rebours à Aix, n'ayant peu atteindre Sainct-Denys en France, où il avoit proposé d'estre enterré; mais ce fut en celuy de Milan. J'en parle ailleurs³.

1. Voyez tome I, p. 15.
2. *Inganné*, trompé, de l'italien *ingannato*. — *Bigu*, on disait *donner le bigu*, pour *donner le change*.
3. Voyez tome I, p. 176. Suivant P. Jove (livre XXXV), qui ne prononce pas à cette occasion le nom du prince de Melfe, mais

Certes, ce prince fit là deux bons services au roy, celuy-là et la garde d'Arles, où il eut bien de l'affaire pourtant par le dedans, à cause de la sédition des soldatz qui s'y esmeut; où il monstra bien qu'il estoit un très sage et pollitique capitaine. Voyez nos histoires. Du despuis, il le servit bien en plusieurs endroictz de la France, et surtout en la duché de Luxembourg, comme j'ay dict. Pour fin, pour ses mérites, le fit mareschal de France, capitaine de cent hommes d'armes, chevallier de son ordre, et son lieutenant général en Piedmont, où certes il y trouva bien de la besoigne à tailler parmy les bandes de gens de pied, qu'il trouva fort desréglées, si qu'elles ressembloient mieux bandes de brigans que de soldatz[1], bien que ce grand M. de Langeay y avoit passé et mis quelque règle en pollice; mais ilz avoient discontinué pour peu de temps. Il y mit donc si bon ordre et une discipline si rigoureuse, que, puis après, la milice de par delà ressembloit mieux un'escolle bien refformée de sages escolliers que de soldatz. Ce que sceut très bien refformer après luy, et l'ayant apris de luy, M. le mareschal de Brissac, comme j'en parle ailleurs.

Si que j'ay ouy dire d'une punition d'un soldat qui avoit pris une poulle à un vivandier; on la luy fit

celui du marquis de Saluces, c'est le marquis du Guast, et non Antoine de Lève, qui voulait que l'on assiégeât Turin avant d'envahir la Provence.

1. *Var.* Il les reigla si bien qu'enfin on tint le Piedmont pour vraye escolle de la jeunesse de France quand au faict de guerre; ce que sceut très bien observer apprez luy M. le mareschal de Brissac. Avant qu'aler en Piedmont, le roi l'envoya en Guyenne et surtout à Périgueux, révolté pour la gabelle.... (Ms. 6694, f° 184, 185.)

manger toute rostie avec la plume. Je ne sçay s'il est vray, mais cela estoit impossible. Un soldat de qui un barbet avoit pris une poulle en cheminant eust été passé par les picques, sans qu'il prouva que son goujat, qui le tenoit en laisse, s'estoit eschappé de luy.

Le brave capitaine Mazères[1], dont je parle ailleurs, qui fust deffaict[2] en la conjuration d'Amboise, ayant rencontré une trouppe d'oisons, en se jouant et riant il leur demanda s'ilz vouloient point venir souper avec luy. Il luy sembla (ou le fit accroire) qu'ilz luy avoient respondu en leur jargon et en piolant: *Ouy, ouy, ouy;* comme de vrai, à les ouir pioler, on diroit qu'ilz disent *ouy, ouy* : il en prit deux et les mena souper avecques luy. Il fut pris et mené dans le chasteau de Thurin, et y demeura quinze jours prisonnier; et y eust demeuré plus, sans qu'on trouva le traict plaisant et de risée, et aussi qu'il avoit l'humeur fort bizarre, très brave soldat pourtant.

Un coporal, n'ayant pas bien posé ses sentinelles comme il devoit, et l'on pensoit bien qu'il allégast ses raisons bonnes et meilleures possible que son capitaine pouvoit produire, fut harquebuzé, armé de toutes ses armes. Encor celuy, passe; car il ne faut aller jamais contre le commandement du capitaine, ny entreprendre sur luy, encor qu'il face mieux que luy.

Je conterois force autres rigueurs et punitions faictes en Piedmont soubz ce prince et M. de Brissac,

---

1. Capitaine béarnais qui joua un rôle important dans la conjuration; il fut fait prisonnier à Noizay par le duc de Nemours. Voyez sur lui d'Aubigné, tome I, col. 128; et de Thou, l. XXIV.

2. *Deffaict*, supplicié.

qui vint après; je n'aurois jamais faict; toutes fois j'en dis d'autres ailleurs.

Or, advant que ledict M. le prince allast en Piedmont, le roy[1] l'envoya en Guienne, et surtout à Périgueux, sur la révolte de la gabelle[2], où ilz avoient blessé à mort le commissaire du roy y establi pour cela, nommé Brandon. Le roy luy donna pour commissaire et adjoint le président Cotel, très habile Auvergnac et grand sénateur[3], qui ne cryoit que sang et corde; M. le prince parloit de clémence et miséricorde. Que c'est d'une âme généreuse, que luy, estranger et point François, aymoit la vie du François; et l'autre, Auvergnac françois, aymoit la mort de son semblable François. Enfin, la douceur de l'un emporta la rigueur de l'autre; et ce bon prince s'y comporta si sagement qu'il y eut peu de sang respandu, encore qu'il y eust si grand' quantité de prisonniers, que les prisons de Périgueux n'y pouvant suffire à les tenir enfermez, il en falut envoyer plus d'une centaine dans la grosse tour de Bourdeille, ayant esté commandé mon père par le roy d'assister et d'accompagner mondict sieur le prince là; ce qui luy fascha fort, car c'estoit contre ceux de sa patrie. Toutesfois, pour obéir au roy, car c'estoit un roy à qui ne falloit contredire, il y alla, et aussi qu'il aymoit et honnoroit fort mondict sieur le prince, pour l'avoir veu et cogneu d'autres fois, estans jeunes tous deux, au réaume de Naples, quand nous le tenions, et aux guerres de

1. Henri II.
2. En 1548.
3. *Sénateur*, magistrat.

France aussi, et pour luy estre donné du roy pour adjoinct et comme des premiers de la patrie[1] ; et pour ce luy déféroit fort. Enfin, après quelques légères exécutions de justice, les choses se passarent doucement avec force pardons[2]. J'ay veu le portraict de ce bon prince[3] entre les mains de madamoyselle d'Atrie, aujourd'huy madame la contesse de Chasteau-Villain, sa petite-fille, de la noble maison d'Aqua-Viva, et des grandes du réaume de Naples, et peux dire de ceste très honneste princesse qu'elle a esté l'une des sages, vertueuses, belles et bonnes filles de la court, et a continué ainsi, et maryée et vefve qu'elle est aujourd'huy. Par ce portraict, elle ressembloit fort à M. son grand père, qui, par son portraict aussi, se monstroit un très beau et honnorable vieillard, et qui avec sa grand'-barbe blanche on l'eust bien pris et jugé tousjours pour un grand et sage capitaine[4]. J'ay ouy dire à une grand'dame de la court de ces temps que le roy François en faisoit un grand cas, et ne le traicta point en estranger ny reffugié, mais en naturel françois : ce qui se devoit faire, tant pour la charité et son honneur

---

1. *Var.* Il y a dans Périgueux force gens vieux qui prient Dieu pour l'àme de ce prince, pour ne les avoir traittez si cruellement qu'ils le méritoient (Ms. 6694, f° 185).

2. Voyez, sur cette insurrection de la Guienne, diverses pièces dans le ms. 775 de la collection Dupuy.

3. Il existe un crayon du seizième siècle, représentant le prince de Melphe, dans la collection de portraits qui a appartenu à la bibliothèque Sainte-Geneviève et qui est actuellement au cabinet des estampes de la Bibliothèque impériale.

4. *Var.* Et homme de bien, tant la bonté et magnanimité estoient bien représentez à son visage et ce qu'il avoit dans l'àme. J'ay ouy dire.... (Ms. 6694, f° 185 r°.)

que pour mieux attirer à soy les autres estrangers ; ainsi que fit ce grand sultan Soliman, duquel j'ay leu un traict noble (parmy ses autres beaux) dans une lettre imprimée qu'escrivoit un providadour[1] de Cataro à M. Bembo[2], où il dist que Ullaman Bassa avoit esté adjourné de comparestre à la porte du Grand-Seigneur pour raison de plusieurs accusations faictes contre luy, à cause de quelques exations, pilleries et concussions exercées par luy au pays de Scutary ; et n'est doubte (dict la lettre) qu'il ne l'eust faict mourir très cruellement, n'eust esté qu'il estoit Persan, et que pour luy faire service il avoit quicté son pays, ses moyens et son prince, et s'estoit révolté du grand Soffy ; d'autant que les grandz sultans (dict la lettre) ont pris en coustume de faire grand conte de ceux qui renoncent à leur patrie et à leur prince, et se retirent vers eux ; et que, pour grandes fautes qu'ilz commettent, pourveu que ce ne soit contre l'estat ny contre la personne, ilz ne les punissent, ains, dissimulantz sagement l'affaire, font semblant de n'en tenir conte, affin d'encourager les autres à faire le semblable et de se révolter. Voylà comment ce prince mahommétan apprend la leçon aux princes chrestiens en cela ; ainsi que nostre roy François fit à ce prince de Melfe et à tous autres estrangers se retirans vers luy,

1. *Providadour*, provéditeur.
2. Ceci est tiré d'une lettre de J. M. Bembo, recteur et provéditeur de Cattaro, au cardinal Bembo. Elle est datée du 24 novembre 1539, et Brantôme a presque textuellement copié la traduction de Belleforest. Voyez *Epistres des princes recueillies d'italien par Hyéronyme Ruscelli, et mises en françois par F. de Belleforest*, Paris, 1572, in-4°, f° 136 v°.

blasmant l'empereur Charles, qu'il sçavoit (disoit-il) très bien desbaucher, pour s'en servir, les pauvres estrangers, mais après les avoir enchouez[1] comme un pauvre navire dans la vase et s'en estre servy, il n'en faisoit plus de conte : comm' il fit de M. de Bourbon (disoit-il), du duc de Savoye Charles, et du marquis de Salusse, qui, tous trois, furent malheureux et fort fatalz pour avoir pris son party[2]. J'en parle ail-

1. *Enchouer*, échouer.
2. *Var.* « Ainsi que fist l'empereur Charles à M. de Bourbon, lequel il en receut ung très grand honneur en Hespaigne, ce dit-on là, quand il le fut trouver, allant au devant de luy jusques par delà la porte de sa chambre, le fist asseoir près de luy, *visum visu*, comme on dist, et toujours le fist tenir couvert. Mais ce n'estoit pas tout cela que demandoit M. de Bourbon, car il estoit assez grand de soy pour telz honneurs et respectz luy estre defférez; mais il demandoit sa sœur pour espouse, qu'il luy avoit promis, et puis la donna au roy; mais il s'excusa qu'il ne pouvoit dispozer de sa sœur ni de sa vollonté en tel cas, qui aymoit mieux espouser le roy que le vassal. Mais, hors de cela, ne le comprist-il pas bien advant dans ce traitté de paix de Madrid, où il le faisoit remettre dans tous ses biens et terres? Ne le fist-il pas son lieutenant général en Ytalie? Aussi le servist-il bien, car il luy aida fort à bastir sa bonne fortune.... De plus, comment a-il bien récompansé ses serviteurs, ambrassez et recuilliz après la mort de leur maistre, ne sachant où aller, comme le Pelloux, qui se tenoit toujours fort prez de sa personne, et luy avoit donné bon appoinctement, le seigneur de Montlandon que l'empereur avoit donné à Son Altezze de Lorraine pour estre gouverneur de son filz, qui luy fust osté quand le roy Henry l'envoya en France, et y mist M. de la Brousse en sa place, puis La Mothe des Nouiers, Lalière, Lursinge, le sieur de Guerres; et force autres, entre lesquelz il y a heu ung seigneur de la Capelle, de qui les siens sont mes voisins d'une lieue, et s'apelle la Chapelle-Montmoreau.... (Ms. 6694, f° 185 v°). Suit un très-long passage, et en marge Brantôme a mis : « Je pense avoyr encor escrit cecy ailleurs au traité que je fays tou-

leurs [1]. Et nonobstant il récompensa très bien les pauvres bannys serviteurs de M. de Bourbon, d'aucuns desquelz furent Le Peloux, Monbandon, La Mothe des Noyers, Lalière, Lursinge, Des Guerres, La Chappelle-Montmoreau, et les autres.

Encor ay-je puy dire que le roy François disoit que, quand l'empereur sceut la mort de M. de Bourbon, il ne le regreta guières, et dist que c'estoit une belle despesche pour luy, car, s'il fust eschappé victorieux de Romme, il se fust rendu si glorieux et grand, qu'il luy eust donné bien de l'affaire à le contenter; ou que, de luy-mesme, ayant les cartes en main, se fust contenté sur les terres et les biens dudict empereur : il n'en faut pas doubter.

Or, pour retourner encor à M. le prince de Melfe, il eut très juste occasion du roy de se contenter fort de luy, car, outre les biens qu'il luy fit, il le caressoit, luy portoit honneur, et luy faisoit très bonne chaire : ce que demande fort un pauvre estranger, et sur tout d'estre point desdaigné, mocqué, ny bafoué, car ce seroit pour le désespérer du tout, voire pour faire un coup de sa main.

Ceste grande reyne de Navarre, Marguerite [2], l'honnoroit fort et le plus souvent commandoit à sa dame d'honneur, qui estoit madame la séneschalle de Poictou, de la maison de Lude, et ma grand'mère, de le mener disner ou soupper avecqu'elle en sa seconde

chant les obligations que nous avons à noz bienfaicteurs. Il faut le voyr et le rayer en l'un ou l'autre endroict. » En effet, ce passage figure dans le Discours sur M. de La Noue.

1. Voyez tome I, p. 259.
2. La sœur de François Ier.

table ; ainsi qu'est la coustume et la grandeur de la dame d'honneur, de manger tousjours à un'autre table dans la mesme salle ou sallette de la reyne sa maistresse, quand elle mange ; et le plus souvant Sadicte Magesté envoyoit tousjours quelque chose de bon de son plat à mondict sieur le prince pour en manger et taster pour l'amour d'elle. En quoy ledict prince s'en ressentoit très honnoré et favorisé. « Car (disoit-elle),
« ces pauvres princes et seigneurs estrangers qui ont
« quicté tout pour le service du roy mon frère, ilz
« n'ont pas leur ordinaire, leur train de court, et
« leurs commoditez comme ceux de la patrie. Il les
« faut grattiffier de tout ce qu'on peut ; bien que la
« table du grand maistre ne leur faut point jamais ;
« encor ceste gracieusetté que je leur fais leur touche
« plus au cœur. » Et souvant luy envoyoit quelques honnestes parolles de sa table à l'autre, et quelques demandes et advis ; à quoy ce bon prince respondoit pertinemment, au grand contentement de la reyne. Le roy François en aymoit fort la reyne sa sœur, qui par pareilles faveurs estoit coustumière à luy gaigner et entretenir ses bons serviteurs.

Oncques puis tousjours ce bon prince ayma uniquement ma grand'mère, et le monstra à l'endroict de son petit-fils le capitaine Bourdeille, mon frère, quand il alla en Piedmont, âgé de dix-huit à dix-neuf ans, à qui il faisoit tous les honneurs et les bonnes chères du monde, et ne l'appelloit jamais que *fillol mio di Bordeilla*. Et bien qu'il fust un jeun'homme fort escallabreux[1], querelleux et prompt de la main, jamais,

1. *Escalabreux*, ou *escalabrous*, comme l'écrit ailleurs Brantôme, mauvaise tête.

nonobstant ses ordonnances, il ne le fit mettre dans
le chasteau prisonnier, comme beaucoup d'autres qui
estoient d'aussi bonne maison que luy, mais le faisoit
venir devant luy, luy faisoit à part force réprimandes,
petites menaces et remonstrances, affin qu'il n'y re-
tournast plus. Mais pourtant les mains luy déman-
geoient tousjours, et, sans l'amitié et respect qu'il portoit à sa grand'mère, son père et sa mère, il l'eust
chastié un petit; mais jamais il ne luy fit pis que cela.
Aussi peu à peu il[1] le creust, et se corrigea tant qu'il
vescut; mais après sa mort, et M. de Brissac rentré
en sa place, il ne fut pas si sage, et tousjours frappoit.
Mais de regret qu'il eut de la mort dudict prince,
et craignant que ledict M. de Brissac ne supportast
ses jeunesses comme avoit faict le prince, il quicta
le Piedmont et s'en alla à la guerre d'Hongrie et de
Parme, et retourna encor en Piedmont, où il avoit
une compagnie dans Montevis[2]; et puis le quicta là
tout à plat, et s'en vint à la guerre d'Allemaigne que
le roy Henry dressa, où il fut blessé à la mort devant
Cymay[3], à l'assaut, puis au siége de Metz blessé de
trois grandes harquebuzades, dont il en cuyda mourir sans le bon secours; et pour la troisiesme fois fust
tué à l'assaut de Hédin, d'une canonnade qui luy
emporta la teste[4]. Je me fusse bien passé (dira quelqu'un) d'avoir faict ceste petite disgression : tel a esté
mon plaisir; la lise qui voudra.

Or, pour finir le discours de nostre prince, il mou-

1. *Il*, le capitaine Bourdeille.
2. *Montevis*, Mondovi.
3. Chimay, en 1552.
4. Voyez tome I, p. 27.

rut à la fin en Piedmont, couronné de beaucoup de vertuz et de louanges, et fist place à M. de Brissac, qui eut son gouvernement et sa mareschaussée, et la moytié de ses gens d'armes pour faire les cent de mareschal; car il en avoit paradvant autres cinquante.

J'ay ouy dire que, quand il alla et fut en Piedmont, il dist qu'il voudroit avoir donné beaucoup de son vaillant, et qu'il eust peu conférer avec mondict sieur le prince deux jours advant sa mort, pour apprendre de luy beaucoup de belles instructions, à s'en servir en sa charge[1]. M. Ludovic de Birague[2], et le président de Birague, despuis chancellier, luy dirent : « Mon-
« sieur, il n'y a rien de perdu. Conférez et consultez-
« vous souvant avec les bons capitaines qui, faictz
« de sa main, sont restez icy; ilz vous en enseigne-
« ront et vous en diront prou. Mais si vous les desdai-
« gnez et voulez faire tout de vostre teste, il vous en
« ira mal. » Et de faict, il les creust et s'en trouva très bien, comm'il a paru.

Ledict M. le prince laissa après luy son fils[3], qui fut abbé de Saint-Victor lès-Paris, abbeye de dix mille livres de rente, et puis évesque de Troye en Champai-

1. On prête le même mot à Condé allant prendre le commandement de l'armée d'Allemagne, après la mort de Turenne.

2. Louis de Birague, gouverneur de Santia en 1557.—René de Birague, né à Milan en 1507, émigra en France sous François Ier et devint successivement conseiller, président, garde des sceaux (1570), chancelier, puis cardinal (1578), après la mort de sa femme. Il mourut en 1583.

3. Jean-Antoine Caraccioli, né à Melfi, mort à Châteauneuf-sur-Loire en 1569. Chanoine, puis abbé (1543) de Saint-Victor, évêque de Troyes (1551), il embrassa le protestantisme (1563) et se maria.

gne, et par après se fit de la religion réformée; contre qui je vis un jour, aux premières guerres, M. le grand cardinal de Ferrare, Hypolite, se courroucer fort en la chambre de la reyne, non en sa présence[1], luy remonstrant sa faute, et s'il luy siedsoit[2] bien de tenir une si grande dignité éclésiastique, et en exercer la religion contraire. Il dist ses raisons fort bien, ne se rendit point, sans s'estonner, et que c'estoit Dieu qui l'avoit inspiré. Ce ne fut sans disputes; car ce prince évesque estoit fort sçavant.

Il fit un bon service au roy et à Paris, lorsque l'empereur vint en France[3]; car il fit et dressa tout à coup deux régimens, l'un d'escolliers, et l'autre de moynes et religieux des plus propres à porter les armes; dont il s'en trouva de dix à douze mille fort bien, qui les aguerrit si bien, qu'ilz aydarent d'en faire un bon corps de ville pour faire guerre et deffence, de sorte que cela donna à songer à l'ennemy, avec M. le cardinal du Bellay, qui estoit un autre brave homme d'église et de guerre et tout, voire bon capitaine. Assurez-vous qu'ilz eussent faict honte et peur, avec d'autres gens aguerris, à l'empereur, s'il se fust approché des murailles qu'il avoit tant menassé. C'est assez parlé de ce subject.

Encor que j'aye parlé de M. le mareschal d'Estrozze au chapitre des couronnelz, si faut-il que j'en parle,

Le mareschal d'Estrozze[4].

1. *Sa présence*, la présence de la reine.
2. *Siedsoit*, séyoit.
3. C'est-à-dire lorsqu'il envahit la France, en 1544.
4. Pierre Strozzi, fils de Philippe Strozzi et de Claire ou Clarisse de Médicis, tué au siége de Thionville le 20 juin 1558. Il fut général des galères (1545), maréchal de France (1554), lieute-

encor, car un si grand capitaine ne se peut contanter de si peu d'escriture ny de gloire.

Il fut en ses premiers ans bien nourry et instruict aux lettres par le seigneur Philippe Strozze[1] son père; de sorte que, pour y estre très parfaict, son père le voua[2] à l'église. Mais, pour avoir esté reffusé d'un chappeau de cardinal, il quicta tout de despit, et prit les armes, non pourtant qu'il discontinuast jamais les sciences, encor qu'il fust à la guerre, ne list et n'en escrit, à l'imitation de Jules Cæsar et autres grandz capitaines romains, lesquelz, parmy leurs plus grandes armées, se servoient tousjours de quelqu' heure du jour ou de la nuict pour lire, ainsi qu'en tel estat fut surpris Brutus, par son mauvais ange, le soir avant la bataille de Philipes, voire quelques jours advant[3]; ainsi que faisoit ce grand mareschal, ne voulant oublier ce qu'il sçavoit, et aussi qu'il sçavoit grandement faire son proffit de ce qu'il lisoit pour les expédictions de guerre; et s'en servoit (disoit-il) autant que de l'art et pratique de guerre. Ce que me dist un jour le bon homme feu M. de Sansac[4], le reprenant pourtant de quoy il s'amusoit trop à pratiquer ce qu'il lisoit

---

nant général de l'armée de Paul IV (1557). Il eut de sa femme, Laudamine de Médicis, Philippe IIe du nom et Claire, première femme d'Honorat de Savoie, comte de Tende.

1. Jean-Baptiste, dit Philippe, Strozzi, qui se tua en prison en 1538.

2. Il y avait d'abord *le voulut* sur le ms. 3262.

3. Voyez Plutarque, *Vie de Brutus*, ch. 44.

4. Jean Prévost, baron de Sansac, chevalier de l'ordre du roi, capitaine de cinquante hommes d'armes. Il avait épousé en 1547 Louise de Montberon, proche parente de la femme d'André de Bourdeille, frère de Brantôme, qui lui a consacré un article.

dans les histoires; car autres modes, autres formes de guerre, sont aujourd'huy qu'alors; mais pourtant la pratique de force invantions anciennes et force finesses et stratagèmes et subtillitez n'est point mauvaise, qui[1] les sçait bien faire valoir en temps et lieu. J'en alléguerois force que nos capitaines de nos temps ont emprumptez des anciens, et les ont renouvellées et mises en œuvre; mais je serois trop long, et ce discours doit être mis à part, car il faut qu'il soit ample et long. Je le remetz au chapitre que j'espère de faire touchant les stratagèmes et astuces militaires[2].

Pour plus grande preuve que j'aye jamais veu de mondict sieur le mareschal, (pour ne l'avoir jamais conversé, car j'estois trop jeune quand il mourut), de son sçavoir, ç'a esté les *Commantaires* de Cæsar qu'il avoit tournées de latin en grec, et luy-mesmes escrites de sa main, avec des commantz[3] latins, aditions et instructions pour gens de guerre, les plus belles que je vis jamais, et qui furent jamais escrites. Le langage grec estoit très beau et très éloquant, à ce que j'ay ouy dire à gens très sçavans qui l'avoient veu et leu, comme M. de Ronsard et M. Daurat[4], s'estonnans de la curiosité de cet homme à s'estre amusé de faire ceste traduction, puisque l'original estoit si éloquant latin, et disoient le grec valoir le latin. Voylà ce que je leur en ay ouy dire, car j'entendz autant le

1. *Qui*, à qui.
2. Ce chapitre, s'il a jamais été fait, est perdu ou au moins est resté inédit.
3. *Commantz*, commentaires, de l'espagnol *comento*.
4. Jean Daurat, poëte latin et grec, professeur de grec au Collége de France, né en Limousin vers 1510, mort en 1588.

grec comme le hault allemand ; mais sçachant un peu du latin, je trouvois les commantz très beaux et dignes d'un grand homme de guerre.

M. d'Estrozze son filz m'a monstré souvant ce livre, et permis de lire dedans devant luy, mais non de le transporter ailleurs jamais, ce que j'eusse fort voulu pour en desrober les plus beaux traictz ; mais encor que nous fussions fort grandz amis, il m'en reffusoit tout à trac, tant il en estoit jaloux. Je ne sçay ce qu'il est devenu ; mais c'est grand dommage que ce livre n'est imprimé pour les gens de guerre. Il paroissoit bien aussi que ce grand capitaine estoit bien amateur des lettres, car il avoit une très belle bibliotèque de livres. Je ne diray pas de luy comme le bon rompu le roy Louys XIe disoit d'un prélat de son royaume qui avoit une très belle librairie[1] et ne la voyoit jamais, qu'il ressembloit un bossu, qui avoit une belle grosse bosse sur son dos, et ne la voyoit pas. Mais M. le mareschal visitoit, voyoit et lisoit souvant sa belle librairie ; ell' estoit venue du cardinal Ridolphe[2], et amprès sa mort acheptée, qu'estoit un très sçavant prélat. Ell' estoit estimée plus de quinze mill' escus, pour la rareté des beaux et grandz livres qui y estoient. Du despúis la mort dudict mareschal, la reyne mère la retira, avecque promesse d'en récompenser son filz, et la luy payer un jour ; mais jamais il n'en a eu un seul sol. Je sçay bien qu'il m'en a dict d'autres fois, en estant mal contant. Je croy qu'elle soit encor à Chenonceau.

1. *Librairie*, bibliothèque.
2. Nicolas Ridolfi, neveu de Léon X, cardinal (1517), mort en 1550.

Si ce seigneur estoit exquis en belle bibliotèque, il l'estoit bien autant en armurerie et beau cabinet d'armes ; car il en avoit une grand'salle et deux chambres que j'ay veu autresfois à Rome en son palais *in Burgo*[1] ; et ses armes estoient de toutes sortes, tant à cheval que à pied, à la françoise, espagnolle, italienne, allemande, hongresque, à la bohème, bref de plusieurs autres nations chrestiennes comme aussi à la turquesque, moresque, arabesque et sauvage. Mais qui estoit le plus beau à voir, force à l'antique mode des anciens soldatz et légionnaires romains. Tout cela estoit si beau à voir qu'on ne sçavoit que plus admirer, ou les armes, ou la curiosité du personnage qui les avoit là mises. Et pour plus aorner le tout, il y avoit un cabinet à part remply de toutes sortes d'engins de guerre, de machines, d'eschelles, de pontz, de fortiffications, d'artiffices, d'instrumens, bref de toutes invantions de guerre pour offancer et se deffendre ; et le tout faict et représenté de bois si au naïf et au vray, qu'il n'y avoit là qu'à prandre le patron sur ce naturel, et s'en servir au besoing.

J'ay veu despuis tous ces cabinets transportez à Lion, que M. d'Estrozze dernier, son fils, fit là transporter ; que pour n'avoir estez conservez si curieusement comme je les avois veuz à Rome, je les vis tous gastez et brouillez, dont j'en euz deuil au cœur. Et ce en fut un très grand dommage, car ilz valloient un grand or, et un roy ne les eust sceu trop achapter ; mais M. d'Estrozze brouilla et vendit tout : ce que je luy remonstray un jour, car telle chose laissoit-il pour

---

1. *Il Burgo* ou *Borgo*, le Trastevère.

cent escus qui en valloit plus de mille. Entr'autres choses rares que j'y ay remarqué, c'estoit une rondelle de coque de tortue marine, si grande qu'ell' eust couvert le plus grand homme qui fust esté, de la teste jusqu'au pied, et si dure qu'une harquebuzade malaisément l'eust peu percer de loing, et pourtant peu pesante. Il y avoit aussi deux queues de chevaux marins[1], les plus belles, les plus longues, les plus espesses et les plus blanches que je vis jamais. M. d'Estrozze m'en voulut donner une à Lion, mais je n'en voulus point, car ell' estoit bien différante à celle que j'avois veue à Rome d'autres fois; car, pour n'avoir esté contregardée, ell' avoit estée mangée des teignes et vermines.

J'auray possible esté trop long et fascheux à parler de ce cabinet d'armes; mais certes, si je me fusse voulu amuser à en raconter des particularitez, l'on y eust trouvé du plaisir à les lire.

Pour parler ast' heure de la personne de ce grand mareschal, il estoit un bel homme de corps et de visage, plus furieux pourtant que doux, encores qu'il aymast à rire, à bouffonner et à dire le mot, ce qu'il sçavoit très bien faire, mieux en son langage qu'en françois, lequel il ne parloit si souvant que le sien. Surtout il aymoit fort à se jouer avec Brusquet[2] et luy faire la guerre et de bons tours. Aussi Brusquet luy rendoit bien son change, et luy en faisoit de bons.

Un jour d'une bonne feste, mondit sieur mareschal

---

1. Brantôme veut sans aucun doute parler du yak que l'on a appelé *Buffle à queue de cheval*, et dont la queue est un objet de luxe très-recherché en Orient.

2. Bouffon dont Brantôme fait plus loin une petite biographie.

estant comparu devant le roy, fort bien en poinct, et mesmes d'un beau manteau de vellours noir en broderie d'argent à manches, ainsi qu'on portoit de ce temps, Brusquet, qui avoit envie de ce manteau, alla soudain faire provision en la cuysine du roy d'une lardoire et force lardons, et ainsi qu'il entretenoit le roy, Brusquet luy larda quasi tout son manteau de ces lardons par derrière sans qu'il s'en advisast ; et puis, Brusquet tournant M. le mareschal par le derrière vers le roy, luy dist : « Sire, ne voylà pas de belles aiguil-
« lettes d'or que M. le mareschal porte en son man-
« teau ? » Ne faut point demander si le roy s'en mit à rire, et M. le mareschal aussi ; et sans se fascher autrement ny le frapper, car il ne frappoit jamais et prenoit tout en jeu ce qu'il luy faisoit, mais ne faisoit que songer pour luy rendre, ne luy dist autre chose en son langage, sinon : « Va, Brusquet, et tu voulois
« avoir ce manteau : prendz-le, et va dire à mes gens
« qu'ilz m'en portent un autre ; mais je t'asseure que
« tu le payeras. »

Au bout de quelques jours, que Brusquet n'y pensoit pas, M. le mareschal le vint voir à son logis de la poste[1], où il y avoit esté plusieurs fois, et avoit bien veu, espié et recognu son cabinet où il mettoit sa vaisselle d'argent, car il en avoit, le gallant ! force, moytié par dons qu'on luy faisoit, moytié par rapine qu'il faisoit aux princes et aux grandz, et là emmena avec luy un matois[2] serrurier, si fin et habile à crochetter

---

1. La poste aux chevaux. Brantôme nous dit plus loin que Brusquet en avoit obtenu le privilége.

2. *Matois, enfant de la mate*, filou.

sarrures qu'il n'en fut jamais un tel, lequel il avoit esté curieux de trouver par la ville de Paris, et l'avoit faict habiller comm' un prince. Estant donc venu au logis dudict Brusquet, il se mit à deviser un peu avec luy; et ayant embouché auparadvant ledict sarrurier, et en se pourmenant dans la chambre dudict Brusquet avec luy, il fit signe audict sarrurier là où estoit le nyd, et puis prit Brusquet par la main, le mena pourmener dans son jardin et voir son escuyerie, et laissa en sa chambre ses gentilzhommes et des capitaines matois qu'il avoit emprumpté, qui çà, qui là; et leur ayant recommandé le jeu, il s'en alla. Les autres n'y faillirent point; car en un tour de main le sarrurier eust ouvert le cabinet, où ilz prindrent ce qu'ilz peurent emporter du plus beau et du meilleur, le plus à couvert qu'ilz peurent. Et ayant poussé et ressarré le cabinet fort bien, qui ne paroissoit qu'on y eust touché, sortirent, les uns avec leur butin, les autres sans rien, pour accompagner leur maistre, qui, voyant que le jeu estoit bien faict, il s'en va et dist adieu à Brusquet sans voulloir prendre la collation qu'il luy présenta.

Quelques jours amprès, ledict Brusquet vint au lever du roy, triste, morne et pensif, qui avoit descouvert son larcin, qui en fit ses plainctes au roy et à tout le monde, dont on fust bien marry. Mais M. le mareschal s'en mit à rire et à luy faire la guerre, que luy qui trompoit les autres avoit esté trompé. L'autre, qui ne peut jamais rire, car il estoit fort avare de nature, faisoit tousjours du marmiteux. Enfin M. le mareschal luy dist ce qu'il luy vouloit donner, et qu'il luy fairoit recouvrer ce qu'il avoit perdu. Il fit tant avec luy qu'en baillant la moytié de la vaisselle il quictoit l'autre ; mais M. le mareschal n'en retint que pour cinq cens escus, car il en avoit pour deux mille. Il luy fit rendre tout, disant qu'il falloit donner le droict au sarrurier et aux enfans de la mathe qui avoient faict le coup : ce qu'il fit aussi tost ; et luy rendit tout son faict, fors ce qu'il donna aux mathois, qu'il avoit réservé en marché faisant. Et voylà Brusquet remis en joie jusques au rendre.

Un' autre fois, M. le mareschal estant venu au logis du roy en housse de vellours, belle et riche de broderie d'argent, sur un beau coursier du Règne[1] qu'il n'eust pas donné pour cinq cens escus, car il en avoit tousjours de fort beaux, ainsi qu'après qu'il fut descendu, et qu'un de ses lacquais le tenoit devant la porte du logis du roy, attandant son maistre, Brusquet, sortant du Louvre, vist ce beau cheval, et alla aussi tost dire au lacquais que M. le mareschal luy mandoit d'aller quérir quelque chose en son logis dont il s'estoit oublié ; cependant qu'il luy laissast son cheval, et qu'il le garderoit bien. Ce lacquay ne fit point de difficulté de luy donner, car il le voyoit ordinairement causer avec M. le mareschal. Cependant que le lacquais va en commission, Brusquet monte sur le cheval et le mène en son logis, luy faict coupper le crain de devant aussitost et la moytié d'une oreille, et le rend ainsi difforme, le desselle, luy oste la belle housse et l'harnois et la selle. Vient un courrier à quatre chevaux prendre la poste avecqu' une grosse malle. Il le faict accommoder avecqu'

---

1. Voyez tome I, p. 45, note 3.

une selle de poste et un coissinet¹, charge la malle sur luy, faict bravement sa poste jusqu'à Longémeau².

Estant de retour, l'envoye en tel appareil à M. le mareschal, où estant, le postillon luy dist par le commandement de son maistre : « Monsieur, mon maistre « se recommande à vous. Voylà vostre cheval qu'il vous « renvoye. Il est fort bon pour sa poste : je le viens « d'essayer d'icy à Longémeau ; je n'ay pas demeuré « trois quartz d'heure à faire sa poste. Il vous mande, « si vous luy voulez laisser pour cinquante escus, il « les vous envoyera. » M. le mareschal, voyant son cheval ainsi difforme, en eut pitié, et ne dist autre chose, si non : « Va, mène-le à ton maistre, et qu'il « le garde jusqu'au rendre. »

Au bout de quelques jours, M. le mareschal voulut aller trouver le roy en poste jusqu'à Compienne, envoya querir vingt chevaux de poste, mandant à Brusquet qu'il les luy envoyast bons, autrement ilz ne seroient pas amis, et surtout trois bons malliers³. Il ne retint pour luy que sept et un mallier. Les autres, qu'estoient des meilleurs, les donna à quelques pauvres soldatz des siens qui estoient à pied pour aller à l'armée, sans que le postillon s'en advisast, luy faisant acroyre qu'ilz venoient après ; et les deux bons malliers, il les fit vendre à deux musniers du Pont-aux-Musniers pour porter la farine, qui les acheptarent très voulontiers, à cause du bon marché qu'on leur en fit. Et quelques jours amprès, furent trouvez par les postil-

1. *Coissinet*, coussinet.
2. Longjumeau, sur la route d'Orléans, à cinq lieues de Paris.
3. *Mallier*, cheval qui porte la malle.

lons en la rue, qui portoient de la farine : on les fit saisir par la justice ; mais le procez cousta plus que ne valloient les chevaux. Pour quant aux autres chevaux que M. le mareschal avoit, il les mena jusques à Compienne, tant qu'ilz peurent aller, et demeurarent là outrez[1]? Si bien que Brusquet achepta bien le cheval de M. le mareschal par telle perte; et le tout se faisoit en riant jusqu'au rendre.

Un autre jour, Brusquet alla prier M. le mareschal d'accord, et qu'ilz fissent au moins trefves de ces jeux nuisans et d'importance, mais de légers et de nul mal, tant qu'on voudroit. Et pour ce, pour en boire vin de marché[2], il le pria de vouloir venir un jour prendre son disner chez luy, et qu'il le traicteroit en roy; qu'il y conviàst seullement une douzaine des gallans de la court, et qu'il leur fäiroit une très bonne chère. M. le mareschal ne faillit au jour compromis, et y mena son convoy. Quand ilz furent arrivez, ilz trouvarent Brusquet fort empesché, qui vient au devant eux les bien recueillir, une serviette sur l'espaulle, mesmes faire le maistre-d'hostel. « Or, lavez les mains, mes-« sieurs (dist-il), vous soyez les très bien venus. Je « vous vays querir à manger » ; ce qu'il fit. Et, pour le premier service, il vous porta pour le moins, sans autre chose, une trentaine de pastez, qui petitz, qui moyens, qui grandz, qui, tous chaudz, sentoient très bon ; car il les avoit faictz faire bien à propos touchant la sauce du dedans, sans y avoir espargné ny espice, ny canelle, non pas mesmes du musq. Après qu'il

---

1. *Outrés*, fatigués au-delà de leurs forces, fourbus.
2. C'est-à-dire pour boire en conclusion de leur marché.

eut assis ce premier metz, leur dist : « Or, messieurs,
« mettez-vous à table, je vous vays querir le reste;
« et cependant vuidez-moy ces plats pour faire place
« aux autres. » Luy, estant hors de la salle, prend sa
cappe et son espée, et s'en va droict au Louvre advertir le roy de son festin, et comme il avoit laissé ses
gens bien estonnez à l'heure qu'il parloit. Or, dans
ces pastez, aux uns il y avoit des vieilles pièces de
vieux mors de brides, aux autres de vieilles sangles,
aux autres de vieux contre-sanglons, aux uns de vieilles
croupières, aux autres de vieux poitralz, aux uns de
vieilles bossettes, aux autres des vieilles testières, aux
uns de vieux pommeaux de selle, aux autres de vieux
arçons; bref, ces messieurs les pastez estoient remplis
de toutes vieilles penailleries de ses chevaux de poste,
les uns en petitz morceaux et menuzailles, les autres
en grandes pièces en forme de venaison. Quand ces
messieurs furent à table, qui avoient tous grand fain,
et s'attendoient à bien carler[1] leur ventre, tous fort
avidement se mirent à ouvrir ces pastez, qui fumoient
bon, et chascun le sien comm' il vouloit. Je vous
laisse à penser s'ilz furent estonnez, quand ilz virent
ceste bonne viande si exquise. Encor dict-on qu'il y
en eut quelques uns qui en mirent quelques morceaux
en la bouche de ces menuzailles, pensant que ce fust
quelques friandises; mais ilz les ostarent bientost et
de cracher ! Enfin, tous s'escriarent : « Voycy des
traictz de Brusquet ! » Mais pourtant espéroient tousjours qu'après ceste baye[2] il leur donneroit de la bonne

1. *Carler*, garnir.
2. *Baye*, plaisanterie.

viande. Cependant ilz demandent à boire, dont on donna d'un vin le plus exquis qu'on eust sceu trouver, dans de petitz verres, en façon d'ypocras, qu'ilz trouvarent si bon qu'ilz en demandoient à en boire un bon coup; mais les serviteurs et postillons, qui tous servoient à table avecque leurs huchetz[1], dirent que leur maistre avoit faict cela afin qu'ilz dissent quel estoit le meilleur et quel ilz vouloient, et qu'on en iroit querir de celuy qu'ilz auroient choisy pour le meilleur. Cependant la compagnie cause et rit de ce traict; et ne voyant venir Brusquet, M. le mareschal demande où il estoit. On luy dist que le roy l'avoit envoyé querir à l'haste, et qu'il avoit passé la porte. Cependant la compagnie s'enquiert si l'on n'avoit point autres choses : on leur fit responce qu'on pensoit que non. Si qu'ilz furent contrainctz de se lever de table et aller à la cuysine, où ilz ne trouvarent âme vivante et le feu tout mort, et les landiers froidz comme ceux d'une confrairie. Ainsi messieurs se résolurent et furent contrainctz de prendre leurs espées et cappes, et aller chercher leur disner ailleurs où ilz pourroient; car il estoit plus de midy, et mouroient de fain.

J'avois oublié que, quand ledict Brusquet porta ce premier service, il entra suivy de tous ses postillons, qu'il en avoit plus de trente d'ordinaire, sonnans leurs huchets, comme s'ilz eussent arrivez à la poste pour faire accoustrer les chevaux; et, sonnans ainsi en mode de fanfare, entrarent en magnificence. Lors aussi qu'il convia M. le mareschal avec sa troupe, il luy dist qu'il luy fairoit bonne chère et n'iroit point

---

1. *Huchet*, petit cor.

prandre ny emprunpter rien ailleurs comme d'autres, sinon de ce qu'il prendroit sur luy et chez luy ; comme il leur dist vray, et leur sceut très bien remonstrer quand il les vist devant le roy. Ce ne fust sans rire et se mocquer des festinez.

Mais M. le mareschal, qui en rioit le premier son saoul, la luy garde bonne ; car, quelque temps après, il luy fit desrober un fort beau petit mullet en allant à l'abrevoir, car il alloit tousjours attaché à la queue des autres chevaux de poste ; ce qui estoit fort aisé à faire. Aussi tost qu'il l'eust eu, aussi tost luy fit accoustrer et escorcher, et en fit faire des pastez, les uns d'assiette, les autres à la sauce chaude, les autres en venaison ; et sur ce convia ledict Brusquet à venir disner avec luy, car il le traicteroit bien mieux, sans tromperie. Brusquet y va, qui avoit bonne fain, et qui mangeoit bien de son naturel ; se mit sur ce pasté d'assiette et de sauce chaude, à en manger son saoul, et puis sur celuy de venaison prétendue. Amprès qu'il fut bien saoul, M. le mareschal luy demanda : « Et « bien ! Brusquet, ne t'ay je pas faict bonne chère ? Je « ne t'ay pas trompé comme toy, qui me fis mourir « de fain. » Brusquet luy respondit qu'il estoit très content de luy, et qu'il n'avoit jamais mieux mangé. « Or (luy réplicqua M. le mareschal), veux-tu voir « ce que tu as mangé ? » Soudain il luy faict apporter la teste de son mullet sur la table, accommodée en forme d'hure de sanglier : « Voylà, Brusquet (luy dist- « il), la viande que tu as mangé ; tu recognois bien « ceste beste ? » Qui fut estonné ? ce fut Brusquet, dont il en rendit sur le champ si fort sa gorge qu'il en cuyda crever, autant du mal de cœur qu'il en conceut, que du desplaisir d'avoir ainsi dévoré son pauvre petit mullet qu'il aymoit tant, et qui le menoit si doucement aux champs et à la ville, et partout.

Un' autre fois, la reyne eut toutes les envies du monde de voir la femme de Brusquet, que M. d'Estrozze luy avoit paincte fort laide, comme de vray ell' estoit; et luy dist qu'elle ne l'aymeroit jamais s'il ne la luy ammenoit; ce qu'il fit. Et la luy mena parée, attiffée et accommodée ny plus ny moins comme le jour de ses nopces, avec ses cheveux ny plus ny moins respanduz soubz son chapperon sur ses espaulles, comme une jeune espousée. Sur quoy, il lui commanda de tenir toute telle mine : et luy-mesmes la tenant par la main, la mena ainsi dans le Louvre devant tout le monde, qui en creva de rire; car Brusquet aussi faisoit tout de mesmes mine douce et affaitée d'un nouveau marié. Or, nottez qu'advant il avoit adverty la reyne que sa femme estoit si sourde qu'elle n'auroit nul plaisir de l'entretenir; mais c'estoit tout un : la reyne la vouloit voir, par la sollicitation de M. d'Estrozze, et parler à elle et l'entretenir de son mesnage et du traictement et de la vie de son mary.

De l'autre costé, Brusquet avoit dict à sa fame que la reyne estoit sourde, et quand elle luy parleroit, qu'elle luy parlast le plus haut qu'elle pourroit, la menaçant si elle faisoit autrement. Outre tout cela, il l'instruisoit de mesmes de ce qu'elle diroit et fairoit quand elle seroit devant la reyne. Ne faut point doubter les instructions plaisantes qu'il luy donna, lesquelles de poinct en poinct ensuivit très bien; car ell' estoit faicte de main de maistre. Quand donc elle fust devant la reyne, amprès luy avoir faict la révérance bien basse, accompaignée d'un petit minois bouffonnesque, selon la leçon du mary, et dist : « Madame la « reyne, Dieu vous garde de mal! » La reyne l'accommance à l'arraisonner et luy demander le plus haut qu'elle peut quelle chère et comment elle se portoit. Son mary l'ayant laissée dès l'entrée de la porte, [elle] commance à parler et crier haut comm' une folle : et si la reyne parloit haut, la femme encores plus ; si que la chambre en retentissoit si haut, que le bruict en raisonnoit jusques à la basse court du Louvre.

M. d'Estrozze, là-dessus arrivant, se voulut mesler de luy parler ; mais Brusquet l'avoit advertie qu'il estoit aussi sourt, ou plus que la reyne, et qu'elle ne parlast jamais à luy que fort près à l'oreille et le plus haut qu'elle pourroit. A quoy elle ne faillyt à tout de poinct en poinct. Dont M. d'Estrozze, doubtant des bayes accoustumées dudict Brusquet, ayant mis la teste à la fenestre, il vist en la basse court un vallet de limier qui avoit sa trompe pendue au col. Il l'appela et luy bailla un couple d'escus pour sonner de sa trompe à l'oreille de ladicte femme tant qu'il pourroit jusqu'à ce qu'il diroit *holà*. L'ayant donc faict entrer dans la chambre, il dist à la reyne : « Ma-« dame, ceste femme est sourde, je m'en vays la guérir. » Et luy prend la teste, et commande audict vallet de sonner toutes chasses de cerf aux deux oreilles de ladicte dame ; ce qu'il fit. Et M. d'Estrozze la luy tenant par force tousjours, il y sonna tant qu'il l'estourdit, et cerveau et oreilles, qu'elle demeura plus d'un mois estropiée du cerveau et de l'ouye, sans jamais entendre mot, jusqu'à ce que les médecins y portarent remède, qui cousta bon. Et par ainsi, Brusquet, qui avoit donné la peine aux autres de crier si haut après sa femme sourde prétendue, il l'eut tout à trac et de mesme à parler à elle ; dont son mesnage ne s'en porta pas mieux quand il luy en commandoit quelque chose.

Un' autre fois M. d'Estrozze estant venu en poste à Paris la vigille de Pasques, et s'estant retiré à la desrobade en son logis aux fauxbourgs de Sainct Germain, parce qu'il vouloit qu'on ne le vist ny qu'on ne le sceust en ville qu'après la feste; mais Brusquet l'ayant sceu par le moyen du postillon qui l'avoit mené, le jour de la bonne feste il va louer deux cordelliers pour ceste matinée, et leur ayant donné à chascun un bel escu, leur dist qu'il y avoit un grand gentilhomme aux fauxbourgs de Sainct Germain où il les mèneroit, qui estoit un peu tenté du mauvais diable, si qu'il ne vouloit faire nullement ses pasques, non pas seullement voir Dieu, ny ses ministres qui l'administroient; et pour ce, qu'ilz fairoient un œuvre fort charitable de l'aller visiter, luy porter et donner de l'eau béniste, et le consacrer, luy et son diable, de quelques bonnes et sainctes oraisons, suffrages[1] et létanies. Les cordelliers s'accordent fort bien à tout cela, et marchent résoluz avec Brusquet pour faire ce bon et saint office, et quoyque Brusquet leur eust remonstré que c'estoit un diable d'homme, et qu'ilz avoient affaire encor non avec un homme mais avecqu'ung diable, lesquelz ilz respondirent qu'ilz en avoient veuz d'autres, et qu'ilz ne le craignoient point. Brusquet donc, les ayant conduitz jusques à la porte de la chambre,

---

1. *Suffrages*, prières, oraisons.

sans aucun empeschement des serviteurs, car il les cognoissoit comme pain, et aussi qu'il leur avoit faict accroyre que M. d'Estrozze luy avoit commandé les luy mener pour chose d'importance, pour laquelle il se vouloit ayder d'eux, et aussi qu'il se sentoit attainct de quelque péché dont il se vouloit purger avecqu'eux, et, pour ce, que personne n'entrast en la chambre sinon les deux cordelliers : par ainsi chascun se tint quoy, et Brusquet à la porte de la chambre. Quand ilz furent donc entrez, vindrent au lict de M. d'Estrozze, qui lisoit en un livre. Eux, après luy avoir demandé comment il luy alloit du corps et de l'âme, il les advise furieusement, et s'advançant sur le lict, leur demanda ce qu'ilz venoient faire là, et leur commanda aussi tost de vuider, car de son naturel il n'aymoit guières ces gens là.

Mais eux se mirent à luy jetter force eau béniste, qu'il n'aymoit pas plus encor, et accommençarent après à faire leurs exorcismes et oraisons : à quoy M. d'Estrozze se voulant tourner pour prendre son espée du chevet de son lict, un cordellier s'en saisist par l'advis de Brusquet, qui leur avoit dict auparavant. Mais M. d'Estrozze s'estant levé et mis en place, se mit en devoir de recouvrer son espée ; se faict un bruict, s'eslève un tintamarre en la chambre, si que ses serviteurs y accoururent ; et Brusquet luy-mesme le premier entre l'espée au poing avec sa main gauchère, faict du compaignon, crie : « Holà, holà ! « secours, secours ! me voycy pour vous en donner. » Et là dessus prend ses deux cordelliers et les emmène gentiment ; et puis passe l'eau, et s'en va faire le conte au roy, qui ne sçavoit point la venue dudict M. d'Estrozze. Et par ainsi fut-elle publiée qu'il tenoit cachée ; qui ne fut sans rire. Et aussitost fut envoyé visiter du roy, comment il se trouvoit des cordelliers, et s'ilz luy avoient donné meilleure créance que devant.

M. d'Estrozze, au bout de deux jours, s'en va plaindre à l'inquisiteur de la foy (qui estoit lors M. nostre maistre d'Oris [1], ou Benedicti [2], ou Divolet [3]) de l'oprobre qui avoit esté faict à Dieu, et de l'injure à luy, et mesme pour s'ayder ainsi des ministres de Dieu et de l'église à s'en servir de risée, et du grand scandalle qui en estoit cuydé arriver, car il avoit cuydé tuer ces gens de bien : et pour ce les prioit d'y avoir esgard, car c'estoit traict d'un hérétique (et Dieu sçait s'il se soucioit ny de cordelliers, ny de leur église, ny des inquisiteurs), et qu'ilz lui en fissent raison, et qu'il s'en rendoit partie, ainsi qu'il s'en estoit plainct au roy, qui vouloit qu'on en enquist et que ledict Brusquet fust appréhendé au corps. Ce que messieurs les inquisiteurs, y allans à la bonne foy et sur le bon dire dudict M. d'Estrozze, firent ; et envoyarent le prendre par sept ou huict sergens, et fut mené en prison, où il demeura quelques jours, qu'on vouloit adviser à

---

1. Mathieu Ory, dominicain, grand inquisiteur en France, mort à Paris le 12 juin 1557, à soixante-cinq ans. — Il existe dans la collection Fontanieu (Portefeuilles de l'histoire de France, année 1550), la copie de lettres patentes de Henri II, confirmant au docteur Ory le pouvoir d'inquisiteur de la foi, qui lui avait été donné par le pape. Ces lettres sont du 22 juin 1550. Une autre pièce du volume est relative à une pension de trois cents livres, accordée au même personnage le 7 juin 1550.

2. Voyez tome I, p. 174, note 1.

3. Henri Divolé ou Divoley, théologien, né à Auxerre, mort en 1568.

faire son procez; mais M. d'Estrozze ayant le tout descouvert au roy, luy-mesme l'alla oster de prison avecqu'un capitaine des gardes, dont il fut bien aise; car disoit-il qu'il n'eut jamais si belle peur, craignant ces messieurs les inquisiteurs plus que tous autres gens. Car, pour en parler au vray, telles gens sont dangereux, et ne faict pas bon se frotter à eux, soit en bourdes ou à bon escient.

Un' autre fois, Brusquet estant allé avec M. le cardinal de L'Orraine à Rome, lorsqu'il y fust pour la roupture de la tresve[1], M. d'Estrozze attira un courrier venir en poste et porter les nouvelles de la mort de Brusquet, avec son testament qu'il avoit supposé et faict faux en disposant de tous ses biens : et prioit le roy de vouloir donner et continuer sa poste à sa femme en ce qu'ell' espousast ce courrier, qui estoit à luy d'ordinaire et à son service, et non autrement. Ce que le roy accorda fort facilement en la faveur de mondict Sr. d'Estrozze. La femme en ayant sceu la mort par le mesme courrier, et veu son testament, et sceu la voulonté du roy sur la continuation de la poste et condition de mariage, après avoir cellébré les obsèques de son mary et faict ses deuilz, sollicitée de mariage par ledict courrier, se marye, et [il] couche avecqu' elle pour le moins un bon mois, et en tire d'elle de bon escus par bon contrat de mariage; mais sur ces entrefaictes, Brusquet, qu'on tenoit pour mort partout, fut bien esbay; car il s'estoit fort bien porté en

---

1. La trève conclue à Vaucelles le 5 février 1556, avec Charles-Quint et Philippe II, et rompue le 6 janvier 1557. Voyez tome I, p. 121, note 1.

ses voyages, et bien cocu; et sçachant que ç'avoit esté une estrette de M. d'Estrozze, songea à luy rendre.

Parquoy un jour faict une lettre, et dresse un pacquet par la voye de l'ordinaire de Lyon, et mande à M. le cardinal Caraffe[1], qu'il aymoit fort, et l'avoit veu à Rome et en France, comme M. d'Estrozze, mal content du roy, s'estoit desparty d'avec luy si despité, qu'il avoit pris deux de ses gallères dans le port de Marseille, s'en estoit allé, pour le seur, trouver le Dragut en Alger, et là se renier et prendre le turban; et pour ce, qu'il prist garde à luy et en advertist Sa Sainteté; car à sa partance il luy avoit ouy jurer qu'il s'en alloit prandre la ville et port d'Ostie et Civita-Vechia, où dedans il y avoit si bonne intelligence qu'aussi tost là arrivé il les prenoit, et aussi Anconne, et de là alloit piller l'église de Nostre Dame de Laurette, et la raser de fons en comble; et que devant peu il rendroit le pape bien estonné. M. le cardinal ayant eu cet advis, le confère avec Sa Sainteté; et pour ce, en toute dilligence advise à y pourvoir, se mettre en fraiz, y envoyer gens et y donner ordre. Mais après, ilz sceurent qu'il n'en estoit rien, et qu'alors de la lettre il estoit à la prise de Callais[2]. Touteffois nouvelles vindrent à M. d'Estrozze de ce que l'on avoit creu de luy en la chambre et pallais du pape; dont il n'en fit que rire et en accuser Brusquet.

Pour fin, je n'aurois jamais faict si je voulois conter les tours qui se sont passez entr'eux deux; car il y en

---

1. Dioméde Caraffa, créé cardinal en 1555, mort en 1560.
2. Le 8 janvier 1558.

a eu tant et tant qu'on·n'en verroit jamais la fin. Que si M. d'Estrozze estoit fin·et subellin, ingénieux et industrieux, Brusquet l'estoit autant en matière de gentillesses ; car il faut dire de luy que ç'a esté le premier homme pour la bouffonnerie qui fut jamais, ny sera, et n'en desplaise au Moret de Florance, fust pour le parler, fust pour le geste, fust pour escrire, fust pour les invantions, bref pour tout, sans offancer ny desplaire.

Son premier advènement fut au camp d'Avignon[1], où il se jetta, venant de son pays de Provance, pour gaigner la pièce d'argent; et contrefaisant le médecin, se mit, pour mieux jouer son jeu, au quartier des Souysses et lansquenetz, desquelz il tiroit grands deniers. Il en guérissoit aucuns par hasard; les autres il envoyoit *ad patres*, menu comme mouches. Pensez : à ceux qu'il guérissoit, il leur donnoit pareille recepte qu'il donna une fois, à Remorantin, à un ambassadeur de Venise, qui venoit de fraiz vers le roy François second; car j'y estois alors. C'estoit une règle infaillible pour ledit Brusquet, quand venoit quelque grand seigneur ou ambassadeur à la court, il l'alloit voir aussitost pour en escroquer quelques bons brins d'eux; car il estoit très sçavant en ce mestier d'escroquer. Estant donc allé voir M. l'ambassadeur un jour, car plusieurs jours advant l'avoit-il veu, il le trouva qu'il estoit fort mallade d'une collique venteuse; et le voulant faire rire, il ne peut, car le mal le pressoit. Et M. l'ambassadeur luy avant demandé une recepte, s'il n'en sçavoit point, il luy dist que pour luy il n'en

---

1. En 1536, lorsque Charles-Quint fit le siége de Marseille.

sçavoit point une meilleure qu'une dont il usoit fort souvant, car il y estoit fort subject, qu' estoit, quand mal luy tenoit, il mettoit un doigt fort advant dans le cul, et l'autre dans la bouche, et en remuoit souvant lesdictz doigtz d'un lieu en l'autre, c'est à dire celuy du cul dans la bouche, et celuy de la bouche au cul; si que, les remuant tousjours ainsi l'espace d'une demye-heure, les ventz se dissipoient et en sortoient par les deux trous qu'on ouvroit ainsi souvant. M. l'ambassadeur le creut, y voyant de l'apparance ; et en fit l'essay une bonne demye-heure, bien à bon escient. Je ne sçay s'il s'en guérist, mais je le vis venir dans la chambre du roy, qui en fit le conte à tous ces princes et messieurs, qui en rirent bien.

Il faut donc croyre que ce monsieur le médecin Brusquet, en ce camp d'Avignon, donnoit de pareilles receptes à ses mallades, et les drogues de mesmes ; mais le pis fut qu'il fut descouvert de la grand deffaicte qu'il fit de ces pauvres diables, et qu'il fut accusé. La cognoissance en estant venue à M. le connestable[1], le voulut faire pendre. Mais on fit rapport à M. le Dauphin, qui estoit lors là, que c'estoit le plus plaisant homme qu'on vist jamais, et qu'il le falloit sauver. M. le Dauphin, despuis nostre roy Henry second, le fit venir à luy, le vist, et le cognut fort plaisant, et qu'il luy donroit bien un jour des plaisirs (ce qu'il a faict), l'osta d'entre les mains du prévost du camp et le prit à son service, de telle façon que, pour les plaisanteries, il parvint à estre vallet de sa garde-robe, puis vallet de chambre ; et puis, qui estoit le meilleur,

---

1. Anne de Montmorency.

maistre de la poste de Paris, qui valloit de ce temps là ce qu'il vouloit; car il n'y avoit point pour lors nulles coches de voitures, ny chevaux de relay, comme pour le jour d'huy, qui emporte beaucoup la pratique des maistres de postes de Paris. Aussi, pour un coup, luy ay-je compté cent chevaux de poste, et ce d'ordinaire. Et pour ce, en ses titres et quallitez, il s'intitulloit capitaine de cent chevau-légers. Je vous asseure qu'ilz estoient bien légers en toutes façons, tant de la graisse, dont ilz n'estoient guière chargez, que de la légéretté à bien courir et mouscher[1]. Ausquelz chevaux et postillons il imposoit très plaisamment les noms des béneffices, offices, dignitez, charges, estatz, que l'on court ordinairement en toutes diligences des postes. Et[2] ne faut point doubter qu'ordinairement on n'aye veu tous les jours ces chevaux faire leur course; encor n'y pouvoient-ils chevir, et falloit qu'ilz en fissent deux courses; ce qui est aisé à croyre et cognoistre, veu les grandz chemins des postes qui sont dressez partant de Paris. Car vous avez celuy de Guiènne et d'Espaigne, que j'ay veu fort battu durant la trefve et paix entre nous et les Espainolz; vous avez celuy de la Bretaigne quand vous estes à Blois, qu'on prend à main droicte; vous avez celuy de Lyon et du Piedmont quand nous le tenions, et de l'Italie quand on estoit en paix; et puis en guerre celuy des Souysses et des Grisons, de Venise à Rome,

---

1. *Mouscher*, courir, comme court un cheval piqué par les mouches.

2. Les vingt-deux lignes suivantes, jusqu'à : *Je vous laisse à penser*, sont biffées sur le manuscrit.

de Daufiné, Vivarez, Languedoc, Provance; vous avez celuy de Normandie, Rouen, Dieppe et Havre; celuy de Picardie tirant vers Callais et Angleterre; celuy de Picardie aussi tirant devers Péronne, Balpaume, Bruxelles, Anvers et Flandres; celuy de Champaigne tirant vers Metz, Lorraine et Allemaigne; celuy de la Bourgoigne. Ce sont les plus royaux chemins de postes qui soient en France, sans compter autres traverses où estoit la court et les armées. Je vous laisse donc à penser le gain que pouvoit faire Brusquet de sa poste, n'y ayant point de coches, de chevaux de relay ny louage que peu (comme j'ay dict) pour lors dans Paris, et prenant pour chasque cheval vingt solz s'il[1] estoit françaís[2], et vingt cinq s'il estoit espaignol, ou autre estranger.

Aussi devint-il fort riche, autant pour cela que pour un' infinité de pratiques et rapines qu'il tiroit sur les princes, seigneurs, gentilzhommes, qui çà, qui là. Et, s'ilz ne luy vouloient rien donner gratis, bien souvant, quand il estoit dans leur salle ou chambre, et qu'il y vist quelque beau bassin ou buye[3] d'argent, on se fust donné garde qu'aussi tost et à l'improviste il mettoit l'espée au poing, et faisoit accroyre qu'ilz luy avoient donné un desmenty, et qu'il avoit querelle à l'encontre, et les chargeoit d'estoc et de taille, si qu'il les dégastoit tous; et puis, sans autre forme, les sarroit soubz la cappe et deslogeoit; ainsi qu'il fit à Bruxelles chez le duc d'Albe, lors que le cardinal de Lorraine

---

1. *S'il*, si le voyageur.
2. Le manuscrit porte bien *françaís* avec deux *a*.
3. *Buye*, broc, pot.

y alla jurer la paix¹. Ayant mené ledict Brusquet avec luy, lequel voyage ne luy fut nullement inutille, car il y gaigna beaucoup, et plaisanta si bien devant le roy d'Espaigne, qu'il le trouva fort plaisant bouffon et à son gré ; car il parloit assez bien l'italien et l'espaignol, et si y avoit fort bonne grâce bouffonnesque, plus quasi qu'en son parler françois. Et pour ce, le roy Philippe le prit en amitié et luy fit beaucoup de biens, desquelz ne se contentant encor, un jour d'un grand festin qu'il fit, où estoit madame de Lorraine², force dames et seigneurs qui estoient là tous conviez pour la sollempnité du jurement de la paix, ainsi qu'on estoit sur la fin du fruict et qu'on vouloit desservir, il se vint eslancer sur la table, sans aucune appréhension de se blesser des cousteaux, et, prenant le bout de la nape, se vint à entortiller de ceste nape et se contournant tousjours d'un bout à l'autre, et amassant peu à peu les platz par une telle et si subtille industrie, qu'il en acumula et en arma son corps ; que sortant à l'autre bout de la table il s'en trouva si chargé, qu'à grand peine pouvoit-il marcher ; et ainsi chargé de son butin, passe la porte par le commandement du roy, qui dist qu'on le laissast sortir ; qui riant si extrêmement, et trouvant le traict bon, plaisant et industrieux, voulut qu'il eust le tout. Et qui fut un cas d'estonnement, c'est qu'il ne se blessa jamais des cousteaux qui s'entortillarent avec le reste. Aussi Dieu ayde aux folz et aux enfans.

1. De Câteau-Cambrésis, en 1559.
2. Claude de France, seconde fille de Henri II, femme de Charles II, duc de Lorraine.

Le roy d'Espaigne avoit pour lors un bouffon espaignol; mais il n'y entendoit rien au prix de Brusquet, et estoit un vray maigre bouffon, avec sa guitterne[1] et son braillement de chansons à l'espaignolle, qui plaisoit fort maigrement, et ne paressoit rien au prix de Brusquet, qui le trompoit tousjours. Le roy d'Espaigne l'envoya au roy pour luy rendre le change du sien qu'il luy avoit envoyé. Le roy le donna à Brusquet à le gouverner, le loger et le traicter bien, ainsi qu'on void les grandz princes à la court, venant en ambassade, estre donnez et recommandez à autres grandz princes, les grandz seigneurs à autres grandz seigneurs, les moyens à moyens, les évesques à évesques, les prélatz à prélatz, les ecclésiastiques moyens à autres moyens : aussi Brusquet, bouffon, eut charge de gouverner et entretenir l'autre bouffon ; mais il le trompoit tousjours.

Il[2] avoit quatre bons chevaux chez luy; mais il[3] les faisoit courir la poste la nuit par le premier courrier qui passoit, sans que luy ni ses gens s'en advisassent, car il les faisoit bien boire et bien dormir après; et quand il les trouvoit si maigres de force de courir, il luy faisoit accroyre que l'eau de la rivière de Sène les amaigrissoit ainsi jusques à ce qu'ilz l'eussent accoustumée deux mois, et que cela arrivoit coustumièrement à tous chevaux. Par cas, il s'en advisa un matin, s'estant levé plus tost qu'on ne pensoit, et que le postillon avoit un peu tardé, et les voyant tous trempez,

---

1. *Guitterne*, guitare.
2. *Il*, le bouffon du roi d'Espagne.
3. *Il*, Brusquet.

il se mit à s'escrier audict Brusquet : *Come! cuerpo de Dios! Brusquet! mis cavallos todos son bañados y mojados. Juro á Dios que han corrido la posta*[1]. Mais Brusquet l'appaisa, en luy disant qu'ilz s'estoient couchez dans l'eau en allant boire. Bref, il le trompoit en toutes façons et tousjours.

Mais la meilleure fut que le roy Henry luy[2] avoit donné une fort belle chaisne d'or qui pesoit trois cens escus. Brusquet en fit faire une toute pareille de leton, et la fit bien dorer et subtillement avec trois ou quatre touches; la change avec luy, se quarrant aussi bien de la meschante que de la bonne; et quand il partit pour s'en aller en Flandres, il escrivit une lettre au roy Philippes, bien fort plaisante, et remplie de toutes les nattrettez qu'il avoit faict à son bouffon, et que c'estoit un fat et un sot, et qu'il le fist foiter à sa cuysine pour s'estre ainsi laissé tromper de la chaisne; et luy en conta toute l'histoire. Mais le roy Henry, l'ayant sceu, n'en fut trop contant, cuydant qu'on pensast que luy-mesmes luy eust donnée telle pour se mocquer; et pour ce luy commanda de la renvoyer, et radouber bien le tout : ce qu'il fit; et le roy l'en récompensa d'ailleurs.

Je croy que, si l'on fust esté curieux de recuillir tous les bons motz, contes, traictz et tours dudict Brusquet, on en eust faict un livre très gros; et jamais ne s'en vist de pareilz, et n'en desplaise à Pivan Arlod[3],

---

1. Comment, cordieu, Brusquet! mes chevaux sont tout baignés et mouillés. Je jure Dieu qu'ils ont couru la poste.
2. *Luy*, au bouffon espagnol.
3. Lisez : au *piovan* (de l'italien *piovano*, curé) Arlod. — Arlotto Mainardo, curé dans le diocèse de Fiesole, né à Florence le

ny Villon, ny à Ragot¹, ny à Moret, ny à Chicot², ny à quiconque jamais a esté.

Enfin le pauvre diable fust soubçonné de la religion, et que, pour la favoriser, il faisoit perdre et soubstraire force paquetz et despesches du roy qui³ faisoit contre les huguenotz; mais ce ne fust pas tant luy comme son gendre, qui estoit huguenot si jamais homme le fut; et pour ce fist perdre et son beau-père et sa maison, qui fut pillée aux premiers troubles; et fut contrainct de sortir de Paris et se sauver chez madame de Bouillon⁴ à Noyan, qui le retira de bon cœur, et madame de Valantinois⁵, pour souvenance du feu roy Henry. Et de là il escrivit une fois une lettre à M. d'Estrozze⁶, qui me la monstra, qui estoit très bien faicte; et le prioit et le conjuroit, de par la grand' amitié que luy avoit porté feu M. le mareschal son

---

25 décembre 1395, mort vers 1483. On a, entre autres, de lui : *Facezie piacevoli*, publié à la fin du quinzième siècle et souvent réimprimé. Il en a été donné une traduction en français sous le titre de *Patron de l'honneste raillerie*, 1650, 8.

1. Ragot, personnage réel ou supposé, qui, au seizième siècle, servit de type de bouffon et de filou. Noël du Fail a publié : *Les ruses et finesses de Ragot, jadis capitaine des gueux de l'Hostière, et de ses successeurs.* Paris, 1573, in-16, souvent réimprimé.

2. Gentilhomme gascon qu'Alexandre Dumas a fait figurer dans deux de ses romans. Il était fort bouffon et avait le privilége de tout dire et de tout faire à la cour. Il servit fidèlement Henri III et Henri IV et fut blessé à mort, en 1592, dans un combat par Henri de Lorraine, comte de Chaligny, qu'il fit prisonnier.

3. *Qui*, qu'il.

4. Françoise de Bourbon, femme de Henri-Robert de la Marck, duc de Bouillon.

5. Diane de Poitiers, duchesse de Valentinois. Elle mourut en 1566.

6. Philippe Strozzi.

père, avoir pitié de luy et luy faire pardonner, affin qu'il peust parachever le reste de ses vieux jours en paix et repos. Mais il ne la fit pas guière longue après, car il y mourut.

C'est assez parlé de luy, encor trop, ce diront aucuns qui pourront me blasmer que j'estois bien à loysir quand j'escrivois cecy; mais ilz seront bien plus à loysir de le lire pour me reprendre. Tant y a que ce que j'en ay faict, c'est autant pour me donner plaisir et contentement.

Retournons ast' heure à M. le mareschal d'Estrozze et à ses valleurs qu'il a bien faict parestre en ses jeunes guerres et dernières pour le service de nos roys, ausquelles il a esté heureux et malheureux aussi, mais pourtant plus malheureux qu'autrement. Aussi la fortune et la vertu ne s'assemblent guières souvant ensemble, despuis ces braves Romains de jadis, qui en firent et achevarent l'assemblement. Pourtant, si la fortune luy a esté contraire à la guerre, ce n'a esté jamais à faute de courage; car il a bien autant battu qu'il a esté battu.

Il servit bien le roy François en Italie, tantost avec bonne, tantost avec malle fortune. Et d'autant qu'aucuns magiciens tiennent que le changement de lieu change la fortune, il quicta l'Italie et s'en vint en France trouver le roy au camp de Marolles[1], avec la plus belle compagnie qui fut jamais veue, de deux cens harquebuziers à cheval les mieux montez, les

---

1. Marolles (Nord) à une lieue de Landrecy. Brantôme veut sans aucun doute parler du camp qu'y dressa François Ier en 1543 lorsqu'il alla secourir Landrecy, assiégé par Charles-Quint.

mieux dorez et les mieux en poinct qu'on eust sçeu voir; car il n'y en avoit nul qui n'eust deux bons chevaux, qu'on nommoit alors cavallins, qui sont de légère taille, le morion doré, les manches de maille (qu'on portoit fort de ce temps là) la pluspart toutes dorées, ou bien la moytié, les harquebuz et fournimens de mesmes. Lesquelz alloient souvant avec les chevaux légers et courreurs, si qu'ilz faisoient rage. Quelquefois s'aidoient de la picque, de la bourguignotte et corcellet doré, quand il estoit besoing; et, qui plus est, c'estoient tous vieux capitaines et soldatz tant bien aguerrys soubz les bandières et ordonnances de ce grand capitaine Jannin de Médicis, qui avoient quasi tous estez à luy; si que, quand il falloit mettre pied à terre et combattre, n'avoient grand besoing de commandement pour les ordonner en battaille; car d'eux-mesmes se rengeoient si bien, pour estre si bien aguerrys, qu'on n'y trouvoit rien à dire, tant bien sçavoient-ilz prendre leur place.

De ce nombre estoient ces braves gens, San Petro Corso[1], Joan de Thurin, le capitaine Moret, callabrois, le señor Petro Paulo Tousin, le capitaine Bernardo, le capitaine Miquel da Condio, le capitaine Mazin, le capitaine Jacques, ferrarois, et tant d'autres gens de bien et d'honneur qui se sont si bien faictz cognoistre en nos guerres passées.

Le roy François, quand il vist ceste belle trouppe, la loua fort, et en fit grand cas à madame la Dauphine[2],

1. Ou Sampietro, auquel Brantôme a consacré une notice.
2. Catherine de Médicis. La mère du maréchal Strozzi, Clarice, était sœur de Laurent II de Médicis, et lui-même avait épousé Madeleine de Médicis.

qui estoit cousine dudict sieur Estrozze, qu'elle aymoit, et s'en cuyda perdre de joie pour voir ainsi son cousin parestre et faire un si beau service au roy, et le tout à ses propres despans. Car, comme j'ay ouy dire audict capitaine Miquel da Candio, qui estoit un sien vieux serviteur, ceste compagnie luy cousta plus de cinquante mill'escus; car il avoit de fort grandz moyens, et en avoit beaucoup sauvé à Venise, où il se tint quelque temps et y eust son fils M. d'Estrozze. Si[1] bien que quand le roy François reffusa le combat à feu mon oncle[2], contre Jarnac, le trouvant inégal à mon oncle pour la vaillance, le tout à la suscitation de madame d'Estampes[3], de laquelle la sœur[4] avoit espousé Jarnac, M. d'Estrozze conseilla mondict oncle de faire un coup de sa main et de tuer Jarnac *in omni modo*, et puis vuider la France jusques à ce que le roy s'en fust appaisé, ou qu'il fust mort, estant fort sur l'aage et cassé, et qu'il se retirast à Venise, là où il luy présentoit tous ses moyens qu'il avoit là en banque, pour en disposer à son bon plaisir, jusques à cent mill' escus qu'il pouvoit les y prendre. C'est une offre, cela, d'amy; mais la chose alla autrement, comme j'ay dict ailleurs.

Hélas! ce brave seigneur a bien brouillé et despendu

1. Ce qui suit jusqu'à la fin de l'alinéa est biffé sur le ms. 3262.
2. Francois de la Châtaigneraie. Son combat avec Gui de Chabot, sieur de Jarnac, fut autorisé par Henri II et eut lieu le 10 juillet 1547. La Châtaigneraie y périt. Brantôme en a parlé longuement dans son *Discours sur les duels*.
3. Anne de Pisseleu de Heilly, duchesse d'Étampes, maitresse de François Ier, qui la maria à Jean de Bretagne. Elle mourut vers 1576.
4. Louise de Pisseleu de Heilly.

tous ses grandz moyens au service de nos roys; car, à ce que je tiens de son filz et de ses anciens serviteurs, de plus de cinq cens mill' escuz qu'il avoit vaillant quand il vint au service de nos roys, il est mort n'ayant pas laissé à son fils vaillant vingt mill'escus. C'est despancé cela ! et ce, sans avoir grandes récompenses ny bienfaictz de nos roys, car il n'estoit point importun ny demandant; et les biens d'église qu'eut M. le cardinal Estrozze[1], son frère, vindrent plustost de la libérallité du feu roy Henry et de la sollicitation de la reyne, leur parante, que par importunitez et demandes dudict M. d'Estrozze; car il avoit le cœur fort noble, généreux et splandide.

Quand Guignes fust pris[2], le milord Grey[2], un très bon et grand capitaine angloys de son temps, commandant dedans, y fut pris. Le roy et M. de Guyse, son général, le donnarent audict M. d'Estrozze pour en tirer rançon et faire son proffict, en récompense de la peine qu'il avoit prise en la prise de ceste ville et de Callais, et y avoir très bien servy le roy. Il se tint plus content de ce présent, venant ainsi de la bonne voulonté et libérallité de son roy et général, que si on luy eust faict d'ailleurs un don dix fois plus grand que celuy-là; car il ne tira de ce prisonnier que huit mill' escus, que M. le conte de La Rochefoucaud[3] luy fist

1. Laurent Strozzi, cardinal et archevêque d'Aix, mort à Avignon le 14 décembre 1571.
2. En 1558. Voyez Holingshed, *Chronicles of England*, année 1558, et W. Dugdale, *The baronage of England*, 1675, in-f°, tome I, p. 715.
3. François, comte de la Rochefoucauld, tué à la Saint-Barthélemy.

donner pour faire eschange de luy à luy, qui estoit prisonnier en Flandres despuis la journée de Sainct-Quantin.

Or, de raconter la valleur et les faictz d'armes dudict M. d'Estrozze, ce n'est qu'escrire en vain, car l'on sçait assez, et par livre, et pour avoir ouy dire et pour l'avoir veu, comm' il y en a encores force vivans qui l'ont veu, ce qu'il fit durant nos roys François et Henry en Italie, en France, en Escosse, à Parme, en Toscane, lieutenant de roy; si qu'on ne luy sçauroit rien reprocher.

Il a esté combattu, aussi il a combattu; il a battu, aussi a esté battu, comme j'ay dict. Mais, hé! qui n'est le grand capitaine à qui les malheurs de guerre n'arrivent? Il ne sçauroit autrement estre grand capitaine, s'il ne luy mésarrive quelquefois; non plus qu'un pilotte ou marinier ne peut estre bon et expert, s'il n'a jamais veu tormente ny tempeste, sinon tousjours bonnace.

Si en diray-je encor cecy de luy. On le tenoit plus propre à forcer, deffendre, fortiffier et assaillir places, qu'à combattre en campagne; car il y estoit malheureux, et aussi plus nay à obéir soubz un grand général que d'estre chef et général luy-mesmes, ainsi que j'en ay cogneu force de ce naturel : tesmoingtz Metz, Callais, Guines, Théonville, et force autres lieux; car il estoit un très grand ingénieux et fort laborieux, ainsi que dict une vieille chanson d'un advanturier françois, qui fut faicte durant le siège de Metz, dont un des couplets est tel :

> Monsieur de Guyze estoit dedans,
> Avecques beaucoup de noblesse,

De Vandosme les deux enfans[1],
Et de Nemours plein de prouesse;
Et le seigneur Pierre Estrozze,
Qui nuict et jour est sur rempartz
Faisant remparts de grand addresse,
Et remparant de toutes partz.

Si la rithme n'est bonne, le subject et le sens est bon. Mais tant y a que ce seigneur servit là de beaucoup.

Après tant de belles choses, ce brave seigneur vint à mourir au siège de Théonville, là où il travailla et servit de beaucoup : estant donc dans la trenchée, il fut blessé d'une grande mousquetade, dont il tumba, et aussi tost fut relevé par M. de Vieilleville et autres[2]. Et luy disant ledict M. de Vieilleville que ce n'estoit rien, et qu'il prist courage, il luy respondit : « Ah! monsieur de Vieilleville, ne me donnez point « de courage; j'en ay prou : prenez-le pour vous. Je

1. Jean et Louis, fils de Ch. de Bourbon, duc de Vendôme.
2. Voici comment sa mort est racontée dans les mémoires de Vieilleville : « Une mousquetade luy traversa le corps, dont il mourut à demie-heure après le coup, estant M. de Guyse fort près de luy, auquel il dist : « Ha! Teste-Dieu! Monsieur! Le Roy « perd aujourdhuy un bon serviteur, et Vostre Excellence en- « cores. » Et le voulant ce prince admonester de son salut, et luy remémorant le nom de Jésus : « Quel Jésus, dist-il, mort-Dieu! « venez-vous me ramentevoir icy? Je regnie Dieu. Ma feste est « finie. » Et redoublant le prince son exhortation, luy dist qu'il pensast en Dieu, et qu'il seroit aujourdhuy devant sa face. « Mort-Dieu! respondit-il, je seray où sont tous les aultres qui « sont morts depuis six mille ans. » Le tout en langage italien; et à ceste dernière parole, il expira; qui estoit un testament assez commun à ceulx de sa nation florentine et digne de la vie qu'il avoit toujours démenée, et selon sa foy, qui n'estoit pas plus chrestienne ny religieuse qu'il ne falloit. » (Livre VII, ch. II.)

« croy que vous me voudriez faire accroyre que je ne
« suis point homme, et que je n'ay point de sentiment.
« Si suis et en ay; car je sens bien mon mal; et que
« je suis attaint au vif (et disoit tout cela en son lan-
« gage italien). Or, je suis mort. Je vous prie faire mes
« humbles recommandations au roy et à la reyne, et
« qu'ilz perdent aujourd'huy un très bon serviteur et
« loyal. Dictes en autant à M. de Guyze. Adieu. » Et
puis il trespassa, au grand regret du roy et de la reyne,
et de M. de Guyze, qui l'avoit pris en sa grande con-
fidance.

M. du Bellay pour lors en fit son épitaphe[1] en vers

---

1. Dans sa traduction, Brantôme a abrégé et réuni en une seule les deux épitaphes que Joachim du Bellay a composées pour Pierre Strozzi, et dont voici le texte :

Tumulus Pyrrhi Strozzae.

Quanta fuit Pyrrho castrorum cura, Philippi
  Quanta fuit nato martia vis animi,
Quanta fuit Pœno patientia, quantaque virtus
  Scipiadae, aut rigido quanta fuit Mario,
Quanta fuisse tibi fertur vigilantia, Cæsar,
  Quanta fuit cunctis gloria militiae,
Tanta fuit Strozzae dubii experientia Martis ;
  At tanto non tam sors fuit æqua duci.

Ejusdem.

Per varios casus, per multos Strozzae labores,
  Mille per insidias, vulnera, tela, neces,
Aerium sibi fecit iter, cœloque receptus
  Lucida sub pedibus conspicit astra suis.
Sic magni Alcidae sortem perpessus iniquam,
  Ipse quoque Alcidae præmia Strozza refert :
Et quam non potuit vivus, nunc lumine cassus
  Fortunam vincit, vincit et invidiam.

Joachimi Bellaii Andini Poematum libri quatuor; Paris, 1558, 4°, f° 59.

latins, dont la substance est telle : « Autant de belle
« milice et soucy de la guerre qu'a esté en Pyrrus; au-
« tant de courage qu'a esté en Allexandre; autant de
« patience qu'a esté en Anibal; autant de vertu qu'a
« esté en Scipion et Marius; autant de vigillence qu'a
« esté en Cæsar; bref, ce qu'a esté en tous ceux-là
« s'est trouvé en ce seigneur Strozze, et s'est trouvé
« en tout cela esgal à eux. Il est vray que la Fortune
« luy a esté inesgalle, tant elle luy a esté contraire :
« toutesfois, ceste Fortune qu'il n'a peu vaincre luy
« vivant, ast' heure qu'il est mort il l'a vaincue.
« Et encores plus a-il faict : il a vaincu l'Envie, de
« laquelle il a esté aussi bien assailly que de la For-
« tune. » Ainsi a vescu et ainsi est mort ce grand capitaine.

Il laissa amprès luy le seigneur Philippes Strozze, dernier mort, duquel je parle en son lieu, et la senore Clerice Strozze, l'une des honnestes, belles, bonnes, courageuses, qui ayt sorty de sa race, sans faire tort aux autres. Elle fut maryée au conte de Sommerive, despuis conte de Tande[1]; elle mourut fort jeune, dont ce fut très grand dommage pour son mary et pour toute la Provance, là où ell' y estoit fort aymée, et qui avoit grand moyen de bien servir et l'un et l'autre, car ell'avoit un grand esprit et grand cœur.

Ceste honneste dame ne fit jamais plus son proffit, despuis qu'elle tumba dans la mer et plongea fort advant; mais aussi tost fut recourue, non sans avoir beu beaucoup, lorsque le roy et la reyne estoient à

1. Honorat de Savoie, comte de Tende, auquel Brantôme a consacré une notice.

Marseille¹. Car ainsi qu'ilz estoient dans la réale ², et qu'elle voulut monter après à l'escalle³, l'esquif luy faillit et le pied par conséquent. Oncques l'intérieur de son beau corps ne fut en bonne santé, encor que l'extérieur ne monstrast rien changé de sa beauté, bonne grâce et belle apparance.

Monsieur son père avoit aussi eu un bastard⁴, très brave et vaillant s'il en fut onc, et de grand entendement, et qui promettoit d'estre un jour grand capitaine, selon son commancement beau ; car il avoit esté donné par son père à M. le prince de Cappue⁵ pour l'eslever et l'apprendre, soubz lequel il proffita beaucoup. Il mourut en l'aage de vingt deux ans, au Port-Herculle, quelques six ou sept jours advant M. le prieur son oncle, et sa mort présagea la sienne peu après, du regret qu'il en porta, ainsi qu'il le dist. M. le mareschal son père le regretta fort aussi, car il l'aymoit fort, pour la bonne opinion qu'il avait conceu de luy. J'ai veu fort louer ce jeune homme à M. d'Estrozze et à force autres gentilzhommes et capitaines.

Ce M. d'Estrozze eut trois frères, fort honnestes gens : M. le prieur de Cappue, duquel je parle en son lieu; M. le cardinal, et Robert Strozze, père de ceste belle, honneste et sage la contesse Fiasque, Alfoncine

1. En 1564.
2. La galère royale.
3. *Escalle*, échelle.
4. Il s'appelait Scipion et était chevalier de Malte. Voyez Imhof, *Genealogiæ viginti illustrium in Italia familiarum*, 1710, in f°, p. 202.
5. Léon Strozzi, chevalier de Malte, prieur de Capoue, général des galères, né en 1515, blessé mortellement au siége de Piombino, en 1554.

Strozze[1], qui fut dame d'honneur de la reyne-mère, après la princesse de la Roche-sur-Ion[2]. Il eut une sœur[3] relligieuse et abbesse d'une abbaye en Italie, une très honneste dame, très sçavante en lettres divines et humaines, et surtout en poésie latine. Elle fit en vers latins plusieurs beaux hymnes et cantiques spirituelz, qui se sont chantez autres fois aux églises d'Italie par grand' admiration et dévoction : encor ay-je ouy dire qu'ilz se chantent en aucunes églises.

Ell' eut aussi un' autre sœur, la segnora Madalena Strozze, très habile, spirituelle femme, hors du commun, et belle, que j'ay veüe de mon jeune temps à Rome. Elle avoit espousé le senor Flaminio, conte de l'Anguilare[4], qui commandoit à deux gallères avec le prieur de Cappue, son beau-frère : il fut filz de ce brave conte de l'Anguilare qui fut tué au service du roy François premier.

Si faut-il que je die encor cecy de ce grand M. d'Estrozze, que le roy Henry II fit une grand' faute, comme je tiens d'un grand personnage de ce règne là, lors qu'il luy donna ceste guerre de Sienne à manier; d'au-

---

1. Elle avait épousé Scipion de Fiesque, comte de Lavagne, chevalier d'honneur de Catherine de Médicis.

2. Philippe de Montespedon, femme de Charles de Bourbon, prince de la Roche-sur-Yon, morte le 12 avril 1578.

3. Brantôme se trompe : Laurence Strozzi était sœur non de Pierre Strozzi, mais d'un autre noble florentin, Quiric ou Kiric Strozzi. Elle était née en 1514, se fit dominicaine et mourut le 10 septembre 1591.

4. Flaminio, comte de l'Anguillara, général des galères de l'Église. Il mourut dans l'expédition de Zerbi en 1560. Voyez Sansovino, *Della origine et dei fatti delle famiglie illustri d'Italia*, 1609, 4°, f° 158.

tant que le duc de Florance[1], se voyant assailly de luy, son ennemy mortel et son banny, et qui ne le menassoit rien de moins que de le déposséder de son estat et de sa duché, mesmes qu'il l'avoit desjà promis à la reyne, sa bonne parente, de l'y remettre dedans, ou il mourroit en la peine; car ce brave homme n'avoit point faute de discours, de dessains et belles entreprises; ce qui fut cause que la reyne pressa fort le roy de luy donner ceste charge; ce très habile duc se mit à adviser mieux à son affaire que devant, d'autant qu'en la première guerre et révolte de Sienne, cela ne le touchoit tant comm' à l'empereur, estant ville impérialle. Il en prit donc l'affirmative. Et, à communs fraiz et despans, mettent leurs forces et moyens en campaigne, dont la fin s'en ensuivist telle que l'on a veue, et que j'ay dict ailleurs. Il eust mieux valu certainement que le roy eust continué ses deux généraux, messieurs le cardinal de Ferrare et de Termes, ou qu'il y eust mis de nouveau quelqu' autres François point passionnez, et qui ne se fussent point amusez ailleurs qu'à faire la guerre ez pays et terres de l'empereur, et non aux autres.

En ceste guerre, mondict sieur Strozze fit plusieurs belles choses; et si la fortune ne luy eust manqué non plus que le courage, infailliblement il fust parvenu à ses dessains, ou bien à la moytié, pour beaucoup de raisons que j'en alléguerois. Il avoit mis fort son espérance en quelque battaille gaignée; et possible en eust-il eu la victoire, s'il fust esté secouru de quelques nouvelles forces du costé de la France, ou de

1. Cosme de Médicis.

M. le mareschal de Brissac, dont il l'en requéroit, ou par sa valeureuse présence, ou par quelqu'un de ses vaillans capitaines. D'un costé cela ne se pouvoit, n'estant son devoir d'habandonner sa charge; de l'autre, se pouvoit; mesmes qu'il[1] luy offroit luy rendre la pareille par mesme secours qu'il luy demanderoit un' autre fois; voire jusques là que, ne pouvant mieux, l'iroit servir quelques mois en simple soldat, l'harquebuz ou la picque sur l'espaulle. Il eut beau dire et faire, il ne peut rien obtenir de luy, car il avoit assez affaire pour luy et pour son gouvernement sans dissiper ses forces; dont M. d'Estrozze s'en mescontenta fort, et ne l'en ayma jamais guières, ny la reyne non plus, pour perdre si belle occasion; car elle ne fut jamais qu'elle ne fust très ambitieuse et courageuse. Enfin mondict sieur Strozze fut contrainct de donner la battaille et la perdre[2].

J'ay ouy dire à aucuns vieux capitaines de ces temps que ce fut pour n'avoir pas bien choysy et ordonné sa place de battaille, et mise parmy des fossez, où l'harquebuzerie certes pouvoit mieux jouer son jeu que ses picquiers et sa cavallerie. Je m'en raporte aux grandz mareschaux de camp, qui est le meilleur, combattre ainsi, et comme fit dom Pedro de Navarre à la battaille de Ravanne, ou en plaine raze, comme j'en parle ailleurs[3].

Tant y a que plusieurs bons capitaines et autres se sont fort estonnez de ce grand capitaine, sage et ad-

1. *Qu'il*, Strozzi.
2. Voyez tome I, p. 291, 295 et suivantes.
3. Voyez tome I, p. 150.

visé (que l'on tenoit de ces temps le plus digne mareschal de camp qui fust point, ainsi que j'en parle ailleurs), d'avoir là manqué sur ce poinct tant important. D'y avoir bien combattu ne s'en faut enquérir, car il y fit ce que vaillant, hardy capitaine et soldat pouvoit faire; et y fut fort blessé, n'en pouvant plus.

A aucuns j'ay veu dire que, possible, quant ce vint l'heure du combat, il se troubla, et luy vint telle appréhention que, si par cas il venoit à estre pris et tumber entre les mains du duc de Florance, son ennemy mortel, qu'il n'en eschapperoit jamais, et le fairoit mourir de mort cruelle; et, pour ce, perdit le jugement. Il en arriva de mesmes au marquis del Gouast à la bataille de Cerizolles, venant de fraiz du massacre des ambassadeurs du roy, qui, tombé entre ses mains, n'en eust pas eu de miséricorde, non plus qu'il eut des autres. J'en ay parlé ailleurs[1].

Telles appréhentions certainement ostent souvant les sens, les jugemens et les résolutions aux grandz capitaines qui sont entachez de pareilz crimes; se perdent et ne sçavent que faire, fors ce brave M. l'admiral de Chastillon, lequel bien qu'il sceust et cogneust bien que, s'il venoit à estre pris en ses combatz et battailles qu'il donnoit, infailliblement il fust esté tué de sang-froid sur le champ de la bataille ou auprès, ou, qui est le plus certain, fust esté exécutté par le glaive de la justice, comm' il parut despuis après sa mort, et son corps porté ignominieusement au gibet; en quoy il est digne de louange immortelle pour

---

[1]. Voyez tome I, p. 205 et suivantes.

n'avoir esté jamais attainct de ces craintes et frayeurs, ainsi que fit jadis ce grand Anibal, lequel, comme raconte Tite Live[1], après avoir araisonné bravement avec Scipion advant sa dernière battaille, et perdu tout espoir de paix, et retourné vers ses gens, jamais on ne le vist si assuré, jamais mieux choisir son champ de battaille, jamais mieux ordonner ses gens, mieux les exorter à bien faire, mieux les mener au combat, jamais mieux les secourir au grand besoing, et remplacer les rangs lorsqu'ilz s'esclarcissoient, jamais mieux les rallier, et, qui plus est, jamais mieux combattre de sa personne, et faire acte de soldat et de capitaine ; bref, jamais moins s'estonner, et puis après tout faict et désespéré de la victoire, jamais mieux se sauver et sortir de sa perte, sans aucune pœur et appréhention qu'il tumbast vif entre les mains de ses ennemis, qui l'eussent fait mourir très cruellement, de mesmes, ou possible pis, que ceux de sa nation avoient faict auparadvant au pauvre Régulus. Ce sont des jugemens ceux-là, bons, bien sains et assurez, comme fut tout pareil celuy de M. l'admiral, dont je parle en sa vie.

Il faut aussi considérer une chose: qu'en ces grandz hasardz et désordres il faict très bon de se recommander à Dieu auparadvant, qui sçait donner les sens et assurer les espritz en ces extrêmes nécessitez, quand on l'invocque[2]; comme faisoit mondict sieur l'amiral, qui, outre qu'il fust un grand capitaine, il estoit fort dévost et nullement comptempteur de Dieu, comme

1. Livre XXX, ch. 32 et suivants.
2. Les vingt et un mots qui suivent sont biffés sur le ms. 3262 (f° 270 v°).

beaucoup d'autres bons capitaines que l'on a veu se présumant tant d'eux-mesmes, que sans l'ayde divine il leur sembloit pouvoir battailler et vaincre tout le monde. Mondict sieur le mareschal Strozze estoit bien de ce nombre; aussi, par permission divine, le bonheur n'accompagna guières les belles et très illustres quallitez qu'il eut d'un très grand capitaine.

Or c'est assez parlé de luy, puisque j'en parle encor ailleurs. C'est aussi assez parlé des bons capitaines et grandz personnages estrangers. Il faut maintenant venir à nos braves François, qui vallent bien les autres, selon qu'on le verra par la preuve. Et pour mieux accommencer, je viens à nostre brave et gentil roy Charles VIIIe du nom.

FIN DES GRANDS CAPITAINES ESTRANGERS.

LES VIES

DES

GRANDS CAPITAINES

FRANÇOIS[1].

Pour[2] venir à nos grandz capitaines et personnages françois, je ne puis mieux en commencer l'œuvre qu'à Le roy Charles VIII.

1. Il y a ici une lacune dans la série des volumes manuscrits qui contiennent la dernière révision de Brantôme avec ses corrections autographes : ils ne recommencent qu'avec la vie du maréchal de Termes. Nous avons donc dû nous contenter d'une des copies de ces mêmes manuscrits faites au dix-septième siècle, et nous avons adopté celle qui se trouve dans la collection Dupuy, où elle occupe les numéros 608 à 613. Elle est datée de 1646. La partie qui commence avec la vie de Charles VIII (n° 610) y est intitulée: *Second livre des braves hommes;* mais nous avons préféré conserver le titre de *Grands capitaines françois,* sous lequel elle a toujours été connue.

2. *Var.* Asteure, il faut ung peu escripre de noz bons et grands cappitaines françois desquels nous en avons en abondance, comme de gerbes en une fertille moisson. Je commanceray donq par ce généreux prince le petit roy Charles VIII. Petit' l'appellé-je pour avoir esté de petite stature et tendre habitude de corps, mais fort grand et magnanime d'âme et de courage, encor qu'il fut esté

nostre petit roy Charles VIII[1]. Petit, l'appellè-je, comme plusieurs de son temps et après, par une certaine habitude de parler, l'ont appellé tel, à cause de sa petite stature et débile complexion, mais très grand de courage, d'âme, de vertu et de valeur : de telle sorte que, non pas les François seulement, mais les estrangers, luy donnèrent pour devise, sans qu'il la prist de luy-mesmes, ce vers glorieux :

Major in exiguo regnabat corpore virtus

qui est proprement à dire : Plus grande vertu régnoit en ce petit corps qu'on n'eust jamais pensé y pouvoir régner.

Ce grand roy fut par Louis XIe, son père, au chasteau d'Amboise, séparé quasy du monde, nourry et peu pratiqué de personnes, non en fils de roy, ny mesmes d'un simple gentilhomme; et le tout faict ainsy à poste, affin qu'il perdist cœur et n'attentast rien contre luy, ainsy qu'il[2] avoit fait contre le roy

nourri par le roy son père dans ung chasteau d'Amboize austèrement, séparé du monde et peu praticqué de personnes... (Ms. 6694, f° 116 v° et 117.)

1. Charles, fils de Louis XI et de Charlotte de Savoie, né en 1470, succéda à son père (1483) sous la tutelle de sa sœur Anne de Beaujeu, épousa (1491) Anne de Bretagne et mourut sans enfants, à Amboise, le 7 avril 1498.

La première rédaction de l'article consacré à Charles VIII, telle que nous la donne le manuscrit 6694, diffère beaucoup de la dernière, où l'on ne retrouve plus un long récit de l'entrée du roi à Naples et où quelques passages ont été transposés. Nous indiquerons avec soin les variantes.

2. *Qu'il*, Louis XI.

son père. Il le traictoit selon la maladie qu'il avoit eue, tant il estoit jaloux de son estat, et de sa personne encores plus ; et pourtant telle mauvaise nourriture ne luy offensa jamais son généreux courage, qu'il avoit extraict de tant de braves roys, ses prédécesseurs : si bien qu'après la mort de son père, et hors de son joug, il ne songea et ne couva rien moins, et, ne se contentant ny voulant se borner de son grand et très ample royaume, et si estendu (duquel estoit la totalle ambition du roy son père, sans attenter ny vouloir ajamber sur un autre), voulut avoir celuy des deux Scicilles, et par ce moien se faire couronner empereur de tout l'Orient.

Qui eust jamais pensé et prédict si grand courage et si grande ambition en ce jeune roy, veu sa nourriture ? Car le vieux proverbe de jadis, disoit que *la nourriture passe nature*, et aussi qu'elle façonne les hommes, s'il fault croire l'exemple de Licurgus, lorsqu'il monstra à ses Lacédémoniens deux chiens d'une mesmes ventrée, qu'il avoit faict nourrir, l'un aux champs, l'autre à la ville, qui tous deux firent divers et nouveaux effets (ce conte est trop commun), le tout attribuant à la nourriture, et non à la nature. Mais cela faillist en ce roy magnanime ; car sa mauvaise nourriture n'endommagea en rien son généreux naturel et brave courage, qui estoit nay avec luy, et qui le rendit un des grandz roys de la France, voire de la chrestienté.

Ayant donc conceu en soy, dès ses tendres ans, ses belles ambitions, il entreprit le voyage et la conqueste de Naples, contre le conseil pourtant de tous ses grands capitaines, et l'opinion d'aucuns de ses estats, voire sans argent, qui pis est, estant[1] le nerf de la guerre. Il partit de son royaume, et, n'ayant pas faict la moitié de son chemin, l'argent luy faut ; dont fut contrainct d'emprumpter les bagues de madame la duchesse de Savoye et de madame la marquise de Montferrat[2], toutes deux très bonnes françoises, royales et charitables, qu'il engagea très bien[3]. Et, par ainsy un peu remplumé, poursuit son chemin d'une audace très asseurée, espouvantant toute l'Italie du seul sentiment de sa venue ; envoye ses mareschaux des logis et fourriers devant, la croye[4] en la main, marquer les logis comm' il leur plaist, sans aucune rencontre ny résistance de porte fermée ; chacun lui faict place. Le pape[5] s'enhardit certainement de luy faire barrière par ses fulminations et excommunications ; mais il passe outre, et marche droict vers Rome, luy faisant response gentiment que, dès longtemps il avoit faict un vœu (hé! quelle gentille invention et feintise de vœu!) à Monsieur sainct Pierre de Rome, et que nécessairement il falloit qu'il l'accomplit au péril de sa vie[6].

Le voylà donc entré dans Rome, bravant et trium-

1. *Var.* Car c'est le nerf de la guerre. (Ms. 6694, f° 117.)
2. Blanche de Monferrat, veuve de Charles duc de Savoie, morte en 1509. — Marie de Servie, veuve de Boniface V, marquis de Monferrat, frère de la duchesse de Savoie.
3. Pour 24 000 ducats. — Voy. Commines, liv. VII, chap. vi, et Paradin, *Chronique de Savoye*, 1560, liv. III, chap. lxxxvi, p. 374.
4. *Croye*, craie.
5. Alexandre VI.
6. Voy. Belleforest, *Histoire des IX roys Charles*, 1568, in-fol., liv. XIV, p. 377.

phant, luy-mesmes armé de toutes pièces, la lance sur cuysse, comme s'il eust voulu aller à la charge, ce qui estoit beau, et à donner entendre : « S'il y a rien « qui bransle, me voicy prest, avec mes armes et mes « gens, pour charger et foudroyer tout. » Si que ceste façon d'entrée ne sentoit nullement sa pompe ny bravement, mais un vray tremblement ou foudre de guerre [1].

Ainsy donc, marchant en bel et furieux ordre de de bataille, trompettes sonnans et tabourins battans, entre et loge par main de ses fourriers là où il luy plaist, faict assoir ses corps de garde, et pose ses sentinelles par les places et quantons de la noble ville, avec force rondes et patrouilles; planter ses justices, potances et estrapades en cinq ou six endroictz; ses bandons faicts en son nom; ses édicts et ordonnances publiées et criées à son de trompe, comme dans Paris. Allez-moy trouver jamais roy de France qui ayt faict de ces coups, fors que Charlemagne? encor pensè-je qu'il n'y procéda d'une authorité si superbe et impérieuse.

Que restoit il donc à ce grand roy de plus [2], sinon

1. Voy. Paul Jove, liv. II.
2. *Var.* Que restoit-il davantage, sinon qu'il s'impatronisast de cette ville et s'en couronnast roy comme il devoyt fayre, disent aucuns; mais il ne le vouleut, car il estoit homme de Dieu, de relligion, d'honneur et de conscience, et que pour ung tel royaume, il n'eust voulcu faire offancer Dieu ni son lieutenant en terre. Que d'autres n'eussent heu ce respect pourtant, voiant si beau jeu, veu les mauvais tours que le pape luy avoit faict, et pouvoit bien cognoistre qu'il luy en feroit bien d'autres; mais il ne vouleut nullement sortir de son debvoir ; car tant s'en faut, il luy rendist tout honneur et respect et luy presta l'obédience accoutumée, en luy

qu'il s'impatronisast bien à plein de cesté glorieuse ville, qui avoit dompté tout le monde autresfois, comm' il estoit en sa puissance, et comme, possible, il l'eust bien voulu, selon son ambition et selon aucuns de son conseil? Mais le violement de la saincte religion le retira, et le reproche qu'on luy eust peu faire d'avoir offensé la Saincteté, bien qu'elle luy eust donné l'occasion : et se douloit-on bien qu'il[1] luy en donroit un' autre, comm' il fit. Et pour ce, force gens l'y poussoient à luy rendre la pareille, quand ce ne fut esté que pour se tenir sur ses gardes; mais tant s'en faut : il lui rendit tout honneur et obéissance, en luy baisant en toute humilité sa pantoufle.

Il tire puis après droict à Naples, à ses belles petites journées, entre dedans, sans aucun effort, par une porte, le roy Ferdinand[2], son ennemy, sortant par l'autre, en disant ce verset de David : « Si Dieu ne « garde la cité, en vain veille celuy qui la garde.[3] » Il trouve pourtant les chasteaux qui se mettent en deffence; mais les ayant assiégez et battuz, estant luy-mesmes en personne dans les trenchées ordinairement, et y faisant apporter son disner, se rendent[4].

baisant sa pantouffle fort religieusement. Puis faisant mentir et attrister plusieurs personnes qui en attandoient un sac, part de Romme aveq la bonne grâce de tout le monde, ainsin que j'ay ouy dire à Romme mesme à ung vieux juif de près de cent ans, nommé Jacob, qui l'y vit; tire droict à Naples. (Ms. 6694, f° 117, v°.)

1. *Il*, le pape.
2. Ferdinand II, roi de Naples, fils et (1495) successeur d'Alphonse II. Chassé par l'invasion française, il rentra dans ses États en 1496 et mourut la même année.
3. *Psaume* cxxxvi, verset 2.
4. *Var.* Et par ce moïen, voilà tout le royaume de Naples à luy

Le prince de Tarante[1] le vint là trouver et faire la révérence au mesme lieu et mesme assiette de son disner ; dont il s'estonna fort, le voyant là comme le moindre soldat des siens, et en loua fort sa valeur ; et après avoir fort parlé ensemble, le loua et l'estima encor d'avantage. En cela il fist plus que le roy François, qui, après la prise de Milan, ne voulut entrer dans la ville jusqu'à ce que dom Pedro de Navarre eust pris le chasteau. Mais le roy Charles voulut se trouver luy-mesmes en personne à la prise de ces chasteaux ; et après, il fist son entrée fort triomphante, vestu en habit impérial, d'un grand manteau d'escarlate avec son grand collet renversé, fourré de fines hermines mouchettées, tenant la pomme d'or ronde et orbiculaire (de tel mot use la chronique[2]) en sa

demeuré paisible, puis faict son entrée en habit impérial, en forme et cérémonie pareille, y faict quelque séjour aveq'force festes, pompes, triomphes, tournois, festins et masquarades, estant toujours des premiers et mieux faisans, puis s'en part, laissant son royaume nouveau paisible, aveq' la bonne grâce de tous les seigneurs et peuple ; retourne quasi par mesme chemin qu'il estoit venu ; sçait nouvelles comme toute l'Italie a faict ligue contre luy pour l'engarder de passer ou le prendre ; est attendu au passage à Fournonve pour le deffayre, n'aiant que la moittié de son armée ; ne s'en estonne point (chose miraculeuse), se prépare à la bataille, choisit neuf preux pour estre près de sa personne et combattre prez de luy ; ce jour de sa propre main faict d'incroïables faictz d'armes, monté sur ung cheval qu'on appelloyt *Savoye*, borgne, que le duc de Savoie luy avoit donné, lequel ce jour servist bien son maistre. Enfin il gaigne la bataille, pousse son chemin, repasse les montaignes... (Ms. 6694, f° 117, v°.) Voyez la suite, p. 319.

1. Frédéric III, roi de Naples, oncle et successeur de Ferdinand II. Voy. tome I, p. 117, note 4. — Brantôme a suivi ici la chronique (XI, f° 213), citée dans la note suivante.

2. Cette chronique, Brantôme le dit lui-même neuf lignes

main droicte, et en la senestre son grand sceptre impérial, et sur sa teste une riche couronne d'or à l'impérialle, garnie de force pierreries, contrefaisant ainsy bravement de l'empereur de Constantinople, selon que le pape l'avoit ainsy créé, et que tout le peuple d'une voix le crioit *empereur très auguste.*

Qui voudra sçavoir mieux toute la cérimonie de ceste belle entrée, lise Guaguin[1] où ell' est fort bien au long descrite; et comme les belles et grandes dames du pays et de la ville paroissoient aux rues et aux places principales, belles et si bien ornées de la teste et du corps, qu'il n'y avoit rien si beau à voir à nos François nouveaux, qui n'avoient veu les leurs de France si gentilles ny en si belle parure : lesquelles en passant présentoient au roy leurs jeunes enfans, et le prioient de leur donner l'ordre de chevallerie de sa propre main, réputant à grand honneur et bonne fortune; ce qu'il ne refusoit point[2] tant pour les gratiffier

---

plus bas, est celle de Gaguin et de ses continuateurs; mais ici, comme pour P. Jove, ce n'est pas du texte latin qu'il s'est servi, mais bien d'une traduction française, de la seule qui existe, celle de Pierre Desrey, qu'il a souvent copiée textuellement. L'édition que nous en avons sous les yeux, et à laquelle nous renverrons pour les passages cités ou empruntés par Brantôme, est intitulée : *La mer des cronicques et mirouer hystorial de France, jadis composé en latin par frère Robert Gaguin et nouvellement traduit.* Paris, 1536, in-fol. gothique. Cette traduction va plus loin que le texte de Gaguin, qui n'a que dix livres. L'entrée de Charles VIII à Naples s'y trouve racontée au liv. XI, fol. 215 et suivants.

1. Voyez la note précédente.

2. *Var.* Ce qu'il faisoit de fort bon cœur et fort bonne manière, tant pour les gratifier en cela que pour avoir plus de loizir de s'amuser luy et ses seigneurs de contempler mieux la beauté, la bonne grâce et la superbetté en accoutremens de ces belles dames, qui

en cela que pour avoir plus de loisir et amusement à contempler leur beautez, leurs bonnes grâces et la superbeté et gentillesse de leurs accoustremens ; puis alla faire sa dévotion à la grand' église cathédrale, devant le grand autel, sur lequel estoit le chef de sainct Geny[1] et son sang de miracle, qui se monstre encor aujourd'huy.

Le lendemain de l'entrée, il fist, dans son Castel-Novo[2], un fort superbe banquet en deux grandes tables à tous les grands seigneurs et princes du royaume. J'ay ouy dire à aucuns vieux de Naples, la première fois que j'y fus, que les dames y estoient, qu'il faisoit tous et toutes beau voir. Puis après souper, prist le serment de fidélité d'eux, qui le luy firent de bon cœur avec de belles protestations; mais ils ne les gardarent guières après qu'il fut party; en quoy ils furent à blas-

estoyt chose pour lors nouvelle aux François; car pour lors nos dames françoyses estoyent goffes (*grossières*) en leurs habitz ny si gentimant comm' aujourdhuy, et pour lors estoyent les Italiennes.
Puis venoient apprez le roy force autres grands seigneurs, maistres d'hostelz, chamberlans, pensionnayres tant bien vestus et en fort grand nombre, les quatre cents archiers de sa garde et les deux cents arballestiers, tous à pied, armez et accoutrez de leur hocquetoñs chargez de riches orfebvreries (il n'y a aujourdhuy que les Escossoys. De mon temps, j'ay veu les Françoys de mesmes, ce qui estoit beau à voyr). Icy je m'estonne qu'il ne met les cent gentilshommes. Possible qu'ilz estoient ailleurs emploiez. Ainsin entra le roy et alla descendre à la grand' église cathédrale où il fist sa dévotion devant le grand autel dessus lequel estoit le chef de sainct Geny, et là fit son serment à tous ceux de l'église et du temporel de leur estre bon roy et les traicter comme bons subjects. Puis le lendemain... (Ms. 6694, fol. 119.)

1. *Saint Geny*, saint Janvier; de l'italien *Gennaro*.
2. Le Château-Neuf.

mer, car ils avoient le meilleur, le plus doux et le plus humain roy qu'eux et nous ayons eu il y a longtemps[1].

En ceste entrée du roy on n'y trouva rien à redire, sinon que près de luy estoit le seigneur de Beaucayre[2], représentant le connestable du royaume de Naples; ce qui n'estoit guières beau, car il venoit que de frais estre son valet de chambre; et luy voir porter l'espée, ceste veue estoit odieuse. De chose pareille je vis force gens s'estonner au sacre[3] du roi Henry IIIe, qu'un mareschal de par le monde[4] qu'on avoit veu fort petit compagnon, voire commissaire des vivres au camp d'Amiens, n'y avoit pas vingt-cinq ans, faire l'office de pair et connestable; mais ce fust par faute d'autre, car il y en avoit deux prisonniers en la Bastille[5] et

1. *Var.* Voylà ce que j'ay apprins de ce livre vieux n'en aiant rien changé que j'ay trouvé bon d'estre adjousté icy. Qui en voudra savoyr dadvantage de tout ce beau voyage, de tout ses préparatifs, de toutes les forces, artillerie, et leur équipages en lise les hystoyres de ce temps et mesmes de Gaguin, y verra des gentiles choses et gentiment espécifiées sans que les die, et pour ce, je ne le veux cy transcrire. Or d'autant... (Ms. 6694, fol. 119.)

2. Étienne de Vesc. « Il estoit, dit Commines (préface du livre VII), natif de Languedoc, homme de petite lignée, qui jamais n'avoit veu ny entendu nulle chose au faict de la guerre.... Il estoit sénéchal de Beaucaire, et président des comptes à Paris, et avoit servi ledit roy en son enfance, très bien, de valet de chambre. » Il fut créé duc de Nola par Charles VIII. — Voy. aussi même livre, chap. v.

3. Le 3 février 1575.

4. Le maréchal de Raiz. — Voy. le *Cérémonial* de Godefroy, tome I, p. 325.

5. Les maréchaux François de Montmorency et de Cossé, compromis dans la conspiration de la Mole et de Coconnas, avaient été jetés en prison.

l'autre persécuté[1]; où l'on luy trouva force mauvaise grâce et en fut fort brocardé.

Or[2] d'autant que sur ceste conqueste du royaume de Naples que fist le roy Charles, j'ay leu dans une vieille chronique escripte en la main tout plain de particularitez que je n'ay leu ailleurs, il m'a semblé bon de les mettre icy par escript.

Le roy, avant se mettre en chemin, advisa d'envoyer forces embassades en divers lieux pour mieux asseurer son voyage par confédération faicte sollempnellement entre luy et les autres grands de la chrestienté. Jehan de Cordonne[3], dict Jehan François, alla à Fleurance; Charles de Brillar[4] à Gênes; Rigaud de Ozeilles[5] à

---

1. Henri de Montmorency, dit le *maréchal de Dampville*, qui fut depuis connétab e.

2. Ce qui suit jusqu'à la fin de la page 305 est tiré du manuscrit 6694, f° 119 ; nous avons cru, comme MM. Lacour et Mérimée, qu'il valait mieux intercaler dans le texte que de mettre en note ce long passage qui ne figure plus dans la dernière rédaction de Brantôme. Nous n'avons pu découvrir quelle est cette chronique manuscrite à laquelle il l'a emprunté.

L'énumération que donne Brantôme se retrouve, entre autres, dans la relation insérée par P. Desrey, à la suite de sa traduction de Gaguin, et qui a été réimprimée dans l'histoire de Charles VIII, par Godefroy, et dans le tome I (1re série) des *Archives curieuses de l'histoire de France.*

3. Jean-François de Cardonne, conseiller et premier maître d'hôtel du roi.

4. Charles de Brillac, maître d'hôtel du roi. — Suivant Desrey, il fut fait chevalier après la victoire de Rapallo, dont il sera parlé plus loin.

5. Messire Rigaut ou Regnaut d'Oreilles, seigneur de Villeneuve, chevalier, maître d'hôtel du roi. (Voyez le *Vergier d'honneur* dans le tome I des *Archives curieuses*, p. 413.)

Milan ; Gaucher de Tinteville[1] à Sienne la Vieille, ainsin la la nomme la chronique; Adrian de l'Isle-Adam[2], l'un de ses maistres d'hostelz, à Pize; le seigneur de la Trimouille[3], vers Maximilian roy des Romains; Lucas[4], au seigneur Ludoviq[5]; le seigneur de Bouschage[6], à la seigneurie de Venize; le seigneur d'Argenton[7] et le seigneur de Montsoreau, son frère, à Romme ; et le seigneur d'Aubigny, l'évesque d'Autun[8], le président de Guynay[9], le mareschal de Bidaut[10]

1. Gaucher de Dinteville, qui fut premier maître d'hôtel de François Ier.
2. Adrien de l'Isle-Adam, troisième fils de Jacques de Villiers, seigneur de l'Isle-Adam.
3. Louis de la Trémouille. Voy. sa Vie plus loin.
4. Louis Lucas, suivant Desrey.
5. Louis Sforce, dit Louis le More, duc de Milan.
6. Imbert de Batarnay, comte du Bouchage, conseiller et chambellan de Louis XI, mort le 12 mai 1523.
7. Commines et son beau-frère, Jean de Chambes, seigneur de Montsoreau (frère d'Hélène de Chambes, femme de Commines), ne furent point envoyés à Rome, mais à Venise, suivant P. Jove, livre I. — P. Desrey dit simplement : « Le seigneur d'Aubigny et ses gens furent envoyés à Rome, avec aussi M. d'Autun, le président Guesnay et le général de Bidant, ambassadeurs vers le pape; et autre part fut envoyé le seigneur d'Argenton accompagné de Monstreau. » Commines, loin de parler de cette prétendue mission à Rome, dit au contraire (liv. VII, ch. xviii) qu'il fut envoyé à Venise.
8. Antoine de Chalon, qui fut évêque d'Autun de 1483 à 1500.
9. Jean de Gannay ou Gagnay, seigneur de Persan, qui fut successivement quatrième président au parlement de Paris, chancelier du royaume de Naples, premier président (1505), chancelier de France (1507). Il mourut en 1512.
10. Denis Bidault, notaire et secrétaire du roi, receveur-général des finances (1481), puis président de la chambre des comptes de Paris (1495), mort le 18 juin 1506.

et le mareschal de Languedoc[1] au pape Alexandre. La chronique ne parle point là qu'il envoia vers l'empereur Fédériq[2], qui me faict penser qu'il avoit là desjà son ambassadeur vers luy et aussi que de ce temps l'aliance estoit fort estroitte entre les Allemans et François, comm' entre bons frères et germains.

Or, pour les gens d'ordonnance qu'il y mena (ce dict le livre) tant par mer que par terre estoient : M. d'Orléans, cent lances; le seigneur de Foix[3], cinquante lances; le sieur Gracian, cinquante lances (je croy que c'estoit Gracian des Guerres[4] que le roy René de Scicille avoit fort aymé); le bailly de Dijon[5], trente lances; le sieur de Montoizon[6], trente lances; le sieur de Chaumont[7], trente lances; le sieur d'Allègres, trente lances; le sieur de Chastillon, trente lances; le sieur de la Palice, trente lances; Georges de Silly[8], trente lances; Julien Brumet[9], trente lances;

1. Pierre Briçonnet, général des finances en Languedoc, mort en 1509.
2. Frédéric III.
3. Jean, comte de Foix et de Narbonne, mort en 1500. Il avait épousé Marie d'Orléans, sœur de Louis XII.
4. Garcien ou Gratian de Guerre ou d'Aguerre, à qui Charles VIII, en partant de Naples, donna le gouvernement de l'Abruzze.
5. Antoine de Bessey, bailli de Dijon.
6. Philibert de Clermont, seigneur de Montoison. — Voyez sa Vie plus loin.
7. Charles d'Amboise, seigneur de Chaumont. Brantôme lui a consacré un article, ainsi qu'à Châtillon, Alègre et la Palice.
8. Georges de Sully (et non Silly), bailli de Mantes et de Meulent, mort de la peste à Tarente, dont il était gouverneur.
9. Est-ce le Julian de Lorraine dont parle l'*Inventaire* de J. de Serres (fol. 316, v°)?

le seigneur de Vergi[1], trente lances; don Juan, trente lances; André Lhospital[2], cinquante et quatre lances; le sieur de la Place, quarante lances; le mareschal de Bourgongne[3], quarante lances; le sieur d'Aubigny, cent lances; le sieur de Ligny, Loüys de Luxambourg[4], cent lances; le sieur de la Trimouille, cinquante lances; le grand escuier[5], quarante lances; le sieur de Beaumont[6], quarante lances; le sieur de Piennes[7], cinquante lances; le sénéchal d'Armaignac[8], vingt-cinq lances; le sieur d'Espuy[9], vingt-cinq lances; Pierre de Belle-Frontière (faut dyre Fourryère[10], s'il me semble), vingt-cinq lances; Despert de Bonneville, vingt-cinq lances; le sieur de Serves, quarante lances; le sieur de Montfaucon[11], quarante lances; le sieur Robert de la Marche[12], trente lances; le mareschal de

1. Guillaume de Vergy, mort en 1520.
2. Adrien (et non André) de l'Hospital, mort en 1503.
3. Philippe de Hochberg, seigneur de Rothelin, maréchal de Bourgogne, mort en 1503.
4. Voyez sa Vie plus loin.
5. Pierre d'Urfé, bailli de Forez, mort le 10 octobre 1508.
6. Jean de Polignac, seigneur de Beaumont, mort en 1500. Il était par sa femme, Jeanne de Chambes, beau-frère de Commines. (Voyez Commines, liv. VIII, ch. v.)
7. Voyez sa Vie plus loin.
8. Jacques Ricard de Genouillac, dit Galiot, sénéchal d'Armagnac. Brantôme lui a consacré un article.
9. Peut-être le baron d'Espic, qui fut plus tard maître de l'artillerie et dont on trouvera la vie plus loin.
10. Pierre de Belleforière, mort en 1530.
11. Gabriel de Montfaucon, bailli de Meaux, conseiller et chambellan du roi. Il reçut de Charles VIII le gouvernement de Manfredonia, qu'il ne sut pas défendre.
12. Brantôme lui a consacré un article.

Baudricourt[1], soixante lances, le sieur de Guise[2], soixante lances; le sieur de Chandenier[3], trente lances; le seigneur de Mauléon[4], cent lances; le sieur Aymard de Prie[5], vingt-cinq lances; le sieur de Canican, trente-cinq lances; le capitayne Odet[6], vingt-cinq lances.

Voylà force compaignies et forces gens d'armes, qui tous, ce dict le livre, estoient aux gaiges du roy; on peut là computer à combien ces compaignies peuvent monter à gens d'armes.

Outre plus, il y avoit la compaignie des pensionnayres du roy, qui estoit la plus belle et la plus grande que pas une de toutes les susdictes nommées, je le croy, car c'estoyent tous gens choysis. Outre, y avoit M. le vidame[7], capitayne de cent gentilshommes à la grand' manche[8] (il faudroit songer quelle façon); le sieur de Miolans[9], gouverneur de Dauphiné et

1. Jean de Baudricourt, conseiller et chambellan de Louis XI, gouverneur de Bourgogne (1480), maréchal de France, mort le 11 mai 1499.
2. Louis d'Armagnac, comte de Guise, duc de Nemours.
3. François de Rochechouart, seigneur de Chandenier, mort le 4 décembre 1530.
4. Étienne de Vincens, seigneur de Mauléon, baron de Brantes.
5. Aymar de Prie, seigneur de Montpoupon, conseiller et chambellan du roi, grand maître des arbalétriers de France (1523).
6. Le *Vergier d'honneur* l'appelle Houdet. (*Archives curieuses*, tome I, p. 384.)
7. Jacques de Vendôme, prince de Chabanais, grand-maître des eaux et forêts, mort en 1507.
8. On appelait gentilshommes de la manche les gardes qui marchaient toujours à côté du roi.
9. Jacques de Miolans, seigneur d'Anjou, gouverneur du Dauphiné dès 1482.

capitayne des autres cent gentilshommes (faut entendre ceux que la reyne Anne avoit nouvellement érigez) et les harballestiers du roy, le sieur de Crissol[1], cappitaine de deux cents archiers de la garde escossoize. Pour gens de pied, il y avoit trois mill' Suisses, ausquelz commandoit le bailyf de Dijon, et autres trois mill', qu'il ne dict qui commandoit, archiers à pied, six mill' deux cens arbalestiers à pied, huict mill' hommes de pied, portans picques. Le seigneur Ludoviq avoit deux mill' hommes; le duc d'Orléans avoit ses gens à part par mer, qui pouvoient monter à quinse mill' hommes d'artillerie; y avoit cent quarante grosses bombardes (ainsin les nomme le livre), vastadours ou pionniers, selon nous autres d'aujourd'huy; six mill' deux cens maistres experts pour accoutrer l'artillerie et six cens maistres cherpantiers, gens sçavans pour abattre muraille, trois cens maistres pour pièces de fonte, grosses, moiennes et petites, unze cens maistres cherbonniers pour fayre cherbon, deux cens maistres pour fayre corde et cables, quatre mill' charretiers pour conduire huict mill' chevaux de l'artillerie.

A l'artillerie commandoit Guinot de Loizières[2], conseiller et maistre d'hostel du roy, et Jehan de la Grange[3], son lieutenant, aveq' force conterroleurs et autres grands et sages personnages pour assister la-

---

1. Jacques de Crussol, grand pannetier de France.
2. Guynot de Lauzière; c'est lui que Louis XI avait envoyé vers saint François de Paule.
3. Jean de la Grange, seigneur de Vieux-Châtel, maître d'hôtel du roi, lieutenant général de l'artillerie, bailli d'Auxonne, tué à la bataille de Fornoue (1495).

dicte artillerie; le duc de Millan la vist, qui la trouva très belle et effroiable.

Aveq' le roy, tant par terre que par mer, et aveq' M. d'Orléans y avoit de très grands, braves et vaillants seigneurs : le seigneur Philippes de Savoye¹, le duc de Nemours, le prince d'Orange ², le sieur conte de Ligny, le seigneur François de Luxembourg³, le conte de Nevers ⁴, le seigneur d'Albret ⁵, le conte de Boulongne ⁶, le grand bastard de Bourbon ⁷, le mareschal de Bourgongne ⁸, le grand bastard de Bourgoigne ⁹, le gouverneur de Champaigne ¹⁰, le gouverneur de Bourgoigne ¹¹, le seigneur de l'Isle ¹², le marquis de Salluce ¹³, le mareschal de Gié, le mareschal de Rieux ¹⁴,

1. Philippe de Savoie, seigneur de Bresse, né en 1438, duc de Savoie le 16 avril 1496, mort le 7 novembre 1497.
2. Jean II de Châlon, prince d'Orange, mort en 1502.
3. François de Luxembourg, vicomte de Martigues.
4. Engilbert de Clèves, comte de Nevers, mort le 21 novembre 1506.
5. Alain, sire d'Albret.
6. Jean III de la Tour, comte d'Auvergne, mort en 1501.
7. Mathieu de Bourbon, fils naturel de Jean II, duc de Bourbon, mort en 1505. Il était conseiller et chambellan du roi, amiral et gouverneur de Guyenne et de Picardie, maréchal et sénéchal de Bourbonnais.
8. Philippe de Rothelin. Voyez plus haut, p. 296, note 3.
9. Antoine, fils naturel de Philippe le Bon et de Jeanne de Prelle, légitimé en 1421, mort en 1504, à quatre-vingt-trois ans.
10. Jean d'Albret, sire d'Orval, gouverneur de Champagne, mort le 10 mai 1524.
11. Le maréchal de Baudricourt. Voyez plus haut, p. 297, note 1.
12. Le seigneur de l'Isle-Adam. Voyez plus haut, p. 294, note 2.
13. Louis II, marquis de Saluces, mort en 1504.
14. Brantôme a consacré à ces deux maréchaux des articles qu'on trouvera plus loin.

le sieur de la Chastaigneraye [1], le sieur de l'Espare [2], le prévost de Paris, dict de Touteville [3], le sénéschal de Beaucaire, le sieur Jehan de Bourdillon [4], le sieur Jehan de Ponquere, le baillif de Berry, le baillif de Sainct-Pierre-le-Moustier, le baillif de Vitry, les maistres d'hostelz, les chambellans, les gentilshommes servans et une autre grande quantité de toutes sortes de gentilshommes, tant vollontayres que gaigez et soudoyez pour l'armée de mer de M. d'Orléans [5].

Le livre dict (cela est mal aysé à croyre) qu'il y avoit unze carraques [6], deux cents gallères et vingt six gallées [7] à voiles, ainsin les nommoit-on alors (ce sont toutes manteryes, si elles estoyent telles que d'aujourduy), cinquante brigantins et quatre vingts fustes, sans comprendre les barques dont il y en avoit grand nombre; et quand à moy, je trouve que c'est beaucoup et croy que l'autheur en donne. Il dict tant d'autres particularitez que ce seroit une grand' longueur de les escripre, jusques à dire comme le roy laissa tous ses chariotz à Grenoble à cause des montaignes qu'il falloit passer, et prist une si grande quantité de muletz qu'on n'en sceut dire le nombre, desquelz en estoit cappitaine le grand Guilhaume, de Lion sur Rosne. Encor à la court d'aujourdhuy on dict le cappitaine

---

1. André de Vivonne, seigneur de la Chasteigneraie.
2. Gabriel d'Albret, baron de Lesparre, lieutenant-général au royaume de Naples.
3. Jacques d'Estouteville, seigneur de Beyne.
4. Brantôme lui a consacré un article.
5. Voyez plus loin la Vie de Louis XII.
6. Gros navires ronds.
7. *Gallée* ou *galée*, galère, *galea*.

des muletz, et en celle d'Espaigne on l'appelle *azi-milero*[1] *major*, grand muletier, et lesdictz muletz estoient pour servir à tous offices de la maison du roy, comme pour sa chambre, chapelle, garderrobe, paneterie de bouche comme[2] de commun[3], pour garde vaisselle de bouche comme de commun, pour cuisine de bouche comme de commun, tapisserie et forniture pour chamberlans, sommeliers, chantres, médecins, et généralement pour tous les officiers domestiques de la maison du roy, comme maistres d'hostelz, roy d'armes, héraux du roy (George Michaut, Digon[4], Paris, Gabriel), maistres de la garderrobe, varletz de chambre, escuiers de cuisine, varletz tranchans, panetiers, sommelliers, enfans d'honneur[5], pages, huissiers d'armes, huissiers de chambre, huissiers de salle, huissiers de cuizine, portiers, clercs d'office, clairons, trompettes, saquebutiers[5], tabourineurs, harpeurs, joueurs de hautz bois, sonneurs de cornetz (toutes bouches inutiles), joueurs de la grand'espée (veut dyre à deux mains, qu'on nomme espadon en Italye) et de la petite au bouclier, joueurs de la hache d'armes, de la courte dague (je n'ay jamays veu de ceux-là), jousteurs de lance, tireurs de haquebute et coulevrines, et gentilz compaignons qui avoient bons corps pour fayre souplesses.

1. Lisez : azemilero.
2. *Comme*, c'est-à-dire ainsi que.
3. « *Commun*, chez le roi, les princes et les grands seigneurs, est un nom collectif qui signifie les bas officiers. » (*Dictionnaire de Trévoux.*)
4. P. Desrey l'appelle Dijon.
5. La saquebute était une espèce de serpent d'église.

Ces petittes particularitez, encor' qu'elles ne plairont à tous, autres y prendront plaisir pour veoir ceste antiquité et comme la maison du roy de ce temps estoit composée et de quelle sorte de gens, et comm' elle estoit grande et trainoit aveq' soy un grand attirail et bagage, inutile pourtant; encor cela frapoyt quant il n'y avoyt grand danger ny trop d'advantage de l'enemy.

Le roy avoit pour grand mareschal des logis, ainsin le nomme-il, au lieu que nous le nommons mareschal de camp aujourd'huy, ung noble homme sage conseillier et maistre d'ostel nommé Pierre Valletaut, dict Louis, lequel avoit si bien veu et praticqué toute l'Italie que par grand'curiosité et dilligence (dit le livre) bailla par escript en beaus petitz rollets au roy et à tous ses mareschaux tous les lieux, citez, villes, chasteaux, bourgs et villages de ce voiage, et si narroit et donnoit à entendre la scituation des logis, c'est assavoir s'ilz estoient en plain ou montées, en vallées ou bien s'ilz estoient prez de bois, de predz, de rivières, de ruisseaux, de grosses villes, moiennes, petites, ou prez de mer, qui fut une chose de grand estime et de grand soing, tant pour l'adresse et conduitte du roy que pour son armée et son train. Il falloit bien dire que cest homme eust bien veu et retenu ceste Italie, chose rare pour lors, ne s'estants les Françoys par trop despaysez par delà comme aujourduy, et qu'il fut bien suffisant de son estat, bien dissemblable de plusieurs de noz mareschaux que nous avons veu et voions tous les jours qui ne sçavent pas la contrée ni le plan de la moindre province de France. En tout ce grand arroy, æquipage et compaignie, s'achemina ainsin le roy en son dict voiage si heureusement que le monde venoit au devant de luy porter les clefz par où il passoit et y faisoit son entrée. Cest autheur que je dis raconte de journée en journée les lieux où le roy passa jusques dans Naples, que je mettrois icy par escript, mais ce seroit trop long.

Si conteray-je encor' ceste particularité que, quand le roy fist son entrée à Fleurance, outre l'ordre qu'il descript de toute son armée marchante, y avoit parmi les gens d'armes et gens de pied si grande quantité de trompettes, clairons, cornetz et tabourins qu'ilz faisoient trembler toutes les Italles. Apprez entroient les deux cents arbalestiers, et puis les archiers de la garde tous et chacuns d'eux à pied et en belle ordonnance, armez de brigandines[1], gardebras, gorgerins et claires sallades, aveq' aussi leurs arcz et trousses, espées et dagues poignantes, et si avoient leurs hocquetons d'orfebveries moult richement faictz, qui estoient très plaisans à veoir, dont les Italiens s'en esmervelloient fort, outre qu'ilz estoient tous beaux et très puissans hommes (car de ce temps on les choisissoit tous fort grands et hauts, pensans qu'ilz fussent plus mauvays et frapassent mieux que les autres), et avoient aprez eux leurs cappitaines, c'est assavoir, le seigneur de Cressol, Claude de la Chastre, et son filz[2], le sieur de la Conquebourne, lieutenant du seigneur d'Aubigni, tous armez et richement accoutrez. Icy voiez comme

1. *Brigandine*, armure légère.
2. Gabriel de la Châtre, seigneur de Nançay, chambellan et maître d'hôtel du roi, mort le 9 mars 1538. Il était fils de Claude de la Châtre, capitaine des gardes du roi.

leurs cappitaines alloient apprez et non devant, et puis vous voiez la sorte des armes de ses gens.

Aprez venoient les cent gentilshommes mieux en point qu'on vist jamais ; ilz estoient tous armez et montez sur de très bons chevaux bardez de diverses parures, ung chacun scelon leur couleurs ou autrement leur blazons de armerie [1]; ilz estoient accouttrez de plumars [2] de mesme, de mantellines, séons [3] de drap d'or, de velours ou satin découpez, chargez de riche orfebverie ; leurs pages, archiers et coustilliers (notez celluy-là), montez aussi sur de gros chevaux portans leurs couleurs et livrées ; aprez et autour d'eux marchoient ung beau nombre de beaux gallans lacquais, tous richement habillez de drap d'or, velours, satin ou taffetas pour le moindre drap. Ainsin accompaignarent le roy, qui estoit monté sur ung très beau cheval bien bardé et fort paré d'un fin drap d'or riche, et le roy très bien et richement acoustré. L'on peut veoir icy la grande superbeté des cent gentilshommes, dont il y avoit deux bandes, comme j'ay dict. L'on a veu despuis ceux de nostre temps ne parestre point si braves ny estre telz comme ceux là, fors qu'à l'entrée du roy Henri II, qui se fist à Paris en armes [4]. Certainement il les faisoit très beau voir et leur cappitaine, M. de Canaples [5], le plus rude homme d'armes de son temps.

1. *Armerie*, armoirie.
2. *Plumars*, panaches, plumets.
3. *Séons*, sayons.
4. Le 16 juin 1549.
5. Jean de Créqui, seigneur de Canaples. Brantôme lui a consacré un article.

Toutes ces petites particularitez sont plaisantes à lire, au moings à aucuns. Et en toutes ces entrées que faisoit le roy, il les faisoit toutes ainsin; et scelon qu'il voioyt estre nécessaire, il se saisissoit d'aucunes places et y mettoyt garnison pour l'asseurance de son retour, comme nous lisons aux hystoyres; et mesmes à Viterbe, il y laissa un nommé Gaboches et tous les archiers des toilles[1] aveq' luy.

Je brise donc icy pour dire qu'après que ce gentil roy eut laissé son royaume paisible, et donné aux seigneurs et dames du royaume force beaux plaisirs et passetemps de beaux tournois à la mode de France, qui ont toujours emporté la vogue par dessus tous les autres, et où il estoit tousjours des premiers tenans et des mieux faisans, aveq' ses mignons et favoris Galiot, Chastillon, Bourdillon et Bonneval[2], qu'on disoit en rithme gouverner le sang royal[3], il part du royaume, reprend son mesme chemin, et retrace les mesmes pas; sçait nouvelles de la ligue[4] grande faicte contre luy pour l'engarder de passer, et l'attendre au

1. Charles VIII, en retournant en France, « leva, dit le *Vergier d'honneur*, le capitaine des toilles, nommé Gavaiches et ses archiers des toilles que estoient demourez en garnison au chasteau de Viterbe, et le rendit aux gens du pape. » *Archives curieuses*, 1re série, t. I, p. 369. — Les *archiers des toilles* étaient des archers attachés à la vènerie du roi.

2. Germain de Bonneval, seigneur de Bonneval, de Coussac et de Blanchefort, conseiller et chambellan du roi, gouverneur et sénéchal du Limousin, tué à la bataille de Pavie (1525).

3. Voyez la Vie de M. de Chastillon.

4. Le 31 mars 1495 avait été signée contre Charles VIII une ligue entre Venise, Alexandre VI, l'empereur Maximilien Ier, Ferdinand d'Aragon et Louis le More, duc de Milan.

passage de Fornoue pour totalement le deffaire et mettre en pièces : n'aiant que la moictié de son armée, et l'autre laissée en sa conqueste, ne s'en estonne point (chose miraculeuse); se prépare à la bataille, choisit neuf preux pour se tenir près de sa personne et combatre près de luy.

Le roy Ladislaus[1], roy d'Hongrie et de Naples, quand il donna ceste belle battaille au roy de Naples Louys IIe, il choisit six gentilshommes avecques luy, et les fit tous chevaliers avant la bataille, et les vestit tous d'une sorte à sa propre devise (dict ainsi l'histoire), tellement qu'ils estoient si bien mescognus[2] que chascun d'eux ressembloit au roy; et toutes les fois qu'il envoyoit un escadron, il envoyoit avecques icelui un des sept chevaliers, de sorte qu'il sembloit qu'en chascun desdicts escadrons le roy fust en personne. Enfin la bataille se donna forte et furieuse, que ledict roy Ladislaus perdit à demy. Voyez l'histoire de Naples[3].

---

1. Ladislas, fils de Charles III de Duras, roi de Naples, né en 1376, succéda (1386) à son père et fut vaincu (1411) à Rocca-Secca (terre de Labour) par Louis II d'Anjou, son compétiteur au royaume de Naples. Il mourut en 1414. Il prenait le titre de roi de Hongrie (sur laquelle il ne régna jamais), parce que son père avait été désigné comme héritier de ce royaume par Louis Ier de la maison d'Anjou.

2. *Mescognus*, méconnaissables.

3. Voici le passage du *Compendio dell' istoria del regno di Napoli*, de Collenuccio : « Il re Ladislao, poi che hebbe posto ogni huomo all' ordine suo, tolse messer Giovanni Carracciolo, conte d'Avellino, et sei altri gentil' huomini con lui, et tutte sette li fece cavalieri, et vestilli tutti ad un modo alla divisa sua propria; talmente che essi dal re non erano conosciuti, anzi ciascuno di loro pareva il re, et ogni volta che mandava fuora una

Le roy Charles faict ce jour de sa main incroyables faicts d'armes, monté sur un cheval noir et borgne, qu'on appeloit *Savoye*, que M. de Savoye[1] luy avoit donné, lequel servit bien ceste fois son maistre, qui estoit armé de toutes pièces; et sur son harnois très riche avoit une très riche jacquette (ainsy l'appelle l'histoire) que nous appellons une cotte d'armes, à courtes manches, de couleur blanc et violet, semée de croisettes[2] de Jérusalem faictes de fine broderie et enrichies d'orfœuvrerie. Son cheval estoit bardé de mesmes, son habillement de teste très riche et superbe : bref, il n'avoit rien à dire qui ne fust d'un bon et vray gendarme, dit l'histoire[3].

Il[4] y en eust aucuns qui, pour le bon zèle et amitié

---

squadra, mandava con essi uno di questi cavalieri, in modo che pareva che in ciascuna d'esse fosse la persona del re. (Édit. de 1613, liv. V, p. 213.) Cf. la traduction de D. Sauvage.

1. Charles II, qui régnait alors sous la tutelle de sa mère, Blanche de Montferrat, et mourut en 1496, à huit ans.

« Je trouvay le roy, dit Commines, monté sur le plus beau cheval que j'aye veu de mon temps, appellé *Savoye*. Plusieurs disoient qu'il estoit cheval de Bresse. Le duc de Savoye le luy avoit donné, et estoit noir et n'avoit qu'un œil, et estoit moyen cheval, de bonne grandeur pour celuy qui estoit monté dessus. » (L. VIII, ch. VII.) — Voyez aussi Paradin, *Chronique de Savoye*, 1561, liv. III, ch. LXXXVII, p. 375, et le récit de la bataille de Fornoue, dans le tome III (p. 420-425) de l'excellente édition de Commines donnée par Mlle Dupont.

2. *Croisettes*, petites croix.

3. Ceci est pris textuellement dans la *Mer des Chroniques*, fol. 219.

4. *Var.* C'est assez parlé de tout cella pour le voiage. Quand à pour le retour, apprez avoir mis ordre donq à Naples (comme il voyoit), fit M. de Montpensier, son visce-roy, il s'en tourne, estant attendu à Fornoue, où il donna bravement la bataille sans s'es-

qu'ils luy portoient, contrefirent ses couleurs et sa livrée; qui furent : le seigneur de Ligny son bon cousin, le seigneur de Pienne¹ et le bastard de Bourbon, Mathieu. Je croy bien que ses autres favorys, que j'ay dict cy-devant², en firent de mesmes, bien que l'histoire ne le die.

Plusieurs furent jaloux, et portèrent grand' envie à l'eslection de ces neuf preux ainsy choisis, comm' il arriva de mesmes à celle que fit le roy Jehan à la bataille de Poictiers³, qui en fit une très gentille excuse que l'on void dans la cronicque⁴, et comm' il en contenta un chacun. Certes, telles eslections peuvent servir à leurs maistres quelques fois, car c'est un grand plaisir d'estre bien secondé et assisté, en tel affaire important, de personnes de fiance et de valeur. Mais au roy Jehan ny au roy Charles ces choisis ne servirent

tonner de rien, car scelon que dict ce livre, ce jour-là, il fit tant de beaux exploictz d'armes qu'on le peut appeller vray filz de Mars. Il avoit dessoubz son riche harnoys bien complet une bien riche jacquette (que nous disons cotthe d'armes) à courtes manches, de couleur blanc et viollet, semées de croizettes de Hyérusalem, faictes de fines broderies et enrichye de orfebvrerie. Son cheval estoit noyr, que le seigneur de Savoye luy avoit donné, et estoit bardé le possible de mesmes les habitz du roy. Il avoit ung armet sur son chef le plus sumptueux qui peut estre. Bref, il n'i avoit rien à dire qui ne fut comme ung bon gendarme. Il y en eust aucuns qui contrefirent ses couleurs.... (Ms. 6694, fol. 121, v°.)
— Cette variante est la suite du texte qui se termine à la ligne 8 de la page 305.

1. Voyez leurs Vies plus loin.
2. Voyez plus haut, p. 305.
3. Il s'agissait de choisir trois cents hommes d'armes destinés à faire la première attaque contre les Anglais.
4. Cette chronique est l'*Histoire de France* de du Haillan. Voyez l'édition de 1576, p. 806.

de guières; car le roy Jehan, nonobstant eux, fut pris, et en danger de la vie (il se peut faire qu'ils avoient esté tous tuez près de luy, ou que d'aspreté de combat ils l'avoient quitté et combatu ailleurs), sans un brave gentilhomme françois du pays d'Artois transfugié avec l'Anglois[1] : ainsy que firent aussi ces braves du roy Charles, qui s'amusèrent si fort à combattre, qui çà, qui là, et à poursuivre la victoire, que le roy demeura si seul (ce dict Philipes de Commines[2] et autres histoires), l'espace d'une demie heure, que, sans son brave cœur, sa valeur, sa résolue deffence, son opiniastreté de combat, et son bon cheval Savoye (car tout y servit), il estoit mort ou pris et troussé. En tels importans affaires, puisque l'on y est choisy et appellé, il y faut avoir mieux l'œil et de la considération, sans se laisser trop aller à l'ardeur de son courage.

J'ay ouy dire à aucuns anciens capitaines que jadis par les vieilles coustumes des batailles, les grands et premiers escuyers des roys de France devoient estre tousjours près d'eux, sans jamais les désemparer ny abandonner, et ne fère que parer aux coups que l'on donne à leurs maistres, ny sans s'amuser à autre chose que cela, ainsy qu'on dit que fit ce brave et grand es-

1. Denis de Morbeq. Voyez tome I, p. 290.
2. Le roy, dit Comines, avoit ordonné sept à huit gentils hommes, jeunes, pour estre près de luy... Or il se trouva en ce lieu en si petite compagnie qu'il n'avoit point de toutes ses gens qu'un valet de chambre appellé Antoine des Ambus, petit homme et mal armé; et estoient les autres un peu espars, comme me conta le roy, dès le soir, devant eux-mesmes, qui devoient avoir grande honte de l'avoir ainsi laissé. (Liv. VIII, ch. XII.)

cuyer de Sainct-Severin[1], à la bataille de Pavie, à l'endroict du roy François : aussi y mourut-il en la bonne grâce et louange de son roy, qui le sceut bien dire par après. Il ne faut pourtant blasmer ces neuf preux d'une si légère faute, puisqu'ell' estoit couverte de trop de générosité de cœur et de vaillance; car, quelque erreur que l'on face en ces combats, ell' est tousjours excusée, quand ell' est d'une surabondance de vaillance accompagnée de courage.

Ces neuf preux estoient ceux que Belleforest nomme en sa cronicque[2], desquels estoit le seigneur d'Archiac dit messire Adrien de Montberon, grand-père de madame de Bourdeille[3], ma belle-sœur, qui est aujourd'huy l'une des belles, illustres et riches maisons qui soit en Guyenne. Je les ay veus tous pourtraicts et paincts au naturel dans une salle d'une de ses maisons en Xaintonge, ensemble la forme du combat et de la bataille, et eux auprès de leur roy, avec une contenance de visage représentée très asseurée et hardie, qu'il faisoit certes très beau voir. Despuis la vieillesse a effacé et ruiné tout ce beau, et la ruine de la

---

1. Galeazzo de San Severino.
2. « Il ordonna, dit Belleforest, pour la garde de sa personne sept ou huit gentilshommes choisis comme l'élite de toute l'armée, lesquels furent accoustrés de mesme parure que Sa Majesté. Desquels les noms s'ensuivent : Mathieu de Bourbon, surnommé le Bastard..., Louys de Luxembourg, les seigneurs de Pienne, Bonneval, d'Archiac et Genollac; et du costé gauche estoit Robinet de Fraxinelles, lieutenant de la compagnie du duc d'Orléans. » Belleforest, *Histoire des IX roys Charles*, p. 396.
3. Adrien de Montberon, seigneur de Villefort, mari de Marguerite, fille de Jacques d'Archiac. — Jacquette de Montberon, femme d'André de Bourdeille, frère de Brantôme.

salle et tout; dont est grand dommage, car la veue en estoit très plaisante[1].

Le bastard de Bourbon, dict Mathieu, acquit là un très grand honneur, pour y avoir très bien faict. Aussi il y fut pris très vaillamment, et fort près de la personne de son roy et maistre, qui l'aymoit fort, et le croioit, comme de raison. Il avoit très bien servy le roy Louys XIe, et pour ce l'avoit honnoré de belles charges ; mais comm' estoit de son naturel prompt et léger à faire et défaire les personnes, il le désapointa, et mesmes du gouvernement de Picardie. Il estoit un très bon capitaine, et avoit du crédit envers son maistre[2] et de la créance, comm' il parut lorsqu'il l'appella et quasy reprist de collère, quand il estoit temps d'aller à la charge et que l'ennemy marchoit la teste baissée, luy dict et luy cria : « Sire ! sire ! advancez-vous ; il n'est meshuy temps de s'amuser à faire des chevalliers. Voicy l'ennemy, allons à luy. » A quoy il le creust, et courut aussitost à luy.

Sur quoy je feray ceste petite digression : pourquoy, le temps passé, ces seigneurs et gentilshommes estoient si curieux de se faire faire chevaliers à leurs roys ou ses généraux d'armées, avant la bataille et la meslée plustost qu'après. Dont j'en demandé un jour l'opinion à feu M. de Sansac le bon homme[3], un très digne chevalier de son temps, et qui entendoit fort bien les choses chevaleresques. Il me respondit : que

1. *Var*. Despuis la salle s'est tombée et ruinée de viellesse, dont c'est grand dommage, car la veue en contentoit fort les yeux. (Ms. 6694, fol. 122, r°.)
2. Charles VIII.
3. Brantôme lui a consacré un article.

tel estoit l'humeur d'aucuns, qui vouloient ainsy gaigner les devans, craignans que le roy ou le général y mourut ou fut pris, et par ainsy qu'ils fussent frustrez de ce bel honneur qu'ils prétendoient et désiroient tant, ou bien, s'ils venoient à y mourir euxmesmes, que pour le moins cela leur demeurast et leur servit de perpétuelle mémoire de gloire, et à leurs héritiers; que pour le moins on eust peu dire qu'ils estoient morts chevalliers faicts de la main du roy. Vous trouvez dans les Mémoires de M. du Bellay[1], comm', à la bataille de la Bicoque, le brave M. de Pondormy[2], faisant la poincte avec sa compagnie de cinquante hommes d'armes, il avoit aussi avecques luy les chevaliers nouveaux; qui faict à croire qu'ils venoient d'estre faicts tous fraiz de M. de l'Autrec, le général de l'armée. Aujourd'huy[3] ceste usance de petite cérimonie d'ambition ne se pratique guières plus; car, ou mourant vaillamment là, ou survivant aiant très bien faict, l'on est aussi honorablement créé comme si ceste cérimonie s'y fust solemnisée, et possible encores mieux.

Il y a aussi un abus, que tel estoit touché ou accollé (car ainsy se faisoient les chevaliers, ou par le touchement du bout de l'espée sur l'espaule, ou par l'accol-

---

1. « Le seigneur du Pontdormy avoit charge avec sa compagnie de cinquante hommes d'armes et les chevaliers nouveaux de marcher devant le mareschal de Foix. » *Mémoires* de du Bellay, collection de Michaud et Poujoulat, p. 161. — La bataille de la Bicoque, où Lautrec fut défait, se livra le 29 avril 1522.

2. Voyez tome I, p. 148.

3. *Var*. Aujourdhuy nous n'avons point ces cérémonies d'ambition, car en mourant vaillamment l'on est assez créé honorablement chevallier. (Ms. 6694, fol. 122, r° et v°.)

lade), qui, venant puis après au combat, au lieu de bien faire et bien combattre, il s'enfuyoit à bon escient de la bataille, ne faisant rien qui vaille[1] ; et voylà une chevalerie et une accollade bien employée ! Et c'est pourquoy, disoit M. de Sansac, qu'il estoit bien meilleur cent fois et plus honnorable de se faire créer chevalier après la bataille, aiant très bien combatu et faict bien le devoir de chevalier, ainsy que le roy François Ier voulut estre faict chevalier de la main du brave M. de Bayard après la battaille des Suysses ; et comme de nostre temps fut faict M. de Tavannes[2], chevalier, tant de l'honneur que de l'ordre[3] du roy Henry, après la bataille de Ranty, comme j'en parleray en son lieu[4]. Force autres ont esté ainsi créez comme je le discourrois bien ; mais cela seroit trop long, et aussi qu'aujourd'huy l'on se dispense assez d'ailleurs pour se faire chevaliers, que les moindres se créent d'eux-mesmes assez sans aller au roy ; si qu'il se peut dire qu'il y a aujourd'huy plus de chevaliers tels quelz et de dames leurs femmes, que jadis n'avoit d'escuyers ny de damoiselles : tant est grand l'abus parmy la chevalerie.

1. *Var.* Au lieu de bien fayre et bien mener les mains qu'il s'enfuiyoit tout à trac, fort poltronnement. (Ms. 6694, f° 122, v°.)

2. Gaspard de Saulx de Tavannes, maréchal de France. — Brantôme lui a consacré un article.

3. L'ordre de Saint-Michel. Tavannes s'était distingué au combat de Renty (1554).

4. *Var.* Comme j'espère en parler en son lieu. L'on en discourra là dessus comme l'on voudra ; le subject en est très ample. Pour retourner encor à nostre grand roy Charles, je trouve une très-grande faute, avecq l'advys de plus grands que moy, comme je les en ay ouy discouryr, que firent.... (Ms. 6694, fol. 122, v°.)

Pour revenir encor à nostre grand roy Charles, il faut notter une grand' faute que firent ce jour là (comme je tiens de plus grands que moy), tant de bons capitaines qui estoient avec luy, et seigneurs, qui estoient messieurs les maréchaux de Gié, de Rieux, de la Trimouille, de Ligny[1], de Pienne, le bastard de Bourbon, et force autres[2] : que le roy estant hay et cherché de ses ennemis tout ce qu'il se peut et qui luy en vouloient plus qu'à pas un, tant pour sa générosité, son ressentiment, que pour asseurance et créance qu'ils avoient conceue entr' eux que, le roy pris ou mort, tout estoit perdu pour la France et tout gaigné pour eux, et qu'à celuy il falloit du tout hasarder et donner, envoyèrent un trompette ou héraut pour, soubs faintise de demander quelque seigneur vénitien prisonnier, et soubs telle umbre espier et adviser bien et remarquer les signes que pourroit bien avoir le roy, pour le recognoistre et le charger. Ce qui fut aisé au trompette ; car estant mené vers le roy il le recogneut par ses armes, son habillement de teste, sa cotte d'armes, son cheval, ses bardes, jusques à la prise à sa place de bataille ; et ainsy rapporta bonne langue, telle que l'ennemy la désiroit[3], si bien que, sur son

1. Voyez plus loin leurs articles.
2. *Var.* Et une infinité d'autres qui estoient là, en ung traité que j'ay leu dans cette vieille chronique cy dessus préalaguée, c'est que le roy estant hay de ses ennemis. (Ms. 6694, fol. 122, v°.)
3. *Var.* Et pour ce, falloit nécessayrement que tous donnassent à luy ou la plus grand' part et qu'ilz l'eussent mort ou vif, eux estans ignorans et ne pouvans sçavoir ni par espions, ni autrement, quelles armes il avoit ce jour là, quelle casaque, dessus quel cheval, quelles bardes, bref, quel signal signalé sur luy dont il peut estre par dessus les autres remarqué, et mesmes quelle

LE ROY CHARLES VIII.

raport, toute la plus grande charge tumba sur luy comm' un foudre[1]; dont bien luy servit de faire à beau jeu beau retour[2]. Je vous laisse donc à penser s'il y avoit raison de donner entrée dans l'armée, sur le point de combattre, à un tel gallant que celui-là, et si on ne le devoit pas chasser ou lui faire tirer. Je ne sçay où ces messieurs pouvoient avoir le sens et les yeux de commettre telle faute[3] que nos plus petits capitaines d'aujourd'hui ne feroient pas, mais de ces temps, nos anciens François estoient si francs et bonnaces qu'ilz pensoient tous autres leur estre semblables; et Dieu sçait! n'avoient-ilz pas leu force histoires modernes de la féauté de telles gens? Or, d'autant que

place et champ de bataille il avoit choisi pour luy et quelles trouppes près de luy. Ilz s'advisarent d'envoyer ung peu devant le commancement du combat ung héraut vers le roy, faignant luy dire aucune affayre. Le roy, qui ne craignoit rien ny n'apréhendoit aucun danger, le fist venir à luy, et y estant prez demanda fainctement un grand seigneur vénitien qu'ilz trouvoient à dire en leur camp et le pensoient pris en celuy du roy. Il luy fut aussitost permis le chercher par les trouppes. Cependant le héraut qui estoit habille, en faisant sa fainte retourna vers son camp, où il raporta quel acoutrement le roy avoit : quelles armes, quel heaume, quelle livrée, quel cheval, quelles bardes et quelle place il avoit choisie, si bien que.... (Ms. 6694, f° 122, v°.)

1. Ceci est tiré de la *Mer des chroniques*, f° 228, v°.

2. *Var*. Et que Dieu le tenoyt par la main. (Ms. 6694, f° 123, r°.)

3. *Var*. Je ne sçay où pouvoient avoir les yeux et le sens ces grands cappitaines par ung tel traict qui alloit mettre le roy et toutte l'armée en une totale ruine. Noz cappitaines d'aujourd'huy, tant petitz soient-ilz, ne feroient pas ces pas de clercz. Aussi noz anciens Françoys estoient si bons qu'ils avoient oppinion que tous leur fussent semblables. Or d'autant.... (Ms. 6694, f° 123, r°.)

Jacques de Bergamo, au Supplément de ses Chroniques[1], a mis par escrit l'harangue que le roy fit ce jour à ceux de son armée avant que commencer la charge, et qu'elle me semble très belle et gentille, j'ay advisé de la mettre icy. Elle est donc telle sans la changer.

« Certes, très forts et très hardys chevaliers, jamais
« je n'eusse entrepris si grandes choses comme ce
« voyage, n'eust esté la fiance que j'ay tousjours eue
« en vostre vertu et prouesse, pareillement les sollici-
« tations et promesses de Sforce, duc de Milan, lequel
« nous eut bien gardé d'estre en nécessité de combattre
« s'il m'eust tenu sa foy; mais, comm' ainsy soit que la
« nature des traistres se délecte plus en trahison qu'en
« foy et vertu, nous devons combattre afin de vaincre
« mauvaistié. Et soyez certains qu'autant ou plus
« nous est facile de vaincre la bataille que de l'ac-
« commencer (gentille rodomontades de mot); car
« nos ennemys sont soudoiers et mercenaires, qui
« combattent plus par crainte que par amour qu'ils

---

1. Jacopo Foresti, plus connu sous le nom de Jacques de Bergame, mort en 1520. Il est auteur d'abord d'un *Supplementum chronicarum*, puis d'un *Supplementum supplementi chronicarum* (1506, f°), qui s'étend de 1450 à 1502, et qui fut successivement continué jusqu'en 1552. — Ce n'est point du texte latin que s'est servi Brantôme, ni même de la traduction italienne. (Venise, 1553, in-f°). Il est probable, bien qu'il cite cet auteur plusieurs fois, qu'il ne l'a jamais ouvert. Ici, du moins, il a tout simplement copié, « sans la changer » comme il le dit, la version arrangée qu'a donnée de cette harangue J. de Bourdigné dans son *Histoire aggrégative des Annales et cronicques d'Anjou* (1529, in-f°), f° 179. Quant au texte latin, il se trouve au livre XVI du *Supplementum supplementi* de Jacques de Bergame.

« aient à leur prince ; parquoy ne les devons douter [1].
« Songez que nos ancestres, en combattant vaillam-
« ment, ont passé par tout le monde, et de leurs en-
« nemis ont emporté grandes despouilles et triumphes :
« et à nous, qui leurs successeurs sommes, eschappera
« ceste tourbe imbécille, que n'en rapportions vic-
« toire? Regardez, pour l'honneur de Dieu, que c'est
« que fortune vous offre à présent. O preux chevaliers !
« considérez que vous estes François, desquelz la na-
« ture et propriété est de faire et souffrir fortes choses,
« comme les Gaulois ayent tousjours tenu estre plus
« glorieuse chose de mourir en bataille que d'estre pris.
« Nos ennemys se confient en leur multitude, et nous
« en nostre force et vertu : si nous vainquons, toutes
« les Itales sont à nous et nous obéissent; et si nous
« sommes vaincus, ne vous chaille [2] ! (gentil mot ancien)
« France nous recevra, qui deffendra assez son pays.
« Bref, nostre cas est seurement : mais je vous adver-
« tis que, pour ceste heure, n'ayez cure ny solicitude
« de vos parens, femmes et enfans, et ne pensez qu'à
« vaillamment combattre ; et si vous avez autre courage
« et qu'aymiez mieux honteusement par fuite vous
« retirer et voir vostre roy et naturel seigneur dolent
« et captif ès mains de ses ennemis, déclarez le de
« bonne heure [3]. »

Voylà certes de belles paroles d'un brave et gentil

1. *Douter*, redouter.
2. *Challoir*, importer.
3. Le *Vergier d'honneur* et Belleforest, dans son *Histoire des LX roys Charles* (liv. XV), ont mis dans la bouche de Charles VIII une harangue complètement différente de celle-ci et que bien certainement il n'a pas plus prononcée que l'autre.

roy¹, pour n'avoir jamais estudié; mais elles provenoient du profond de son cœur généreux; ausquelles aussitost tous ses gens, tant grands que petits, respondirent qu'ils n'estoient prests seulement de hazarder leurs corps pour son service, mais d'y employer leurs âmes et les engager à tous les diables pour lui quand besoing seroit. On ne sçait que plus louer à la vérité, ou les beaux mots du roy, ou la response de ses subjects, qui ne couchoient pas moins que de l'engagement de leurs âmes, et de se rendre esclaves des diables pour lui ². Telle franchise de parler n'a esté guières entendue ny dicte des chrestiens, ny tel devoir de servitude n'a esté offert de ses subjects à leur roy et seigneur, qu'il faut louer, venant de telle affection. Ces François, ce coup là, avoient raison de compter ainsy d'escot pour ce prince, car jamais ne fust veu meilleur prince en France, si doux, si benin ny si libéral; si qu'oncques personnes ne se despartit de sa présence qu'elle s'en allast esconduicte de chose qu'elle luy demandast, ny qu'il lui dict jamais mauvaise parolle; et c'est ainsi qu'il faut gaigner les gens; aussi fut-il très loyaument servi des siens et bien aimé, et mesmes en ceste bataille qu'il gaigna fort heureusement.

Elle gaignée, rebrousse son chemin, repasse les

---

1. *Var.* Voilà certes une brave et gentille harangue et admirable pour ung roy qui n'avoit jamais estudié. Aussi je pense que c'estoit son gentil cœur qui le faisoit ainsi parler. A ces propos, tous ses gens commencèrent à crier et dire.... (Ms. 6694, f° 123, v°.)

2. *Var.* Aussi se faisoit-il tant aymer à eux par la grande libéralité qui estoit en luy qu'on dict qu'oncques personne.... (Ms. 6694, f° 123, v°.)

montagnes, lève ¹ le siége de Novare, désengage le duc d'Orléans son beau-frère, faict la paix, et puis rentre en France, arrive à Lyon sain, gaillard, joyeux et triumphant, rencontré et recueilly de la reyne Anne sa femme, l'une des belles, honnestes et vertueuses princesses du monde, avecq' un visage beau et riant, d'elle et de toutes les dames de sa court, qui en faisoient de mesmes à leurs pères, marys, frères, parens, amis et serviteurs; et Dieu sçait les contes qu'ils leur faisoient de leur voyage.

Qu'est-il besoing d'alléguer d'avantage pour haut louer, couronner et confirmer ce roy pour l'un des plus grands et braves roys qu'il y eut de longtemps en France, comme j'ay ouy dire à une grand'dame de ces temps ², nourrie petite fille à la court, qui disoit que le roy François I, parmy ses discours qu'il faisoit quelques fois, il rengeoit tousjours ce petit roy Charles parmi les plus grands roys de la France, ses prédécesseurs, en alléguant les mesmes raisons que j'ay icy dessus alléguées.

Guichardin ³, très bon historiographe certes, a voulu mesdire de luy mal à propos en son histoire ⁴; mais il est hors d'estre creu, pour n'en parler que par passion, et aussi qu'il fit à lui et à tous ceux de sa pa-

---

1. *Lève*, c'est-à-dire fait lever le siége. Le duc d'Orléans (Louis XII) était bloqué dans Novare.

2. *Var.* « Feu madame de Dampierre, ma tante. » Ces mots sont biffés sur le manuscrit 6694 (f° 118), où Brantôme les a remplacés de sa main par ceux-ci : *une grand'dame*.

3. *Var.* Guyciardin fort mal à propos en a voulu mesdire. (Ms. 6694, f° 118.)

4. Voyez liv. I et liv. III, *in fine*.

trie si belle fezarde[1], qu'il ne sçavoit comment s'en revancher, sinon à mesdire de lui et le défigurer, et le descrire difforme de corps et de visage. Son effigie douce et bénigne, qui est à Sainct-Denys, en bronze doré, devant le grand autel, ne le nous figure pas tel. Aussi que j'ay ouy raconter à feu ma grand'mère, la seneschalle de Poictou, de la maison du Lude, que j'allègue souvent en ce livre, et qui avoit esté nourrie fille de madame de Bourbon[2], sœur dudict roy et sa régente, et mesmes avec lui, qu'il avoit le visage beau, doux et agréable; et l'accomparoit à un gentilhomme près de nostre maison; et disoit que c'estoit sa vraye semblance, en l'appellant souvent par ce mesme mot, la Véronicque[3] du petit roy Charles VIIIe; et prenoit grand plaisir de le voir et l'accoster souvent pour l'amour de son idée. Mais, selon la semblance de ce gentilhomme, je trouvois ce roy fort beau et bien agréable : il estoit de petite stature et taille maigrelette, pareille à celle, disoit ceste honneste dame, du roy; et en faisoit force beaux contes, et mesmes de son voyage de Naples, que M. le seneschal de Poictou, son mary, avoit faict avec lui, qui en racontoit bien aussi, et en rapporta force beaux et riches meubles que j'ay veu en nostre maison.

Enfin[4] ce fust un grand roy, lequel, s'il ne fust mort, il vouloit redresser nouvelle armée résolument et plus forte qu'auparavant, pour apprendre au pape

1. *Fezarde*, peur.
2. Anne de Beaujeu.
3. La véritable image.
4. *Var.* Enfin' ce fut grand dommage de sa mort, qu'ung chacun sçait, car il vouloit redresser.... (Ms. 6694, f° 118.)

et aux potentats d'Italie à tourner mieux au baston qu'ilz n'avoient faict [1]; qui fut cause qu'ils ne le regrettèrent guières, et par despit l'appellèrent, comm' ilz font encor aujourd'huy, *cabezzucco*, qui est autant à dire testu et opiniastre; mais plustost faut-il dire qu'il estoit résolu, courageux et déterminé en ses entreprises et actions [2].

1. *Var.* Et ne luy faire plus de mauvais tours. (Ms. 6694, f° 118.)

2. *Var.* Pour grand' preuve de sa vaillance, j'ay leu dans ung vieux roman. comme luy tenant le Castel-Nove assiégé, il estoit tousjours aux tranchées et y faisoit porter ordinayrement son disner, et disnoit là où le prince de Tarente le vint trouver et faire la révérence, et parlèrent longuement ensemble et fort famillièrement, et s'esbaïst fort de le veoir en ung tel lieu scabreux, louant fort son courage, car ledict prince estoit notable et bon homme de guerre. Il estoit venu dedans une gallère qui flotoit devant le logis du roy; ayant donné Sa Majesté en ostage, jusques au retour du prince, le seigneur de Ligny, le sieur de Guise et le maistre d'ostel, Charles de Brillac. Voiant donq les assiégés dudict Castel-Nove comme le roy s'affectionnoit et s'oppiniastroit à ce siége, et qu'il ni espargnoit nullement sa personne, ilz se rendirent à bonne composition et honnesté que le roy leur fist, et tout fort bien. Il fut de mesmes au Castel de l'Ove l'aiant assiégé (tant il estoit vaillant et hardy, il disnoyt toujours aux trenchées), qui se rendist comme l'autre, et n'aiant voulu fayre son entrée triumphante dans Naples que ces deux chasteaux ne fussent pris et en sa possession. Le roy Françoys en fist de mesmes à Mylan, sur cest exemple, n'y ayant voulu entrer jusqu'à ce que don Pedro de Navarro eust pris le chasteau.

Il l'ha fist ceste entrée de ceste façon, comme dist ce vieux roman : il estoit vestu en habit impérial d'un grand manteau d'escarlate, à mode des consuls et empereurs romains en leur triomfe, à un grand collet renversé et fourré, moucheté de fines hermines, tenant la pomme d'or ronde et orbiculayre en sa main droicte et à l'autre main son riche sceptre impérial, et sur sa teste une couronne d'or à l'impérialle fort richement garnie de riches et pré-

Ce mesmes Jacques de Bergame[1], que j'ay allégué cy devant, dit que la renommée de ses valeurs estoit si très tant divulguée de là parmi le monde, qu'il en faisoit trembler non seulement l'Europe, mais l'Asie; en telle sorte que le Grand-Turc, pour lors Bajazet, eut telle frayeur de luy qu'il l'allast chercher jusques

cieuses pierres. Car le pape paravant de Romme l'avoyt créé et esleu empereur de Constantinople, et ainsin monté sur ung beau cheval bien enharnaché entra dans la ville aveq une grande joye de tout le monde, estant appellé de toutes les voix Auguste.

Il estoit soubs un riche poisle d'un fin drap d'or porté par des plus grands de la seigneurie de Naples et à l'entour de luy avoit tous ses lacquais vestus de drap d'or. Le prévost de son hostel estoit devant luy accompaigné de tous ses archiers et chascun à pied. Puis près de luy estoit le seigneur de Beaucayre représentant le connestable de Naples, ce qui n'estoit guières beau ; car il ne venoit que d'estre son vallet de chambre, et luy veoir porter l'espée de connestable.... (*il y a ici quelques mots omis*). Toutesfois, il fut toujours le principal conseiller de ce voiage. Ung peu devant luy estoit le seigneur de Montpensier, comme visce-roy és peys de là. Apprez luy estoit le prince de Sallerne avecq plusieurs autres princes et seigneurs-chevaliers de l'ordre, parans du roy, comme le seigneur de Bresse, le sieur de Foix, le sieur Louis de Luxembourg, lesquelz estoient vestus de grands manteaux comme le roy. Le sieur de Piennes et le maistre de la monnoie de Naples [*] avoient la charge de ordonner, conduire et mettre en bon ordre ceste belle et noble entrée sollempnelle. Les rues estoient toutes tendues et parées de riches tapisseries, les feus de joye allumez partout, plusieurs esbatz faictz et dressez en grand' magnificence et excellence de triumphe. Ez belles places de la ville estoient les dames de la ville et du païs tant bien acoutrées, si bien en point et si belles qu'il n'i avoit rien si beau à veoir. (Ms. 6694, fol. 118, r°.) Voyez la suite plus haut, p. 290.

1. Tout cet alinéa est copié textuellement dans Bourdigné (fol. 181) qui cite, il est vrai, Jacques de Bergame. Voyez plus haut, p. 316, note 1.

[*] Il s'appeloit Moreau. Voyez le *Vergier d'honneur*, p. 548.

chez luy et le chasser de son empire, comme fort bien il l'avoit résolu, qu'il se mist incontinent sur ses gardes, fit amas de grandes forces et munitions; cependant luy envoya un' ambassade magnifique pour requérir son amour et bénévolence : ce qu'il refusa tout à plat; car pour certain ce brave et très chrestien roy avoit résolu et conclu par sentence irrévocable (disent les histoires) d'aller conquérir le royaume de Hiérusalem et tout l'empire d'Orient, et s'en faire couronner roy et empereur : mais la mort par trop cruelle, le prévint et l'en engarda.

Hélas! il ne mourut point en un lieu où son généreux cœur le portoit, mais au chasteau d'Amboise, au plus vil lieu [1] qu'y fust, dans une gallerie, voyant jouer à la paume, comme dict Philippe de Commines [2].

1. *Var.* Au plus vil lieu du chasteau, dans une salle gallerie. (Ms. 6694, fol. 123, v°.)

2. « Le roy, le septiesme jour d'apvril 1498, veille de Pasques flories, partit de la chambre de la reine Anne de Bretaigne, sa femme, et la mena quant et luy pour veoir à la paulme ceux qui jouoyent aux fossez du chasteau, et il ne l'y avoit jamais menée que ceste fois. Et entrèrent ensemble en une gallerie, qu'on appeloit la gallerie Hacquelebac, parce que cestuy Hacquelebac l'avoit eue aultresfois en garde : et estoit le plus déshonneste lieu de léans, car tout le monde y pissoit et estoit rompue à l'entrée : et s'y heurta le roy du front, contre l'huys, combien qu'il fust bien petit, et puis regarda une grant pièce les joueurs; et devisoit à tout le monde.... La derrenière parolle qu'il prononcea jamais en devisant en santé, c'estoit qu'il dict qu'il avoit espérance de ne faire jamais pesché mortel, ne véniel s'il pouvoit; et en disant ceste parolle, il cheut à l'envers et perdit la parolle (il ne povoit estre deux heures après midy), et demoura là jusques à unze heures de nuict. Trois fois luy revint la parolle; mais peu luy dura.... Toute personne entroit en ladicte gallerie qui vouloit, et le trouvoit-on couché sur une pauvre paillasse, dont jamais il ne partit jusques

Si que l'on peut dire de lui comme dict Paulo Jovio du roy François I : *Et sic maximus orbis rex in infimo totius Galliæ vico periit*; « Ainsy mourut le plus grand « roy du monde en le plus petit village de la France[1]. » Ce qui n'est, car la maison, le chasteau et le bourg sont très beaux, grands, illustres et fort renommez en France ; mais il falloit que ledict Paulo Jovio parlast ainsy. Mais il sera mieux dict de nostre roy Charles : *Et sic maximus*[2] *rex totius orbis in vilissimo totius suæ aulæ loco periit*; « et ainsy le plus grand roy du « monde est mort au plus vilain et sale lieu de sa « cour; » ainsy que dict Philippes de Commines, et, s'il vous plaist, en voyant jouer à la paume : spectacle certes bien différent à celui qu'il s'estoit proposé : mourir en voyant ses belles entreprises et conquestes faire et achever devant luy.

Certes, ce sale lieu fut trop indigne de ce grand et très illustre roy et de sa fortune. Ou du tout dès le commancement le devoit quicter là, ou bien puisqu'elle l'avoit entrepris, ne le devoit abandonner, ainsle par-

à ce qu'il eust rendu l'âme, et y fut neuf heures.... Et ainsi despartit de ce monde si puissant roy, et en si misérable lieu, qui tant avoit de belles maisons et en faisoit une si belle : et si ne sceut à ce besoing finer d'une povre chambre. (Liv. VIII, ch. xxv.)

1. Ce n'est pas, bien entendu, dans son Histoire que P. Jove a pu parler de la mort de François Ier, puisqu'elle s'arrête à l'année 1544. Je ne sais si dans quelques-uns de ses nombreux ouvrages il s'est servi des expressions que rapporte Brantôme ; je puis dire seulement que dans son *Elogia virorum bellica virtute illustrium*, on trouve à l'article du roi la phrase suivante : « Cum ignobili in vico cui Rambuleto (Rambouillet) nomen est regum nobilissimus defecisset.... (Édit. de Florence, 1550, fol., p. 303.)

2. Var. *Maximus vir et rex*. (Ms. 6694, fol. 123, v°.)

faire et poursuivre jusques à son plus beau période, puisqu'il s'estoit offert pour la chrestienté et le nom de Dieu.

L'Italie ne le plaignit pas : aussi le poëte Faustus[1] disoit que ses victoires et faicts belliqueux estoient autant de belles marques et enseignes, qu'il appelle *vera stigmata*[2] proprement en latin, sur le front des Italiens, qui jamais n'en tomberoient.

Cela est assez commun, comme j'ay dict, que le roy son père ne voulut jamais qu'il apprist mot de latin, sinon celuy *Qui nescit dissimulare nescit regnare*; aussi l'apprist-il bien et le praticqua, mais d'autre meilleure façon que son père, qui le tournoit à mal et le fils à bien, tellement qu'il se lit dans la Cronique d'Anjou[3], que lorsqu'il entreprist son voyage de Naples il y eut force ambassadeurs d'Italie qui allèrent vers lui pour le requérir humblement (ainsi parle la cronique); il leur fit responce en telle sage et douce ambiguité, qu'ils n'eurent cause d'au-

1. Scilicet et pauco lassus cum milite Carlus
    Innumera exterris agmina stravit agris;
    Hostibus et pressis patrium remeavit in orbem.
    Hæc numque ex latia stygmata fronte cadent.

(Publii Fausti Andrelini Foroviliensis, regii poetæ laureati, De obitu Caroli octavi deploratio; ejusdem de eodem ad Guidonem Rupifortem epistola.) Paris, 1505, in-4° (fol. 14, v°). Ce paragraphe et le suivant sont encore pris dans Bourdigné, fol. 180, v°.

2. *Var*. Étoient stigmatez ou pour mieux parler de vraies enseignes et marques sur le front des Italiens qui jamais n'en tomberoient. Il se trouve par escript que le roy... (Ms. 6694, fol. 124.)

3. (Voyez Bourdigné, fol. 180, v°) que Brantôme a mal copié ici, car les ambassades italiennes vinrent trouver Charles, non point à son départ, mais à son retour, à Verceil.

cune suspicion ny de hayne contre lui, ny aussi apparence ou promesse d'amitié. Dont après, trop plus que devant le craignirent, cognoissant par ses effects qu'en lui estoit toute générosité, vaillance et gentillesse, et par ses dictz, qu'il estoit garny de sens et de prudence. Ainsy parle la cronicque [1].

Il fit pourtant une grand' faute quand il livra les pauvres et valeureux Pysans aux Florentins [2], qui [3] dirent puis après pour cela Dieu l'en avoir puny et osté si viste de monde, et par une mort si subite. Les chrestiens, au moins aucuns, ne l'appreuvent point, pour n'avoir loisir de se recommander à Dieu; Cæsar, au contraire, qui tenoit la mort la moins opinée et préveue la plus heureuse. C'est une belle question pour disputer.

L'on parla fort diversement du genre de la mort de ce grand roy. Aucuns la disoient d'un catarre ou apoplexie, à laquelle il ne pouvoit estre subject veu sa complexion débille et son naturel point y adonné : car il n'estoit gros, gras ny replet; et telles gens y sont subjects. Aucuns disoient qu'il avoit eu le boucon *italiano*, d'autant qu'il menaçoit fort encor l'Italie, et le craignoient; aucuns, qu'il n'avoit pas bien accomply la volonté de Dieu à ne punir et réformer les prélats et gens d'église en leurs abus et inso-

---

1. *Var.* Voilà ce qu'en dist cest autheur et trouve par là que la dissimulation n'en estoit point vitupérable comme celle du feu roy son père qui ne faisoit que faire mal et emploioit sa dissimulation à cela. Tesmoing son frère le duc de Guienne....(Ms. 6694, f⁰ 124, r⁰.) Voyez la suite, p. 329, note 3.

2. Voyez tome I, p. 119.

3. *Qui*, les Pisans.

lences, ainsy que Dieu l'y avoit appellé, comme luy sceut bien dire *fray Hieronimo* [1] ; les Pysans, comme j'ay dict, affermoient pour leur avoir rompu sa foy. Bref, il en fut assez parlé ; mais la plus vraye vérité fut que telle estoit sa destinée et son heure, bien que Dieu se courrouce fort contre ceux qui violent une foy solemnellement donnée.

Et voylà pourquoy ceste devise, *Qui nescit dissimulare nescit regnare*, ne vaut rien, ainsy que j'ouy une fois prescher à un grand docteur de la Sorbonne, nommé M. Poncet [2], qui preschoit à la parroisse de Sainct Sulpice, à Sainct-Germain-des-Prez, qui dict tout haut, sur un subject que je ne diray pas, que telle parolle estoit d'un vray athéiste, et qui ouvroit le droict chemin aux roys et aux princes pour aller à tous les diables et les rendre vrays tyrans. Possible qui en voudra peser les raisons, il trouvera ce prescheur très véritable et fort homme de bien, selon nostre bon Seigneur Jésus-Christ, qui hayt mortellement les hipocrites, lesquels on peut nommer proprement traistres dissimulez, disoit ce bon prescheur. C'estoit le prescheur autant hardy à parler que jamais a entré en chaire, et hors de là encor. Par cas, un jour M. de Joyeuse, du temps de la grand'feste, despence et magnificence qui se fit en ses nopces [3], le rencontrant par la rue, il lui dict : « Monsieur Poncet,

---

1. Jérôme Savonarole. Voyez Commines, liv. VIII, ch. III et XXVI.

2. Maurice Poncet, bénédictin, curé de Saint-Pierre-des-Arcis, à Paris, l'un des plus fameux prédicateurs de son temps, né à Melun, mort à Paris le 23 novembre 1586.

3. En 1581. Voyez tome I, p. 44, note 4.

328 GRANDS CAPITAINES FRANÇOIS.

« je ne vous avois jamais cogneu qu'à st' heure, dont
« j'en suis bien aise, car j'ay fort ouy parler de vous,
« et comme vous faictes rire le peuple en vos ser-
« mons. » Il lui respondit froidement, comme l'autre
luy avoit parlé de collère : « Monsieur, c'est raison
« que le face rire, puisque le faictes tant plorer pour
« les subcides et despences grandes de vos belles nop-
« ces que le peuple souffre pour vous. » Ce fut à M. de
Joyeuse se retirer, bien qu'il eust eu grand' envie de
le frapper ; mais s'il l'eust touché le moins du monde,
le peuple (qui est un mutin pour tels subjectz de leurs
prescheurs libres, car ils les ayment naturellement
tels) s'assembloit, qui eust faict quelque vilain scandale sur lui et sa suitte ; car il estoit fort aimé dans
Paris[1].

Brisons icy ; et d'autant que ceste devise précédente que j'ay dict de ceste dissimulation estoit sortie
et enseignée à son fils par le roy Louis XIe, son père,
et par luy mesmes tant bien observée curieusement,
il faut un peu parler de luy, non par un grand som-
maire, car je ferois tort aux beaux et longs discours
que faict Philippes de Commines de luy en sa belle
histoire, mais par de petits contes les plus briefs que
je pourray, de ses dictes dissimulations, fainctes,
finesses et galanteries.

Le roy
Louys XIe [1].

Entre plusieurs bons tours des dissimulations,

1. L'Estoile à la date du 2 mars 1583 raconte une histoire analogue de Poncet et de d'Épernon.
2. Louis XI, fils de Charles VII et de Marie d'Anjou, né à
Bourges en 1423, succéda à son père le 22 juillet 1461, et mourut
au château de Plessis-lès-Tours le 30 août 1483.
Louis XI n'a pas de notice particulière dans la première rédac-

faintes, finesses et galanteries que fit ce bon roy en son temps, ce fut celuy, lorsque par gentille industrie[1] il fit mourir son frère le duc de Guyenne[2], quand il y pensoit le moins [3], et luy faisoit le plus beau sem-

tion, et le peu qui y est dit de lui est joint à la vie de Charles VIII. Nous avons dit plus haut (p. 283, note 1) qu'il n'existe plus, à notre connaissance du moins, que des copies de la dernière révision de la première partie des *Grands capitaines françois*; mais ces copies ne contiennent pas les expressions, les phrases, les passages que le réviseur a modifiés ou supprimés sur le manuscrit original. Heureusement que parfois le texte primitif se retrouve dans plusieurs des anciennes éditions. Ainsi c'est de l'édition publiée à la Haye en 1740 (15 vol. in-18), que nous tirons l'anecdote du fou, abrégée dans le ms. 6694.

1. La dernière rédaction supprime ici cinquante lignes, comme nous l'avons dit dans la note précédente, et porte : « Lorsque par gentille industrie, il fit venir par devers eux le connétable Saint-Paul luy aiant mandé qu'il avoit grand besoing de sa teste.... » Voyez la suite, p. 332, ligne 8.

2. Charles de France, duc de Berry, puis (1469) de Guyenne, né en 1446, mort à Bordeaux le 24 mai 1472. Sa mort arrivait si à propos pour Louis XI que ses contemporains crurent qu'il avait été empoisonné et par lui.

3. *Var.* (Voyez le commencement plus haut, p. 326, note 1.) Tesmoing son frère le duc de Guienne qu'il fist mourir en luy faisant toutes les bonnes chères du monde, et amprès sa mort en faisoit des regretz qu'on eust dict qu'il ne l'eust jamais faict fayre. Sinon qu'une fois, estant en dévotion à Nostre Dame, sa patronne, de Cléry, devant le grand autel, et n'aiant auprez de luy sinon son fol qui le descouvrist en luy oiant dire plusieurs fois : « Ah! ma bonne dame, ma petite maistresse, ma prude amie, je te prie prier Dieu pour moy et estre mon intercesseresse qu'il me pardonne de la mort de mon frère. Je m'en confesse à toy, comme à ma bonne patronne. Mais aussi qu'eussé-je sceu moings fayre ? il ne me faisoit que brouiller mon royaume. Fais-moy donq pardonner, ma bonne dame. » Ainsin prioit ce bon roy aveq force autres petis propos pareilz, si bien que le fol les entendist et retint

blant de l'aimer, luy vivant et le regretter amprès sa mort; si bien que personne ne s'en apperceut qu'il eust fait faire le coup, sinon par le moyen de son fol, qui avoit esté audict duc son frère, et il l'avoit retiré avec luy après sa mort, car il estoit plaisant. Estant donc un jour en ses bonnes prières et oraisons à Cléry, devant Nostre-Dame, qu'il appelloit sa bonne patronne, au grand autel, et n'ayant personne près de luy, sinon ce fol qui en estoit un peu esloigné, et duquel il ne se doubtoit qu'il fust si fol, fat, sot qu'il ne pust rien rapporter, il l'entendit comm' il disoit : « Ah! ma « bonne dame, ma petite maistresse, ma grande « amie, en qui j'ay eu tousjours mon réconfort, je te « prie de supplier Dieu pour moy, et estre mon advo-« cate envers luy, qu'il me pardonne la mort de mon

très bien; et puis après les redist à luy et aux autres. Mais amprez, il le paia bien, car aveq' sa follie, il ne luy fut pardonné non plus qu'aux autres; car il en a faict tant mourir qu'il en fust faict une hystoyre qu'on appelle l'*Histoyre sanglante*, qui n'est point encore imprimée, dont c'est grand dommage, car on y verroit léans force choses et d'unes et d'autres.

Nostre roy Charles n'estoit pas tel, car il estoit très homme de bien; aussi fust-il fort regretté des siens. Pour fin, ce fut un des grands roys du monde, encor' qu'il fust de fort petite stature, mais grand de courage et d'âme. Aussi disoit-on de luy en ce temps et luy attribuoit-on (*Bourdigné*, f° 180) ce vers de Virgile partout:

Major in exiguo regnabat corpore virtus.

C'estoit un grand cœur et une grand' vertu qui régnoit en ung petit corps. Il portoit pour devise *Loz en croissant*, aussi ne faut point doubter qu'encor qu'elle luy convint bien tant qu'il a vescu, si son aage eust creu de plus, son loz eust encores creu davantage. (Suit l'article du maréchal de Gié.) (Ms. 6694, fol. 124.) Le vers cité par Bourdigné, puis par Brantôme, n'est pas de Virgile.

« frère, que j'ay fait empoisonner par ce meschant
« abbé de Saint-Jean[1]. (Notez, encor qu'il eust bien
servy en cela, il l'appelloit meschant ; ainsin faut-il
appeler tousjours telles gens de ce nom.) Je m'en
« confesse à toy, comm' à ma bonne patronne et mais-
« tresse. Mais aussi qu'eusse-je sceu faire? il ne me
« faisoit que troubler mon royaume. Fay-moy donc-
« ques pardonner, ma bonne dame, et je sçay ce que
« je te donneray. » Jê pense qu'il vouloit entendre
quelques beaux présens, ainsi qu'il estoit coustumier
d'en faire tous les ans force grands et beaux à l'église.

Le fol n'estoit point si reculé, ny despourveu de sens,
ny de mauvaises oreilles, qu'il n'entendist et retinst
fort bien le tout ; en sorte qu'il le redit à luy, en pre-
sence de tout le monde à son disner, et à autres, luy
reprochant ladite affaire, et luy répétant souvent qu'il
avoit fait mourir son frère. Qui fut estonné ? ce fut
le roy. (Il ne faict pas bon se fier à ces fols, qui quelquefois font des traits de sages, et disent tout ce
qu'ilz sçavent, ou bien le devinent par quelque instinct
divin.) Mais il ne le garda guères ; car il passa le pas
comme les autres, de peur qu'en réitérant il fust scan-
dalisé davantage.

Il y a plus de cinquante ans que moy, estant fort petit, m'en allant au collége à Paris, j'ouys faire ce conte

1. Jean ou Jourdain Faure (ou Favre), grand aumônier du duc
de Guyenne, abbé de Saint-Jean-d'Angély. Emmené prisonnier en
Bretagne, il fut enfermé dans la grosse tour de Nantes, et un matin « fut trouvé, dit Jean de Serres, roide mort dans sa chambre,
d'un coup de foudre, ayant la face enflée, le corps et le visage
aussi noirs qu'un charbon, et *la langue hors la bouche plus de de-
my-pied.* » (*Inventaire*, 1620, tome II, p. 179.)

à un vieux chanoine de là, qui avoit près de quatre-vingts ans; et depuis, ce conte est allé de l'un à l'autre, par succession de chanoine en chanoine, comme depuis me l'ont confirmé de ceste mort. Qu'on lise les Annales de Bouchet[1], on y verra la meschanceté, la misérable fin et le désespoir de ce meschant abbé[2].

Ce roy la donna bonne aussy au connestable de Sainct Paul[3], luy aiant mandé de venir par devers luy qu'il avoit grand besoing de sa teste[4], non pas pour la consulter, mais pour la lui faire coupper, comm' il fit. Il ne l'alla pas trouver pour cela, ny de son gré, mais livré par le duc de Bourgoigne.

Je ne veux m'amuser à fère des contes de sa justice qu'il a faict exécuter sur les uns et sur les autres; car de cela je m'en rapporte à ceux, et aux grands personnages des courts de parlement, qui le sçavent mieux que moy, et aussi à l'histoire sanglante qui a esté escrite de luy, où elle touche plus sur les cordes aigres de sa vie que sur les douces. On m'a dict qu'elle est en la bibliotecque du roy, que le roy François ne voulut jamais qu'elle fut imprimée[5]; dont c'est dommage, car là dedans on y eust veu choses et autres; et plusieurs grands roys, princes et autres y eus-

1. Voyez les *Annales d'Aquitaine*, part. IV, pp. 278 et 279.
2. Le reste de la *Vie* de Louis XI manque dans le ms. 6694.
3. Louis de Luxembourg, comte de Saint-Paul, connétable de France, né en 1418, mort sur l'échafaud en 1475.
4. Ici recommence le texte du manuscrit Dupuy.
5. Si Brantôme, comme cela est probable, veut parler du *Journal*, connu à tort sous le titre de *Chronique scandaleuse*, il était mal informé; car ce document avait été imprimé six fois, de la fin du quinzième siècle à 1558.

sent pris exemple, ainsy que je tiens d'un grand personnage d'Estat; car il n'y a rien qui pousse la personne tant à la vertu que l'honneur et l'abhorrement du vice, ny qui le mène aussi tant à la vertu que l'émulation de la mesme vertu.

Pour ce coup, je me suis advisé de mettre icy quelque double des lettres qu'il escrivoit à M. de Bressuire [1], que j'ay trouvé dans le trésor de nostre maison, lequel il fit grand de son temps par belles charges; car il estoit conseiller et son chambellan, son lieutenant-général en Poictou, Xaintonge, Aunix, et autres lieux qu'il luy pleut, son seneschal de Poictou, et, qui plus est, son second Tristan Hermite; car il estoit faict à sa main pour cela. Et d'autant que messire André de Vivonne [2], mon grand-père, et séneschal de Poictou après luy, espousa en premières nopces sa fille, belle, honneste et riche damoiselle héritière, il luy tumba dans ses coffres force lettres que ledict roy Louys XI° lui escrivoit. Je suis esté curieux d'en recouvrer quelqu' unes et en mettre le double icy, non pas de toutes, car j'en ay veu une centaine qui lèvent la paille, et subellines, que j'eusse icy toutes mises; mais l'on m'eust tenu pour un copiste; et aussi qu'il y en a aucunes fort scandaleuses, et pour le roy, et pour force honnestes gentilshommes d'aujourd'huy, dont leurs prédécesseurs y sont compris.

Une chose que j'ay notté en ses lettres, c'est qu'en une centaine que j'en ay veu, au diable le seing

---

1. Jacques de Beaumont, seigneur de Bressuire, sénéchal de Poitou.

2. André de Vivonne, baron de la Chastaigneraie, mari de Louise de Beaumont de Bressuire.

d'un seul signet[1], ny le sien particulier, que j'y aie veu ; mais ce sont tous divers secrétaires qui ont signé ; qui me faict croire qu'il n'avoit point guières de secrétaires, comm' ont eu despuis et aujourd'huy noz roys, ou qu'il ne se fioit guières en eux, ou qu'il se servoit des premiers clercs, (qu'on nommoit tels pour secrétaires) qu'il trouvoit, ou se servoit des premiers notaires qu'il rencontroit aux lieux et villages d'où il escrivoit, ou bien de quelques autres petits secrétaires de princes et autres gentilshommes de sa court premier rencontrez, ainsy qu'il fit un jour d'un petit scribe, fin, finet et bon compagnon, qui, se présentant à luy lorsqu'il voulut faire escrire à la haste, estant à l'assemblée, lui voiant son escritoire pendu à sa ceinture, et lui commanda aussitost de luy escrire soubs luy ; et ainsy qu'il eut ouvert son gallemard[2], que l'on appeloit ainsi jadis, et encor aujourd'huy aucuns l'appellent tel à la vieille françoise, et voulant faire tumber sa plume, avec' elle tumbèrent deux dez ; auquel le roy demanda tout aussitost à quoy servoit ceste dragée. L'autre, sans s'estonner, luy respondit : « Sire, « c'est un *remedium contra pestem*. — Va, dict le roy « tu es un gentil paillard (il usoit souvent de ce mot), « tu es à moy ; » et le prit à son service ; car le bon prince aimoit fort les bons mots et les esprits subtils[3].

1. C'est-à-dire le sceau qui devait accompagner la signature ou *signet*.

2. Ou *calemart*, du latin *calamarium*, étui qui contenait ce qu'il fallait pour écrire.

3. Brantôme a tiré presque textuellement cette anecdote de la LIe nouvelle des *Nouvelles Récréations* et *Joyeux Devis* de Bonaventure des Périers. Voyez édition Lacour, tome II, p. 196.

Voicy donc le double de la première lettre de celles que je veux escrire icy.

I. Monsieur de Bressuire, j'ay reçeu vos lettres et les deux mille francs que m'avez envoyé par le porteur ; dont je vous remercie. Des nouvelles de par deçà, nous avons pris Hesdin, Boulogne, Fiennes et le chasteau à la Montoire[1] que le roy d'Angleterre, qui fut plus de six sepmaines devant, ne peut prendre; et fut pris de bel assaut. Et tous ceux qui estoient dedans, qui estoient bien trois cens, tous tuez.

La garnison de l'Isle, de Douay, d'Auchis[2] et de Valenciennes s'estans assemblées pour eux venir mettre dedans Arras, et estant bien cinq cens hommes à cheval et mil hommes à pied, le gouverneur de Dauphiné[3], qui estoit en la cité, en fut adverty et alla au devant, et n'estoient point de nos gens plus hault de six vingts lances, qui donnèrent dedans : en effect, ilz les vous festièrent si bien, qu'il en demeura plus de six cens sur le champ, et de prisonniers ilz en amenèrent bien six cens à la cité; ont esté tous les uns pendus et les testes coupées; et le demeurant le gagnèrent à fuir.

Ceux dudict Arras s'estoient assemblez bien vingt deux ou vingt trois, pour aller en ambassade devers madamoiselle de Bourgoigne; ils ont esté pris, et les instructions qu'ils portoient, et ont eu les testes trenchées, car ilz m'avoient faict une fois le serment. Il y en avoit un entre les autres, maistre Oudart de Bussy, à qui j'avois donné une seigneurie en parlement[4]. Et afin qu'on cogneust bien sa teste, je l'ay

---

1. La Montoire, dans le Pas-de-Calais, commune de Zutkerque, près d'Ardres.

2. Orchies, à quatre lieues de Douai.

3. Jean de Daillon, seigneur du Lude, mort à Roussillon en Dauphiné en 1480.

4. Voici comment Jean de Serres raconte le fait : « Les deppu-

faicte atourner d'un beau chaperon fourré, et est sur le marché de Hesdin, là où il préside. Incontinent que nous aurons autres nouvelles, je les vous feray sçavoir. Je vous prie que vous pourvoyez bien tousjours à tout de par delà, et de ce qui surviendra m'en advertissiez souvent, etc.; A Dieu.

Escrit à Verdrin, ce 26ᵉ jour d'avril 1477.

Ainsy signé, Louys.
Et plus bas, Jesme.

Quelle natretté, notez là, de faire ainsy encapuchonner ce pauvre diable d'un chapperon fourré, à mode de président qui préside ! — A un' autre :

II. Monsieur de Bressuire, mon amy, j'ay esté adverty que M. de Rohan[1] traicte son appoinctement avec le duc[2], et qu'il s'en veult aller en Bretaigne, et à ceste cause s'est retiré en une abbaye près de Nantes. Je serois bien marry, veu le temps qui court, qu'il s'en allast; et pour ce je vous prie qu'incontinant vous en allez là où il est (que vous y

---

tez d'Arras au nombre de vingt-deux à vingt-trois feignent vouloir aller devers le roy pour traitter avec luy, et sous ceste feinte obtiennent passeport du bastard de Bourbon, admiral de France. Mais, descouverts sur le chemin de Flandre, furent prins, menez à Hédin, mis entre les mains du prévost des mareschaux, condemnez, décapitez jusques à dix-huit; le reste fut sauvé par la survénue du roy. Entre autres exécutez y avoit un Oudart de Bussi, natif de Paris et marié dans Arras. Le roy luy avoit autrefois offert un estat de conseiller en la cour du parlement de Paris, vacquant alors, et depuis l'avoit pourveu de l'office de maistre des comptes audict Arras. Il fit déterrer sa teste, et la ficher sur un chevron au marché, revestue d'un chapperon rouge, fourré de menu verd, à la manière d'un des conseillers de parlement. Supplice digne d'une malicieuse ingratitude. » (*Inventaire*, année 1477. fol. 231.)

1. Pierre de Rohan, maréchal de Gié. Voyez sa vie plus loin.
2. François II, duc de Bretagne.

pouvez aller seurement et sans danger), et que vous trouvez façon de le fère venir devers moy, et prenez trois ou quatre de ses gens qui mènent ce train de le faire aller en Bretagne, et parlez à ceux qui sont de nostre bande, afin de le faire venir devers moy; et leur promettez beaucoup de biens, et aussi que je traicteray bien M. de Rohan. Quoy qu'il en soit, gardez bien qu'il ne s'en voise point [1], en quelque façon qu'il le veuille prendre; mais si par douceur le pouvez avoir, je l'aymerois mieux qu'autrement. Il y a un jeune garçon qui est du Dauphiné qui le gouverne; parlez à luy et à tous les autres que vous verrez, de qui vous pourrez ayder en ceste matière.

Escrit à La Victoire [2], le 8e de septembre.

Ainsy signé, Louys.
Et plus bas, Petit.

Quelle finesse! Sur tout il vouloit retirer à soy M. de Rohan, qui estoit lors un grand seigneur, comm' aujourd'huy [3]. — A un' autre :

III. Monsieur de Bressuire, je vous prie que vous sçachez de Mérichon s'il voudroit point vendre son hostel de la Rochelle, car je le voudrois bien avoir pour moy ou aucuns des miens, pour estre plus près d'eux et leur voysin, et les faire tenir du pied. Je ne veux point de ses terres n'y autres choses, mais seulement ledict hostel; et y besognez si secrettement qu'il ne s'en apperçoive point qu'il vienne de moy, ne que je le veuille avoir. A Dieu.

Au Plessis du Parc [4], le 20e jour de may.

1. Qu'il ne s'en aille point.
2. Notre-Dame-de-la-Victoire, abbaye de génévofains, à trois quarts de lieue de Senlis. Elle avait été fondée en 1212 par Philippe-Auguste.
3. C'est-à-dire, bien entendu, comme les Rohans le sont encore aujourd'hui.
4. Le château de Plessis-lès-Tours.

Monsieur de Bressuire, de ce que je vous escris, je vous prie qu'il soit si secrètement qu'il n'en soit nulles nouvelles.

Ainsy signé, Louys.
Et plus bas, Scerbisey.

Bonne finesse ! — Un' autre.

IV. Monsieur de Bressuire, vous sçavez comme j'ay à cœur la matière pour laquelle vous ay envoyé devers mon bel oncle du Mayne [1]; et, pour ce, je vous prie que vous y besognez le mieux que vous pourrez, et tellement que advant votre partement la chose soit conclue. Et, en quelque estat que la chose soit, escrivez, advant iceluy vostre partement, à mon frère, le connestable [2], que la chose est faicte, et y envoyez homme propre; et vous prie bien qu'il n'y ait faute.

Donné au Pont-de-Sé, le 26ᵉ jour de juillet.

Ainsy signé, Louys.
Et plus bas, de Chensard.

Autre finesse pour tromper ce connestable. — Autre lettre :

V. Monsieur de Bressuire, j'ay esté adverty de Normandie et d'ailleurs, que l'armée des Anglois est rompue pour ceste année; et pour ce que je vois que vous n'avez que faire au cartier où vous estes pour ceste heure, je m'en retourne prendre et tuer des sangliers, affin que je n'en perde point la saison; en attendant l'autre pour prendre et tuer des Anglois. Faictes-moy sçavoir tousjours de vos nouvelles et ce

1. Charles d'Anjou, comte du Maine, lieutenant-général en Languedoc et en Guyenne, fils de Louis II, roi de Naples, beau-frère de Charles VII, né en 1414, mort le 10 avril 1472.

2. Le connétable de Saint-Pol, dont la femme, Marie, fille de Louis, duc de Savoie, était sœur de Charlotte, première femme de Louis XI.

qui vous surviendra : toutesfois, ne vous bougez de là entre vous, et, si vous avez besoing, mandez-le moy, et je m'en yray à vous, mais que vous me le faciez sçavoir. A Dieu.

Escrit d'Argenton[1], ce 4e jour de novembre.

Ainsy signé, Louys.
Et plus bas, Dedoyat[2].

C'est parlé en brave et vaillant roy, et qui ne vouloit perdre la saison de tuer des sangliers, non plus que des Anglois en la leur, et vouloit aller secourir ses gens au besoing; s'il en arrivoit. — Autre lettre :

VI. Monsieur de Bressuire, je suis esté adverty que les forces qu'a mon beau frère de Guyenne s'apprestent pour entrer en nos pays, que Dieu ne veuille ! Mais, quand ainsi seroit, je vous prie que, en toute dilligence, faictes la résistance possible, en attendant de nos nouvelles pour y donner la provision, si je ne vays à vous.

Donné à Vandosme, ce 11e jour d'octobre.

Ainsy signé, Louys.
Et plus bas, De Moulins.

Il ne s'estonnoit pas et parloit bravement, ce roy là ! — Autre lettre :

VII. Monsieur de Bressuire, j'ay receu les lettres de M. de Calabre[3], et veu la créance qu'il m'a envoyée par escrit; je ne m'y firay que bien à poinct. J'escrits audict de Calabre, et aussi à mon cousin le bastard[4]. Je vous prie, monsieur de Bressuire, mon amy, que vous preniez bien

---

1. Dans l'Indre.

2. J. de Doyac. Après la mort de Louis XI, il fut condamné à être essorillé. Voyez Bourdigné, fol. 228, v°.

3. Jean d'Anjou, duc de Calabre. Je ne sais s'il s'agit de Jean I ou de Jean II, morts tous deux en 1471, ou de Nicolas d'Anjou, fils de Jean I, mort en 1473.

4. Matthieu de Bourbon, dont il a été question plus haut.

garde à tout, et que nul inconvénient n'advienne pendant mon voyage, ainsy qu'en vous en ay ma fiance.

Escrit à Chantelle[1], le 4ᵉ jour de mars.

Louys.
Et plus bas, Jesme.

Autre :

VIII. Monsieur de Bressuire, j'ay veu ce que m'avez escrit, et M. le Maistre, touchant les dames de Pontièvre. Je luy fais responce qu'il laisse le tout ainsy qu'il l'a trouvé, car M. de Pontièvre[2] est par deçà, et ay faict prendre le serment de luy.

Escrit à Amboise, ce 24ᵉ de septembre.

Louys,
Et plus bas, Parent.

Il en escrit de mesme à ce maistre d'hostel, et la subscription de la lettre est : « A nostre amé et féal « conseiller et maistre d'hostel Jean Guérin. » Quelle seigneurie ! pensez que c'estoit quelque bon garniment de bas lieu. De tels il s'en servoit souvent plustost que d'autres, mais qu'ils le servissent fidèlement.

Autre lettre :

IX. Monsieur de Bressuire, mon amy, je crois que vous sçavez assez que puis n'a guières le pape[3], à ma requeste, a pourveu M. d'Évreux[4] de l'abbaye de Bourgueil[5]. Et, parce

1. Dans le Bourbonnais.
2. Probablement Jean de Brosse, qui, par sa femme Nicole de Bretagne, devint comte de Penthièvre. Il céda à Louis XI, en 1479, tous les droits que sa femme, héritière de la maison de Blois, possédait sur le duché de Bretagne.
3. Sixte IV.
4. Jean Héberge, évêque d'Évreux, de 1474 au 28 août 1479.
5. En 1475.

que j'ay entendu que vous estes curateur du feu évesque de Malezay[1] qui tenoit ladicte abbaye, et que à cause d'icelle il a eu plusieurs biens qui deüement appartiennent à mondict sieur d'Évreux, qui est son successeur, je vous prie tenir la main que le tout soit rendu : car il est bon diable d'évesque pour ast'heure; je ne sçay qu'il sera pour l'advenir : il est continuellement occupé à mon service. Je vous en prie encor, monsieur de Bressuire, mon amy, qu'il n'y ayt faute.

Escrit à Compiègne, le 8e jour d'aoust.

Louys.

Et plus bas, Merlin.

Je pense, veu cela, que messieurs les chanoines de son temps ne faisoient grandes élections de leurs évesques, et qu'il cousoit, tailloit et faisoit tout. Nottez aussi comm' il appelle cest évesque *bon diable*. Je pense que ce fust ce cardinal Balue[2] faict après : il luy rendit bien la pareille despuis. — Un' autre.

X. Monsieur de Bressuire, j'ay esté adverty que M. de Sainct Lou[3] est allé devers vous pour se conseiller à vous de ce qu'il avoit affère; et m'esbahis bien que ne l'avez pris, veu la grande trahison et mauvaistié qu'il a faict à l'encontre de moy. Et pour ce, si vous voulez que jamais j'aye fiance en vous, et s'il est en lieu où vous le puissiez recouvrer, faictes le prendre incontinent; car ce m'est fort chose

---

1. Louis Rouault de Gamaches de la Rousselière, évêque de Maillezais, de 1455 à 1475.

2. Brantôme se trompe, comme on peut le voir d'après la note 4 de la page précédente.

3. Est-ce Matthieu, seigneur de Saint-Loup, qui vivait encore en 1483, et qui fut le second mari de Jeanne de Vergy?

à croire que ne m'ayez adverty de son allée. Je vous prie que m'en faictes sçavoir ce qui en est.

Escrit au Plessis du Parc, ce 16ᵉ jour de janvier.

Louys.
Et plus bas, de Chaumont.

Je pense bien que ledict M. de Bressuire fut en grand accessoire¹, après ceste lettre receue, pour attraper ledict M. de Sainct Lou; car, s'il y manqua, ne faut point doubter qu'il n'entrast en mesfiance de luy, comm' il l'en menaça.

Il falloit bien dire que ce M. de Sainct Lou fust grand, puisqu'il l'appelle monsieur. J'en ay cogneu de ses descendans qui sont aujourd'huy, entr' autres un que j'ay veu lieutenant de l'une des couronnelles² de M. de Strozze, qui fut tué à la Roche-la-Bélie, brave et vaillant gentilhomme³. — Un' autre :

XI. Monsieur de Bressuire, j'ay esté adverty que puis n'a-guières les Anglois ont arresté le navire de M. des Bordes⁴, et pour ce, se faut donner garde d'eux, et en advertir partout où verrez estre affaire, tant par la mer que par la terre, mesmement à La Rochelle, à Sainct Jean d'Angely, à Xainctes, et ailleurs où besoing sera, sans entreprendre sur eux, ne leur faire guerre. Et aussi que l'on se donne garde que les marchands d'Angleterre ne manient quelque pratique sous umbre de leur marchandise; et s'ils prennent rien,

1. *Accessoire*, embarras, perplexité.
2. La compagnie colonelle était la première compagnie d'un régiment d'infanterie et portait le drapeau.
3. En 1569. Voyez l'*Histoire universelle* de d'Aubigné, édition de 1626, tome I, col. 310 et 409.
4. Un des Bordes est nommé parmi les « bons gens d'armes » dans la relation déjà citée de la bataille de Fornoue. Voyez plus haut, p. 307, note 1.

qu'on prenne autant sur eux, mais qu'on ne commence pas. Et à Dieu.

Escrit au Plessis du Parc, ce 22ᵉ jour de janvier.

Louys.

Et plus bas, Amiet.

Autre :

XII. Monsieur de Bressuire, j'ay receu vos lettres que m'escrivez, qui font mention d'un nommé Huisson, que vous dictes qu'a faict plusieurs maux à[1] une commission qu'il dict avoir eue de moy, et pour ce je veux sçavoir qui est ce Huisson, et les abus qu'il a faict touchant ceste commission. Je vous prie que, incontinant ces lettres veues, vous le m'envoyez si bien lié et garrotté, et si seurement accompagné, qu'il n'eschappe point, ensemble les informations qui ont esté faictes à l'encontre de lui ; et qu'il n'y ait point de faute. Et me faictes soudain sçavoir de vos nouvelles, pour faire les préparatifs des nopces du gallant avecq'une potence.

Escrit à la haste, du Plessis du Parc, le 30ᵉ jour de juin.

Louys.

Et plus bas, Jesme.

Il n'y a personne qui, voiant ceste lettre, ne die que le pauvre diable aussitost arrivé aussitost despesché; car il [2] escrivoit de colère et à la haste. — Un' autre.

XIII. Monsieur de Bressuire, mon amy, j'envoye présentement mon fils de Beaujeu[3] en Guyenne. Je vous prie, sur tout le plaisir et service que me sçauriez jamais faire, que vous l'accompagnez et luy obéissez comm' à moy-mes-

---

1. *A*, avec.
2. *Il*, Louis XI.
3. Pierre de Bourbon, sire de Beaujeu, qui avait épousé en 1474 Anne de France, fille de Louis XI.

mes; et, au surplus, donnez bonne provision partout, et ne le perdez point de veue, ainsy que plus au long j'ay chargé vous dire M. d'Achon [1]; si vous prie que le veuillez croire de ce qu'il vous dira de par moy.

Escrit à Roye, ce 7ᵉ jour de may.

Louys.
Et plus bas, Johier.

Il monstre par ceste-cy qu'il ne se fioit en son propre gendre, puisqu'il mande audict sieur de Bressuire de ne le perdre de veue.

Autre :

XIV. Monsieur de Bressuire, mon amy, j'ay receu vos lettres; et au regard de la confiscation de madame de la Rochefoucaud, c'est bien raison que M. de Maillé [2] l'aye, puisqu'il l'a espousée, car mal sur mal n'est pas santé. Et vous mercie tant que je puis de la bonne diligence que vous faictes en la commission que vous ay donnée, et des deffences qu'avez faict faire qu'on ne touchast point aux Bretons; et vous prie de rechef qu'on les face bien traicter et qu'on ne leur demande rien.

Monsieur de Bressuire, mon amy, j'envoie mon fils M. de Beaujeu par delà, pour pourvoir à tout ce qui sera nécessaire en Guyenne. Je vous prie, ne l'abandonnez point, et m'y servez comm' en vous j'ay fiance.

Escrit à Bray-sur-Somme, ce 10ᵉ jour de may.

Louys.
Et plus bas, Jesme.

Autre lettre :

XV. Monsieur de Bressuire, j'ay appoincté avec madame

---

1. Jean de la Mollière, seigneur d'Apchon.
2. Marguerite de la Rochefoucauld, dame de Barbesieux, veuve de Jean de la Rochefoucauld, et seconde femme de Hardouin de Maillé, conseiller et chambellan du roi, sénéchal de Saintonge.

de Belleville[1] de la place de Montagu, et y va Blanchefort[2] pour en prendre la possession pour moy; et pour ce que, commé vous sçavez, il est besoing d'y mettre des gens dedans jusques à ce que j'y aye pourveu, qui sera bien brief. Je vous prie qu'incontinent ces lettres veues, en toute diligence vous lui envoyez audict lieu de Montagu trente ou quarante gentilshommes bien sûrs, et qu'ils y soient sabmedy prochain, bien habillez[3] et en poinct, et que chacun d'eux aye une bonne arbaleste; mais qu'ilz ne facent point de bruict, et quand ils approcheront dudict Montagu, qu'ils envoient dedans ledict Blanchefort pour leur faire sçavoir leur venue.

Monsieur de Bressuire, mon amy, vous sçavez que cecy me touche fort; je vous prie qu'y faictes si bonne diligence qu'il n'y ait point de faute qu'ils n'y soient audict jour, et que ce soient gens de qui vous tenez seurté et qui ne soient point seigneurs, de quoy on ne se puisse bien ayder.

Escrit à Sablé, ce 3ᵉ jour d'aoust.

Louys.
Et plus bas, Tilhart.

Ceste lettre monstre le bel équipage auquel il vouloit ses gentilshommes entrer en la place, et surtout avec leur bonne arbaleste et bien habillez; aussi qu'il ne veut point de seigneurs qui ne sçachent bien servir pour faire trop des grands; il veut des gentilshommes moyens, et desquels on s'assure plus, et sont plus de fatigue que ces grands.

1. Marguerite de Culant, femme de Louis de Harpedane, seigneur de Belleville et de Montagu, mort avant 1473. Elle était fille de Charles, sire de Culant et de *Belle-assez* de Sully.

2. Jean de Blanchefort, seigneur de Saint-Clément, chambellan de Charles VIII, mort en 1494.

3. *Bien habillez*, bien équipés.

Sans aller plus advant, et sans parler davantage de ce roy, il faut dire et advouer que ce fut un grand roy, tant pour grandz affaires d'estat, ainsy que Philippes de Commines le figure très bien, que pour la vaillance et la guerre, ainsy qu'il le fit bien parestre à la bataille de Montlhéry, qu'il donna bravement, sans s'estonner de ceux des plus grands quasy de son royaume, qui s'estoient contre luy eslevez et bandez pour le bien public.

J'ay ouy dire à une dame notable que le roy François le louoit extrêmement, fors qu'il estoit un peu trop cruel et sanguinaire; et que c'estoit celui qui avoit jetté les roys de France hors de page : « car avant « luy, disoit-il, les roys n'estoient que my roys, et n'a- « voient gaigné encor l'authorité et prééminence sur « leur royaume comme depuis; mesmes que les estats « et courts de parlements se mesloient fort de contre- « roller et censurer leurs actions, volontez et ordon- « nances : au lieu que cestuy-cy, assemblant ses es- « tats et courts, ne disoient et ne faisoient rien si non « ce qu'il vouloit; jugeoit, ordonnoit, condemnoit, « pardonnoit, absolvoit, le tout à son bon plaisir. »

Et disoit le roy François qu'ainsy il falloit régner; qu'il sembloit[1] un juge de Montravel en Périgord, qui estoit de son temps, et avoit porté longuement les armes de là les montz, et bon compagnon, qui faisoit et jettoit ses sentences comm' il luy plaisoit. Et si par cas on appelloit, il avoit tousjours près sa chaire une grand' espée à deux mains qu'il portoit souvant, il la desgaisnoit souvent soudain, et avec son *cap de*

---

1. *Sembloit*, ressembloit.

Diou, l'approchoit du col du pauvre appellant, et luy faisoit si belle peur, le menassant de le luy couper tout à net s'il ne désistoit de l'appel ; si qu'il estoit contrainct de subir à la sentence, telle qu'elle, qu'il eust prononcée. Le conte en est plaisant, et le proverbe en court encor aujourd'huy au pays : « Il ressemble le juge de Montravel, qui veut estre bien creu et crainct en son dire et sentence, comm' il luy plaist. »

Or d'autant que ces lettres de ce grand roy que j'ay produictes et d'autres point aussi, j'ay aperceu et considéré son signet très beau certes, et faict de bonne main, mais un peu bizarre, j'ay advisé à le contrefaire icy et le monstrer, bien que je sçache qu'il s'en trouvera assez, voire quasy à revendre, dans les chambres de parlement et des comptes, possible pareils et semblables aux miens, sans rien changer aux précédentes. Le signet est doncques tel[1]. J'en laisse à juger aux gens d'esprit la forme de la lettre; si que possible un bon escrivain n'y sçauroit que mordre ny censurer en son art d'ortographie, et mesmes en sa dernière lettre de S pour achever Louys.

Pour couronner la fin de nos petits contes de ce nostre grand roy, il faut que je face cestuy-cy, et puis plus, car il le vaut, que j'ay leu dans la *Chronique de Savoye*[2].

---

1. Comme nous n'avons pas le manuscrit où Brantôme avait reproduit de sa main la signature de Louis XI, il nous a paru inutile de donner un fac-simile de cette signature, qui n'offre rien de particulier et qu'on rencontre sur de nombreuses pièces conservées à la Bibliothèque impériale et dans nos archives.

2. Voyez la *Chronique de Savoye*, par G. Paradin, 1561, in-f°,

348	GRANDS CAPITAINES FRANÇOIS.

Le pape Eugène[1] ayant envoyé une fois vers luy un grand, suffisant et docte personnage du pays de Grèce et archevesque de Nicée, nommé Bessarion[2], pour son légat, à moyenner la paix entre luy et le duc de Bourgoigne, Charles, ce bon docteur, n'estant si bon courtizan comme philosophe, et ne sçachant discerner la grandeur de l'un et à l'autre, et du seigneur au vassal, il s'en va luy premièrement vers le duc, duquel aiant eu sa despesche, s'en alla après fort nesciemment[3] trouver le roy, qui trouva fort estrange la façon de ce pauvre philosophe, d'avoir abordé premier le vassal que le seigneur, cuidant que ce fût par quelque mépris. Nonobstant, il l'ouyst en son harangue philosophale tellement quellement. En après, d'un visage moitié courroucé, moitié ridicule et de mespris, et lui ayant mis doucement la main sur la barbe révérenciale, à mode que fit le bon homme Hommenas quand il filloit les moustaches de la sienne, parlant des miracles des décretalles dans le bon rompu de Rabellais[4], il luy dict : Monsieur le révérend,

Barbara græca genus retinent quod habere solebant.

---

liv. III, ch. xxvi, p. 293. Brantôme a copié à peu près textuellement son récit.

1. Paradin et Brantôme se trompent de nom, le dernier pape du nom d'Eugène, Eugène IV, étant mort en 1447. Voyez la note suivante.

2. Bessarion, célèbre théologien et philologue, cardinal, né à Trébisonde en 1395, mort à Ravenne en 1472. Il vint en France en 1471, c'est-à-dire sous Paul II, mort le 29 juillet de la même année, ou sous Sixte IV, élu le 9 août suivant.

3. *Nesciemment*, par ignorance.

4. Voyez *Pantagruel*, liv. IV, ch. xlix et suivants.

Et, sans lui faire responce autre, le planta là tout esbahy; et quant et quant luy fit dire par quelque autre qu'il eust à se retirer, et qu'il n'auroit autre responce ny despesche; de laquelle ledict pauvre révérendissime eut tel despit et desplaisir, que, retourné à Rome, il en mourut. Où diable ce roy avoit-il appris ce vers, pour le dire et pratiquer si bien à propos?

Il ne redoutoit guères ce pape, ny d'autres de son temps : outre plus, quelle humeur luy prist-il là dessus de poinctiller sur ce poinct d'honneur et de presséance, qui devoit pourtant excuser ce bon prélat? Car il y alloit à la bonne foy, et en prenoit le patron sur les cérimonies de l'église : *Quia qui canit magnam missam, vadit ultimus in processione, et est major.*

Sur quoy je laisse à discourir à de plus grands personnages que moy, si ce bonhomme de prélat faillit là, et à qui l'on doibt plustost adresser sa parolle et son ambassade, au grand ou au petit.

Je n'allègue pour moy que cest exemple judicieux, arrivé de nostre temps, du bon pape Pie Quinte qui envoia au roy d'Espaigne dom Philippe plustost son neveu le cardinal Alexandrin[1], qu'à nostre grand roy Charles IXe, quand il le vint trouver à Bloys, comme je vis, en poste, estant allé en Espaigne premier par mer. A ce conte, le roy Charles se debvoit estomacquer; mais point : car avant luy le pape Paul IIIe Farnèze avoit envoyé son nepveu Alexandre Farnèze[2] au

---

1. Michel Bonelli, mort en 1498. Il fut légat en France et en Espagne, en 1571.

2. Alexandre Farnèse, cardinal, fils de Pierre-Louis Farnèse, était non pas neveu, mais petit-fils de Paul III.

roy François Ier plustost qu'à l'empereur. Aucuns disoient que c'estoit en son chemin faisant à passer par la France, et plus commode pour aller trouver l'empereur en Flandres, où il estoit pour lors. Je m'en raporte du tout au dire de plus grandz personnages que moy.

Pour retourner encor un peu à nostre petit roy, veux-je dire très grand, Charles VIII, j'allègueray et mettray icy aucuns de ses bons et grands capitaines qui l'accompagnarent en ce voyage et conqueste de Naples.

Le mareschal de Gié[1].

Entre[2] les premiers et qui y eust le plus grand crédit,

1. Pierre, vicomte de Rohan, dit le maréchal de Gié, né en Bretagne, maréchal de France (1475), mort en avril 1513. Il subit, sous Louis XII, une détention de cinq ans au château de Dreux.

2. *Var.* A tout ce voiage de Naples, M. le mareschal de Gié qu'on tenoit pour ung bon cappitayne y heust grand crédit, mesmes qu'il menoit l'advantgarde à la bataille de Fortnoue, où il fut pourtant taxé de n'avoir jamais bougé aveq' toutes ses forces de l'avantgarde, faisant toujours alte, cependant que les autres ruoient tousjours les coups. Aucunes hystoyres le disent ainsin et que si l'avantgarde eust marché cent pas, tout l'ost des ennemys se fust mis en fuyte et que aucuns tenoyent que ledit mareschal le debvoyt fayre, autres au contrayre. Le mareschal de Rieux, pourtant, le luy sceut reprocher : que s'il se fust meslé comme les autres, la bataille en fut estée bien plus signalée et la victoyre plus parfaicte. Ceux qui le veullent excuser disent que c'estoit bien faict de demeurer ainsin ferme, à mode de secours de réserve, pour le porter à l'extrémité où il y auroit besoing, et d'autant en estonner l'ennemy ne pouvant penser où il donneroit; si en debvoyt-il pourtant en desbander la moytié et l'autre garder prez de luy. Nous avons veu plusieurs grands cappitaines en fayre de mesmes, tant estrangiers que des nostres, dont j'en alléguerois plusieurs exemples, mais ce sera sur ung autre subgect, car je me despartirois trop de cestuy-ci. Pour fin, ce mareschal le fit pour cette intention, il en sera loué de plusieurs grands cappitaynes. Il print

ce fut le mareschal de Gié, qui eut l'honneur (bien que le conte de Narbonne et le sieur de Guise[1] la contestèrent) de mener l'advant-garde à la bataille de Fornovo, où il fit fort bien selon aucuns, et selon autres non, d'autant que, cependant que tous les autres faisoient les grands efforts et ruoient les coups, et le roy sur tous, le mareschal s'amusa tousjours à faire son alte et à tenir son ost coy, faisant ainsi la mine bonne; mais s'il eust seulement marché cent pas, comme dict M. Philippes de Commines[2], tout l'ost des ennemis se fut mis en fuitte. Les uns disent, dict encore Philippes de Commines, qu'il le devoit faire, d'autres disent que non : en quoy je m'estonne de ce dernier mot dudict M. Commines; car, puisqu' il en devoit sortir un si grand proffit de s'avancer, comm'il dict, il devoit donc branler.

Surquoy j'ay ouy dire à feu M. de Guise le grand[3], en discourant de ce subjet une fois avec le bonhomme M. de la Brosse[4] et autres capitaines, que, qui veut faire de ces tours il faut que ce soit un très vaillant et prévoyant capitaine, et nullement hipocrite de guerre, car, en faisant ces bonnes mines, s'il arrivoit et bastoit mal aux vaillans combattans d'autre part,

femme à Naples, ainsin que fist M. de Ligny.... (suit l'article de M. Ligny). Ms. 6694, fol. 125, v°.

1. Louis d'Armagnac. Voyez sa *Vie* plus loin.

2. *Var.* « Le roy, dit Commines, tira à l'avant-garde qui jamais n'estoit bougée, et au roy vint bien à poinct; mais si elle fut marchée cent pas, tout l'ost des ennemis se fût mis en fuite. Les uns disent qu'elle le devoit faire, les autres disent que non. » (Liv. VIII, ch. 12.)

3. Henri de Guise, tué à Blois.

4. Brantôme lui a consacré un article.

au lieu de les soustenir et secourir, ceste belle réserve fuiroient à bon escient, en s'excusant que, voyant tout en route et deffaicte, il falloit sauver le reste et ne le mettre à la boucherie et à l'abandon; comme de vray, s'il eut mal basté au roy, ne faut douter que les ennemis victorieux, et aiant doublé leur cœur, qu'ils n'eussent eu bon marché et composition de madame l'advant-garde par après. Pour le moins devoit-il, ce brave mareschal, débander quelques légères troupes pour renforcer les pauvres combattans et donner autant de frayeur à l'ennemy.

Voylà ce qu'en disoit ce grand M. de Guise : aussi désaprouvoit-il fort cedict secours de réserve, et n'en usa jamais, non plus que ce grand M. l'Admiral, en tant de batailles qu'il a donné. Nostre grand roy d'aujourd'huy en usa à la bataille d'Yvry; mais ce fut par l'advis de M. le mareschal de Biron, qui le conduisit lui-mesmes.

Les Espagnolz firent telles réserves à la bataille de Pavye et à la bataille de Cerizolles, comme j'en parle ailleurs². Aucuns disent que cela sert, aucuns disent que non ; comm' il arriva à ces deux batailles de l'Espagnol : estant l'opinion dudict M. de Guise qu'il faut que tout le monde combatte ce jour sollemnel de bataille, et que nul ne le chaume, sans avoir les mains liées.

Le mareschal de Rieux². On dict et se lit que M. le mareschal de Rieux, très bon et vaillant capitaine, et de belle et noble race,

1. Voyez plus haut, p. 26 et 27.
2. Jean de Rieux, maréchal et lieutenant général de Bretagne, tuteur de la duchesse Anne, né en 1447, mort le 9 février 1518. Cet article manque dans la première rédaction.

sceut bien reprocher ceste faute audict mareschal de Gyé; et en eurent de grandes picques de parolles, jusques quasi de venir aux mains; mais le roy accorda tout. Et quand tout est dict, il fasche fort aux vaillans et hardys faire toute la force d'un combat, à la veue des autres qui en ont tout l'esbat et leur plaisir à leur bel aise, comme gens gagez pour cela. Il s'en feroit de fort beaux discours sur ce subject, que je remets aux grands capitaines, ainsy que je le vis faire à ce grand capitaine M. de Guise, comme j'ay dict: je m'en raporte à eux.

Une faute grande fit aussi ledict mareschal quand il s'advança si fort en la conduite de ceste advant-garde, et tirant tousjours avant à grandes journées, sans regarder qui me suit; si qu'il se trouva à trente mille loing du roy, le pressant pourtant tousjours de se haster (cela estoit bon à dire): de sorte que le roy mit trois jours à le rejoindre. Voylà ce qu'en dict messire Philippes de Commines[1] : mais le retardement provint à cause de son artillerie, où il eut grand peine à la passer, qui fut conseillé de la faire rompre; mais le roy pour beaucoup n'y voulut consentir (ce dict cet autheur)[2]; en quoy il monstre bien, certes, son noble et généreux courage de ne se vouloir fère ce tort, comm' un homme timide, de dissiper et gaster son beau attirail; car tel qu'il avoit mené il le vouloit ra-

1. « Le mareschal de Gié qui estoit à trente milles de nous, pressoit le roy de se haster, et mismes trois jours à le rejoindre. » (Liv. VIII, ch. 6.)

2. « Plusieurs eussent esté d'advis de rompre toute la grosse artillerie pour passer plus tost, mais le roy pour rien ne le vouloit consentir. » (Liv. VIII, ch. 7.)

mener. Si ce mareschal eust faict ceste grande traicte de chemin que j'ay dict, il l'eut faict en intention que faisoit ce grand empereur Charlemagne, que plusieurs ont tenu et creu jadis qu'il faisoit tousjours combattre son advant-garde un jour advant la bataille; cela fut esté bon, et la personne du roy ne fust esté tant hazardée; mais Dieu ne le voulut pas, pour le couronner d'une gloire immortelle.

Enfin tout alla bien; et pour tout cela ledict mareschal ne laissa d'emporter le renom d'avoir esté un bon capitaine et pour la guerre et pour la paix, ainsy qu'il le fit bien parestre en cela, et ce coup mesmes où il désassiégea et désengagea M. d'Orléans de Novarre[1], et autres grandes affaires d'estat où il a esté employé des roys Charles et Louis XIIe, ses bons maistres, dont il s'en est très bien acquicté, et se sont fort bien trouvez de son conseil. J'en parle encor ailleurs.

M. de Ligny[2].

M. de Ligny, aussi de la maison de Luxembourg, parent et fort favory du roy, le gouverna fort en ce voyage, où il espousa la princesse d'Altemore, une fort belle et très riche vefve, que le roy Charles luy avoit faict espouser. Ell' y avoit de fort belles places, qu'estoient Venouze, Canouze, Monnervine et autres.

1. Voyez plus haut, p. 319, note 1.
2. Louis de Luxembourg, prince d'Altamura, duc d'Andria et de Venosa, comte de Ligny, grand chambellan de France, mort le 31 décembre 1505. Il ne laissa pas d'enfants d'Eléonore de Guevarra de Baux, princesse d'Altamura, fille de Pierre de Guevarra, marquis de Vasto, grand sénéchal du royaume de Naples. Il était fils du connétable de Saint-Paul et de Marie, fille de Louis, duc de Savoie.

Il méritoit bien une telle récompense de son roy, car il le servit très bien et très fidellement en tout ce voyage : aussi le roy l'aymoit fort, et il regretta fort aussi le roy, n'ayant pas trouvé le roy Louis XII⁰, qui vint après, un si bon maistre; car, le roy envoyant une armée au royaume de Naples, soubs la charge de M. d'Aubigny, M. de Ligny en demanda la charge et en pria le roy, qui luy refusa tout à trac : en quoy lui fut faict grand tort, car, à cause des alliances et maisons de sa femme, il estoit raison qu'il y allast; aussi que pour ce subject il y pouvoit avoir de grandes intelligences, mais surtout qu'il estoit bon capitaine, brave, vaillant, jeune et très beau; dont il en conceut par tel refus un si grand despit, qu'il en mourut de regret, comme madame son honeste et très belle femme mourut aussi de regret quand il la laissa pour s'en retourner en France : cela se dit, et l'ay veu escrit[1].

Ainsy se servent les roys comm' il leur plaist, laissans les uns, et prenans les autres, selon leurs fantazies et non des autres.

Le roy avoit mené avec luy M. des Querdes[2], qui

M. des Querdes.

---

1. « Quant le feu roy Charles conquesta le royaulme (de Naples) il maria son cousin le seigneur de Ligny à une grant dame du pays appellée la princesse d'Altemore; mais guères ne vesquit; car quant ledit roy voulut retourner en France, amena avecques luy ledit seigneur de Ligny, dont bientost après, ainsi que le bruit fut, ladicte dame mourut de deuil. (*Loyal serviteur*, ch. 18.) Cf. Symphorien Champier, *les Gestes du chevalier Bayard*, dans les *Archives curieuses*, tome I, p. 95.

2. Philippe de Crèvecœur, seigneur des Querdes, maréchal de France, gouverneur de Picardie, mort en 1494. Il était ordinairement appelé non pas des *Querdes*, mais des *Cordes*. C'est sous ce dernier nom qu'il est désigné dans Commines.

estoit un très grand et ancien capitaine, et estoit le principal conseil du roy; mais il mourut à Lion, au moins à La Bresle[1]: lequel le roy regretta si trestant que, renvoyant son corps pour estre enterré à Nostre-Dame de Bouloigne, où il avoit demandé, le roy commanda que, par toutes les villes et places où il passeroit, qu'on luy fit pareil honneur qu'à luy.

M. de Piennes[2].

Il estoit parent de M. de Piennes, lequel fut aussi un très sage et bon capitaine de fort grande et ancienne maison, et que le roy aymoit fort, et qui le servist bien en tout son voyage. Il fut gouverneur de Picardie, qu'il gouverna très sagement et sans reproche.

Après qu'il fut mort, M. de Vendosme[3] eut sa place. Si on l'eust creu à la journée des Esperons, il ne fust pas arrivé ce qu'il arriva: ce que sceut bien reprocher le roy à tous, pourquoy ils ne l'avoient creu, car il en avoit bien veu d'autres, et mesmes ceste mémorable battaille de Fornovo.

Or, si je me voulois amuser à parler de tant de braves et vaillans capitaines qui ont si bien servy ce roy, jamais je n'aurois faict, en faisant leur reveue des uns après les autres, et que les livres parlent fort d'aucuns d'eux; je me contenteray de les avoir nommez et en parler d'autres cy après, pour venir au roy

1. L'Arbresle, à quatre lieues O. de Lyon. — Ceci est pris dans la *Mer des histoires*, fol. 246.
2. Louis de Hallwin, seigneur de Piennes, chambellan du roi, gouverneur et lieutenant général de Picardie (1512).
3. Charles de Bourbon, comte, puis duc de Vendôme, père d'Antoine de Bourbon, roi de Navarre. — Brantôme lui a consacré un article.

LE ROY LOUIS XII.

Louis XIIe, qui succéda à Charles sans aucune contradiction ny que aucun s'y opposast, en luy mettant à sus le port d'armes contre son roy et sa patrie[2]. Belleforest, en sa *Chronicque*[3], faict assez d'excuse sans que j'en die : dont il s'en fut bien passé de remuer ceste pierre pour toucher à d'autres ; aussi que c'estoit en se deffendant et non en assaillant ; car, et que pourroit moins faire un cœur généreux, que de se deffendre, quand il est assailly ?

Il vouloit avoir le gouvernement du royaume, comm' à lui appartenoit, mais en fut débouté ; et s'il eust voulu un peu fleschir à l'amour de madame Anne de France, il y avoit bonne part ; car ell' en estoit un peu assez esprise, ainsi que je tiens de personnes qui le sçavent bien ; aussi qu'il n'y a rien qui despite tant une honneste dame, quand elle aime, qu'on n'en faict cas et qu'on la desdaigne.

S'il fust esté du naturel de Louys, duc d'Orléans, dont il portoit le nom, son ayeul, qui fut tué à la porte Barbette[4], il s'en fût mieux trouvé ; car celui là estoit un galant, et trafiquoit de toute frette[5], comm' un bon marchant et marinier. Il ne fit point difficulté d'aymer

Le roy Louis XII[1].

---

1. Louis XII, fils de Charles, duc d'Orléans, et de Marie de Clèves, né en 1462, succéda à Charles VIII, et mourut le 1er janvier 1515. Marié (1476) à Jeanne, fille de Louis XI, il parvint à faire casser son mariage (1498), et épousa ensuite Anne de Bretagne (1499), puis Marie d'Angleterre (1514).

2. C'est-à-dire en évoquant contre lui le souvenir de sa révolte pendant la minorité de Charles VIII.

3. Voyez Belleforest, *Annales et Chroniques de France* (édition de 1621), fol. 428.

4. En 1407, à Paris, par Jean-sans-Peur.

5. *Frette*, fret.

Izabeau de Bavières, sa belle-sœur, qui, le soir mesmes qu'il fut tué, il venoit de chez elle, et y avoit passé la pluspart de la nuict et à rire avec' elle, estant freische relevée de couche. Aussi le roy d'Angleterre[1], pour belle récompense qu'il luy donna de ce qu'ell' avoit tenu son party et faict tenir à son mary, fust qu'il disoit haut et clair que le roy Charles VIIe estoit fils d'un adultère incestueux. Tant y a que ce Louys, duc d'Orléans, ou qu'il fût vray ou faux de ce qu'on en disoit, il se trouva bien pour aimer le monde, auquel pour complaire et pour s'agrandir on n'a esgard à rien.

Voylà pourquoy, si le roy Louys XIIe eust voulu un peu se commander et aimer puisqu'on l'aymoit, il eust faict mieux ses besoignes; en quoy il faillit, selon les habilles courtisans, lesquels, pour faire bien leurs affaires, eslargissent leur conscience comm' il leur plaist, dont bien souvant Dieu en est offensé.

Pourtant ce prince se peut dire avoir esté fort à l'espreuve des coups de fortune; longtemps il combattoit contr 'elle, et la vainquit enfin. La *Chronique Bergomese*[2] le récite par ces mots :

« En son adolescence, il fut tenu soubs la subjection du roy Louys XIe, prince très austère et suspect[3] à ses parens, et lui bailla femme qui n'estoit à son gré. Après qu'il fut mort, luy, qui estoit en la fleur de son aage, et qui plus appette avoir son plaisir, il cheut en l'indignation du roy par le moyen de sa sœur qui

---

1. Henri V.
2. C'est encore dans Bourdigné (fol. 191 v°) que Brantôme a puisé sa citation. Mais Bourdigné a arrangé à sa guise le chroniqueur italien et a été à son tour fort modifié par Brantôme.
3. *Suspect*, soupçonneux.

vouloit tout gouverner, ; et pour sauver sa vie fut contraint d'habandonner la court et se rendre fugitif en Bretagne ; et cuydant vaincre fortune qui luy estoit trop rebelle, combattist malheureusement contre l'armée du roy. Lui aiant mis pied à terre à la teste de ses advanturiers, pour les faire mieux combattre, il fut deffaict, lui et ses gens, à Sainct Aubin du Cormier[1], et pris prisonnier et mené en la grosse tour de Bourges, où il demeura assez longtemps en continuelle crainte de mort. Puis mis en délivrance par la bonté du roy son frère, fut contrainct de faire le voyage de Naples avec luy ; lequel, en son absence, ne vouloit, pour quelque suspition, le laisser en France : auquel voyage fut en plusieurs périlz et dangers, tant sur le combat qu'il fit[1], et sa victoire qui facilita fort la conqueste du roy, que pour la fiebvre qu'il y eust, et le souffreteux siège de Novarre, où il mangea jusques aux chats et aux rats. Puis, en souffrant patiemment tous ces coups de fortune, il en demeura vainqueur par la succession de ce beau royaume de France, qui luy escheut sans qu'il l'eust jamais pensé, et dont en demeura paisible jusques à son deceds. Estant roy tel, il borna et ressarra sa fortune et son courage plus à l'estroict que son prédécesseur, qui, sans aucune borne ny terme, ne couchoit pas moins que de la conqueste de tout l'empire d'Orient ; et ainsy qu'il l'avoit dict et conceu, il l'eust faict, sans sa mort par trop soudaine. »

1. En 1488.

2. Le 8 septembre 1494, le duc d'Orléans avait, avec l'aide de sa flotte, battu à Rapallo les Aragonais ; mais il n'y eut pas de bataille navale. Voyez Guichardin, livre I, et Commines, livre VII.

Mais le roy Louis ne voulut que retirer le sien, se contenta de la conqueste de sa duché de Milan, qu'il fit fort aisément, par sa valeur, bonne et sage conduicte de lui et de ses bons capitaines qu'il a eu en son temps, les meilleurs qu'eut jamais roy de France despuis les douze pairs de Charlemagne; où il eust pourtant des traverses, car il la gaigna, il la perdit, il la reperdit, il la regaigna; et puis la garda paisible l'espace de douze ans, ayant pris ses concurrans prisonniers.

Il reprist encor Gennes[1], qui s'estoit révolté de lui, lui tousjours en personne : ainsi qu'il fit aussi en la bataille d'Aignadel, qu'il donna contre les Vénitiens, qu'il gaigna, les deffit et prit leur général Barthelémy d'Alviano, grand capitaine[2], et ce qui s'en sauve il le poursuit jusques sur le bord de la mer à la Chafousine[3]; et de là, contemplant à son aise la ville de Venise, et ne pouvant aller à elle à cause de son large fossé de mer, advant que s'en tourner, faict bracquer, en signe de triumphe et trophée, six longues coulevrines, dont les trois estoient des leurs prises, et autres trois françoises, ainsy que je tiens et d'Italiens et de François, et faict tirer à coup perdu cinq ou six cens volées dans la ville, afin qu'il fût dict pour l'advenir que le roy de France Louys XII avoit canonné la ville inexpugnable de Venise.

Le cardinal Ascagne[4], frère de Louis Sforce, duc de Milan, se sauvant en Alemagne après la routte de son

1. En 1507.
2. Voyez plus haut, p. 189.
3. Fusignano?
4. Voyez tome I, p. 119, note 4.

frère avec deux cens mille ducats[1] et force bagues et joyaux qui montoient à fort grand prix, fut pris en chemin et mis entre les mains des Vénitiens; ausquels aussi tost le roy Louis XII° manda qu'ils eussent à lui rendre (car ils en faisoient quelque refus), non-seulement lui, mais ses trésors, et surtout l'espée du feu roy Charles VIII°, que son grand escuyer portoit devant lui en toutes ses entrées; laquelle fut prise à la battaille de Fornoue, dont ils en faisoient leur parade et trophée[2], autrement qu'il leur feroit bien rendre à main armée. A quoy les Vénitiens obéirent aussitost et la lui renvoyarent[3].

Quel brave cœur de roy de s'aller formaliser de ceste espée, et non pour le prix de la pièce, qui ne pouvoit valoir beaucoup, mais pour oster cet avantage aux Vénitiens de s'en prévaloir en leur trésor, et la monstrer pour l'advenir à un chacun en signe de triumphe et de grand' conqueste ! Voyez comme, le temps passé, l'on se formalisoit de telles choses !

Si ceux qui desrobarent, il y a quelque temps[4], à la

---

1. *Var.* Cent mille ducas (ms 6694, fol, 125).

2. La phrase suivante est biffée sur le ms 6694 : « Ensemble des saintes reliques des roys ses prédécesseurs, qu'un de ses valets de chambre, la nuict, fut dévalisé. »

3. En 1500. Ceci est tiré du *Panégyrique* de la Trémoille, par J. Bouchet, ch. XIX. — Cf. Guichardin, livre IV.

4. « Le mardy 10° jour de may (1575), la nuit, fut dérobbée la vraie croix estant en la Sainte-Chapelle du Palais, à Paris ; de quoy le peuple et toute la ville furent fort esmeus et troublés, et s'esleva incontinent un bruit qu'elle avoit esté enlevée par les menées et secrettes pratiques des plus grands du roiaume, mesmes de la roine-mère, que le peuple avoit tellement en horreur et mauvaise opinion, que tout ce qui advenoit de malencontre, lui estoit im-

Saincte-Chapelle à Paris, le bois de la vraye croix et le chappeau d'espines, et le portarent vendre ou donner aux Vénitiens, comm' on dit qu'il est vray, (trésor certes très inestimable, apporté et donné de ce bon roy sainct Louys), firent bien ou mal, je m'en rapporte; mais pourtant viendra, possible, un roy qui la voudra repéter à l'amiable, ou du tout à la force, estant un trésor et joyau plus débattable que l'espée de nostre petit et brave roy Charles. J'estois lors à la cour quand cela arriva; je n'en diray plus autre chose.

Que fist-il de plus, ce grand roy Louys XIIe? Il envoye un' armée à Naples, soubs la conduite de M. d'Aubigny, qui en peu de temps la reconquist; mais sa bonté, et la fiance qu'il eust en la foy un peu trop légère du roy Ferdinand[1], la lui fit perdre, comme cela se treuve assez dans les histoires. Nonobstant, aiant bandé contre lui le pape Jules II, par trop ingrat des biens faicts qu'il avoit receus de lui, les Espagnols et Italiens aussi contre lui, il ne s'en estonna autrement; et, ne pouvant aller en son armée, comm' autres fois, à cause du déclin et foiblesse de ses jours, leur faire la guerre à outrance, la leur fit par ses lieutenans, et mesmes par son nepveu Gaston de Foix, qui gaigna sur eux ceste sanglante bataille de Ravanne. Mais quel gaing fust-ce? un qui cousta aussi cher qu'eust faict un' autre perte. Et voylà où la for-

puté. Et disoit-on qu'elle ne faisoit jamais bien que quand elle pensoit faire mal. La commune opinion estoit qu'on l'avoit envoiée en Italie pour gage d'une grande somme de deniers, du consentement tacit du Roy et de la Roine sa mère. » *Journal de l'Estoile*, collection Michaud et Poujoulat, année 1575, p. 54.

1. Ferdinand d'Aragon.

tune recommence son premier jeu et luy faict ressentir ses vieux coups, comm' il fit encor contre Maximilian et le roy d'Angleterre, à la journée des Esperons, à Thérouanne, et de plus à Novarre[1], où son armée là eut ceste grande venue[2], soubs la conduicte de M. de la Trimouille; encor vers le royaume de Navarre, où toute ceste grande armée s'en alla en fumée, et n'y peut remettre, quelqu' effort qu'il y fist, le pauvre et brave roy Jehan[3], qui l'avoit perdu pour avoir esté par trop fidelle à luy et à sa couronne.

Que c'est que d'une personne, quand elle a esté une fois esbranlée de la fortune! Quelque bon visage qu'elle luy face pour quelque temps, si retourne-elle le plus souvant à l'esbranler du tout : ny plus ny moins que l'on void un bel arbre que le vent esbranle et l'a à demy penché; vient quelque bon œconome ou hortolan[4], qui le vient appuyer, et dure pour quelque temps, et produict du fruict; mais, à la longue, et quoy qu'il tarde, il tumbe tout à plat par terre.

Voyez de mesme nostre roy dont je parle : il fut au commencement fort assailli de la fortune, comme j'ay dict, puis en fut bien recueilly par après; pour son comble, il en fut pis traicté que jamais, et ce sur son vieil aage, qu'il se vist frustré en un rien de ce qu'il avoit conquis et gardé si longuement, sans aucune espérance de revanche, car la vieillesse l'accabloit, et puis ses desroutes et deffaictes, les unes après les autres.

1. Le 6 juin 1513. Voyez plus loin la vie de la Trémouille.
2. *Venue*, malheur, désastre.
3. Jean d'Albret. Voyez tome 1, p. 129.
4. *Hortolan*, jardinier, de l'italien *ortolano*, ou de l'espagnol *hortelano*.

Toutesfois ses ennemys n'éjambarent rien sur lui, ni sur un seul poulce de terre de son royaume; car il mourut très pacifique et très absolu roy, et en tiltre le plus beau et le plus honnorable que jamais porta roy de France, qui estoit celui de Père du peuple et Bien aymé du peuple; ce qui donna à croire à plusieurs qu'il estoit bénit et bien aimé de Dieu : si bien qu'il a laissé après lui par tout le peuple de France, que quand il est si surchargé et accablé de grandes tailles, taillons, subcides et imposts, il crie tousjours: « Qu'on « nous règle et remette seulement soubs le règne de « ce bon roy Louis XIIᵉ ! »

S'il fust esté aussi jeune, quand il vint à la couronne, que son prédécesseur, il eust faict de grandes choses; car il estoit très brave et très vaillant. A ceste bataille qu'il donna aux Vénitiens, on lui vint rapporter qu'ils avoient desjà prit le logis qu'il vouloit pour lui : « Et « quoy, dict-il, sont ils desjà logez pour le seur? — « Ouy, sire, luy fut-il respondu. — Or bien, répli- « qua-il, il faut aller loger sur leur ventre, » comm' il fit; car il les en deslogea, leur donna la bataille et les deffit. Et ainsi que l'artillerie donnoit, on luy dict qu'il s'ostast de devant : « Rien, rien, ce dict-il. Je « n'en ay point de peur; et quiconque en aura peur, « qu'il se mette derrière moy, il n'aura point de « mal. »

Il estoit très beau et très agréable, ainsy que tous ses portraicts l'ont représenté, comme celui qui est au grand portail de Bloys, et comme d'autres que l'on voit aux cabinets de nos roys, reynes et princesses, dont j'en ay veu un en celuy de la reyne de Navarre d'aujourd'huy, qui le représente vestu tout de blanc, de très belle et haute taille, de fort bonne grâce, et sur tout un visage doux et bon, et qui monstroit toute candeur. [Il[1] fut un blasmé de s'estre layssé trop gouverner au cardinal d'Amboyse ; car les affayres pour cela n'en allarent pas mieux ; car, si l'on veut croyre Guichardin[2] et autres, il estoyt fort ambitieux et se vouloyt mesler de tout; il voulut estre pape après la mort de Alexandre et en fit de grands brigues ; et, ne le pouvant estre, il ayda à faire le pape Julles, qu'il voulut aprez deffayre par un concile et se faire eslyre pape. Voyez qu'il y eust homme qui fust accusé de vouloyr empoysonner ledit pape ; voyez Guichardin. Enfin son ambition gasta tout et ne fit trop de bien. En quoy ce n'est pas le milleur, si ay-je ouy dire à un grand, que ces grands cardinaux se meslent tant des affaires du monde. Le roy Louis XI se layssa gouverner au cardinal Balue[3], duquel il descouvrit aprez la meschanceté. Le roy Charles VIII ne se trouva pas bien de croire tant le cardinal de Saint-Malo[4] pour ses affayres d'Italie et de Naples. Tout cela est aysé à notter, exemple par exemple. Nostre roy François, pour la faute que fit M. le cardinal de Lorayne[5], bien qu'il fust très bon et y allast de bonne foy, ne s'en trouva mieux en la conqueste du Piedmont. Il eust

---

1. Le passage qui suit jusqu'à la fin de l'alinéa ne se retrouve pas dans le ms 3262. Il a été rajouté par Brantôme en marge du folio 127 v° du manuscrit 6694, puis biffé. Nous avons cru devoir, comme les derniers éditeurs, l'intercaler dans le texte.

2. Voyez Guichardin, livre VI.

3. Jean Balue, cardinal, évêque d'Angers, puis d'Albano, mort en 1491.

4. Guillaume Briçonnet.

5. Jean de Lorraine ; en 1536.

aussi M. le cardinal de Tournon[1] qui le posséda fort; mais fort mal pourtant en la paix qu'il fist au camp de Jullon[2] avecque l'empereur, lequel n'en pouvoit plus et ressembloit la perdrix qui fuit un si grand vol devant l'oiseau, et tant qu'elle peut.]

Il eust la dévotion de faire la guerre contre le Turc, comme son prédécesseur, mais non en telle ambition. Il[3] envoya le seigneur de Ravastein conquérir Methelin[4]; et avoit charge de pousser plus outre; mais cela ne fut rien[5].

Il eust cet heur qu'il fut très bien servy par ses lieutenans: c'estoit aussi ce qu'on disoit de luy, qu'à mode d'Octave Cæsar, il estoit heureux en service de ses lieutenans, au contraire (de) Marc Anthoine, duquel la présence servoit plus que des autres, fors en la bataille Actiaque. Mais ce roy, et en absence et en présence, triumphoit partout, fors que sur le déclin, comme j'ay dict. Il portoit aussi pour devise un porc-espic avec ces mots: *Cominus et eminus*[6]; comme voulant dire que de près et de loing il nuisoit comme le porc-espic, qui darde ses piceons[7] à ceux qui lui veulent

1. François de Tournon, archevêque de Bourges, de Lyon et d'Auch, cardinal (1530), né en 1489, mort en 1562.

2. Jaalons, près de Châlons, c'est la paix de Crespy.

3. Philippe de Clèves, seigneur de Ravenstein, fut gouverneur de Gênes. Il était fils d'Adolphe, seigneur de Ravenstein.

4. L'ancienne Lesbos; l'expédition eut lieu en 1501.

5. Le ms 6694 (fol. 127, v°), portait d'abord cette phrase qui a été biffée : « Mais les Vénitiens qui estoient de moitié luy faillirent. »

6. Cette devise était celle de l'ordre du *Porc-épic*, fondé en 1394 par Louis d'Orléans, second fils de Charles V. Louis XII l'abolit en montant sur le trône et en adopta la devise.

7. *Piceons*, piquants.

nuire. Il portoit aussi sur ce porc-espic ces mots escripts :

Spicula sunt humili pax hæc, sed bella superbo.

Si est-ce qu'il se dict et se treuve par escrit : qu'après qu'il eut perdu le royaume de Naples, qu'il avoit si heureusement conquis et assez bien gardé pour le commancement, il fut si despit et fasché, qu'il jura et protesta que jamais plus il ne feroit la guerre par ses lieutenans, mais par lui-mesmes en propre personne[1]. Il eust soubs lui de très braves et de très vaillans capitaines, que je diray cy après.

Aussi ay-je ouy dire aux anciens capitaines que ce fut dessoubs lui que les compagnies des ordonnances commancarent à se faire très belles, très bonnes et très bien aguerries, s'estans ainsy façonnées et aguerries par les continuelles guerres qu'ils firent soubs lui ; ainsi que l'exercice y faict, comme ce sage législateur[2] le sceut très bien deffendre à ses Lacédémoniens, de ne faire longuement guerre à leurs voisins ny à d'autres, de peur de les aguerrir à leurs despens. Aussi nos François s'aguerrirent aux despens des Italiens et Espagnolz, dont ils en ont beaucoup tué ; et rien ne se présentoit devant eux qu'ils ne battissent : si bien qu'on ne parloit que de la gendarmerie de France parmi le monde, et tout le monde aussi la redoutoit : aussi la payoit-il bien, et jamais ne perdoient un seul petit cartier de monstre.

1. Le ms 6694, fol. 128, porte cette phrase, qui a été biffée : « Ainsin qu'il le monstra en la battaille qu'il gaigna contre les Vénitiens. »
2. Lycurgue.

Il ne laissa que deux filles: madame Claude et Renée[1]; l'une reyne de France, qui produisit du roy François la belle lignée que nous avons veue despuis; et l'autre, madame de Ferrare, qui en a produict une très belle aussi[2]: M. le duc de Ferrare, le cardinal d'Est, et mesdames de Nemours, d'Urbin, et Léonor, qui mourut fille, qu'on peut dire ces trois avoir esté de leur temps la beauté du monde.

Il fut enterré à Sainct-Denys, là où l'on voit son tumbeau, qui est très beau, et sa figure et de la reyne Anne sa femme.

Il n'eust aucuns enfans de sa dernière femme Marie d'Angleterre[3] : il ne tint pas à elle, comme j'ay dict ailleurs. Aussi elle ne demeura guières avecques lui ; car, s'efforçant par trop après ceste grand'beauté, plus que son vieil aage ne le portoit, il mourut. Aussi[4] disoit-on

1. Brantôme leur a consacré des articles.
2. Renée de France, mariée en 1527 à Hercule II, duc de Ferrare, en eut Alphonse II, duc de Ferrare ; Louis ; Anne, mariée à François de Lorraine, duc de Guise, puis à Jacques de Savoie, duc de Nemours ; Lucrèce, mariée (1570) à François-Marie de la Rovère, duc d'Urbin ; Léonore, morte sans alliance.
3. Fille de Henri VII, mariée à Louis XII en 1514, se remaria trois mois après la mort de son mari à Charles Brandon, duc de Suffolk, et mourut en 1534.
4. *Var.* Aussi quand il l'eust espousé, on disoyt qu'il chevauchoyt une guilledine d'Angleterre qui le meneroyt bientost en paradis son grand chemin ; ce qui fust ; bien qu'il mourust n'ayant que sinquante-six ans. Si ne l'espousa-t-il pourtant par amouretes, car il ne pouvoyt oublyer la reyne sa fame, et la regretoyt tousjours, mais il la prist par contract, et pour fayre alliance aveq le roy d'Angleterre, qui le commençoyt à beaucoup fatiguer ; et par ainsin vouloyt mourir roy pasyfique de ce costé d'Angleterre, car de ce temps quand on parloyt des Angloys entrant en France, il sembloyt que ce fussent tous les diables (ms 6694, fol. 128, r°).

pour lors quand il l'espousa, qu'il avoit pris et chevauchoit une jeune'guilledine qui bientost le mèneroit en paradis tout droict[1], et plus tost qu'il ne voudroit, son grand chemin : ce qui fut vray, bien qu'il ne mourut qu'en l'aage de 56 ans[2], vray aage encor de sa bonne force : mais il avoit fort pâty en son temps. Il ne l'espousa pourtant par aucunes amourettes, comme j'ay ouy dire, ne pouvant oublier la reyne Anne, sa très chère femme, qu'il avoit tousjours tant aymée, et fille et femme. Estant fille, M. d'Allebret[3], qui prétendoit et estoit son fort proche, et luy s'en cuidarent battre; tant il lui portoit d'amour, plus qu'à ceste belle Marie, qu'il espousa quasy comme par contraincte, se sacrifiant pour son royaume, pour achepter la paix et l'alliance du roy d'Angleterre et qu'il peut mourir paisible roy de France, sans le laisser en trouble, comme certes il fit par le sacrifice de sa mort.

Ce[5] grand roy eut soubs lui de très grands capi- M. d'Aubigny[4].

1. *Guilledine*, haquenée. L'anglais *gelding* signifie cheval hongre.
2. Dans sa cinquante-troisième année.
3. Alain, sire d'Albret. Belleforest (*Annales*, fol. 428), mentionne la dispute de Louis XII et du sire d'Albret; mais elle n'eut lieu suivant lui qu'à la suite d'une querelle de soldats. Cf. J. Bouchet, *Panégvrique* de la Trémoille, ch. xvi.
4. Robert ou Eberard Stuart, comte de Beaumont-le-Roger, seigneur d'Aubigny, maréchal de France (1515), mort en 1543. Il était fils de Jean Stuart, troisième du nom, comte de Lenox, et d'Isabelle de Montgommery.
5. Dans le ms. 6694, l'article de M. d'Aubigny vient après celui de Trivulce, et est rédigé ainsi . « Apprez luy a esté fort estimé M. d'Aubigny, qui fut par le commandement du roy Louys douziesme, son maistre, le conquérant du royaume de Naples, aveq une fort heureuse et vaillante fortune ; mais nous ne le gardasmes guières et à sa conservation nous n'eusmes la fortune trop pros-

taines, qu'il dressa et façonna la pluspart par ses belles, continuelles guerres delà les monts, entr'autres M. d'Aubigny, escossois et grand seigneur, qui fit grand honneur à sa nation : de sorte qu'aucuns de nos annalistes françois l'ont appelé *grand chevalier sans reproche*, comm' il le monstra en plusieurs beaux faicts de sa main et de sa conduite, mesmes en la conqueste qu'il fit du royaume de Naples, avec une fort heureuse et vaillante fortune, ayant affaire avec Gonzalve, ce grand capitan. Il fit aussi très bien aux exploicts de guerres en Lombardie : les histoires en parlent assez, sans que j'en parle plus avant.

Il mourut du règne du roy François, fort vieux et cassé, plus de combats et victoires que de trop grande vieillesse. Il laissa un fils[1], très notable chevalier et capitaine, mais non tant emploié aux grandes charges comme son père, qui laissa le duc de Lenos, son fils[2], brave et très honneste seigneur, qui, pour sa valeur et vertu, est aujourd'huy vice-roy en Escosse ; lequel il faut louer, à toute violence, d'un traict noble qu'il fit dernièrement : car, sçachant que M. d'Antragues[3], son beau-frère, aiant espousé sa

père, car nous le perdismes, et en le perdant nous y perdismes une grande quantité de bons hommes et de grands capitaines, comme fut ce généreux Lóuis d'Armaignac (fol. 128, v°).

1. C'est une erreur, il mourut sans postérité.
2. Edme Stuart, premier du nom, duc de Lenox, comte de Darnley, seigneur d'Aubigny, grand chambellan d'Écosse, mort en 1583. Il avait épousé Catherine de Balsac, fille de Guillaume, seigneur d'Entragues, et était fils de Jean Stuart, comte de Lenox, seigneur d'Aubigny, neveu du maréchal d'Aubigny.
3. Charles de Balsac, seigneur d'Entragues, comte de Clermont, tué à la bataille d'Ivry (1590).

sœur (j'estois à ses nopces, il y a plus de quarante ans), estoit en peine extrême, prist la poste du fin fonds de l'Escosse, vint en France supplier et requerir le roy pour luy; ce qui lui servit beaucoup. C'est un beau traict, certes, digne d'estre loué d'un chacun.

Quittons ce discours; reprenons nostre premier, de nostre grand roy Louys et de plusieurs de ses grands capitaines. Il eut ce grand Jehan-Jacques Trivulse, duquel j'ay parlé ailleurs[1], et parle maintenant de ce brave et vaillant conte Louys d'Armaignac, intitulé duc de Nemours, lieutenant du roy au royaume de Naples. Il fut fils de ce conte d'Armaignac que le roy Louys XIe fit décapiter aux hasles à Paris[3], et lui et son frère y estoient présens et fort jeunes enfans, que j'ay ouy dire à ma grand' mère, et estoient vestus tout de blanc, testes nues et mains jointes, et le sang de leur père les taignit tous et les enrougist tumbant de l'eschaffault en bas. Ainsy le voulut le roy pour leur donner exemple et crainte. Cedict roy ne luy pardonna pas, comme fit le roy sainct Louys à un conte d'Armagnac un peu rebelle à lui. Voyez Paule Æmile[4].

Louis conte d'Armagnac[2].

1. Voyez plus haut, p. 224 et suivantes.
2. Louis d'Armagnac, d'abord comte de Guise, puis duc de Nemours, après la mort de son frère aîné Jean, mort sans postérité. Il fut vice-roi de Naples et périt en 1503 à la bataille de Cérignole.
3. Jacques d'Armagnac, duc de Nemours, fils de Bernard, comte de la Marche, décapité à Paris pour crime de lèse-majesté, le 4 août 1477. — L'anecdote de ses enfants assistant à son supplice est controuvée.
4. Livre VII. Brantôme se trompe. Ce ne fut pas contre saint

Ledict Louys, conte d'Armagnac, mourut à la bataille de Cerignolles, qu'il donna au grand capitaine dom Gonzalvo, voulant pourtant la différer, car il la voyoit peu advantageuse pour les François, mais il fut taxé de M. d'Alègre, dict Precy[1], estre par trop froid et peu entendu au devoir d'un général; dont lui, qui estoit fort hault à la main, à la gasconne, s'en estomaqua de telle façon qu'il partist de la main et lui voulut porter l'espée à la gorge pour le tuer, ne fust esté M. Louys d'Ars, qui se mit au devant et l'en garda. Et s'estant appaisé: « Ouy vraiment, dict-il, « vous aurez la bataille puis que vous la voulez tant, « et combattray non comme froid, ains tel que « je suis, brave, bon et fidel serviteur de mon « maistre, et nullement poltron ; mais j'ay belle « peur que ce brave qui parle tant bataille, qu'il « se fie plus à la vitesse de son cheval qu'au fer « de sa lance. » Et là dessus il part, il donne combat vaillamment, et meurt sur la place fort honnorablement ; et en un rien la bataille fut commencée et perdue pour nous. Paulo Jovio raconte gentiment cela[2].

Louis, mais contre son fils et successeur Philippe III, qu'en 1271 Géraud V, comte d'Armagnac, fit acte de rébellion, et obtint sa grâce. Un nouveau méfait du même genre le fit emprisonner pendant deux ans (1279-1281) au château de Péronne.

1. François d'Alègre, sieur de Précy, grand maître des eaux et forêts. Ce ne fut pas lui, comme le dit Brantôme, mais son frère aîné, Yves, qui fut tué à la bataille de Ravenne. Voyez p. 373.

2. Non pas dans son *Histoire*, car le livre où aurait pu être racontée la bataille de Cérignole est un des six (5 à 11) que P. Jove prétendit avoir perdus au sac de Rome, mais dans sa vie de Gonsalve de Cordoue.

Ce fust quasi un pareil dict du mareschal d'Andrehan[1] à la bataille du roy Jehan[2], auquel le mareschal de Clermont[3], reprochant qu'il avoit peur pour ne vouloir consentir à la bataille, il luy dict : « Je te « monstreray le contraire, Clermont ; car j'auray plus « tost le bout de ma lance dans le corps de l'ennemy « que tu n'auras la tienne en l'arrest. »

De ce que devint M. d'Alègre, je m'en rapporte à ce que les histoires en ont escrit là dessus, qu'il y alla un peu du sien ; mais pourtant si a-il esté brave et vaillant capitaine et faict de beaux combats au royaume de Naples et en Lombardie, et ailleurs. En celui-là il fut malheureux, dont le roy Louys lui en fit très mauvais visage à son retour ; mais M. Louys d'Ars rabilla tout ; et puis s'en alla mourir et chercher son cymetière fort honorablement à la bataille de Ravanne, ce qui rabilla tout le passé. Il ne faut qu'une bonne ou malle heure pour l'homme. Il estoit taxé d'aller un peu viste en besogne.

M. d'Alègre[5], qu'on nommoyt messyre Yves d'A-

M. d'Alègre[4].

---

1. Arnoul, seigneur d'Audeneham, dit d'*Andrehan*, maréchal de France (1351), mort en 1370.
2. La bataille de Poitiers (1356).
3. Jean de Clermont, seigneur de Chantilly, maréchal de France (1352), mort en 1356.
4. Voyez la note 1 de la page précédente.
5. Yves, deuxième du nom, baron d'Alègre, conseiller et chambellan de Charles d'Anjou, roi de Naples, gouverneur de la Basilicate sous Charles VIII et du duché de Milan sous Louis XII.

Les trois alinéa qui suivent ne figurent plus dans la nouvelle rédaction. Ils se trouvent dans le ms. 6694 à la suite de l'article du baron d'Espic, et comme aux derniers éditeurs ils nous ont paru mériter d'être intercalés dans le texte.

lègre, ainsin qu'on nommoyt le plus souvant les nobles, fust un très notable capitayne, l'ayant monstré en force endroits; et pour le plus beau et plus signalé, ce fust à la battaille de Ravane, où, ayant veu tuer son filz, M. de Vivarots[1], brave et vaillant jeune homme, certes, devant luy, il se jette si advant dans l'espesseur des ennemys, fust ou qu'il voulust vanger sa mort, ou ne voulust plus vivre, qu'il y fust tué, dont ce fut très grand dommage.

Si fit-il une grand' faute, lorsque M. de Nemours estant entré dans Boulongne avec son armée et de plain jour, sans qu'un Espaignol l'eust advizé ny en senty le vent, qu'est un grand cas, sinon par un Albanoys qu'estant sorty à l'escarmouche fust pris, et décela le tout; possible, le maraud qu'il estoyt, s'estoyt-il laissé prendre. M. de Nemours et tous les capitaynes vouloyent bien sortir aussi tost et donner à l'ennemy qu'ilz eussent pris à l'imporveu, ne se mesfiant de rien; mays M. d'Alègre opina et empescha de ne sortyr et laisser rafreschyr l'armée, qui en combattroyt mieux le landemain : il fust creu. Il devoyt donq metre ordre que nul ne sortist, et fayre bien fermer les portes, pour ne porter nouvelles de l'arrivée de l'armée.

Qui veut voyr bien descrite la bataille de Ravane, qu'il lize le Roman de M. de Bayard, il en descrit mieux en son viel langage qu'aucune autr' histoire : il n'oblie la mort de M. de Maugiron qx'y fust tué ayant chargé de gens de pied, qu'y fist très bien; car il estoit très brave et vaillant; aussi la race le porte, dont en sont sortys de très braves et vaillans capitaynes.

1. Jacques d'Alègre, seigneur de Viveros.

M. DE LA PALLICE.

M. de la Palice[1] fut le contraire[2] ; car il fut un très sage et très vaillant capitaine quand il falloit ; et s'il ne fut esté tel, il n'eust eu les grandes charges et grades de ses maistres qu'il eut, et mesmes du roy Louys XIIe, qui l'ayma fort et plus que tous, et se fia en sa suffisance.

M. de la Pallice, dict le mareschal de Chabanes.

Il fut lieutenant du roy au royaume de Naples après la mort du conte d'Armaignac[3], et tout le monde l'en esleut et luy défera et luy obéyt. Il le fut avec l'empereur Maximilian contre Padoue et les Vénitiens[4] ; il le fut en Italie, après la mort de Nemours, par l'eslection de toute l'armée et des plus grands capitaines de là, s'il y en eust au monde ; il le fut en Navarre[5] et autres endroicts et tousjours fut en très bonne et grande réputation et très heureuse fortune.

Les Espagnolz[6] l'appelloient souvent *el capitan la Paliça, gran mareschal dy Francia*[7]. Bel honneur ! comme nous avons appellé M. de Biron dernier, le grand et premier mareschal.

J'ay veu le portraict dudict M. de la Pallice[8] ; il monstroit bien ce qu'il estoit : très beau et de très belle façon. Si le roy François l'eut voulu croire, ensemble M. de la Trimouille, Galleazze Sainct Sé-

---

1. Jacques de Chabannes, deuxième du nom, seigneur de la Palice, grand maître et maréchal de France, fils de Geoffroi de Chabannes et de Charlotte de Prie, tué à la bataille de Pavie.
2. Cette phrase est la suite du dernier alinéa de la page 373.
3. En 1503. Voyez plus haut, p. 372.
4. En 1509. Voyez tome I, p. 78.
5. Après la bataille de Ravenne, en 1512.
6. En 1512, il chassa les Espagnols du Béarn.
7. Voyez Vallès, *passim*.
8. Il en existe plusieurs au Cabinet des estampes.

verin et Théodore Trivulso, il n'eust pas donné la bataille de Pavye, et tous conseilloient de se retirer à Binasco[1] et lever le siège, dont ils en alléguoient force belles raisons; mais celles de M. de la Pallice estoient très belles, que j'ay leues dans le livre espagnol de la vie de M. le marquis de Pescayre. « Car, disoit-il[2], l'honneur ou le déshonneur de la guerre ne s'achève jamais avec aucune autre réputation, sinon avec la victoire, à laquelle tout grand capitaine doibt avoir du tout tendre son pensement; et si cela touche de lever le siège et n'y estre persévérant, c'est bien plus grand' follie à un grand capitaine, que soubs un faux et colleré[3] nom de constance gaigner la gloire d'une obstination, laquelle bien souvant apporte déshonneur et perdition[4]. Si que, pour changer astheure d'advis, de se retirer, tarder et temporiser, l'ennemi se deffera lui-mesmes par faute d'argent, que tous crient après, tant ceux de leur armée que dedans Pavye; car résolument si on ne leur donne prestement de l'argent, ou ils feront une révolte et amutinement entre eux si dangereux, que les capitaines auront beaucoup affaire à se sauver d'eux: ou bien ils se retireront tous, qui de çà, qui de là, en

---

1. A 4 lieues sud-ouest de Milan.
2. Dezian estos que la honra, o deshonra de la guerra, no se acabava con alguna otra reputacion, sino con una gran victoria : a la qual el prudente y sabio capitan, endereçava, y bolvia todos sus pensamientos (Vallès, f° 156, v°).
3. *Colleré*, spécieux.
4. Porque no me paresce officio de sabio y valiente capitan, con un falso y colorado nombre de constancia, ganar gloria de obstinacion y de arrimado, lo qual pueda traer deshonra y un grande estrago y perdicion (Vallès, f° 157, r°).

leurs pays et maisons. Si bien qu'il est très nécessaire *que nuestra gente* (j'useray de ce mot espagnol) dict le livre, *gana fuerça con el espacio y tardança; y al contrario el enemigo se debilita reziamente; y los consejos se envejescen y se hazen in ciertos, quando faltaran pagas, vituallas y voluntades de hombres*[1]: « que nostre gent gaigne la force avec l'espace et la tardance; et, au contraire, la leur se débilitera du tout; et les conseils ne valent plus rien quand les payes, les vivres et les volontez des hommes faillent. » Tant d'autres raisons alléguoit M. de la Pallice, si apparantes, que l'Espagnol mesmes dict que, dissuadant la bataille, il le disoit bien contre son naturel, lequel n'estoit si posé ny si arresté qu'il n'aimast mieux tousjours de combattre et de venir aux mains que de donner conseil contraire; et comme dict le mot, *era mas valeroso y bravo capitan, que moderado y recatado*[2]; « car il estoit bien tousjours plus vaillant et hazardeux capitaine, que moderé et retiré. »

Aussi M. l'amiral Bonnivet le sceut très bien dire au conseil, quand ce vint à son rang de parler, que ledict M. de la Pallice donnoit conseil selon la coustume des vieux; et non selon la sienne, qui n'avoit jamais fuy de combat en sa vie; et qu'alors ils avoient besoing qu'il les servist avec cette tant valeureuse main qui, d'autres fois avoit si souvant tant et

1. Vallès, f° 156, v°. Brantôme a un peu modifié le texte espagnol, qui porte : .... Y se hazen inciertos, y dudosos, pues le han de faltar del todo cada dia las pagas, la vitualla, y las voluntades de los hombres.

2. Aviendo antes merescido nombre de excelente y valerosissimo capitan, que de moderado y recatado (Vallès, f° 157, v°).

tant exploicté de beaux combatz, ores en telle nécessité; laquelle force, avec d'autres vaillantes qui lui aideroient, acquerroit la victoire et la gloire à son roy. Quand à M. de la Trimouille et Sainct Sevrin et Trivulsio, disoit-il, pour avoir septante ans, ils avoient perdu toute leur ancienne vigueur du passé et parloient selon la volonté de leur aage; mais qu'il ne vouloit encor panser que ceste noble et ancienne valeur de combatre tousjours qu'on avoit veu en M. de la Pallice, pour quelque petite charge d'années se peut jamais refroidir[1].

Voylà les belles parolles que proféra M. de Bonnivet sur la bonne opinion qu'il avoit de vaillance de M. de la Pallice (disent les Espagnolz qu'il dict ainsy). Aussi ne fut-il point trompé; car ce jour il fit d'aussi beaux combats que jamais il en avoit faicts au plus beau de son aage; si bien, ce dict le conte, que son cheval lui aiant esté tué soubs lui, et après qu'il s'en fust désengagé et qu'il s'en alloit jetter à beau pied dans nos Suisses pour combattre encor à pied, vint le capitaine

1. Voici le texte de Vallès à qui Brantôme a emprunté son récit : .... Diziendo obedescera por ventura con esta mazilla de vituperio y infamia, un rey de tanto animo, enseñado de grandissimos preceptos, y avisado por experiencia de guerra, al capitan Tramolia, viejo de muchos años, y a Galeazo aquien los 70 años an quitado todo sentido de vigor prompto, y sera verdad que el nobilissimo ardor de combatir, que antes era poderoso en el capitan Paliça, pesado agora por los años se aya del todo resfriado. Verdaderamente es assi, que me paresce el a mi oy imprudente, pues da consejo segun la costumbre de los viejos (lo qual jamas se vio en el), y no nos sirve con aquella valerosa mano, de la qual nos otros oy tenemos necessidad : con ella (como es acostumbrado puede facilmente entre otros muchos esforçados, hazerse honra (Vallès, f⁰ˢ 157, v°, 158).

Castaldo à cheval, qui le prist prisonnier, s'estant rendu à lui de bonne guerre. Vint après le cruel Buzarto[1], Espagnol, *como hombre que tenia embidia del precio y loor de un tan gran prisionero à la cavalleria, lo mato cruelmente, encarandole un gruesso harquebuz à la coraça*[2]? « comme homme qui portoit envie « du pris et de l'honneur d'un si grand capitaine « pris à la cavallerie, le tua cruellement, luy acca- « rant[3] une grosse arquebus de qualibre dans sa cui- « rasse. » Et par ainsy mourut ce bon capitaine et honorable seigneur, qui ne pouvoit mourir autrement: car qui a bon commancement a bonne fin.

Il avoit, quelque temps avant, fort opiniastré à la journée de la Bicoque[4], pour ne la donner point (ce dict ce mesme livre), en alléguant force raisons que sa grande expérience lui avoit apprise, et mesmes que de forcer son ennemy dans un logis si fort et si advantageux pour la deffence pour eux, et très mal pour leurs vivres, il n'y avoit nul propos; et qu'en temporisant tant soit peu de les attaquer là, ils en sortiroient et se mettroient en telle oportunité, qu'on les combattroit aisément, *a la ygual* (dit le mot espagnol[5]). Mais M. de Lautrec, qui estoit le général, se mettant sur son opiniastreté accoustumée et sur l'importunité des Suysses et d'Albert La Pierre[6], leur couronel,

1. Lisez Basurto. C'est du moins ainsi que l'appelle Vallès, à qui Brantôme a emprunté ces détails.
2. Voyez Vallès, f° 171.
3. *Accarant*. Brantôme a francisé le mot espagnol qu'il a cité et qui veut dire *tirer*.
4. Le 29 avril 1522.
5. Voyez Vallès, f° 67, v°.
6. Albrecht von Stein. Il était de Berne et périt à la bataille de

voulut combattre. « Et bien! (respondit M. de la Pal-
« lice) que Dieu favorise donc aux folz et aux super-
« bes ! Que quant à moy, afin qu'on ne pense point
« que je refuse le péril, je m'en vays combattre à pied
« avec la première infanterie (ainsy le dict l'Espagnol);
« et vous autres, gens d'armes françois, combattez si
« vaillamment que l'on cognoisse qu'en tel cas péril-
« leux la fortune vous a plustost manqué que non pas
« le courage[1]. » Beau mot certes! L'on combattist
donc, et en advint la deffaicte de nos gens, et puis la
perte de l'estat de Milan. La gloire fut grande pour
les impériaux, car les nostres estoient deux fois plus.
Il y avoit quinze mille Suisses, lesquels, poussez (ce
dict le livre) d'une superbeté opiniastre et bravesse
barbare, ou pour mieux dire fatale, menassoient d'in-
vestir l'ennemy du premier abord et l'emporter[2];
mais il arriva tout au contraire. Que s'ilz eussent creu
M. de la Pallice, *capitan de muchas guerras y victo-
rias*[3] (ce dict le livre), tel malheur ne leur fust arrivé.

M. de Vandenesse[4]. Ce M. de la Pallice avoit un frère qui le secondoit

la Bicoque. Voy. Zurlauben, *Histoire militaire des Suisses*, tome IV,
p. 140, 141, 148, etc.

1. Respondio a esto el capitan Paliça : Dios favoreza a los locos
y sobervios, que en verdad yo (porque no parezca, que rehuso el
peligro) combatire en la primera infanteria a pie, y vosotros cavalleros franceses, pelead esforçadamente por mostrar, que en esta
cosa tan aspera, antes os falta la fortuna que el animo (Vallès,
f° 68).

2. El capitan Alberto Piedra.... affirmava con braveza barbara
que avia de yr por delante, a envestir los imperiales (Vallès,
f° 68).

3. Capitaine de nombreuses guerres et victoires.

4. Jean de Chabannes, seigneur de Vandenesse, tué à la retraite
de Rebec, en 1523.

fort, et mesme en vaillance. Il estoit fort petit de corsage, mais très grand de courage, de sorte que, dans des vieux romans[1], on l'appelloit le petit lion remply d'un grand cœur; encor que les médecins et anatomistes disent que le petit cœur est meilleur en un homme que le grand; aussi le lion l'a très petit, et non si grand que les autres animaux; mais c'est une fraze de parler que nous avons de dire : « Il est de grand cœur », c'est-à-dire de grande générosité et courage; car M. de Vandenesse n'en avoit nulle faute; en tous ses combats il l'a monstré, et ne tint pas à luy qu'il ne se battist contre le marquis de Pescayre en deffy, à cause de la capitulation de Como[2]. J'en parle ailleurs.

Il fut tué à la retraicte de Rebec; et ainsy que M. de Bonnivet luy eust recommandé l'artillerie : « Ouy, « monsieur, je la vous garderay, je vous asseure, « tant que je vivray, respondit-il, ou j'y mouray; » comm' il fit, car il fut blessé d'une grande harquebuzade, et puis mourut. Les Espagnols[3] le disent ainsy; les François aussi s'y accordent, et comment ce jour il fit de grands faits d'armes et de belles charges, que l'Espagnol appelle *aremetidas*[4], tousjours en se reti-

1. Le *Loyal serviteur*, et les *Gestes* de Bayard, par Symphorien Champier. Voyez p. 384, note 2.
2. La capitulation des Français à Côme, en 1521, ayant été violée par les Espagnols, Vandenesse envoya par un trompette un cartel au marquis de Pescayre. Voyez Vallès, f° 57, et Guichardin (XIV, ch. xix), qui désigne Vandenesse par son nom de famille *Giovanni Gabaneo* (Jean de Chabannes).
3. El capitan Vandenesio fue herido baxo del hombro de un tiro de arcabuz mas gruesso, y murio hasta pocos dias de aquella mortal herida (Vallès, f° 102, v°). Cf. le *Loyal serviteur*, ch. lxiv.
4. Assauts, attaques.

rant bravement; mais il fut attrappé, dont ce fut grand dommage.

M. de Bayard [1].

En ceste mesme retraicte fut tué aussi ce gentil et brave M. de Bayard, à qui ce jour M. de Bonnivet, qui avoit esté blessé en un bras d'une heureuse harquebusade, et, pour ce, se faisoit porter en litière, lui donna toute la charge et le soin de l'armée, et de toute la retraicte, et lui avoit recommandé l'honneur de France. M. de Bayard, qui avoit eu quelque picque auparavant avec lui, lui respondit (ce dict l'Espaignol) : « J'eusse fort voulu, et qu'il eust ainsy pleu à Dieu, « que vous m'eussiez donné ceste charge honnorable « en fortune plus favorable à nous autres qu'ast'- « heure : toutesfois, ainsy que ce soit que l'advanture « traicte avec moy, je feray en sorte que, tant que je « vivray, rien ne tumbera entre les mains de l'en- « nemy que je ne le deffende valeureusement. ». J'en eusse proféré les parolles en espagnol, mais ce fût esté superfluité [2].

1. Pierre du Terrail, seigneur de Bayard, né au château de Bayard, en Graisivaudan, en 1476, tué le 24 février 1524. Il était fils d'Aimé ou Aymon du Terrail et d'Hélène des Allemans. Il a déjà été question de lui tome I, p. 79, 134-135, 146, 185-186, et 251.

2. Nous pouvons suppléer au silence de Brantôme. Voici ce que dit Vallès : Estonces el capitan Boniveto, porque con el dolor de la herida yendo en una litera, no podia hazer el officio de capitan, dio todo el cargo y govierno al capitan Bayardo, y le rogo muy encarescidamente que, por la honra de la nacion francesa, quisiesse defender la artilleria, y vanderas, que estavan encomendadas a su fe y virtud, pues en todo el exercito no avia ninguno que fuesse mejor que el de manos ni en consejo. Respondio el diziendo : bien quisiera oy, monseñor capitan, que uvierades entregado esse cargo honroso en fortuna mas favorable a nos

Ainsy qu'il le promit il le tint; mais les Espagnols et le marquis de Pescayre, usant de l'occasion, furent si opportuns à chasser les François, qu'ainsy que M. de Bayard les faisoit retirer tousjours peu à peu, voicy une grande mousquetade qui donna à M. de Bayard, qui luy fracassa tous les rains. Aussitost, se sentant frappé, il s'escria : « Ah! Mon Dieu! je suis mort. » Si prit son espée par la poignée, et en baisa la croisée en signe de la croix de Nostre Seigneur ; il dict tout haut : *Miserere mei, Deus!* puis, comme failly des espritz, il cuida tumber de cheval ; mais encor eust-il le cœur de reprendre l'arçon de la selle, et demeura ainsy jusqu'à ce qu'un gentilhomme, son maistre d'hostel, survint, qui luy aida à descendre et à l'appuyer contre un arbre.

Soudain voylà une rumeur, parmi les deux armées, que M. de Bayard estoit mort. Voyez comme la Renommée soudain trompette le mal comme le bien. Les nostres s'en effrayarent grandement ; si bien que le désordre se mist grand parmi eux, et les impériaux à les chasser. Si n'y eust-il gallant homme parmi eux qui ne le regrettast ; et le venoit voir qui pouvoit, comm' une belle relique, en passant et chassant tousjours ; car il avoit ceste coutume de leur faire la guerre la plus honneste du monde et la plus courtoise ; et y en eut aucuns qui furent si courtois et bons qui le voulurent emporter en quelque logis là près ; mais lui les pria qu'ils le laissassent dans le champ mesme

otros ; pero como quiera que la ventura se tratare comigo, yo alomenos harelo que en mi fuere, defendiendo la valerosamente, y entretanto que yo viviere, ella no vendra en manos del enemigo (Vallès, f° 105).

qu'il avoit combattu, ainsi qu'il convenoit à un homme de guerre, et comm' il avoit tousjours desiré de mourir armé (dit l'Espaignol[1]).

Sur ce, arriva M. le marquis de Pescayre, qui lui dict : « Je voudrois de bon cœur, monsieur de Bayard, « avoir donné la moictié de mon vaillant, et que je vous « tinsse mon prisonnier bien sain et sauve, affin que « vous vous puissiez ressentir, par ces courtoisies que « recevriez de moy, combien j'estime vostre valeur et « haute prouesse. Je me souviens qu'estant bien « jeune, le premier los que vous donnarent ceux de « ma nation fut qu'ilz dizoient, *muchos Grisones y* « *pocos Bayardos*[2]. Aussi, despuis que j'ay eu cognoissance des armes, je n'ay point ouy parler d'un « chevalier qui approchast de vous. Et puisqu'il n'y « a remède à la mort, je prie Dieu qu'il retire vostre « belle âme auprès de lui, comme je croy qu'il le « fera[3]. »

Incontinant il luy députa gardes qu'elles ne bougeassent d'auprès de lui, et, sur la vie, ne l'abandon-

---

1. Porque como convenia a hombre de guerra, y el antes siempre lo avia desseado muriesse armado. (Vallès, f°s 105 v°, 106.)

2. Beaucoup de Grisons et peu de Bayards (voyez t. I, p. 251, note 3). Le dicton est pris des *Gestes du preulx chevalier Bayard* par Symphorien Champier, liv. II, ch. 1 : « Et par celle manière fut Bayard, le noble chevalier, enrichy en son commencement de guerre de nouveau titre de victoire, par laquelle raison ung peu de temps après fut dict par les Espaignolz, quasi par divine providence : En France, *a moux Grisons, pauco Bayardo*. » Ce livre qui parut en 1525, in-4°, gothique, et qui est excessivement rare, a été réimprimé en partie dans le t. II des *Archives curieuses de l'histoire de France* (1re série).

3. Ce récit est tiré du LXVe chapitre du *Loyal serviteur*.

nassent qu'il ne fust mort, et ne lui fût faict aucun outrage, ainsy qu'est la coustume d'aucune racaille de soldatz et de bisongnes¹ qui ne sçavent encor les courtoisies de la guerre, ou bien de ces grands marauts de goujatz qui sont encores pires². Cela se voit souvant aux armées.

Il fut tendu donc à M. de Bayard un beau pavillon pour se reposer : et puis, aiant demeuré en cest estat deux ou trois heures, il mourut; et les Espagnols enlevarent son corps, avec tous les honneurs du monde, en l'église, et par l'espace de deux jours lui fut faict service très solemnel : et puis le rendirent à ses serviteurs, qui l'emmenarent en Dauphiné, à Grenoble; et là receu par la court de parlement et un' infinité de monde qui l'allarent recueillir et luy firent de beaux et grands services en la grand' église de Nostre-Dame; et puis fut porté enterrer, à deux lieux de là, chez les Minimes. Qui en voudra plus sçavoir lise son roman, qui est un aussi beau livre qu'on sçauroit voir, et que la noblesse et jeunesse devroient autant lire.

Ce livre dict³ que ce bon chevalier, ainsy qu'il fut blessé, vint à lui le seigneur d'Alègre⁴, prévost de Paris, auquel il dict qu'il estoit mort et qu'il se

1. *Bisongnes*, recrues, de l'espagnol *bisoño*.
2. El marques despues que recibio al capitan Bayardo, disputando le guardas, que le serviessen diligentemente, quando espirasse ; y trabajassen que no recibiesse ninguna fuerça, ni injuria de ningun soldado avariento, o ignorante (Vallès, f° 106).
3. *Loyal serviteur*, ch. LXV.
4. Gabriel, baron d'Alègre, chambellan de Louis XII, maître des requêtes (1509), prévôt de Paris (1513), bailli de Caen. Il était le second fils d'Yves d'Alègre, tué à Ravenne, dont il a été parlé plus haut (p. 373, note 5).

retirast de peur de l'ennemi, et qu'il le recommandast au roy son maistre, bien marry qu'il ne le pouvoit plus servir davantage; qu'il le recommandast aussi à tous les princes de France, à tous messieurs ses compagnons, et généralement à tous les gentilshommes du royaume, quand il les verroit. Voyez l'ambition belle et douloureuse de ce bon chevallier, de se recommander ainsy sur sa fin à tous ces gens là, et y bastir dans leurs âmes une mémoire de lui !

M. du Bellay dict que M. de Bourbon, le voyant en passant, luy dict: « Monsieur de Bayard, vrayement « j'ay grand' pitié de vous. — Ah ! Monsieur, pour « Dieu ! n'en ayez point de pitié, mais ayez la plustost « de vous qui combattez contre vostre foy et vostre « roy; et moy je meurs pour mon roy et pour ma « foy[1]. » Je croy que ce mot picqua un peu M. de Bourbon; mais et lui et tous estoient si aspres à donner la chasse et suivre la victoire, que M. de Bourbon ne s'en soucia autrement, et aussi qu'il voyoit bien qu'il disoit vray.

La fin de ce brave chevallier a esté pareille à sa vie. On lui a donné ce tiltre noble de *chevalier sans peur et sans reproche*; aussi l'a-il sceu très bien entretenir : et qui en voudra voir la preuve lise le vieux roman ;

---

1. Voici le texte de Martin du Bellay : « Le duc de Bourbon le vint trouver et dit audit Bayar qu'il avoit grand pitié de luy, le voyant en cest estat, pour avoir esté si vertueux chevalier. Le capitaine Bayar lui feit response : « Monsieur, il n'y a point de « pitié en moy, car je meurs en homme de bien; mais j'ay pitié « de vous, de vous veoir servir contre vostre prince et vostre pa- « trie et vostre serment. » (*Mémoires* de Martin du Bellay, année 1524, p. 185.)

mais tout vieux roman qu'il est, ne parle point mal et en aussi bons mots et termes qu'il est possible : il y en a deux, mais le plus grand est le plus beau[1].

Ses premières armes furent vers le royaume de Naples, où il se fist fort signaler, et mesmes en son combat contre le señor Alonzo de Sotto Major, dont je parle ailleurs[2]. Il fit aussi très vaillamment au Garillan, où mon père estoit avec lui, faisant son premier apprentissage soubs lui, et y fut fort blessé, et M. de Bayard l'en ayma fort despuis et l'estima fort : il cuida mourir de ce coup. Belleforest, en son histoire, le raconte et y nomme mon père[3], sans que j'en parle davantage; mais il me souvient d'en avoir ouy faire à mon dict père force beaux et bons contes de luy, dont ne m'en souvient pas bien de tous, et le louoit jusques au tiers ciel.

J'ay veu plusieurs s'esbahir de lui qui aiant esté si grand et si renommé capitaine, qu'il n'ait eu en sa vie de plus grandes charges qu'il n'eust; car vous ne trouvez point, ny au livre de sa vie ny ailleurs, qu'il ait mené en chef aucune armée, ny qu'il ait esté jamais lieutenant de roy, sinon dans Mézières. Bien dict son histoire qu'il le fut en Dauphiné[4]; mais c'estoit pour gouverner le pays, et non pour faire la guerre. Aucuns

1. Les deux vieux romans de Bayard sont, l'un (le plus grand), l'histoire du chevalier par le *Loyal serviteur*; l'autre, le livre de Symphorien Champier que nous avons cité plus haut.

2. Dans le discours sur les duels. — Voyez le *Loyal serviteur*, ch. xx, xxi et xxii.

3. Voyez tome 1, p. 134, et le *Loyal serviteur*, ch. xxv.

4. « Il fut lieutenant pour le roy son maistre au Dauphiné, ouquel si bien gaigna le cueur, tant des nobles que des roturiers, qu'ilz feussent tous mors pour luy. » (*Loyal serviteur*, ch. lxvi.)

ont dict qu'il n'avoit esté jamais ambitieux de telles charges, et que de son naturel il aimoit mieux estre capitaine et soldat d'aventure et aller à toutes hurtes[1] et adventures, à la guerre où il lui plairoit, et s'enfoncer aux dangers, que d'estre contrainct par une si grande charge et gesné de sa liberté à ne combattre et mener les mains quand il vouloit; aussi qu'il y a des hommes qui sont très malheureux en ces grandes charges, et ailleurs ils y sont très heureux et y font des mieux, comme j'en dirois d'aucuns : et sont à comparer à ces mullets et chevaux de charge, lesquels, pour les trop surcharger, plient soubs le faiz; mais, leur baillant la charge ordinaire, triumphent de porter : j'en nommerois bien aucuns là dessus que je sçay.

Bien avoit-il cet heur qu'oncques général d'armée de son temps ne fit voyages, entreprises ou conquestes, qu'il ne fallust tousjours avoir M. de Bayard avec lui, car sans lui la partie estoit manquée; et tousjours ses advis et conseils en guerre estoient suivis plustost que des autres : par ainsy l'honneur lui estoit très grand, voire plus, si on le veut quasy bien prendre, pour ne commander pas à une armée, mais pour commander au général; c'est-à-dire que le général se gouvernoit totalement par son advis.

Ce qui me faict souvenir de ce grand roy Charles Martel, lequel ne voulut oncques estre roy de France, estant bien en son pouvoir; mais il aima mieux d'avoir ceste gloire de commander aux roys. Et ne faut douter que M. de Bayard, s'il eust eu telles grandes charges,

---

1. *Hurtes*, heurts, coups.

qu'il ne s'en fut acquicté aussi dignement qu'il fit dans Mézières[1], là où entrant et la trouvant très foible et très estonnée, l'assura et la deffendit si bien que le conte de Nanssau[2] y perdit sa leçon : et comm' il l'envoya sommer de la rendre à l'empereur, M. de Bayard fit responce qu'avant qu'en sortir il vouloit faire un pont de corps morts de gens de son armée, et qu'après il sortiroit plus à son aise par dessus; car autrement il ne pourroit bonnement sortir[3].

A ceux qui l'ont veu j'ay ouy dire que c'estoit l'homme du monde qui disoit et rencontroit le mieux : tousjours joyeux à la guerre, causoit avec les compagnons de si bonne grâce qu'ils en oublioient toute fatigue, tout mal et tout danger. Il estoit de moyenne taille, mais très belle et fort droicte et fort disposte, bon homme de cheval, bon homme de pied. Que luy restoit-il plus? Il estoit un peu bizarre et haut à la main quand il falloit et alloit du sien.

Lorsqu'il eut ceste camizade à Rebec[4], ce fut une petite disgrâce pour luy. Ce ne fut pourtant sa faute, mais celle de l'admiral Bonnivet qui lui avoit promis de le couvrir; mais il n'en fist rien. Si n'y perdit-il que bien peu de ses gens; car il les sauva quasy tous à Biagras[5]. Bien est-il vray que leur bagage et quelques

1. En 1521. Voyez le *Loyal serviteur*, ch. LXIII.
2. Henri, comte de Nassau. Voyez sa vie, tome I, p. 250.
3. Ceci est tiré des *Mémoires* de Martin du Bellay, année 1521, p. 140.
4. En 1524, peu de temps avant sa mort. Voyez le *Loyal serviteur*, ch. LXIV.
5. Biagrasso, à 5 lieues sud-ouest de Milan. C'est là ou près de là que mourut Bayard.

chevaux s'y perdirent. Il en fut si despit qu'il s'en courrouça fort contre son général et parla fort haut, jusques à luy dire qu'un jour il lui en feroit raison et qu'il le lui demanderoit un' autre fois qu'à celle là, d'autant qu'il vouloit plustost s'amuser au service de son roy, là où il voyoit qu'il y alloit de bon, qu'à son particulier. On dict que M. l'admiral, qui n'estoit endurant et fort superbe à cause de sa faveur, acquiesça un peu, voyant qu'il avoit tort, l'ayant là envoyé contre son opinion et toute forme de guerre, et sur sa promesse et parolle. Il ne faut doubter que, s'il ne fust mort là, et se fust retiré avec ledict admiral en France, qu'il ne lui eust demandé, car il avoit de l'humeur, tant pour la réparation de son honneur que pour l'envie qu'un chacun portoit audict admiral de la charge qu'il avoit eue par dessus de plus grands capitaines que lui[1]. J'ay ouy discourir tout cecy à un vieux gendarme sien de Dauphiné.

Qui voudra lire ce livre de M. de Bayard y verra de beaux traicts de valeur et vertu qui luisoient en ce bon chevalier, et ne se pourra saouler de les lire ny de les admirer. M. de Ronsard[2], entr'autres plus grandes louanges qu'il donne à M. de Montmorançy, connes-

---

1. « Il eut quelques parolles fascheuses à l'admiral.... Si tous deux eussent vescu plus longuement qu'ils ne firent, feussent peut-estre allez plus avant. » (*Loyal serviteur*, ch. LXIV.)

2. Voici les vers auxquels Brantôme fait allusion :

Là, pour servir d'entrée à ses vertus premières,
Je peindray tout cela qu'il fit dedans Mézières,
Compagnon de Bayard, et tout cela qu'il fit
Quand le grand roy François les Souïsses deffit.

(*Le Temple de messeigneurs le Connestable et des Châtillons*. Œuvres, édition de 1623, in-folio, tome II, p. 1579, col. 1.)

table despuis, dict qu'il estoit compagnon de Bayard. Celle-là n'estoit pas trop petite, encor qu'il fut grand favory du roy.

Il eut encor avec lui le seigneur de Montmoreau, brave gentilhomme d'Angoumois, puisné de la maison de Mareuil. Aussi disoit-on de ce temps là : « peu de « Bayards et peu de Moreaux² pareils à ces deux-là. » Mais M. de Bayard s'estoit trouvé en de plus grandes guerres que lui, qui estoit encores jeune; et M. de Bayard commença à estre des ordonnances, dès le petit roy Charles VIII, en la compagnie de M. de Ligny, de laquelle estoit lieutenant ce vaillant Louys d'Ars, berruyer, duquel, sans aller rechercher les innumérables vaillances qu'il a monstré en sa vie, ne faut que proposer celle qu'il fist en la deffence de la ville de Venouze³, au royaume de Naples, où s'estant retiré après la totale perte du royaume pour les François, et voulant conserver ceste terre et Canouze et Montnervine, appartenantes à M. de Ligny son bon maistre, à cause de la princesse d'Altemore, sa femme⁴, et ne les pouvant toutes garder, ny mettre son corps ny son bon cœur en trois parts, il entreprist Venouze, dans laquelle il fust assiégé et sarré un an durant, sans aucun espoir de secours; enfin contrainct de la longueur du temps et de la nécessité. Encor dict-on qu'il ne vouloit partir sans le commandement du roy son maistre, qui lui manda qu'il composast, ne vou-

Le sieur de Montmoreau¹.

Louys d'Ars.

1. Il était de la maison de Mareuil, branche de la maison de Conflans, et fut tué à Pavie (1525).
2. *Moreau*, cheval noir. — Voyez plus haut, p. 384.
3. Voyez tome I, p. 132.
4. Voyez plus haut, p. 354.

lant point mettre en hazard si peu de gens de bien qu'il avoit là. Parquoy donc il capitula avec son ennemy, ce grand capitaine Gonzalvo, avec la plus belle et honnorable composition qu'il se peut dire, et qu'oncques assiégé fit[1]. Il en part, il s'en retourne, passe par le mitan de tout le royaume de Naples et de toute l'Italie, lui et tous ses gens, la lance sur la cuysse, armé de toutes pièces; tient les champs, vist à discrétion et de gré à gré partout où il loge; marche tousjours en forme de guerre; rapporte sa vie et son honneur de lui et de ses compagnons, leurs bagues et butins sauvés; rentre ainsy en France, avec grand' admiration de tout le monde; vient jusques à Bloys, en tel ordre, faire la révérence au roy son maistre et reyne sa maistresse, qui lui firent tel honneur de le voir ainsy arriver en un si bel arroy qu'après lui avoir faict bonne chère et grand honneur, et à ses compagnons, ne se peurent saouler de louer sa valeur et vertu et de lui et d'eux, et les récompenser.

Je l'ay ainsi ouy raconter à feu madame la seneschale de Poictou, ma grand-mère, qui estoit lors à la court, et à qui M. Louys d'Ars, comme son bon parent, fit un présent d'un grand linceul de rezeur[2] de soye cramoisie, tout ouvré d'or et d'argent en personnages et de petis bestions, la chose aussi bien labourée qu'on sçauroit voir, et estimée à quatre cens escus. Il est bien encor assez en son entier en nostre maison; et M. Louys d'Ars le luy donna pour son

1. En 1504. Voyez Guichardin, livre VI.
2. *Rezeuil*, filet, broderie.

partage de butin qu'il avoit faict vers Naples; car il l'aymoit et honnoroit fort comme sa parante.

Je prie donc un chacun admirer ce traict[1] de ce vaillant capitaine, et juger par celui-là quels peuvent estre les autres infinis qu'il a faicts en France, en la Lombardie, au royaume de Naples, en la Romagne et ailleurs; lesquels pour couronner l'honnorable mort qu'il fit à la bataille de Pavye nous en servira d'une ample instruction, encores qu'aucuns le voulurent soupçonner d'estre trop amy, et plus qu'il ne debvoit, de feu M. de Bourbon[2]. Il le pouvoit bien estre, mais non pour cela ennemi du roy son maistre, comme l'a monstré le sacrifice qu'il fit de sa vie.

M. de la Trimouille a esté en son temps un très bon et un très sage capitaine; et pour ce il eut cest honneur et bonheur d'avoir porté le tiltre de *Chevalier sans peur et sans reproche*. Beau titre, certes, qui le peut garder et entretenir jusqu'à la mort! Mais ce maudict honneur est tant subject à se casser, qu'il n'y a verre qui le soit davantage; de sorte qu'encor après le trespas il est disputable, et sur tous celuy des gens de guerre : je m'en rapporte à eux pour voir ce qu'ilz en diront. Ah! combien s'en est-il veu, et de nos pères et de nos temps, que l'on a tenus les plus braves et

M. de la Trimouille[3].

1. La défense de Venosa.
2. Le connétable de Bourbon.
3. Louis, deuxième du nom, seigneur de la Trémoille, vicomte de Thouars, prince de Talmont, amiral de Guienne et de Bretagne, gouverneur et lieutenant général de Bourgogne, né le 20 septembre 1460, tué à la bataille de Pavie (1525). J. Bouchet, l'auteur des *Annales d'Aquitaine*, a écrit sa vie sous le titre de *Panégyrique du chevallier sans reproche* (152), 4°, goth., réimprimé en partie dans les grandes collections de mémoires.

les plus vaillans du monde, et portans le titre de gens sans peur et sans reproche, qui les ont bien effacez par grandes fautes et poltronneries, et avoir eu telle appréhention quelquefois du danger qu'ils s'en sont fuis vilainement pour en eschapper!

Je ne veux point parler des morts, car l'offence seroit trop grande de les perturber en leur repos par une mesdisance. Mais. cognois-je aujourd'huy plusieurs grands capitaines qui font bien des braves et vaillans, qu'on tenoit des Cæsars, fuir aussi viste les dangers et mouscher[1], comme le moindre pionnier des armées.

Il me souvient qu'au siége de Rouan[2], aux premières guerres, un capitaine qu'on tient pour très grand aujourdhuy, et qui a grand grade (mais dès lors il n'estoit que simple gentilhomme servant de guerre[3]), un jour que la trefve avoit esté faicte pour capituler, s'esmeut quelque différent entre le baron de Neubourg[4], qui estoit haut à la main et injuriant. Il se mist à injurier un gentilhomme, sien voisin, qui estoit léans[5], et lui donna un desmenty, qui ne le voulant endurer, se mist aussitost à crier : *Tire! Tire!* pensant le tuer; car il estoit sur la contrescarpe du fossé, non pas seu-

1. *Mouscher*, voyez plus haut, p. 262.
2. En 1562.
3. *Var*. Servant de la guerre (ms. 6694, f° 133, v°). Il y avoit d'abord : servant à la guerre.
4. *Var*. De Nebourg (ms. 6694, ibid.). D'Aubigné parle d'un Neubourg « qui estoit de quelque réputation » et qui fut tué au premier siége de Sancerre (décembre 1568-janvier 1569) ; et ailleurs (année 1580), d'un baron de Neubourg, enseigne du comte du Lude. Voyez *Histoire universelle*, tome I, livre V, ch. vii, et tome II, livre IV, ch. xvi.
5. *Léans*, c'est-à-dire dans la ville.

lement luy, mais plus de six mille, ou sur le haut de la trenchée. Soudain voylà une salve d'harquebuzerie si menue que ce fut à qui se sauveroit ou dans la trenchée ou à l'escart, comm' on pouvoit; mais on vist ce grand, monté sur une petite hacquenée blanche, qui n'eust pas l'asseurance de se jetter dans la trenchée comme nous autres, mais se mit à la fuitte à si grand erre devant tout le monde, et avec si grand peur, qu'il sauta un canon, cas estrange! et fuit jusques à un cart de lieue de là. Aujourdhuy il est estimé le plus vaillant homme du monde. Un brave capitaine des nostres, Provençal, qui s'appelloit Cabazzole, y fut tué avec d'autres ainsi à l'improviste, dont fut grand dommage; et M. de Guise se fascha fort audict baron d'avoir esté cause de tout ce désordre.

A la bataille de Dreux, fuirent avec plusieurs autres, deux très grands capitaines qu'on tenoit des Cæsars et très vaillans, entr'autres un qu'on tenoit sans peur[1], et gaignarent le haut fort vilainement.

A la grand' escarmouche qui fut faicte le jour de la my-caresme à La Rochelle[2] (qui fut des belles qu'on

1. Pierre d'Ossun, à qui Brantôme a consacré ailleurs un long article et dont de Thou parle en ces termes : « P. d'Ossun, dont la valeur reconnue dans les guerres du Piémont étoit passée en proverbe et proposée comme un modèle, fut d'abord saisi de je ne sais quelle terreur panique. Il manqua de courage, et, croyant la bataille perdue, il s'enfuit. Il en fut si honteux et si chagrin qu'il se disoit indigne de vivre. Les officiers généraux, ses amis et le duc de Guise, qui venoient souvent le voir, eurent beau le consoler et justifier son action, leurs paroles ne firent aucune impression sur son esprit, et il se laissa mourir de faim. » Traduction française, livre XXXIV. — Cf. d'Aubigné, tome I, livre III, ch. xv, col. 237.

2. En 1573.

eut sceu voir : M. de La Noue la conduisit, et certes très bien, avec ses capitaines et douze cens soldats sortis, sans ceux de la muraille, qui en estoit toute bordée et en feu), nous y perdismes là force capitaines et soldats, où ce brave M. de Grillon, qui n'y estoit que pour son plaisir, fist très bien et fut blessé. Mais je vis un très grand, qui se disoit estre le vaillant du monde, ainsy qu'il estoit au conseil avec M. d'Estrozze de ce qu'on devroit faire la nuict suivante, et que M. de Cossains[1], qui estoit de garde ce jour, et qu'il manda à son couronnel de le venir secourir, car il avoit toutes les forces de La Rochelle sur les bras, soudain M. d'Estrozze y accourut, et moy avec luy et ce gallant que je dis, faisant de l'eschauffé; m'ayant demandé un espieu, que je lui fis donner, il fit cinq ou six pas avec nous. Il ne vist pas plustost le capitaine Johannes blessé à la teste (qui despuis fut capitaine de la garde de M. de Guise), qu'il s'en va viste à la Font[2], et faisant de l'eschauffé et bonne mine[3] d'envoyer des soldats au secours. Au bout d'un peu, M. d'Estrozze et moy advisasmes derrière, et n'y vismes point nostre homme ny nostre brave. Alors me dict M. d'Estrozze : « Branthome, nostre homme craint les coups; il les « eschappe bien : il n'est pas si hardy comm' il faict « et qu'il nous disoit tantost en la chambre du conseil, « et qu'il vouloit prendre La Rochelle dans un mois « par assaut, et qu'il yroit le premier. A ton advis,

1. L'un des massacreurs de la Saint-Barthélemy ; il fut tué au siége de la Rochelle (1573).

2. Faubourg de la Rochelle, où est située la source qui donne l'eau à la ville.

3. *Var.* De l'eschauffé et mine (ms. 6694, f° 134, v°).

« s'il y ira, et s'il nous en monstrera le chemin, puis-
« qu'il ne nous suit point? » Encor aujourdhuy faict-
il bonne mine, nonobstant cela et un' infinité d'autres poltronneries qu'il a faictes, disant que c'est lui
qui sçait faire la guerre, et nul autre.

Je pense que j'en nommerois une milliasse de pareils. Ah! que tous ceux qui se disent braves, vaillans
et hardis, qu'ils ne le sont pas! Mais si l'on me disoit
qu'ils fussent bons hypocrites de guerre, et gauchans[1]
aux coups, ouy bien cela. Et telles gens les ay-je veus
comparer à plusieurs catholiques qui font mine et semblant de l'estre par leur gestes extérieurs; mais au dedans ils ne le sont point, ains hayssent nostre religion
autant que ces braves hayssent et fuyent les coups.
Voylà donc pourquoy j'estime ces bons chevaliers qui
sont sans peur et sans reproche, très heureux et dignes
de grande gloire s'ilz peuvent franchir la carrière sans
y bruncher, mais ilz sont rares. Si en a-il eu pourtant
d'autresfois, et y en a encores; et plusieurs en ay-je veu
si vaillans que je croy qu'ils n'ont jamais sceu que
c'est de la peur, et de grands et de moyens, et de
petits de toutes sortes. Certes y en a-il qui se soucient
autant des hazards que rien; et pour le reproche, il y
en a eu, et y en a tous les jours, ausquels on ne sçauroit jamais reprocher qu'ils eussent fuy d'un combat,
d'une battaille, et autres exploicts dangereux de guerre;
car, pour un homme qui faict profession des armes,
c'est le plus grand reproche qu'on luy sçauroit faire et
dire que de l'accuser de poltronnerie et d'avoir fuy
d'un combat ou une bataille. Ainsy y a-il et d'uns et

---

1. *Gauchans*, se détournant.

d'autres braves et hardys, sans peur et sans reproche, et d'autres de contraire faction, selon qu'il plaist à la fortune de Mars, laquelle bien souvant met la peur en un homme qu'on n'eust jamais pensé et qui toute sa vie avoit été estimé des plus preux. Possible en parleray-je ailleurs d'avantage.

Outre ce titre que je viens dire, on appelloit ce grand capitaine, M. de la Trimouille *La vraye-corps-Dieu*, d'autant que c'estoit son sermant ordinaire, ainsy que ces vieux et anciens grands capitaines en ont sceu choisir et avoir aucuns particuliers à eux : comme M. de Bayard juroit « Feste-Dieu, Bayard ! » M. de Bourbon « Saincte Barbe ! » le prince d'Orange, « Sainct Nicolas ! » le bon homme M. de la Roche-du-Mayne[1] juroit : « Teste Dieu pleine de reliques ! » (où diable allast-il trouver celuy-là ?) et autres que je nommerois, plus saugreneux que ceux là ; mais il vaut mieux se taire.

Or ce bon chevalier, M. de la Trimouille, eut cet heur de servir très bien et très dignement trois roys ses maistres ; aussi en fut-il très bien récompensé, car il fut très riche terrien, tant de son costé que de ses prédécesseurs, qui avoient esté très bien venus des autres roys leurs maistres. Il eust cette bonne fortune en aage fort jeune, estant lieutenant du roy en son armée de Bretagne, de prendre prisonnier M. d'Orléans en la bataille de Sainct-Aubin-du-Cormier[2], qui pourtant, estant venu à la couronne, ne lui en fist pire chère ny traictement, estant bien as-

---

1. Brantôme lui a consacré un article.
2. Voyez plus haut, p. 359.

seuré que puisqu'il avoit bien servi son prédécesseur, qu'il serviroit aussi bien le successeur. Toutesfois dans son âme ne l'affecta-il[1] point tant, ny carressa le comme d'autres capitaines de ses compagnons[2], mesmes comme M. de la Pallice et d'autres, que l'on peut cognoistre par les histoires, et comme je l'ay ouy dire à aucuns anciens; mais, parce qu'il estoit un grand homme de service, il luy faisoit tousjours bonne mine, estant ce grand roy de ce naturel, de ne mescontenter nullement ses bons capitaines, à cause des grandes guerres qu'il faisoit et souffroit ; aussi s'en trouva-il bien.

Si ne fust-il trop content dudict M. de la Trimouille après sa desroute de Novare[3], et de l'appoinctement qu'il fit à Dijon avec les Suisses, que le roy désapprouva ; et pour le commancement ne le voulut point tenir, toutesfois après avoir bien pesé le tout, et que pour chasser son ennemi il ne faut nullement espargner un pont d'argent, quoyqu'il aille un peu de l'honneur[4]. Les advanturiers françois en firent une chanson qui commance ainsy :

« Holà ! holà ! dict la Trimouille,
Le roy est-il vostre amy?
— Ouy, ouy, mon capitaine,
Car il n'est pas nostre ennemy.

1. *Affecter*, affectionner.
2. *Var.* De ses compaignies (ms. 6604, f° 134, v°).
3. Il fut battu par les Suisses devant Novare en 1513, et au mois de septembre suivant, comme ils assiégeaient Dijon, il conclut avec eux un traité dont les conditions étaient fort dures, mais qui tira la France d'un grand danger.
4. Il y a évidemment ici plusieurs mots passés dans le ms.

Mais nous voulons la conté d'Ast,
Et le chasteau de Milan aussi,
Et des escus quatre cens mille,
Pour retourner en nos pays.
— Vous arez vos fiebvres quartaines,
Avec force coups de lance
Pour vous chasser en vos pays[1] ! »

Le roy s'appaisa à la fin, mais non qu'il ne le blâmast fort de ceste deffaicte de Novare; car de là venoit la première origine de ceste capitulation, qu'on n'eust esté en peine de faire si l'ennemy n'eust vaincu; et pour ce, comme j'ay ouy dire, ne lui en fit jamais si bonne chère, et luy eust rendu, quoyqu'il eust tardé; mais il mourut à propos pour lui bientost après; dont le roy François le prist en faveur et l'ayma, et s'en servist aussi très bien en Picardie, lieutenant général du roy, et en d'autres lieux; et en la bataille de Pavie, après avoir combattu très vaillamment et plus que son vieil aage ne lui concédoit, il mourut au champ de bataille et au lict d'honneur, monstrant par sa mort au monde que, si quelquesfois les grands capitaines sont desfavorisez de la fortune en quelques exploicts, que pourtant il ne les en faut blasmer, ny eux, ny

---

[1]. Cette chanson avec des ratures se trouve écrite de la main de Brantôme sur une feuille volante, qui est paginée 167 dans le ms. 6694. A la suite, on lit : « Si fallust-il, nonobstant le dire de la chanson, capituler et donner les quatre cens mille escus ou à peus-près; autrement Digon (Dijon) estoyt prys, et pour ce en donner ostages, comme disent les croniques. Et comme le roy trouva ceste capitulation, et plusieurs de son conseil, fort ignominieuse, toutesfoys, à la fin, on la trouva bonne et fort advantageuse. » Brantôme a écrit au bas de la page : « Faut metre cecy où je parle de monsieur de la Trymouille. »

leurs courages ny leurs valeurs ; mais la fortune, qui tient toutes choses mondaines en sa main, et se plaist en faveur, en disgrâce, en gloire et déshonneur, les donner en abondance et en espargne, ainsy que porte sa volonté, aux uns et aux autres.

Qui voudra plus au long sçavoir de ce grand capitaine lise un livre que Guillaume Bouchet[1], chroniqueur de l'Aquitaine, a composé à sa louange, qui s'intitule *Le jardin d'honneur;* lise aussi les histoires de nostre temps, tant françoises qu'étrangères : il y trouvera prou à lire de luy et de plusieurs de sa race et maison, qui est l'une des belles, nobles, généreuses et riches de la France.

Quand ce vaillant chevalier et grand capitaine mourut, mon père estoit près de luy et fut blessé à mort : y perdit beaucoup, car il l'aymoit naturellement, tant pour sa valeur que pour une obligation qu'il se souvenoit et remémoroit souvant d'avoir à la maison de Bourdeille, d'autant que ce fut le cardinal de Bourdeille son grand oncle, archevesque de Tours[2], qui remonstra au roy Louis XIe le tort qu'il se faisoit et à sa conscience de retenir la visconté de Touars aux enfans de messire Louys de la Trimouille, à cause de Marguerite d'Amboise, et que ce n'estoit bien faict. Le roy, qui craignoit ledict cardinal

1. Jean (et non Guillaume) Bouchet, l'auteur des *Annales d'Aquitaine,* déjà citées plus d'une fois. A ma connaissance aucun livre de Bouchet ne porte le titre que donne Brantôme, qui veut sans doute parler du *Panégyrique* cité plus haut, p. 493, note 2.

2. Son grand-oncle, c'est-à-dire grand-oncle du père de Brantôme. — Élie, cardinal de Bourdeille, fut archevêque de Tours de 1468 à 1484.

et le croioit, ne faillist aussi tost d'en faire la restitution. Cela se trouve par escrit¹ ; et l'ay ainsi veu dire à mondict sieur de Bourdeille mon père, qui le plaignoit fort.

Ce bon chevalier sans reproche eut un filz, que, s'il eust vescu, eust ressemblé au père en tout, comme sa noble mort le monstra, qu'il fit à la bataille des Suisses; et l'appeloit on le prince de Talmont².

M. d'Imbercourt³.

Ceste bataille fut aussi signalée par la mort de M. d'Imbercourt⁴. Son père ou grand-père⁵ fut celuy à qui les Gantois firent si injustement mourir et trencher la teste à la veue de ceste belle dame et honneste, leur maistresse, madamoiselle de Bourgoigne⁶, laquelle, en teste eschevelée et cheveux espars, en larmes et prières, à mains joinctes, leur demanda sa vie et celle de son chancelier⁷; mais ils furent si cruelz qu'ils les luy refusarent tout à plat⁸. Quelle cruauté et discourtoisie de faire tel reffus à une si honneste princesse et la plus riche héritière de la chrestienté !

1. Voyez le *Panégyrique*, de J. Bouchet, ch. III et XI.
2. Charles de la Trémoille, prince de Talmont, tué à vingt-neuf ans à la bataille de Marignan. J. Bouchet a composé en son honneur *Le Temple de bonne renommée*. Paris, 1516, 4°, goth. de 6 feuillets.
3. Adrien de Brimeu, seigneur de Humbercourt.
4. *Var*. Par la mort de M. d'Imbercourt qui fut certes de son temps ung très bon chevalier et cappitaine. J'ay ouy dire qu'il estoit filz ou petit (filz) de ce brave et sage chevallier et cappitaine M. d'Imbercourt, que les Gantoys firent si injustement mourir.... (ms. 6694, f° 135, r°).
5. Gui de Brimeu, comte de Meghen, seigneur de Humbercourt, chevalier de la Toison d'or.
6. Marie de Bourgogne, la fille de Charles le Téméraire.
7. Hugonet.
8. Le 3 avril 1476. Voyez Commines, livre V, ch. XVII.

Ce M. d'Imbercourt engendra donc ce brave fils ou petit-fils dont nous parlons. Il servit très bien le roy Louis XIIᵉ en toutes ses guerres d'Italie, et puis aussi servit le roy François en son premier passage delà les monts, qui estoit empesché des Suisses et de Prospero Coùlomno, qui estoit là le guettant et l'attendant, et disant qu'il les attraperoit comme *pipioni in la gabbia*, « comme pigeons en cage[1] »; mais comme j'ay dict[2], M. d'Imbercourt l'attrapa bien mieux, par le moyen de ces deux braves et vaillans gensdarmes de sa compaignie, l'un nommé Beauvais le brave, Normant, et l'autre Picard, dict Hallancourt, qui donnarent à la porte si à propos et si furieusement que ceux de dedans ne la peurent fermer; car Hallancourt donna si roide contre la porte à course de cheval qu'en l'esbranlant il tumba dans le fossé; dont Beauvais, prenant le temps, mit sa lance en travers, que jamais ceux de dedans ne la peurent sarrer : cependant le gros vint, et forçarent la porte fort aisément[3]. Il[4] ne jouist guières de ceste gloire, car il fut tué sitost après, à la bataille

1. Brantôme a déjà cité (tome I, p. 145) ce fait qu'il a puisé dans le *Loyal serviteur* (ch. LIX).

2. Tome I, p. 146.

3. Ceci est pris à peu près textuellement dans les *Mémoires* de Martin du Bellay (année 1515) dont voici le texte : « Deux hommes d'armes du seigneur d'Imbercourt, l'un nommé Beauvais le brave, Normand, et l'autre Hallancourt, Picart, donnèrent contre la porte à bride abattue, de cul et de teste; de sorte que iceluy Hallancourt, du choq de son cheval, tomba dedans les fossez : si est-ce qu'il esbranla ceux qui vouloient fermer la porte, tellement que Beauvais eut loysir de jetter sa lance dedans la porte, et empescha qu'elle ne peust soudain estre fermée. »

4. *Il*, Imbercourt.

des Suisses, en combattant et faisant si vaillamment qu'il y ayda bien à la victoire.

J'ay ouy raconter à aucuns anciens, et mesmes qui disoient l'avoir ouy dire au roy François, que ce brave chevalier avoit une complexion en luy que, toutes les fois qu'il vouloit venir au combat, il falloit qu'il allast à ses affaires et descendist de cheval pour les faire ; et pour ce portoit ordinairement des chausses a la martingalle, ou autrement à pont-levis, ainsy que j'en ay veu autresfois porter aux soldats espaignols portans le corselet et la picque, afin qu'en marchant ils eussent plustost faict, sans s'amuser tant à deffaire leurs aiguillettes et s'attacher, car en un rien cela estoit fait. De dire que le proverbe eust lieu à l'endroict de M. d'Imbercourt, en ce faict qu'il dict : « il se conchie de peur », ce seroit mal parler et l'adatter très faucement à luy, ce disoit le roy, car c'estoit l'un des plus vaillans et hardis de son royaume, et après qu'il avoit esté là et qu'il avoit le cul sur la selle, il combattoit comm' un lion; mais on tenoit que l'animosité[1] et le courage grand qu'il avoit de combattre lui esmouvoit ainsy les entrailles et le ventre. Je m'en rapporte aux médecins pour en dire là dessus leur raison. J'ay ouy parler de quelques uns qui avoient ceste mesme complexion[2].

Ce seigneur avoit aussi un' autre humeur, c'est qu'il se plaisoit d'aller par pays ordinairement, ou à la guerre, au plus chaut du jour, et ne le craignoit nullement ; et n'aymoit point aller aux matinées ny

1. *Var.* L'animosité, l'ardeur et le courage (ms. 6694, foiio 135, v°).

2. Henri IV, suivant Tallemant, était aussi atteint de cette infirmité, et c'est peut-être à lui que Brantôme a voulu faire allusion.

serées, ny prendre tant ses aises aux frescheurs, ayant opinion que telles accoustumances nuisoient fort à un homme de guerre. Il pouvoit alléguer autres raisons, ou que telle fut son humeur et caprice et bizarrerie. Tant y a qu'alors et despuis ce proverbe couroit : « Vous allez à la frescheur de M. d'Imbercourt », quand on alloit par pays au plus grand chaud du jour. Et vous diray comment j'ay sceu ce proverbe et interprétation, par ce petit conte que je vous feray en forme d'incident.

Du temps du roy Henry IIe, y avoit en sa court une très grande dame et la plus belle de la court (possible, quand je dirois de la chrestienté ne mentirois-je) : ce fust madame de Guise[1]; et un jour, elle allant de Paris jusques à Sainct-Germain, où estoit la court, montée sur son hacquenée, et n'ayant avec elle qu'une seule damoiselle, un page et deux grands lacquais (car au matin ell' estoit allée à Paris faire un tour et puis s'en tourner aussi tost), et chevauchoit le plus roide qu'elle pouvoit, et à la plus grande chaleur du jour, pour se trouver au soupper de monsieur son mary, elle vint à rencontrer un honneste gentilhomme, capitaine qui estoit au service d'un beau-frère de monsieur son mary. Le gentilhomme, qui estoit courtois et ne faisant que venir fraischement du Piedmont, et aiant demeuré un an sans venir à la court, et ne cognoissant pas la livrée qu'elle portoit, pour l'avoir changée despuis son partement, vint accoster ceste grande dame et l'arraisonner, pensant que ce fust un' autre dame de la court, non si grande comme celle-là ; et d'abor-

1. Anne d'Este. Voyez plus haut, p. 368, note 2.

dade luy va dire qu'elle chevauchoit fort roide, et comm' elle alloit par pays à la fraischeur de M. d'Imbercourt, et que la chaleur lui feroit mal. Elle fit de l'ignorante de ce proverbe et lui en demanda l'interprétation. Il la luy dict, et de propos en propos il l'entretint tousjours en cheminant, jusques à luy présenter son service, et quelquefois faisant semblant de lui vouloir toucher la jambe, qu'il ne voyoit que trop belle et trop tentative pour lui. Elle lui laissoit faire à demy ce qu'il vouloit, mais avecques toute modestie, et l'escoutoit parler (car il disoit très bien) de l'amour, non pourtant sans rire soubs son touret[1] de nez; car, dès ce temps, les masques n'estoient encor en usage pour cheval.

Enfin, estant arrivée à Sainct Germain, la dame, prenant son chemin pour aller descendre au chasteau, le gentilhomme lui dist : « Madame, vous allez des« cendre au chasteau et moy en mon logis[2]. Dieu « vous doint très heureuse et longue vie, je suis vostre « serviteur! » Aussitost la dame, baissant son touret de nez, dict au gentilhomme : « Mon gentilhomme, « je vous remercie de vostre compaignie; je suis à « vostre commandement : à jamais je me souviendray « de la frescheur de M. d'Imbercourt, pour l'amour « de vous. »

Le gentilhomme fut si estonné de voir ceste dame, qu'il ne pensoit estre celle-là, que soudain, sans dire mot, il tourne bride en arrière au grand gallop d'où

1. *Touret*, espèce de petit masque qui ne cachait que le nez.
2. Le copiste a omis la phrase qui précède dans le ms. Dupuy. Nous la tirons du ms. 6694, f° 136, r°.

il estoit venu, pensant avoir offensé ceste dame, et qu'elle luy en voudroit mal. Mais la dame despuis cogneut en lui qu'il pensoit avoir grandement failly et péché envers elle; en fit le conte à son beau-frère, à qui le gentilhomme estoit. Elle le pria lui mander de venir, et qu'elle n'estoit nullement faschée contre luy, mais très contente et satisfaicte de luy et de sa compagnie, qu'ell' avoit trouvée très bonne et belle, et qu'un' autre fois ne la refuseroit pour le prix. Il vint donc, et la dame le voulut voir, lequel luy demanda pardon; mais elle, qui estoit toute courtoise et honneste, lui octroya, n'aiant esté offencée de luy; mais bien s'offrist à lui de s'employer en quelque affaire qui se présentast pour lui; et par après lui fist très bonne chère tousjours quand elle le voyoit, et quelquefois lui faisoit la guerre de la fraischeur de M. d'Imbercourt.

Ce gentilhomme m'en a faict le conte plusieurs fois, car il estoit fort mon amy, et que l'entretien d'une si belle et honneste dame lui faisoit bien oublier le chaut et si le mettoit en chaleur. Je luy demanday si c'estoit à bon escient qu'il la mescogneut (comm' il y en a aucuns qui ont bien faict de telz traicts en faisant leurs naïfs), ou bien qu'il le fit à poste et purement et naïfvement, sans y penser; mais il me jura cent fois qu'il la mescognoissoit du tout. Il a fallu que j'aye faict ce petit incident; aucuns le trouveront bon et à propos, autres non : on ne peut pas à tous plaire.

Ceux de ce temps là qui firent le tumbeau de ce grand capitaine M. d'Imbercourt n'y mirent que ces deux mots: *Ubi honos partus, ibi tumulus erectus;* comme voulant dire « que là où il avoit gaigné hon-

« neur et gloire, que là avoit esté érigé son tumbeau; » qui estoit dans le champ de bataille, qui certes est la plus belle sépulture qu'un grand capitaine et homme de guerre sçauroit souhaitter et choisir, quelque marbre, porphire, jaspe, airin, cuivre, qu'on leur pourroit dresser, en quelque lieu que ce soit.

M. de Montoison[1].

Nos chroniques de France font peu de mention d'un bon chevalier et vieux capitaine qui estoit du temps des roys Charles VIII et Louis XII, (à quoy elles ont tort, car il méritoit bien de bonnes louanges) qui estoit M. de Montoison, de Dauphiné, bonne et ancianne maison, dont sont sortis beaucoup de gens de bien et d'honneur; et y en a encor aujourd'huy qui ne font déshonneur à leurs devanciers.

Ce bon seigneur servit très bien ses roys aux guerres de Picardie, de Bretagne, de Naples et Lombardie. Il estoit compagnon de M. de Bayard[2] : aussi estoient-ils de mesme patrie; mais il estoit bien plus vieux et cassé, car il avoit desjà eu une compagnie de gens d'armes au voyage du petit roy Charles à Naples.

Il fut en partie cause, avec M. du Lude, de Bayard et de Fonterrailles[3], d'une belle deffaicte que firent les François sur les gens du pape Julles II à la

---

1. Philibert de Clermont, seigneur de Montoison, chambellan de Charles VIII et de Louis XII, mort en 1511. — Voyez le Laboureur, *Additions aux Mémoires de Castelnau*, 1659, t. II, p. 790.

2. Voyez le *Loyal serviteur*, ch. LXV, et Symphorien Champier, les *Gestes* de Bayard, dans les *Archives curieuses*, tome I, p. 179 et suiv.

3. Voyez sa vie, plus loin.

Bastide[1], près de Ferrare, que ledict pape Julles II avoit assiégée; qui fut un combat des beaux de ce temps là, dont aucuns François et Italiens se sont estonnez qu'il n'a esté mis par escrit et au rang d'une petite bataille; car elle fut belle et bien combattue, car il y mourut plus de quatre ou cinq mill' hommes de pied, plus de soixante hommes d'armes et plus de trois cens chevaux pris, et leur camp forcé, où les capitaines Pierpont[2] et le bastard du Fay firent très bien. Au bout de laquelle M. de Montoison mourut d'une fiebvre continue, fort regretté de M. le duc et de madame la duchesse de Ferrare[3], car il leur avoit faict de bons services; et fut enterré à Ferrare avec une grande solemnité et pompe d'obsèques, accompagné de tous les grands et petits, tant de France que de la ville, qui tous le pleuroient et regrettoient. Sa sépulture y parest bien encor.

Son vieil aage, et cassé de tant de courvées de guerre qu'il avoit enduré, furent cause de sa mort, bien que, quand il estoit à cheval pour mener les mains, on l'eust pris pour un jeun' homme de trente ans, tant il portoit bien ses armes, pour les avoir longuement accoustumées. Ce fût esté un grand' heur pour lui (ce disoient ses compagnons) d'avoir esté mort en ce combat; et la fortune ne lui debvoit avoir esté si contraire, ou bien la Parque, de lui avoir allongé sa vie de huict jours pour mourir dans son lict, ne mourir en celui d'honneur, au lieu de sa pro-

1. Bastia de Genivolo, en 1511. Voyez le *Loyal serviteur*, ch. xliv, et Guichardin, livre IX, ch. xxxvi.
2. Brantôme lui a consacré ailleurs quelques lignes.
3. Alphonse 1er et Lucrèce Borgia.

fession et de son désir. Ainsi nos vies et nos morts sont ménagées au plaisir du Destin, et non au nostre.

Aucuns vieux romans, qui ont voulu louer ce bon capitaine, l'appelloient *un vray esmerillon de guerre*[1]. Ils parloient bien à l'antique et à la grossière; mais pourtant le mot de ce temps n'estoit point mauvais, pour la continuelle vigilance qui estoit en luy; car ordinairement en guerre il dormoit fort peu.

M. de Fonterrailles[2] estoit l'un de ses compagnons, qui a eu en son temps réputation d'un bon capitaine, et surtout bien commandant aux chevaux légers, et les bien menant. Aussi le roy Louys son maistre l'aymoit fort, et lui donna l'estat de couronnel général des Albanois qu'il avoit à son service : car de ce temps il ne se parloit point de cavalerie légère françoise, sinon de la gendarmerie, qui pour lors surpassoit toutes les autres du monde, je ne veux pas dire seulement de la chrestienté; mais on s'aydoit desdicts Albanois, qui ont porté à nous la forme de la cavallerie légère et la méthode de faire la guerre comm' eux. Les Vénitiens appelloient les leurs *estradiotz*[3], qui nous donnarent de la fatigue à Fornoue; ils les appelloient aussi *corvats*[4], à cause de la nation. Les Espagnolz appelloient les leurs génetaires.

Outre ceste charge qu'avoit M. de Fonterrailles, il avoit une compagnée de cinquante hommes d'armes;

---

1. On lit dans le *Loyal serviteur* (ch. XLV) : « C'estoit ung droit esmerillon, vigillant sans cesse, et quant il estoit en guerre, tousjours le cul sur la selle. »

2. *N.* d'Astarac, seigneur de Fontrailles.

3. De στρατιώτης, soldat.

4. Croates. Horvath-Orsag est le nom croate de la Croatie.

et de l'une et de l'autre charge s'acquicta très bien aux guerres du royaume de Naples et Lombardie.

M. de Bayard et lui menoient les coureurs bien souvant ensemble. Il fit bien aussi à ceste deffaicte de la Bastide¹. Bref, ce bon capitaine gascon a esté fort estimé de son temps. Nous autres, qui avons veu de ses enfans ou petis enfans que je ne mente (M. de Montluc en parle en son livre), pouvons juger quel a esté le père, car ils ont esté très braves et vaillans.

L'aisné est M. de Fonterrailles², qui vist encor aujourd'huy et est gouverneur de Lectoure. Il eut à la bataille de Coignac³ une jambe blessée et couppée, qu'il a à dire ; mais pourtant il n'a laissé pour cela à très bien faire en tous les bons lieux où il s'est trouvé.

M. de Montmaur⁵ estoit son second frère, qui certes estoit un homme de belle façon, et qui monstroit bien ce qu'il estoit, et bon capitaine, et mesmes pour l'infanterie, qui avoit esté sa première profession ; et avoit esté l'un des capitaines de M. de Grandmont⁶, du temps du roy Henry⁷, lorsqu'il commandoit à quatre compagnies. Ce brave capitaine fut tué au massacre de la Sainct Barthellemy ; mort certes très indigne de lui.

M. de Montmaur⁴.

1. Voyez plus haut, p. 409.
2. Michel d'Astarac, baron de Marestang et de Fontrailles, capitaine calviniste.
3. La bataille livrée à Jarnac, à 3 lieues de Cognac, en 1569.
4. Bernard d'Astarac, vicomte de Montamar.
5. *Var*. M. de Montamar (ms. 6694, f° 137, v°).
6. Antoine d'Aure, dit de Gramont, vicomte d'Aster, mort en 1576.
7. Henri II.

M. du Lude[1]. M. du Lude estoit compaignon et contemporain de tous ces bons capitaines, et se trouva bien en ceste charge de la Bastide, et des plus advants, où il acquist grande réputation.

Il estoit gouverneur de Bresse[2], et le roy Louys XII les avoit tous mandez des garnisons, d'aller secourir Ferrare, soubs M. de Nemours, contre le pape Julles; qui fut cause que les Vénitiens, soubs ce grand capitaine André Grity[3], voyans la ville de Bresse fort peu pourveue de gens, et aussi par l'intelligence d'un gentilhomme des grands de la ville, firent entreprise dessus de six mill' hommes de dehors et de plusieurs de la ville que ce gentilhomme avoit gaignez; parquoy, ainsy que les Vénitiens donnarent l'allarme par une porte, entrarent trois mille par une grille par où sortoient toutes les immondices de la ville, à quoy leur tenoit la main ce gentilhomme, avec force factionnaires[4] des siens qu'il avoit gaignez; si que M. du Lude, combattant à ceste porte, se vist par le derrière assailly fort rudement; mais lui, ne s'estonnant point, encor que les Vénitiens fussent six contre un, combatist avec ses gens si vaillamment et longuement, que, n'en pouvant plus à cause du grand affoullement et rafraischissement des gens des ennemis qui lui venoient sur les bras, fit sonner la retraicte; et, tousjours en bien combattant et faisant teste, se retira au chasteau, non sans perte et meurtre de ses gens et

---

1. Jacques de Daillon, seigneur du Lude, conseiller et chambellan de Louis XII et de François Ier, mort en 1532.
2. Brescia.
3. André Gritti. Il fut élu doge en 1523 et mourut en 1539.
4. Ceux de sa faction.

des ennemis aussi, mais pourtant plus des nostres, sur lesquels les Vénitiens s'acharnarent par trop, et n'en pardonnarent à aucuns de ceux qui tombarent entre leurs mains, mais ils le payèrent bien tost après [1].

Le chasteau fut aussitost assiégé, barricadé et retrenché fortement du costé de la ville, et canonné si furieusement qu'on y fit une grande bresche, qui fut pourtant si bien gardée et soustenue l'espace de dix jours, que M. de Nemours eut loysir de les secourir; encor de secours de guerre ne s'en fussent-ilz point souciez, si non pour celui de la faim : car là dedans s'estoient jettez tant de gens, que le magazin n'y pouvoit plus fournir.

Cet exploict, avec plusieurs autres, donna grand' réputation de vaillance et conduite à M. du Lude; si que, quelques temps après, le roy François l'envoya dans Fontarabie son lieutenant général, que l'Espaignol vint assiéger [2]; où il fit très bien, car il y endura le siège l'espace de treize mois, combattant et soustenant tous les assauts plus que vaillant homme ne sçauroit faire, n'estant pas seulement assailly ne combattu de la guerre, mais de la famine, jusques là qu'il leur convint manger les chats et les rats, jusques aux cuyrs et parchemins bouillis et grillez, ainsy que je l'ay ouy raconter à madame la seneschalle de Poictou sa sœur et ma grand'-mère, qui m'en contoit des choses estranges des extrêmes nécessitez qu'ilz endurarent là. Mesmes n'a pas long temps que dans le tré-

---

1. Voyez le *Loyal serviteur*, ch. XLVIII.
2. En 1521.

sor et papiers de nostre maison, j'y trouvay une lettre dudict seigneur du Lude et de trois ou quatre gentilshommes des siens qui estoient léans, que, lorsqu'ilz furent désassiégez, escrirent à madicte dame sa sœur les grands combats, assauts, misères et famine qu'ilz pâtirent dedans, et la grande extrémité à laquelle ils furent réduicts ; qui est certes admirable et incrédule[1], encor que ceste place ne fut si forte comme je l'ay veue despuis, car ils n'en pouvoient plus ; dont bien servist le secours et le lèvement de siège que donna et fist M. de La Pallice.

Lequel M. du Lude, ayant congé d'aller trouver le roy, qui lui fit un très grand honneur et recueil et très bonne chère, et de là s'aller raffreschir en sa maison, mit en sa place le capitaine Franget[2], qui avoit esté lieutenant de M. le mareschal de Chastillon, qu'on vint assiéger au bout de quelque temps ; lequel, au lieu de s'y deffendre de[3] la résolution de son prédécesseur, la rendit subitement et dans huict jours, et fort mal à propos, ce qui donna davantage de gloire à M. du Lude et à sa valeur ; ny plus ny moins qu'on voit un excellent peintre qui, après avoir faict le portraict d'une fort belle et agréable dame, luy appose auprès d'elle, ou quelque vieille, ou quelque esclave more, ou quelque nain très laid, afin que leur laideur et noirceur donne plus de lustre et de candeur[4] à ceste grand beauté et blancheur. Ainsy la faute du

1. *Incrédule*, probablement une faute de copiste pour *incrédible*.
2. Voyez le *Journal d'un bourgeois de Paris sous François Ier*, p. 92.
3. *De*, avec.
4. *Candeur*, éclat.

capitaine Franget donna encor plus de soleil et de jour à la valeur de M. du Lude qu'il n'avoit. Le capitaine Franget pourtant, si avoit-il esté en son temps en réputation d'un des hardis et vaillans hommes de guerre; mais ce fut là un grand malheur pour luy d'avoir ainsy perdu son cœur. Il en arrive de pareils ainsy, ordinairement, à plusieurs vaillans, dont ils se doivent bien recommander à Dieu de ne leur oster leur cœur et entendement; et, pour cela, j'ay ouy dire à de grands capitaines qu'il n'y a gens qui se doivent plus recommander à Dieu que les gens de guerre.

Le roy François en fut si despit qu'il lui en voulut faire trencher la teste, à Lyon; et rien, disoit-il, ne lui devoit faire son procès, sinon la deffence et résolution de M. du Lude, qu'il fist et monstra là. Toustesfois le roy, lui faisant grâce de la vie, le fit desgrader des armes, punition, certes, qui estoit cent fois pire que la vie, n'estant si chère de beaucoup que l'honneur, et mesmes à qui en faict profession; en quoy est une fort belle question, que je fais en autre endroit.

Or, pour retourner encor à M. du Lude, qu'on nommoit messire Jacques de Daillon, et, de son temps, le rempart de Fontarrabie, a acquis telle réputation et aux guerres d'Italie, de Lombardie, de Ferrare et de France, qu'on l'a tenu un très bon capitaine et vaillant; car de ceste race ilz le sont tous. Il estoit fils de feu M. du Lude[1], qui gouvernoit le roy Louys XI. Il

---

1. **Jean** de Daillon, seigneur du Lude, chambellan et capitaine de la porte de Louis XI, gouverneur d'Alençon, du Perche, de Dauphiné (1473), d'Arras et d'Artois (1477), lieutenant général en Roussillon, puis en Picardie, mort en 1480.

falloit bien qu'il fût quelque chose de poix, car ce roy se cognoissoit bien en gens. Ce messire Jacques de Daillon laissa un filz¹ qui, pour ses mérites, fut gouverneur de la grande Guyenne jusques au port de Pilles, y mettant le Poictou et autres pays. Il la gouverna très sagement, et jamais l'Espagnol n'osa rien entreprendre de son costé; pour le moins, aucunes entreprises qu'il fit, M. du Lude les fit esvanouir et aller au vent.

Après lui mort, M. du Lude, messire Guy de Daillon², le dernier mort, fut gouverneur de Poictou, de laquelle charge il s'est acquicté dignement, et mesmes durant les guerres civilles, où il eut beaucoup à desmesler, car la pluspart du pays et des villes tenoient pour la religion, de laquelle ils estoient fort touchez. C'estoit un seigneur fort brave, vaillant, homme de bien, d'honneur et de grand' magnificence et libéralité. Il avoit esté en ses jeunes ans guidon de M. de Nemours, en quoy il fit beaucoup parler de luy, et mesmes au siège de Metz, où il eut le guidon, par la mort de M. du Paillé, qui fut tué.

Ce M. du Lude a laissé un filz³ qui promet beaucoup de luy et desjà a faict belles preuves de soy.

Voylà comment ceste noble et brave race va germant tousjours de bien, je ne diray pas de mieux en

---

1. Jean de Daillon, premier comte du Lude, sénéchal d'Anjou, conseiller et chambellan du roi, gouverneur du Poitou, Aunis, etc., lieutenant général en Guyenne, mort à Bordeaux le 21 août 1557.

2. Guy de Daillon, comte du Lude, gouverneur de Poitou, sénéchal d'Anjou, mort à Briançon, le 11 juillet 1585.

3. François de Daillon, comte du Lude, marquis d'Illiers, sénéchal d'Anjou, gouverneur de Gaston, duc d'Orléans.

mieux, par l'advis d'un grand personnage, qui disoit qu'il ne le falloit pas dire, d'autant que les enfans et nepveus ne vallent jamais tant que leurs pères et prédécesseurs : si en a-on bien veu plusieurs les surpasser; mais ceux là sont rares. Toutesfois j'en alléguerois force si je voulois, mais, possible, à un autre discours.

Or ce messire Jacques de Daillon, que je puis appeller proprement ce grand M. du Lude, eut un jeune frère qu'on appelloit M. de la Crotte, très brave et très vaillant, et qui alloit un peu plus viste que l'aisné, ainsi que j'ay ouy dire à feu madicte grand'mère, sa sœur, et comme j'ay cogneu par aucunes lettres que les deux frères lui escrivoient.

M. de la Crotte, frère de M. du Lude [1].

Nonobstant qu'il fust un peu plus bouillant que l'aisné, si est-ce que le roy Louys XII voulut que, pour sa valeur et suffisance, qu'il fut lieutenant de la compagnie de cent hommes d'armes de M. le marquis de Montferrat [2], et le fit gouverneur de Lignago [3], terre appartenant aux Vénitiens, et qui leur avoit esté prise par force. Il la garda très bien, où il cuida mourir pourtant d'une forte maladie qui le prist; mais le Dieu des armes ne voulut que la mort hydeuse et affreuse d'une maladie et d'un lict en triumphast, mort certes par trop indigne de sa valeur; mais, devenu sain, l'osta du lict et le prist par la main, et le mena mourir plus glorieusement à la bataille de Ravenne, en combattant

1. François de Daillon, sieur de la Cropte, capitaine de cinquante lances, mort à la bataille de Ravenne (1512).

2. Guillaume VIII, marquis de Montferrat.

3. Legnano, à neuf lieues de Vérone. Voyez le *Loyal serviteur* (ch. XL), dont Brantôme s'est beaucoup servi pour cet article et les suivants.

très vaillamment. Il fut un des premiers qui fit la première charge, avec sa compagnie de cent hommes d'armes dudict seigneur marquis, où il fut fort blessé et son cheval aussi. Et ainsy qu'on lui dict qu'il se retirast : « Rien, rien, ce dict-il, je veux faire icy mon « cymetière, et mon cheval me servira de tumbe ; car « il faut qu'il me serve encor, et que lui et moy mou- « rions ensemble. » Par quoy et le maistre et le cheval, en combattant jusques à la dernière goutte de sang et de vigueur, tumbarent en terre, et lui dessoubs : et ainsy mourut-il, et ainsy fut-il ensepvely pour le coup comm' il l'avoit dict et le vouloit. Sa sœur le contoit ainsy, et comm' il fut fort regretté de tous les François. Les Vénitiens ne le regrettarent guières ; car il leur avoit bien faict la guerre.

On appelloit communément et coustumièrement messieurs de Bayard, de la Crotte et de Fonterrailles, le capitaine Bayard, le capitaine la Crotte, et le capitaine Fonterrailles, qualité certes très belle et des plus belles du monde, à qui la mérite porter, voyre plus que tous les noms de seigneuries du monde. Aussi tenoit-on ces trois là pour les plus hazardeux, et ausquels rien n'estoit de trop froid ny chaud. Je l'ay ainsy ouy dire à feu ma grand'mère, sa sœur, et que feu mon oncle de la Chastigneraye ressembloit du tout audict capitaine la Crotte son oncle, en ses façons, promptitudes et valeurs.

M. de Théligny[1]. De ceste vollée de braves capitaines de cy-dessus, il y eust M. de Théligny, seneschal de Beaucayre, noble

---

1. Fr. de Théligny, mort en 1532. Voyez le *Loyal serviteur*, ch. XLIX.

charge dont beaucoup d'honnestes gens s'en sont contentez, tesmoing Tanneguy du Chastel, et autres que je dirois bien. Ce M. de Théligny fut en son temps estimé et réputé pour un très sage chevalier et bon capitaine, et qui servit bien ses roys deçà et delà les montz. Il fut gouverneur pour quelque tems de l'estat de Milan, en l'absence de M. de l'Autrec, qui avoit eu permission du roy d'aller en France luy faire la révérence, et d'y voir ses maisons et y mettre ordre. Ce M. de Théligny se comporta en ceste charge si sagement et modestement, qu'il n'y perdit pas un seul poulce de terre, mais très bien garda ce qu'on luy avoit donné en charge, et si contenta tout le peuple de là et ne leur donna jamais subject de révolte, comme fit M. de Lescun, qui vint après en sa place, qui gasta tout, comme homme par trop turbulant, et qui donna occasion, par son avarice et trop rigoureuse justice, de la rébellion de l'Estat de Milan, lequel nous perdismes après, que nous avions si chèrement acquis et conservé; ce qui augmenta d'autant plus la gloire de M. de Théligny et fit ravaller celle de M. de Lescun.

Lorsque M. de Nemours vint secourir Bresse, et qu'en chemin Jehan Paule Baillon[1], général, fut deffaict, il menoit les coureurs avec M. de Bayard, qui avoit la fiebvre; et tous deux firent la charge si furieusement qu'ils esbranlarent le reste, dont le gros eut bon marché; et là fut tué le porte-enseigne dudict sieur de Théligny, de ses gens d'armes; qui fut grand dommage, car c'estoit un brave homme. Il garda aussi

1. Général des Vénitiens, défait par Gaston de Foix, près de l'Isola-della-Scala. Voyez Guichardin, livre X, ch. xxviii.

très bien Thérouanne d'un siège de neuf sepmaines, y estant lieutenant du roy Louys XII, là où se donna la journée des Esperons.

Enfin ce M. de Théligny, assez aagé, vint mourir en Picardie, en une charge qu'il fit contre les ennemis, où nul n'y fut blessé ny tué que lui seul, afin que ceste rencontre fût remarquée et signalée seulement par la blessure et la mort d'un si bon capitaine; car pour autre chose ne pouvoit-elle pas estre, pour rencontre si légère et petite.

Il laissa après luy un fort honneste gentilhomme de fils[1], qui imita le père en valeur et sagesse, et pour estre tel, il fut en ses jeunes ans guidon de feu M. d'Orléans; dont il s'en acquicta si dignement, que, pour se faire parestre en ceste charge, s'enfonça si fort en de si grandes debtes, comme sont coustumiers les jeunes gens, que, ses créditeurs le poursuivant estrangement, fut contrainct d'abandonner la France et se retirer à Venise, où de mon temps je l'ay veu; et si monstroit encor, en sa misère et pauvreté, un courage bon et point encor ravallé. Il y est mort pourtant en cet estat.

Il laissa un fils, feu M. de Théligny[2], qui s'estoit rendu un si accomply jeune gentilhomme, et en lettres et en armes, que peu de sa volée y a-il eu qui l'ont surpassé; et fût parvenu en grades, comme plusieurs de ses compagnons, sans qu'il se mit des plus avant en la religion réformée : et pourtant ce fut tout son plus

---

1. Louis, sieur de Théligny, de Lierville et du Chastelier.
2. Charles de Théligny, qui épousa, en 1571, Louise de Coligny.

grand bien, car encor qu'il fut fort honneste homme, M. l'admiral, le voyant tel, le prist en main et l'enseigna si bien, qu'il devint un très bon maistre passé en tous affaires, tant de la guerre que de l'estat : aussi lui donna-il sa fille en mariage, qui estoit une très belle et honneste damoyselle qui eust peu rencontrer party meilleur ; mais il pleust ainsy à M. l'admiral de choisir un tel gendre, aiant plustost esgard à ses perfections qu'à ses moyens.

Il fut tué au massacre de la Sainct Barthellemy, comme d'autres gens de bien, dont ce fut grand dommage. Quant à moy, je le regrette comme mon frère : aussi l'estions-nous d'alliance et confédération. Sa femme espousa despuis en secondes nopces M. le prince d'Orange[1], autant pour ses vertus et perfections que pour le nom célèbre de M. l'admiral de Chastillon.

Il y avoit de ce temps là de ces braves capitaines, M. de Chastillon, qui estoit frère aisné de M. le mareschal de Chastillon, et s'appelloit Jacques, et le frère Gaspard[3], qui estoit lors estimé un brave gentilhomme et capitaine. Il fut tué au siège de Ravanne, le jour avant la bataille, y ayant esté premièrement blessé d'une grand' harquebuzade dans la cuysse, qui lui en fracassa tous les os ; dont ce fut fort grand dommage, et fut fort regretté de tous ses compagnons.

M. de Chastillon [2].

1. Voyez plus haut, p. 175, note 1.
2. Jacques, deuxième du nom, seigneur de Coligny et de Chastillon-sur-Loing, mort à Ferrare, le 26 mai 1512. Il était fils de Jean de Chastillon, troisième du nom, mort en 1480, et d'Éléonore de Courcelles. Voyez le *Loyal serviteur*, ch. LII.
3. Gaspard de Coligny, dit le *maréchal de Chastillon*. Brantôme lui a consacré ailleurs quelques lignes...

Il avoit esté l'un des grands favorys et mignons du roy Charles VIII`<sup>e</sup>`, et mesmes au voyage du royaume de Naples ; aussi disoit-on lors :

> Chastillon, Bourdillon, et Bonneval,
> Gouvernent le sang royal[1].

Aucuns y mirent Galliot, qui fut dict despuis le grand escuyer Galliot ; j'en parle ailleurs. Et estoient ces trois, avec le roy, des tenans aux tournois qu'il fit là en la ville de Naples et par tous les autres ; mais on disoit alors que Chastillon l'emportoit par dessus tous les autres, fût en valeur, fust en crédit.

Il avoit cent hommes d'armes, chambellan dudict roy et du roy Louis XII`<sup>e</sup>`, et prévost de Paris, et avoit espousé une fille de la maison de Chabannes[2], et fille héritière de la maison de Dammartin, ainsy que j'ay ouy dire à ma grand'mère, qui estoit lors fille à la court, et despuis succéda en la place de dame d'honneur de la reyne de Navarre, Marguerite, et à ceste madame de Chastillon, qui estoit demeurée vefve de ce M. de Chastillon, qui estoit une sage et vertueuse dame ; aussi le roy François, de son propre mouvement et nomination, voulut qu'une toute semblable se mist en sa place.

Avec ce M. de Chastillon fut blessé aussi M. le baron

Le baron d'Espic[3].

---

1. Voyez plus haut, p. 305.
2. Anne de Chabannes, fille unique de Jean, comte de Dampmartin. Elle fut mariée en 1496.
3. Paul de Busserade, baron de Cepy, grand maître de l'artillerie en 1504. Dans le ms. 6694, comme dans le *Loyal serviteur* (ch. LII), il est appelé *d'Espic*; sur la copie de Dupuy on a corrigé *d'Espic* en *Chépy*. Bien que les éditions les plus récentes

d'Espic, et en ce mesme siège¹ y servant de grand maistre de l'artillerie; et eut son coup d'un' harquebuzade dans le bras qui lui falut couper; et furent tous deux ainsy blessez, portez à Ferrare, où ils moururent, nonobstant tous les bons remèdes et traictemens qu'y peust faire apporter ceste belle et honneste duchesse de là. Mais on dict que tous deux eurent si grand despit de ne s'estre point trouvez à ceste belle bataille donnée à leur nez, et deux jours après leurs blessures, qu'ils moururent tous deux de regret.

J'ay cogneu en Piedmont le baron d'Espic² (je croy qu'il estoit fils de ce susdict baron, ou pour le moins son petit-fils), lequel estoit un brave et vaillant capitaine. Aussi le roy Henry II, lors qu'il voulut envoyer M. de Montluc dans Sienne, luy donna la charge de maistre de camp dans le Piedmont, par la nomination et advis dudict sieur de Montluc, ce dict-il³; mais ce fut de M. de Brissac qui le demanda le cognoissant fort digne de ceste charge.

Parmy les rangs de ces grands capitaines fut aussi M. de Maugiron, qu'on nommoit Pyraud de Maugiron, duquel je parle ailleurs, qui fut un très bon capitaine, et bien employé en toutes ces guerres de ces temps, et très bien acquité, comme despuis luy ont esté ses

M. de Maugiron⁴.

portent ce dernier nom, nous avons cru devoir conserver le premier.

1. Le siége de Ravenne. Voyez le *Loyal serviteur*, ch. LII.
2. Boivin du Villars et Monluc appellent le baron l'un Chepy, l'autre Chippy.
3. Voyez les *Mémoires* de Monluc, tome I, livre II, p. 393.
4. Pierre de Maugiron, d'une ancienne famille du Viennois. Cet article manque dans la première rédaction.

fils et petits-fils, et ont esté lieutenans de roy en Dauphiné, en très grand honneur, et bien servy leurs maistres; et mesmes le dernier, feu M. de Maugiron[1], lequel bien qu'il eût sur les bras les huguenots très fortz de son gouvernement, il s'en est sceu très gentiment garantir; j'en parle ailleurs.

C'est un' illustre et grande maison en Dauphiné, autant en biens, grandeurs, dignitez, que mérites. Je n'en parle pas pour affection, car nous sommes fort proches parens, mais pour la vérité.

---

1. Brantôme veut probablement parler de Laurent de Maugiron, lieutenant du roi en Dauphiné et sénéchal de Viennois qui eut des luttes très-vives à soutenir contre le baron des Adrets. Il était père de Louis de Maugiron, favori de Henri III, tué en 1578, dans le célèbre duel des *mignons*.

FIN DU DEUXIÈME VOLUME.

APPENDICE.

§ 1.

Additions et corrections au tome I. — Sources diverses de Brantôme.

Page 27, note 2, ligne 3 : 1554, lisez : 1553.

Page 35, ligne 14 : *Il se dict et se list que lorsqu'il annonça la guerre aux protestans, il avoit si peu de forces au commencement, etc.*— Ceci est emprunté à P. Jove, liv. XLV.

Page 42, note I, ligne 5, 1581, lisez : 1561 et 1581.

Page 49, note 2, ligne 3 : au préjudice de sa mère, lisez : au préjudice de sa nièce, Jeanne, fille de Henri.

Page 51, note I. Fille de Henri II et de Catherine de Médicis, lisez : Fille de François Ier et de Claude de France.

Page 67, note 3, *Clupée* : il s'agit de Clypea, aujourd'hui Al-Kibia, dans la régence de Tunis.

Page 72, troisième avant-dernière ligne : « *Paulo Jovio en raconte prou.* »

Voyez le livre XL de son *Histoire*.

Page 82, à la note 5, ajoutez que, suivant J. P. Jove (livre XXXVII), La Forest mourut en 1537.

Page 85, note 1. Roggendorf. — Il s'appelait Guillaume

et mourut devant Bude en 1541. Voyez sur lui P. Jove, livres XXVIII et XXXIX.

Page 94. Les faits contenus dans le second alinéa sont tirés du livre XXX de P. Jove (page 218 de la traduction de D. Sauvage).

Page 95, note 4. *Charles-Emmanuel*, lisez : *Charles III*.

Page 99, note 4 : Édouard VI, lisez : Philippe II. En effet, ce prince était devenu roi d'Angleterre en 1554, par son mariage avec Marie Tudor.

Page 108. *Pour un autre trophée que le bon pape Pie Quinte lui envoya....* Ceci est tiré des *Commentaires* d'Alfonse Ulloa (traduction de Belleforest, f° 102).

Page 134, ligne 20. La harangue du comte de Monteleone est tirée du livre III de P. Jove, mais Brantôme l'a singulièrement arrangée. Voici le texte latin : « Neque, inquit, Galli hodie antiqui illi heroes sunt, quos ab admiranda vi corporis fabulosis carminibus Gallia celebravit, neque nos omnino fœminæ sumus in virilem hunc modum armatæ atque exornatæ, ut dubitemus hos barbaros temulento agmine incedentes ad primum statim conspectum adoriri atque proterere.» (Edition de Paris, in-folio, 1558, tome I, f° 63, v°).

Page 136. L'anecdote de Louis XI et de M. de Brézé est copiée presque textuellement dans les *Annales d'Aquitaine*, de J. Bouchet dont voici le texte : « Une autre fois comme le dict roy Loys s'enquist avec le dict de Bresay quel présent il pouvoit faire à l'ambassade d'Angleterre, qui peu lui coustat et dont il n'eust regret. « Syre, vous avés, dit Bresay, une chappelle de fort bons chantres et musiciens, esquels ne prenés grant plaisir, et peu vous délectés en leur musique : il me semble que ne leur pouviés donner chose dont plus aiséement vous puissiés passer. » Dont le roy se prinst à rire. » (Édition de 1545, f° cxxvi, v°.)

Page 140. Le mot de Jules II sur Ferrare est emprunté au chapitre XLV du *Loyal serviteur* : « Le pape cent fois le jour disoit : *Ferrare, Ferrare, t'avrò, al corpo de Dio !*

Pages 142-143. Le récit de la réhabilitation des cardinaux par Léon X est tiré du livre XI (chap. XXXVII) de Guichardin.

Page 145, ligne 14. Le mot de Prosper Colonne : *Questi Francezi....* est emprunté au chap. LIX du *Loyal serviteur*, qui l'applique uniquement à Bayard : « Questo Bayardo a passato gli monti, lo prenderò come uno pipione in la gabia.

Page 145, troisième avant-dernière ligne : « *Tant y a qu'il* (Prosper Colonne) *fut pris et mené au roy François qui ne faillit de luy faire une réprimande de son ingratitude.* » — Paul Jove dit précisément le contraire : Ea die Prosperum per instructas acies ad se perductum, ut præsentem fortunam æquo animo toleraret, ac optime de se speraret, humanissimis verbis hortatus est, equites que ejus gratis missos fecit, præter paucos clarioris nominis. (Liv. V, fol. 170, v°).

Page 151. A la note 2, ajoutez que le marquis de la Padule était mort en 1515. (P. Jove, liv. XV.)

Pages 175 et 177. Ce que Brantôme dit de l'état maladif d'Antoine de Lève et de sa mort sont tirés des livres XXVII et XXXV de P. Jove.

Page 182, ligne 7 : *Estant la race d'Est la plus grande*

et ancienne de toute l'Italie, dit *l'histoire de Naples*. — Cette histoire est le *Compendio dell' istoria del regno di Napoli*, de Collenuccio, qui s'exprime ainsi : Marchesi da Este, vetustissimo sangue in Italia. (Édit. de 1613, 4°, liv. VI, p. 270.) — C'est au même ouvrage que Brantôme renvoie (p. 202), au sujet de la bataille de Tagliacozzo; le fait qu'il mentionne s'y trouve en effet au liv. IV, p. 132.

Page 204. « *On dict qu'il avoit faict faire deux charrettes toutes pleines de manottes, qui se trouvarent par emprez, pour enchaîner et faire esclaves tous les pauvres François qui seroient pris et aussitost les envoyer aux galères.* »

On lit en effet ce qui suit dans deux relations de la bataille de Cérisoles, que Brantôme a eues probablement sous les yeux :

« Avons trouvé environ quatre mille cadenas pour enchesner les personnes que l'on veult mener en galère par force. Et dient les Espaignolz mesmes que tenons prisonniers, que ledict marquis de Guast avoit bien délibéré de nous envoyer tous en galère par force, s'il eust eu la victoire. » (*L'ordonnance de la bataille faicte à Syrizoles*, 8 p. in-8, p. 8. Lettre datée du jour même de la bataille.)

« Parmy le bagaige se sont trouvez quatre bahuz pleins de manettes de fer, lesquelles estoient pour enferrer les Italiens que le marquis faisoit son compte prendre prisonniers; car il estimoit que nul des nostres ne devoit eschapper, et s'attendoit de mener en triumphe à Milan les dictz Italiens lyez et enchaînez comme mastins, pour les envoyer en gallères par force. » (*Discours de la bataille de Cerizolles*, Lyon, 16 p. in-8, fol. 10.)

Page 212, note 3, Comines, liv. 3, ch. III, *lisez* : livre IJ, ch. VIII.

Page 234, ligne 23 : « *Il laissa un fils qui fut fort blasmé de n'avoir trop bien faict à la bataille de Cerizolles, et se sauva des premiers dedans Ast, disent les histoires italiènes et espagnolles, arrivant le soir, et le marquis à minuict.* »

Je crois que ces histoires italiennes et espagnoles se bornent à Paul Jove qui, dans son 44ᵉ livre, raconte en effet que Lannoy arriva de bonne heure à Ast, où le marquis de Guast le rejoignit, non pas à minuit, mais au coucher du soleil.

Page 237. *Il se list et se dict encor que le pape Clément fut fort joyeux de sa mort* (de la mort de Hugues de Moncade), *parce que ce fut lui qui prist le Vatican et pilla la sacristie de la saincte église.*

Ce fait est emprunté au livre XXV de P. Jove.

Page 240, note I. Le prince d'Orange, suivant J. Bouchet qui le vit plusieurs fois dans sa prison, fut enfermé d'abord dans la grosse tour de Bourges; « depuis, pour le loger plus au large et à l'aise, fut mené au château de Luzignan, près Poitiers, soubs la charge et la garde de messire François du Fou, chevalier, seigneur du Vigean. » *Annales d'Aquitaine*, fol. 219.

Pages 242-243. Les faits contenus dans ces deux pages sont tirés des XXVIᵉ et XXIXᵉ livres de P. Jove.

Page 243, note 3, *ajoutez* : exploit militaire; de l'espagnol *faccion*.

Page 246. *Il y a aucuns qui ont dict et escrit que ce fut le marquis de Marignan qui donna le siége, mais les Espagnolz disent Ferdinand.*

Brantôme aurait pu dire : les Espagnols et les Italiens.

En effet, P. Jove (livre XLV) raconte le fait, ainsi que la visite de Charles V au prince mourant.

Le passage de P. Jove auquel Brantôme renvoie quelques lignes plus bas se trouve au livre XLI.

Page 247. Ajoutez à la note 2 : Brantôme a donné au mot *proportionné*, le sens de l'espagnol *proportionado*, approprié, ajusté.

Page 251, ligne 13 : *ll* (Bayard) *luy manda qu'un Bayard de France ne craignoit point un roussin d'Allemaigne.*

Ceci est emprunté aux *Gestes du chevalier Bayard* de Symphorien Champier (livre III, ch. IV), où on lit dans la réponse de Bayard à Sickingen : « Néantmoins affin que vous congnoissiez que Bayard de France ne craint rossin ne grosse pance d'Allemaigne.... » (*Archives curieuses*, tome II, page 165.)

Page 277, note 2. L'*Histoire*, lisez l'*Historia*.

Page 296, note 1. *Je ne trouve point le nom du comte de Saint-Fior sur la liste des chevaliers de la Toison d'or.*

C'est une erreur, et la note doit être remplacée par celle-ci : Ascanio Sforza, comte de Santa-Fiore, créé chevalier de la Toison d'or par Philippe II, mort en 1575.

Page 304, note 5. *Gouverneur*, ajoutez *de Luxembourg*.

Pages 305-307. Les détails relatifs à la prise d'Yvoy sont empruntés aux *Annales d'Aquitaine* de J. Bouchet, fol. 363 et 364.

Pages 321-325. La plupart des détails contenus dans l'article du comte Palatin sont empruntés au livre XXVIII de P. Jove, et les dernières lignes de la page 321 et les premières de la page 322 sont même copiées textuellement dans la traduction de Sauvage (édition de 1561, page 138).

Page 323, note 1. *La barbe blanche du comte Palatin? Brantôme se trompe probablement, car Philippe n'avait alors que vingt-sept ans.*

Brantôme s'est en effet trompé, et il a appliqué au comte ce que P. Jove (livre XXVII) dit d'André Doria (je cite la traduction de Sauvage, édition de 1561, page 175) : « Semblablement y estoit venu (au couronnement de Charles-Quint à Bologne) André Doria.... non remarquable par l'accoustrement de son corps ou par l'excessive braveté de ses vêtements, ains par un regard grave et militaire, par la véritable blancheur de sa longue barbe, et par le bruit des choses qu'il avoit accomplies. »

Page 328, note 1. *Suivant de Thou, peut-être moins bien informé ici que Brantôme, Soliman refusa la demande de Charles IX et ne voulut accorder la liberté de Sande qu'à l'empereur Ferdinand.*

De Thou a emprunté son dire à la quatrième lettre de Busbek, qui était à cette époque envoyé de Ferdinand à Constantinople, et qui prétend, en effet, que c'est par sa seule intercession que Sande fut délivré.

Page 334, note 1. *Castro-Novo, petite ville de la Basilicate.*

Ce n'est pas de cette ville dont il s'agit, mais de Castro-Novo, sur le golfe de Cattaro, qui fut prise par les chrétiens en 1538 ; c'est alors que fut tué Bocca-Negra. (Voyez P. Jove, livre XXXVIII.)

Page 334, ligne 4. Au sujet de l'erreur de Brantôme sur Sarmento, voyez plus haut, tome II, page 69, note 3.

Page 334. Les faits relatifs à Antonio d'Aragon et aux

capitaines Michel et Molina sont tirés des livres XL et XXX de P. Jove.

Page 343. L'article du comte Ludovic Lodron est entièrement pris dans P. Jove, livre XXXVII, et Brantôme a souvent copié la traduction de Sauvage, pages 405-407.

Page 347-348. Le récit du combat de La Mole et d'Alisprand est tiré du livre XLIV de P. Jove, et en partie copié de la traduction de Sauvage (p. 616). — Quant au beau Vaudray (p. 349), c'est Louis de Vaudrey, capitaine des gardes de Maximilien Ier.

Page 350. Dans la note 1, nous avons cité l'opinion de M. Le Roux de Lincy, qui rapportait à l'année 1521 le fait de la trahison de Guillaume de Furstemberg, et nous n'avions fait à cette opinion qu'une petite réserve. Nous avions eu tort, car d'après divers renseignements que nous avons trouvés depuis l'impression du premier volume, la date de 1521 est inadmissible, comme on va le voir :

Martin du Bellay raconte à l'année 1538 que François Ier revenant de Piémont en France, « après avoir licentié les Suisses pour se soulager de despense, amena quand et luy le comte Guillaume de Fustemberg avec son régiment. » Ainsi en 1538 le comte était encore au service du roi.— D'un autre côté on lit dans les *Annales d'Aquitaine* de J. Bouchet, à la date de 1543 : « En ce temps, Guillaume, comte de Fustemberg, homme variable et de petite foy, comme on disoit, ayant une armée de gens perdus, vint assaillir les chasteaulx à Arlon, et le mont Sain-Jehan au païs de Luxembourg, pour cuyder faire plaisir à l'empereur et acquérir sa grâce ou pour se venger du roy de France, duquel il estoit esloigné pour sa malversation. »

Ainsi donc ce n'est pas en 1521, mais entre 1538 et 1543 qu'il faut placer le renvoi et la défection de Guillaume de Furstemberg, et par conséquent le fait plus ou moins véridique rapporté par Marguerite d'Angoulême.

§ 2.

Additions et corrections au tome II. Sources diverses de Brantôme.

Page 31, ligne 5. *On dict que le roy fut fort irrité de cette response....* Ceci est pris dans Martin du Bellay, année 1528, p. 219, 220.

Page 43, note 4, fils d'*André Doria*. Lisez : fils de Jannetin Doria.

Page 48, ligne 16. *Il* (Dragut) *se donna page d'un arrays, corsaire de la mesme patrie, lequel le voyant barbe rousse et le trouvant à son gré, le prit et s'en servit en sa villaine sodomie.*

Tel est le texte que donnent les éditions et les manuscrits et que j'ai eu bien tort de reproduire fidèlement, car il n'offre pas de sens. On ne comprend guère en effet cette *barbe rousse* attribuée à un page et qui séduit un corsaire. Mais tout s'éclaircit en faisant de ce substantif et de cet adjectif un nom propre, Barberousse. On doit donc lire : « lequel le voyant Barberousse et le trouvant à son gré, » c'est-à-dire : Barberousse le voyant et le trouvant à son gré, etc. Il ne peut du reste y avoir de doute, comme le prouve le passage suivant de *la Conquista de Africa*. (Voyez p. 48, note 3).

Dragute fue natural de la Notolia, que es en la Asia Menor, de un pequeño lugarejo llamado Charabalac, frontero de Estanco ciudad bien de tres mil vezinos, cuya origen y natural parentela fue siempre gente muy rustica y abillanada, y miserables pobres, y como la necessidad deste tirano, en su pueriledad le forçava a se procurar la vida, o modo de quietud, para su venidera senectud, sento por paie, o como lequisieredes llamar, de un Arayz cossario, de su misma tierra; y como este en su galera no en pequeña custodia le llevava, liego sazon de que aquel gran sodomita, Barbaroxa le recibio en su servicio, para conel con decender, con sus mas que nefandas torpedades. Despues deloqual, el mismo Barbaroxa le dio una fusta y patente como a capitan de aquella, y de alli a pocos dias le amejoro la patente, de tal modo que le hizo capitan general, para que como su misma persona, por general de los Turcos fuesse recebido y obedecido; y con este titulo començo el malvado a destruyr los vassallos y confederados de la Catolica y Real Majestad del emperador nuestro Señor. (Suit le récit de la prise des galères du Vénitien Pascalico. — *Conquista de Africa*, par Diego de Fuentès, ch. I, f° 3, v° 4.)

Ainsi que nous l'avons dit, Brantôme a presque entièrement tiré sa notice sur Dragut de cet ouvrage, qu'il a tantôt traduit à peu près littéralement, tantôt abrégé. Nous citerons entre autres, les chapitres I, II, III, IV, V et VI.

Page 66, note, ligne 15. Lisez *mostro*, au lieu de *Mostro*.

Page 206, ligne 18 : *Et le pouvoit-on brocquarder de mesme, comme fit le roy Louys XIe, une fois, l'un de ses capitaines.*

Cette anecdote est prise dans les *Annales* de J. Bouchet (1545, f° 127), qui, lui, nomme le capitaine. Voici son texte :

« Comme le capitaine Maraffin fust venu vers ledict roy Loys pour luy dire qu'il avoyt faict à Cambray, et il portast au descouvert ung riche collier d'or qu'on disoit avoyr esté faict des reliques des églises dudict Cambray, ung gentilhomme, nommé Briquec, fist révérence audict collier, comme à chose sacrée, et comme il y voulust touscher, ledict roy Loys luy dist : « Garde-toi d'y toucher, car c'est chose sacrée. »

Pages 222, 225. Brantôme s'est évidemment servi pour sa notice sur Trivulce, des *Épitres des Princes*, traduites par Belleforest (p. 27, 28), qu'il a, comme on l'a vu, citées plusieurs fois. Disons en passant qu'on trouve dans cet ouvrage des lettres fort curieuses relatives à quelques-uns des personnages dont Brantôme a parlé, comme Hugues de Moncade (p. 97, 98), André Doria (136), les Strozzi, le marquis de Marignan (152-165), etc.

FIN DE L'APPENDICE.

TABLE DES MATIÈRES.

CAPITAINES ITALIENS. Notice, p. 1 à 7.

Énumération de capitaines italiens, 1-3 ; leur bravoure au combat naval devant Naples ; aux siéges de Florence et de la Goulette, 2-3 ; mort du comte de Sarno, dont la tête est envoyée par Salec à Barberousse, 4 ; les Espagnols blâmés par le marquis del Gouast de se réjouir de sa mort, *ibid ;* émulation à l'assaut de Duren, en présence de Charles-Quint, des Italiens commandés par Stefano Colonna, et des Espagnols sous les ordres d'Alvaro de Sande et de Ludovic Perrez, 4-5 ; louanges que donne l'empereur à Fatio de Pise et à San-Severin ; dispute au sujet de la couronne murale entre Randolazzo et Gregorio, 6 ; défaite de Cotta et de Sabinus, lieutenants de César, *ibid. ;* Italiens au siége d'Alger, où ils sont commandés par Camillo Colonna ; l'empereur regrette de ne point en avoir au siége de Saint-Dizier, 7.

JANNIN DE MÉDICIS. Notice, p. 7 à 10.

Il sert d'abord l'empereur, 7 ; est neveu de Léon X ; les *bandes noires*, 8 ; passe au service de François Ier ; sa révolte dans Crémone, *ibid. ;* est blessé au siége de Pavie ; ne peut assister à la bataille livrée devant cette ville, 9 ; est blessé de nouveau ; on lui coupe la jambe ; son courage pendant l'opération, *ibid. ;* sa mort, 10 ; le cardinal Hippolyte de Médicis, *ibid. ;* note 3.

LE GRAND COSME DE MÉDICIS. Notice, p. 10 à 19.

Est fils de Jannin de Médicis et de Maria Salviati, 10, 11 ; son éloge ; son discours à sa mère ; P. Jove, cité, 12 ; prédiction que lui fait un devin grec, 12, 13 ; devient duc de Florence ; vengeance qu'il tire du meurtrier d'Alexandre de Médicis, son prédécesseur, 13 ; l'assassin, Lorenzino de Médicis, s'enfuit en France, où François Ier refuse de le recevoir, passe à Constantinople, puis à Venise, où il est tué par deux soldats, Bebio et Cecchino, qui ne veulent point recevoir de récompense, 13, 14, il est comparé à Brutus, 14 ; conspirations contre Cosme de Médicis ; anecdote qu'à ce sujet Brantôme entend raconter à Florence, 14, 15. Démêlés de Cosme avec son beau-père, don Pedro de Tolède ; réunit sous son pouvoir les trois républiques de Florence, de Sienne et de Pise, 15, 16 ; dicton sur Paris, Milan, Rome et Pise, 16 ; Cosme est créé grand-duc par Pie V ; ses revenus et ses richesses ; ses héritiers, 16 ; secours qu'il envoie au marquis del Gouast et au marquis de Marignan, 17 ; repousse les attaques de Barberousse et de Léon Strozzi, 17, 18 ; ses guerres contre les infidèles ; institue l'ordre de Saint-Étienne ; ses galères, son galion, que voit Brantôme, 18, 19 ; obsèques qui lui sont faites à Paris, 19.

DOM PEDRO DE TOLEDO. Notice sur lui, p. 19 à 29.

Son éloge ; il est fait gouverneur d'Espagne pendant le voyage de l'empereur à Bologne ; ce que Brantôme entend dire de lui à Naples et à Florence, 19, 20 ; il veut établir l'inquisition à Naples, où il cause une révolte ; ce que Brantôme a ouï dire à cette occasion ; M. de Morvilliers et M. de Termes, ambassadeurs en Italie ; révolte de Sienne, 20 ; il est vice-roi de Naples, qu'il embellit ; repousse les attaques de Barberousse, qui avait assiégé Pouzzole et qui dévaste Lipari, 21 ; ses deux frères, dom Garcia et dom Juan, *ibid.*; querelle de sa maison avec celle de Mendoça, 22. Brantôme voit le château d'Albe ; sa rencontre avec un serviteur du duc d'Albe, 22, 23 ; enfants que laisse don Pedro ; erreur de Brantôme à ce sujet, 23, note 2. Cosme de Médicis demande successivement la main de Marguerite d'Autriche et de Vittoria Farnèse, et épouse Éléonore de Tolède, 24 ; la princesse de Salerne et son mari ; chansons composées par celui-ci, 24, 25 ; sa mort ; sa seconde femme ; son poignard ; M. Maisonfleur, 25, 26 ; le prince de Salerne à la bataille de Cerisoles, 26, 27 ; un neveu de Charles de Lannoy à la bataille de Pavie, 27 ; le duc de Somma pris à la bataille de Cerisoles ; sa mort en France, *ibid.*; Jules Brancaccio, 27, 28 ; le duc d'Atrie ; ses deux filles, dont l'une épouse le comte de Château-Vilain, 29.

ANDRÉ DORIO. Notice, p. 29 à 43.

Il est d'abord au service de François Ier; conversation de Brantôme avec Charles IX sur la nécessité pour la France d'avoir une marine, 29, 30 ; le chevalier de Scève, 30 ; Doria, mécontenté par François Ier qui nomme M. de Barbezieux général des galères, se laisse gagner par le marquis del Gouast, renvoie l'Ordre au roi et fait révolter Gènes qui lui élève une statue, 30, 31 ; sa défection force le roi à s'allier à Soliman, ce qui sauve le Saint-Sépulcre et l'église de Jérusalem, 31, 32 ; trois renégats fatals à la France, 32 ; entrevue de Charles-Quint et de François Ier à Aigues-Mortes, où celui-ci fait bon accueil à Doria ; conte à ce sujet, 32, 33 ; Sextus Pompée et les triumvirs, 33. Exploits de Doria sur les infidèles ; il s'empare de la ville d'Afrique, 34 ; est soupçonné d'intelligence avec Barberousse, qui refuse d'aller l'attaquer à Villefranche, 35, 36 ; son étendard lors de l'expédition de La Goulette, 36 ; combat naval de Philippin Doria devant Naples ; P. Jove, cité, 37 ; défaite navale d'Alphonse Ier, roi de Naples, par les Génois, 37, 38 ; Ph. Doria refuse les prisonniers à Lautrec ; suites désastreuses de ce refus ; mort de Lautrec, 38, 39 ; réflexions sur le caractère des Français, 39 ; succès de Dragut contre André Doria, 39, 40 ; P. Jove, cité, *ibid.*; prise de Coron et de Patras, par André Doria, 41 ; Scipion et Annibal, *ibid.* Jannetin Doria ravitaille Perpignan et secourt Saint-Florent, 42 ; sa conduite lors du siége d'Alger, 42, 43 ; sa galère *Tempérance*, prise sur Dragut, 43. Mort d'André Doria, *ibid.*

LE SEIGNEUR JEHAN-ANDRÉ DORIO[1]. Notice, p. 43 à 44.

Il succède à André Doria, et prend le Pignon de Bellys, 43, 44.

DON GARCIE DE TOLLEDO. Notice, p. 44 à 48.

Il contribue à la prise du Pignon de Bellys et de la ville d'Afrique ; batterie qu'il organise sur mer, 44. Il succède dans la viceroyauté de Sicile à don Juan de Vega ; ses exploits, 44 ; anecdote sur J. A. Doria, M. de Brissac et Brantôme, 45 ; J. A.

---

1. Il était fils de Jannetin Doria et non pas d'André Doria, comme il a été dit par erreur dans la note 4 de la page 43. André mourut sans postérité.

Doria et le capitaine La Roue, 46, 47 ; sa rencontre en mer avec L'Ouchaly, 47.

DRAGUT et L'OUCHALY. Notice, p. 48 à 58.

La conquista d'Africa, citée, p. 48; origine de Dragut, *ibid.* et *Appendice* p 433 ; ses prises sur le vénitien Pascalico ; ses ravages, 49 ; il est pris par Doria, en Corse ; sa réponse au grand-maître Parisot ; il est relâché moyennant rançon, 50 ; réflexions de Brantôme à ce sujet, 50, 51 ; Dragut s'empare d'une galère du vicomte de Cigala et d'une galère de Malte, et ravage les côtes d'Espagne et d'Italie, 51, 52 ; comment il s'empare de la ville d'Afrique ; la ville est prise par Doria, 53, 54. Dragut envoie une ambassade à Soliman, qui lui pardonne, 54 ; il mène l'avant-garde d'une armée navale qui s'empare de Tripoli et ravage la Sicile et les côtes d'Italie, 55. Enfermé par André Doria dans les Sequennes de Barbarie, il s'échappe par un merveilleux stratagème et s'empare d'une galère, 55, 56 ; ce que Brantôme a entendu dire à ce sujet par des mariniers et des soldats, 56, 57 ; stratagème analogue d'Annibal assiégé dans Tarente, 57. Dragut contribue à la défaite de la flotte chrétienne aux Gerbes et est tué au siége de Malte, 58.

L'OUCHALY. Notice, p. 58 à 67.

Ses exploits à la bataille de Lépante, 59 ; comment reçu par Sélim II, *ibid.* ; il s'empare de la Goulette ; récit qui est fait de cette prise à Brantôme par M. de Savoie, 60 à 62 ; Synan-Pacha ; Pagan Doria, Serbellone, 61, 62 ; surnom donné à Juan de Puerto Carrero, 62. Origine de L'Ouchaly ; il va souvent voir ses parents en Calabre ; bien que renégat, n'abandonne jamais le christianisme, 63 ; ce que M. de Dax dit de lui à Brantôme, 63 ; sa cruauté ; amitié de Dragut pour les Français, 63, 64 ; ce que le baron de la Garde en dit à Brantôme, 64. Dispute à Constantinople entre Mustapha-Pacha et Synan-Pacha au sujet de la prise de la Goulette et de la conquête de l'île de Chypre ; ouvrage italien, cité, 64 à 67.

BARBEROUSSE. Notice, p. 67 à 70.

Son éloge. Il conquiert les royaumes d'Alger et de Tunis, 67 ; prise de Tunis par Charles-Quint, 67, 68 ; exploits de Barbe-

TABLE DES MATIÈRES.

rousse après cette prise, 68; son origine, sa guerre contre les Arabes et les Mores; s'emparé de Castro-Novo défendue par Sarmento, qui est tué et dont il envoie la tête à Soliman, 69 à 70. Sa mort; Synan le juif, 70.

LE MARQUIS DE SANTA-CRUX. Notice p. 70, 71.

Il est général des galères de Naples, 70; est envoyé contre mylord Drach; défait Strozzi devant l'île de Tercère, 71.

DOM PHILLIPE, roy d'Espaigne. Notice, p. 71 à 101.

Grand roi et grand capitaine; mot du roi d'Angleterre sur le roi Charles V, 71, 72; réflexions de Brantôme sur les souverains qui font la guerre; mot de Philippe de Valois après la bataille de Crécy, 72, 73; le roi Jean à Poitiers; Henri IV à Coutras et à Ivry; Charles VIII à Fornoue; Louis XII à Agnadel, 74. Amour de Philippe II pour la guerre; bataille de Saint-Quentin, prise de Ham et du Castelet, 74; paix de Charles-Quint avec la France; bataille de Gravelines, où est tué M. d'Archiac, 75, 76. Paix de Câteau-Cambrésis, 76; entreprises diverses sur la Flandre; deux cent mille écus donnés à Louis de Nassau par l'intermédiaire du maréchal de Raiz qui en vole cinquante mille; menées de la France à Gênes par le moyen de Frégose, à Naples et dans d'autres villes d'Italie, 77. Voyage du comte d'Egmont à Madrid et ce qu'il propose à Philippe II de la part de deux seigneurs français, 78. Philippe refuse de faire la guerre à la France; apologie de sa conduite, 79, 80; dernière guerre contre lui, 80; expéditions françaises en Flandre et en Portugal. Il favorise la Ligue; M. Forget et M. de l'Onglée, 82. Sa dévotion, ses expéditions contre les infidèles, 82, 83; sa trêve avec le Grand-Seigneur; *l'invincible Armada*, 84, 85; les Flamands reprennent les armes après la sortie des Espagnols, 85. Douleur de Philippe en apprenant la perte de la Goulette, 85, 86; réflexions de Brantôme sur l'avarice et l'ambition, 86, 87; princes qui se sont faits religieux; à quoi servent les gentilshommes devenus vieux, 87; raillerie des soldats sur la conversion de Charles-Quint, 88. Insolences des soldats révoltés à Madrid; indulgence de Philippe à leur égard, 89, 90; ses richesses; ce qu'il a dépensé pour l'Escurial, 90; son père ne veut pas lui donner d'armée à commander, 91; son voyage dans les Pays-

Bas, où il se signale par son adresse dans les tournois, et surtout chez la reine de Hongrie; relation de ce voyage, citée, *ibid.*, récit de sa mort, et ses dernières instructions, 92 à 99; sonnet sur sa mort, 100. Il aimait l'épée de justice; fait mettre à mort son fils don Carlos, 101.

DOM CHARLES, prince d'Espaigne. Notice, p. 101 à 108.

Causes de sa mort, 101; ce que Brantôme a entendu raconter à ce sujet à un grand d'Espagne, 101, 102. Délibération sur le sort du prince dans le conseil du roi; il est étouffé dans sa prison, 102, 103; ses bizarreries; veut s'enfuir en Flandre; son projet est révélé au roi par son gouverneur, Ruy Gomez, 104; son écrit satirique contre son père, *ibid.*; avant de mourir, il reproche à son père de lui avoir enlevé sa femme Élisabeth de France, 105; ses folies; il étrillait ses serviteurs; ce qu'on raconte à Brantôme sur la manière dont il traita son cordonnier, 105; aimait à battre le pavé; ses insultes aux femmes, 106; on l'a soupçonné d'être hérétique; livre espagnol sur ses folies; son précepteur M. Bossulus, 107; ses disputes avec don Juan; était filleul de l'empereur, qui le voit avant d'entrer au couvent, 108.

DOM JUAN D'AUTRICHE. Notice, p. 108 à 141.

C'était un prince beau et accompli; il commande dans la guerre de Grenade; ce que les soldats disaient de lui, 108, 109; est fait général de la ligue contre le Turc, après le refus de Henri III et du duc de Savoie, 109, 110; regrets de Brantôme de n'avoir pu assister à la bataille de Lépante; il en est empêché par Strozzi qui lui fait commander par Charles IX de le suivre, 110. Récit de la bataille de Lépante, 111 à 118; Charles IX en fait chanter le *Te Deum* à Paris, 118. Liste des grands personnages turcs morts ou prisonniers, 119, 120; étendard de la galère royale; Lanfranco Giustiniani apporte à Venise les nouvelles de la victoire, dont la jalousie des princes chrétiens empêche de tirer grand parti, 120, 121; l'évêque de Dax négocie la paix entre Venise et le Grand-Seigneur, 121; réflexions de Brantôme sur les divisions des princes, 121, 122; Marc-Antoine Colonna triomphe à Rome pour la victoire de Lépante, 123; le roi Ferdinand fait dresser la liste de tous ceux qui ont combattu à la bataille de Vicence, 124 ; proposition que Brantôme entend faire à un capitaine espagnol au sujet des ossements des Turcs morts au siége de Malte, 124, 125 ; chapelle où sont entassés les os des Bourguignons tués à la bataille de Nancy ; erreur de Brantôme à ce sujet, 125 ; don Juan est accusé de la perte de la Goulette ; pasquin fait à Rome sur don Juan et le cardinal de Granvelle, 126 ; don Juan est envoyé en Flandre par Philippe II avec Octavio Gonzague et mené par un postillon que connaissait Brantôme ; arrive à Paris où il passe deux jours et va déguisé au bal de la cour, 127, 128. Il renvoie les soldats espagnols en Italie ; anecdote d'Isabelle d'Autriche et du duc d'Arschot, 128 ; il bat l'armée des États à Gemblours ; ce que la Noue avait écrit à Brantôme avant la bataille, 129. Sa mort. On le dit empoisonné par ordre de Philippe II, 129 à 131. Histoire de son secrétaire Escovedo, qu'Antonio Perez fait assassiner par ordre de Philippe II, 130 à 132. Amours de la princesse d'Eboli, maîtresse du roi, avec Antonio Perez, 130, 131. Anecdote de Louis XI et de Tristan l'Hermite, 132, 133. Emprisonnement de Perez qui cause la révolte de Saragosse ; supplice du grand justicier d'Aragon, 133 à 135. Perez se réfugie en France, où il voit Henri IV, et de là passe en Angleterre, 135, 136. Amours de Philippe II et de la princesse d'Eboli, 136, 137 ; affection du roi pour Ruy Gomez, à qui il l'avait mariée, 137 ; origine de cette amitié, 138 ; naissance de don Juan ; quelle était sa mère, 139 ; est élevé secrètement par un berger du pays de Liége, 139, 140. Il a pour successeur en Flandre le prince de Parme, 140.

M. DE SAVOYE (Emmanuel-Philibert). Notice, p. 141 à 151.

M. de Savoie aimé de Charles-Quint son oncle. Charles III, son père, consulte l'empereur au sujet de la conduite à tenir vis-à-vis de la France, avec laquelle sa femme, Béatrice de Portugal, le brouille. Il perd ses États et elle en meurt de douleur, 141, 142 ; mort pour semblable cause de la duchesse de Clèves, 142. Anecdote que Prémilliac raconte à Brantôme au sujet de la haine de la duchesse de Savoie contre les Français, 142, 143. Emmanuel-Philibert est élevé par l'empereur ; devise qu'il prend, 143. Anecdote au sujet du marquis de Villane dépouillé d'une partie de ses biens par Charles-Quint, 144 ; sa réponse à l'empereur lui commandant de loger chez lui le connétable de Bourbon, *ibid.* Emmanuel-Philibert mène l'avant-garde à la guerre des protestants et est fait lieutenant général de l'empereur en Picardie ; est appelé prince de Piémont, *ibid.* ; s'enrichit par la rançon des prisonniers ; mort du capitaine Bourdeille, le second frère de Brantôme, et captivité de son frère aîné André, 145 ; M. de Savoie est général de Philippe II au siége et à la bataille de Saint-Quentin ; recouvre ses États à la paix de Câteau-Cambrésis, *ibid.* ; a des pensions des rois de France et d'Espagne ; entretient une compagnie de cent hommes d'armes pour chacun de ces deux princes, 145, 146 ; Brantôme voit celle du roi de France au siége de la Rochelle, 146. Henri III se laisse séduire et rend au duc Pignerol et Savigliano, 146, 147. Le duc offre au roi une partie de sa milice qui sert au siége de Livron, 147 ; ses intrigues avec le marquis d'Ayamonte et le maréchal de Bellegarde, 148 ; son fils Charles-Emmanuel s'empare du marquisat de Saluces ; M. de Lucinge ; colère de Henri III qui protége Genève contre le duc, 148, 149 ; entreprise du duc sur Metz ; sa réponse à M. de Sept-Fontaines ; Langey, cité, 149 ; sur les violations des trêves, 149, 150. Charles-Emmanuel Ier, fils et successeur d'Emmanuel-Philibert ; Brantôme le voit enfant ; ce qu'il entend dire à des soldats espagnols, 150 ; ce que lui raconte un capitaine espagnol sur Emmanuel-Philibert ; maladie de celui-ci ; il aimait à forger des canons d'arquebuse, 151 ; ne ressemblait pas à son père ; propos scandaleux en France à ce sujet, 151.

LE CONTE D'AIGUEMONT. Notice, p. 151 à 164.

Ses victoires de Saint-Quentin et de Gravelines, 151, 152. Ce que M. de Savoie dit à Brantôme sur la révolte de Flandre, et sur l'orgueil du comte d'Egmont. Les *Gueux* ; M. de Brederode, 153. Egmont et le comte de Horn sont arrêtés par ordre du duc d'Albe ; ce qu'Egmont dit au capitaine Salines, 154. Sentence de mort prononcée contre eux ; leur supplice, 155, 156 ; récit de leur mort envoyé par M. de Mondoucet, ambassadeur en France, et qui est donné à Brantôme par M. de l'Aubespine le jeune, 156 à 162. Mort du comte d'Aremberg défait par Ludovic de Nassau, 162 ; la comtesse d'Egmont apprend la condamnation de son mari au moment où elle faisait visite de condoléance à la comtesse d'Aemberg, 162, 163. Éloge du comte d'Egmont que Brantôme avait vu en France et en Espagne, 163; ce que Mme de Fontaines raconte sur lui à Brantôme, 163, 164.

LE PRINCE D'ORANGE (Guillaume de Nassau). Notice, p. 164 à 176.

Le prince d'Orange et son frère Ludovic de Nassau refusent de se rendre à l'invitation du duc d'Albe, et se retirent en Allemagne, 164; le prince d'Orange y assemble une armée à laquelle se joignent beaucoup de Français, commandés par Genlis, Mouy, Antricourt, etc., 165; elle est dispersée par le duc d'Albe. Brantôme, malade de la fièvre, reçoit chez lui le prince d'Orange, Ludovic de Nassau et leur frère, 165. Amitié du roi de Navarre et de l'amiral de Coligny pour Brantôme, parent par alliance du dernier, 166. Conversation de Brantôme avec le prince d'Orange. Portrait de celui-ci et de son frère Ludovic. Le prince est assassiné par Jean Jauréguy, qui est immédiatement massacré, 166 à 169; il guérit de ses blessures, 169; il est assassiné de nouveau; relation de sa mort et du supplice de son meurtrier Balthasar Gérard, 169 à 175; enfants du prince d'Orange, 175, 176.

LE CONTE LUDOVIC DE NANZAU. Notice, p. 176 à 179.

Il vient en France; sa belle retraite à la bataille de Moncontour; il se rend en Flandre, s'empare de Mons et y est assiégé par le duc d'Albe qui l'oblige à capituler, 177; réflexions sur l'observation des capitulations, 177, 178. Accueil que lui fait le duc d'Albe, 178; il est défait et tué à la bataille de Monkerkeide, 178, 179; erreur de Brantôme, 178, *note 2*.

LE CONTE JEHAN D'ARAMBERGUE, APPELÉ MESSIRE JEHAN DE LINS, AUCUNS DISENT DE LINES. Notice, p. 179 à 183.

L'insubordination de ses soldats le force à livrer au comte de Nassau la bataille de Heigerloo, où il est défait et tué, 179; ses soldats sont châtiés par le duc d'Albe, *ibid.*; il assiste au siège de Metz où son quartier est appelé le camp de Brabançon; sa beauté; il sert Charles IX dans la seconde guerre de religion; son séjour à Paris, où il loge à l'hôtel de Villeroy, 180; devient amoureux de Mlle de Châteauneuf, que Strozzi et Brantôme courtisaient; ses relations avec Brantôme, 181; il était borgne;

il quitte la cour avec tristesse; sa femme accompagne la reine Élisabeth d'Autriche en France, 182.

DOM SANCHE D'AVILLA. Notice, p. 183 à 187.

Il était castellan du château de Pavie quand le duc d'Albe l'attache à sa personne; devient gouverneur de la citadelle d'Anvers; récit du sac et de la prise de la ville par les Espagnols, 184, 187; erreur de Brantôme sur la mort de dom Sanche, 187, note 1.

CHAPIN VITELLI. Notice, p. 187 à 189.

C'était un bon capitaine, 187; il commande à toute l'infanterie du duc d'Albe, 188; Charles Vitelli à la bataille de Fornoue; un autre Vitelli défend Orbitello contre Barberousse, 188, note 2; Alexandre et Vincent Vitelli; Alfonse Vitelli, page de Henri II; le cardinal Vitelli; son démêlé avec le cardinal de Lorraine en plein consistoire, 189.

BARTHÉLEMY D'ALVIANO, notice, p. 189 à 203.

Sa défaite à la bataille d'Agnadel, où il est fait prisonnier par Vandenesse; ses réponses à Louis XII, 190-191; le *Loyal serviteur*, cité, 191, 192; sa défaite par les Espagnols à la bataille de Vicence, où il se sauve à grand'peine; Vallès, cité, 192, 193; siége d'Antioche par les Turcs; Guillaume de Tyr, cité, 193; Italiens grands blasphémateurs; les capitaines ne peuvent être dits vaillants et hardis qu'après leur mort, 194; mort du provéditeur André Loredano, 194-195; Alviano manque de surprendre le marquis de Pescaire; Vallès, cité, 195; réflexions sur les chances de la guerre, 196; secours de cavalerie qu'Alviano amène à François Ier à la bataille de Marignan, 197; son premier exploit à la guerre de Naples, où il secourt Gonzalve de Cordoue, qui se montre ingrat envers lui, 197-198; sa mort; comment son corps est ramené à Venise, où il est enterré avec magnificence; Théodore Trivulce refuse un sauf-conduit à cette occasion, 198-199. Comment Urbain VI traite les cadavres de cardinaux qu'il avait fait mettre à mort, 199-200; l'histoire de Naples de Collenuccio, citée; mort de Du Guesclin; discussion sur le lieu de sa mort; du Haillan, cité 200, 201; Boccace, cité; mort et pompe funèbre de Saladin, 201, 202;

réflexions sur les funérailles des princes chrétiens et des empereurs romains, 202.

CÆSAR BORGIA. Notice, p. 203 à 221.

Son éloge par Machiavel; perfidies de son père, Alexandre Borgia, envers Charles VIII et Djem, frère de Bajazet, 203; il est fait cardinal; épouse mademoiselle d'Albret; est créé duc de Valentinois par Louis XII; fait assassiner son frère le duc de Gandia, 204; erreur de Brantôme, *ibid.*; note 3. Il détruit les tyranneaux des États de l'Église, 204, 205; Sigismond Malatesta, seigneur de Rimini, répudie sa première femme et fait mourir la seconde et la troisième, 205, 206; comment se forme le dragon; devise de César Borgia; mot de Louis XI sur la chaîne d'or de l'un de ses capitaines, 206, 207; récit, d'après un discours en vers conservé dans les archives de la maison de Bourdeille, de l'entrée de César Borgia à Chinon, 207-211; cymbales du baron de Dhona; cymbales données à Antoine de Navarre par le duc de Saxe, 209; robe de bure et chapeau de laine de Louis XI, 211. Brantôme assiste à un dîner de Henri III; réprimande du prince à Joyeuse à propos de son luxe, 212, 213; simplicité du train de François Ier et de ses enfants, 212, 213; ce que la grand'mère de Brantôme lui raconte au sujet du train de Marguerite d'Angoulême, 214. César Borgia se retire auprès de Gonzalve qui lui donne un sauf conduit, et ne l'en fait pas moins arrêter, 214, 215. Digression sur les sauf-conduits, 215-217; anecdote de François-Marie Sforce allant trouver Charles-Quint lors de son couronnement à Bologne, 216; l'empereur lui fait épouser Christine de Danemark, 217; perfidie de César Borgia et de son père envers Charles VIII; sa conduite infâme à l'égard d'Astor Manfredi, 217, 218. Erreur de Brantôme au sujet de Bajazet et de Mahomet II, 218. César Borgia, conduit en Espagne, s'enfuit de sa prison; ce que le maître de poste de Medina-del-Campo raconte de lui à Brantôme, *ibid.*; César Borgia guerroye contre le roi d'Aragon et est tué au siège de Viana, 219; Louis XI fait, malgré la capitulation, trancher la tête à Jacques d'Armagnac, 219; comment Sixte-Quint se venge de l'auteur d'un pasquin sur sa sœur, 219, 220.

LE SEIGNEUR JEHAN-JACQUES TRIVULSE. Notice, p. 221 à 226.

Ingratitude de François Ier envers lui; le mauvais accueil que le roi lui fait à Châtres (Arpajon), cause de sa mort, 221, 222. Lautrec, auteur de sa disgrâce, est disgracié à son tour, 222, 223; au lit de mort, Trivulce écarte les diables avec son épée; il est enseveli à Milan, 224; anecdote sur M. de Grignaux à Rome, 224, note 1; épitaphe de Trivulce prise plus tard par Monluc, 225; motifs de sa disgrâce; confiance que lui témoignent Louis XII et Charles VIII, 225; tient sur les fonts Renée de France; est gouverneur de Lyon, 226.

THÉODORE TRIVULSE. Notice, p. 226.

Cousin du maréchal de Trivulce, il sert successivement l'Espagne, Venise et François Ier, qui le fait gouverneur de Lyon et maréchal de France. Erreur de Brantôme sur le cardinal de Trivulce, 226.

LE PRINCE DE MELFE. Notice, p. 226 à 239.

La fortune de la maison de Caraccioli due à Jeanne de Naples; le prince de Melfe est assiégé et pris par Pierre de Navarre, 227; l'empereur ayant refusé de payer sa rançon, il entre au service de la France et défend Arles contre l'empereur; faux avis qu'il donne à Antoine de Lève, qui meurt de chagrin, 227, 228; il est fait maréchal de France et lieutenant-général en Piémont, où il établit une discipline rigoureuse. M. de Langey; le maréchal de Brissac, 229; poule rôtie mangée avec la plume; le capitaine Mazères et les oisons, 230; belle conduite du prince de Melfe envoyé contre les insurgés de la Guyenne; le commissaire Brandon; le président Cotel; le père de Brantôme accompagne le prince de Melfe, 231; Brantôme voit le portrait du prince chez mademoiselle d'Atrie, sa petite-fille; le prince est bien traité par François Ier, 233; anecdote de Soliman et d'Ullaman-Bassa; lettre du provéditeur Bembo, citée, 233; réfugiés mal traités par Charles V; M. de Bourbon, le duc Charles de Savoie, le marquis de Saluces, 234; énumération des gentilshommes réfugiés avec M. de Bourbon, 234, note 2, et 235; Charles V ne regrette pas celui-ci, 235. Le prince de Melfe honoré par Marguerite d'Angoulême, 235, 236; son affection pour la grand'mère de Brantôme et pour le capitaine Bourdeille, 235-237. Aventures et fin du capitaine, 237 ; le prince de Melfe après sa mort est remplacé par M. de Brissac ; mot à ce sujet de celui-ci, à qui Louis et René de Birague donnent un sage conseil, 238. Son fils J. A. Caraccioli, abbé de Saint-Victor et évêque de Troyes, se fait calviniste; dispute qu'il a à cette occasion avec le cardinal de Ferrare et à laquelle assiste Brantôme, 238, 239 ; lors de l'invasion de Charles-Quint, il forme à Paris deux régiments d'écoliers et de moines, 239.

LE MARESCHAL D'ESTROZZE. Notice, p. 239 à 282.

Son père, Philippe Strozzi, le voue d'abord à l'Église ; refusé d'un chapeau de cardinal, il embrasse la carrière des armes; son instruction; J.-César, Brutus, 240 ; ce que M. de Sansac raconte sur lui à Brantôme, *ibid.* ; traité des stratagèmes militaires, par Brantôme ; Strozzi traduit en grec les Commentaires de César, avec des notes que voit Brantôme, 241, 242 ; cette traduction est louée par Ronsard et Daurat, 241 ; Brantôme entend le grec comme le haut-allemand et sait un peu de latin, 241, 242. Mot de Louis XI sur un prélat qui avait une belle bibliothèque ; la bibliothèque du maréchal Strozzi, estimée 15,000 écus, est achetée par la reine-mère, qui ne l'a jamais payée, 242 ; collections d'armes, de machines de guerre et de curiosités, de Strozzi. Brantôme les voit à Rome, puis à Lyon, où elles sont vendues ou perdues, 243 ; rondelle d'écaille de tortue ; queues de chevaux marins, 244 ; portrait du maréchal, *ibid.*; récit des tours que lui et Brusquet se jouent, 245-260 ; le manteau de Strozzi et l'argenterie de Brusquet, 245-247 ; le cheval de Strozzi et les chevaux de poste de Brusquet, 248, 249 ; le festin de Brusquet et le dîner de Strozzi, 249-253 ; la femme de Brusquet, la reine et Strozzi, 253-255. Strozzi, Brusquet, les cordeliers et les inquisiteurs, 255-259 ; Brusquet à Rome ; on remarie sa femme pendant son absence, 258, 259 ; la prétendue apostasie de Strozzi, 259 ; commencements de Brusquet ; remède qu'il enseigne à l'ambassadeur de Venise, 260, 261. Le connétable de Montmorency veut le faire pendre ; il est sauvé par le dauphin Henri dont il devient valet de chambre, et qui lui donne le privilége de la poste de Paris, 261, 262 ; détails sur la poste et les grands chemins de France, 262, 263 ; escroqueries de Brusquet chez le duc d'Albe à Bruxelles, il gagne la faveur de Philippe II, 263, 264 ; tours qu'il joue au bouffon espagnol de ce prince, 265-267; sa fin misérable, 267, 268. Exploits de Strozzi; sa belle compagnie d'arquebusiers à cheval, 269, 270 ; ce qu'elle lui coûtait, 270 ; ses conseils et ses offres d'argent à la Chastaigneraie, *ibid.*; se ruine au service de la France; Henri II lui donne milord Grey pour en tirer rançon, 271 ; ses faits d'armes; son habileté comme ingénieur, 272; chanson des aventuriers; il est blessé mortellement au siége de Thionville; ses dernières paroles, 273, 274; son épitaphe en vers latins par J. du Bellay, 274, 275 ; ses enfants : Philippe ; Clarisse, comtesse de Tende, 275 ; son fils bâtard Scipion ; ses trois frères : le prieur de Capoue, le cardinal Strozzi et Robert Strozzi, père de la comtesse de Fiesque, 276 ; ses sœurs; erreur de Brantôme à ce sujet; les comtes de l'Anguillara, 277 ; revers et fautes de Strozzi dans la guerre de Sienne, 277-280 ; sa crainte de tomber entre les mains du duc de Florence; intrépidité et piété de Coligny, 280-282 ; Annibal à la bataille de Zama, 281 ; impiété de Strozzi, 273, *note* 2, 282.

LES VIES DES GRANDS CAPITAINES FRANÇOIS.

LE ROY CHARLES VIII. Notice, p. 283 à 328.

Sa petite stature et son grand courage; comment élevé par Louis XI, 283 à 285. Lycurgue et ses chiens, 285. Le roi entreprend l'expédition de Naples malgré l'avis de son conseil, 285; part sans argent, emprunte à la duchesse de Savoie et à la marquise de Montferrat; son entrée à Rome, 286, 287; arrive devant Naples et assiége les châteaux de la ville qui se rendent, 288, 289; son entrée triomphale à Naples, 289, 290; banquet qu'il donne à Castel-Novo, 291 ; Ét. de Vesc, seigneur de Beaucaire, représente à l'entrée le sénéchal de Naples, 292, 322, *uote*; le maréchal de Raiz au sacre de Henri III, 292; détails que Brantôme extrait d'une vieille chronique manuscrite sur la conquête du royaume de Naples, 293 à 305; ambassades que le roi envoie à divers États avant de se mettre en route, 293 à 295; liste des gens d'ordonnance qu'il emmène avec lui, 295 à 298; artillerie, pionniers, charpentiers, etc., 298; seigneurs qui

TABLE DES MATIÈRES. 451

l'accompagnent, 299, 300; sa flotte, 300; mulets qu'il prend à Grenoble pour la traversée des Alpes; énumération de sa maison, 300 à 302; Pierre Valletaut, grand maréchal des logis; sa connaissance de l'Italie, 302; entrée du roi à Florence, 303, 304; entrée de Henri II à Paris, 304; les archers des toiles, 305; tournois que Charles avec ses favoris donne en Italie; ligue qui se forme contre lui, 305; Ladislas de Hongrie défait par Louis II à la bataille de Rocca-Secca; Collenuccio, cité, 306; bataille de Fornoue, 306 et suivantes; *Savoie*, cheval du roi; exploits de Charles à cette bataille, 307, 308, 310; neuf preux qu'il avait choisis pour être près de sa personne, 306, 307, 310; le roi Jean à la bataille de Poitiers, 308, 309; dangers que court le roi à Fornoue, 309, 310; peintures de la bataille de Fornoue en Saintonge; vaillance de Mathieu, bâtard de Bourbon, qui est fait prisonnier, 311; digression sur l'usage de faire des chevaliers avant la bataille, 311 à 313; opinion de M. de Sansac à ce sujet, 311 à 313; du Bellay, cité; la bataille de la Bicoque, 312; François Ier est fait chevalier par Bayard, et Tavannes l'est après la bataille de Ranty, 313. Faute commise par les capitaines du roi à Fornoue; espion vénitien au camp français, 314, 315. Harangue du roi à son armée; Jacques de Bergame, cité, 316 à 318; retour de Charles en France; son éloge par François Ier, d'après le dire de Mme de Dampierre, tante de Brantôme, 319; Guichardin, cité, 319; effigie du roi à Saint-Denis; gentilhomme du Périgord qui lui ressemblait et que la grand'mère de Brantôme appelait la *Véronique du roi Charles*, 320. Les Italiens ne regrettent pas Charles VIII; surnom qu'ils lui avaient donné, 321; il assiége les châteaux de Castel-Novo et de l'Œuf, et reçoit le prince de Tarente dans la tranchée; son entrée à Naples, *ibid.*, *note* 2; seigneurs qui l'accompagnaient dans cette cérémonie, où le sénéchal de Beaucaire représentait le connétable de Naples, 322, *note*. Jacques de Bergame, cité, 322; ambassade que le roi reçoit de Bajazet, 322, 323; sa mort au château d'Amboise, 323, 324, 326; ce que P. Jove dit de la mort de François Ier, 324; et le poëte Faustus, des victoires de Charles VIII, 325. Seuls mots latins que Louis XI permet d'apprendre à son fils; la chronique d'Anjou de J. de Bourdigné, citée, 325, 326; ambassades italiennes que reçoit Charles, *ibid.*; erreur de Brantôme à ce sujet, 325, *note* 3; faute que commet le roi en livrant les Pisans aux Florentins; Savonarole, 326, 327; ce que Brantôme entend prêcher au curé Poncet, 327; altercation entre celui-ci et Joyeuse, 327, 328; éloge de Charles VIII; sa devise *Los en croissant*, 330, *note*.

LE ROY LOUIS XIe. Notice, p. 328 à 350.

Il fait mourir son frère le duc de Guyenne; anecdote du fou du roi que Brantôme entend raconter, étant enfant, à un vieux chanoine, 329 à 332; J. Bouchet, cité, 332; *Histoire sanglante* de Louis XI, dans la bibliothèque du roi, 330, *note*, 332; lettres que Louis XI écrivait à M. de Bressuire, son second Tristan l'Hermite et dont le grand-père de Brantôme, André de Vivonne, épousa la fille, 333; remarques sur la signature de ses lettres et sur ses secrétaires; son aventure avec un petit scribe, 334; texte de quinze lettres de Louis XI, 335 à 345. Prise de diverses villes par les troupes de Louis XI; supplice des députés d'Arras à Marie de Bourgogne, 335; appointement du maréchal de Gié avec le duc de Bretagne, 336; achat pour le roi de l'hôtel de la Rochelle, appartenant à Mérichon, 337; Charles d'Anjou, comte du Maine; le connétable de Saint-Pol, 338; guerre aux Anglais et chasses aux sangliers, 338, 339; le duc de Guyenne; le duc de Calabre, 339; dames et seigneur de Penthièvre; Jean Guérin, maître d'hôtel du roi; J. Héberge, évêque d'Évreux, 340; le cardinal Balue; erreur de Brantôme, 341; M. de Saint-Lou et ses descendants, 341, 342. Navire arrêté par les Anglais, 342; le commissaire Huisson, destiné à la potence; le sire de Beaujeu en Guyenne, 343, 344; confiscation accordée à M. de Maillé, 344; appointement avec Mme de Belleville au sujet de la place de Montagu; Blanchefort, 345. François Ier disait que Louis XI avait mis les rois hors de pages; le juge de Montravel, en Périgord; dicton à ce sujet, 346, 347; signature de Louis XI, 347; anecdote sur Louis XI et le cardinal Bessarion; chronique de Savoie, citée, 347 à 349; légats de Pie V et de Paul III, 349.

LE MARESCHAL DE GIÉ. Notice, p. 350 à 352.

Il commande l'avant-garde à la bataille de Fornoue; sa conduite à cette bataille blâmée et louée, 350, 351. Philippe de Com-

mines, cité, 351 ; ce que Brantôme a entendu dire par M. de
Guise à M. de la Brosse, au sujet des réserves, 351, 352;
batailles d'Ivry, de Pavie et de Cérisoles; Coligny, Henri IV,
le maréchal de Biron, 352.

LE MARESCHAL DE RIEUX. Notice, p. 352 à 354.

Ses reproches au maréchal de Gié pour son inaction à la bataille de
Fornoue, 353 ; autre faute du même maréchal, d'après Commines ; Charles VIII refuse d'abandonner son artillerie, 353;
Charlemagne faisait toujours combattre son avant-garde la
veille d'une bataille ; le maréchal de Gié délivre le duc d'Orléans assiégé dans Novare, 354.

M. DE LIGNY. Notice, p. 354 à 355.

Charles VIII lui fait épouser la princesse d'Altemore, 354; qui
meurt de chagrin lorsqu'il retourne en France, 355; il meurt
du regret de n'avoir pas obtenu de Louis XII le commandement de l'armée de Naples, 355.

M. DES QUERDES. Notice, p. 355 à 356.

Principal conseiller de Charles VIII; meurt à la Bresle; honneurs
qu'on lui rend, 356.

M. DE PIENNES. Notice, p. 356.

Il accompagne Charles VIII à Naples; est gouverneur de Picardie;
M. de Vendôme lui succède; on néglige ses conseils à la journée des Éperons, 356.

LE ROY LOUIS XII. Notice, p. 357 à 369.

Il succède à Charles VIII sans opposition; Belleforêt, cité; cause
de la révolte de Louis contre Charles; il repousse l'amour
d'Anne de Beaujeu, 357; amours de son aïeul, Louis d'Orléans,
avec Isabeau de Bavière, 357, 358; courtisans élargissent leur
conscience, 358; résumé de sa vie par l'auteur de la chronique
bergomèse (Jacques de Bergame), 358, 359. Il perd et gagne à
plusieurs reprises le duché de Milan, 360; conquiert Gênes, bat
les Vénitiens, fait tirer le canon sur Venise, 360; se fait rendre
par les Vénitiens le cardinal Ascanio Sforza avec ses trésors, et

l'épée de Charles VIII perdue à Fornoue, 360, 361 ; vol de la vraie croix et de la couronne d'épines à la Sainte-Chapelle de Paris, pendant que Brantôme était à la cour, 362. Louis gagne et reperd le royaume de Naples, envoie en Italie Gaston de Foix, 362 ; ses revers, 363 ; amour du peuple pour lui ; sa vaillance à Agnadel ; sa beauté ; son portrait, 364 ; se laisse trop gouverner par le cardinal d'Amboise qui veut se faire nommer pape ; c'est un mal que les cardinaux se mêlent des affaires du monde : Louis XI et le cardinal Balue ; Charles VIII et le cardinal de Saint-Malo ; François Ier et le cardinal de Lorraine, 365. Guerre de Louis XII contre les Turcs, auxquels Ravenstein enlève Méthelin. Il est heureux par ses lieutenants ; sa devise, 366, 367 ; réputation de la gendarmerie de France, 367 ; conseils de Lycurgue aux Lacédémoniens, *ibid*. Filles de Louis et leur postérité ; il épouse Marie d'Angleterre ; ce que l'on dit à ce sujet, 368, 369. Mort de Louis XII ; son amour pour Anne de Bretagne, que M. d'Albret voulait épouser, 369.

M. D'AUBIGNY. Notice, p. 369 à 371.

Il est surnommé *grand chevalier sans reproche* ; ses exploits dans le royaume de Naples et en Lombardie ; sa mort ; service que son fils, le duc de Lenox, rend à M. d'Entragues aux noces duquel Brantôme avait assisté, 370, 371.

LOUIS, COMTE D'ARMAGNAC. Notice, p. 371 à 373.

Particularités sur le supplice de Jacques d'Armagnac, duc de Nemours, que Brantôme entend raconter à sa grand'mère, 371 ; erreur de Brantôme au sujet de Géraud, comte d'Armagnac, et de Saint-Louis, *ibid.*, note 4 ; Paul-Émile, cité, *ibid.* Discussion de Louis d'Armagnac avec François d'Alègre, seigneur de Précy, avant la bataille de Cérignole, où il est tué ; P. Jove, cité, 372, Le maréchal d'Andrehan et Clermont à la bataille de Poitiers, 373.

M. D'ALÈGRE. Notice, p. 373 à 374.

Ses exploits ; il est mal accueilli par Louis XII après la bataille de Cérignole ; Brantôme le fait à tort mourir à la bataille de Ravenne, 373. Yves d'Alègre, frère aîné de M. d'Alègre, est tué à la bataille de Ravenne avec son fils le baron de Viveros, 374. Sa faute à Bologne, 374. Le *roman* de Bayard. Mort de Maugiron, *ibid*.

M. DE LA PALLICE, DICT LE MARESCHAL DE CHABANES.
Notice, p. 375 à 380.

Grandes charges dont il est revêtu; comment l'appelaient les Espagnols; son portrait, 376; s'oppose à ce qu'on donne la bataille de Pavie; discussion qu'il a à ce sujet avec Bonnivet; Vallès, cité, 375 à 378. Il est pris et tué à cette bataille, 379. Il s'était opposé aussi à ce que Lautrec livrât la bataille de Cérisole; son discours à ce sujet; Vallès, cité, 379, 380.

M. DE VANDENESSE. Notice, p. 380 à 382.

Frère de M. de la Pallice, 380; comment on l'appelait. Sa querelle avec le marquis de Pescaire. Il est tué à Rebec; Vallès, cité, 381.

M. DE BAYARD. Notice, p. 382 à 391.

Il est tué à la retraite de Rebec où Bonnivet blessé lui avait donné le commandement de l'armée; Vallès, cité, 382; détails sur ses derniers moments, 383 à 386; ce que lui dit le marquis de Pescaire, 384, 385; honneurs funèbres qui lui sont rendus, 385; ce qu'il dit au seigneur d'Alègre, 385, 386; sa réponse au connétable de Bourbon; citation de du Bellay, 386. Il est appelé *chevalier sans peur et sans reproche, ibid.*; les deux livres que l'on a sur sa vie, 386, 387; ses premières armes; son combat singulier contre Sotto Mayor; le père de Brantôme sert sous lui dans le royaume de Naples; lieutenant de roi en Dauphiné, 387; estime qu'on faisait de lui, 388. Sa défense de Mézières; sa réponse au comte de Nassau; son caractère; son portrait, 389. Échec qu'il éprouve à Rebec par la faute de Bonnivet, avec lequel il a une vive querelle à ce sujet, 389, 390. Un de ses anciens gendarmes le raconte à Brantôme; Ronsard, cité, 390.

LE SIEUR DE MONTMOREAU. Notice, p. 391.

Dicton sur lui et sur Bayard, 391.

LOUYS D'ARS. Notice, p. 391 à 393.

Sa glorieuse défense de Venouze, 391, 392; présent qu'il fait à la grand'mère de Brantôme, 392. Sa mort à la bataille de Ravenne, 393.

M. DE LA TRIMOUILLE. Notice, p. 293 à 402.

Il est surnommé *chevalier sans peur et sans reproche*, 393. Traits de lâcheté de quelques hommes tenus pour braves, 394 à 397; le baron de Neubourg au siége de Rouen; le provençal Cabazzole; M. de Guise, 394, 395; P. d'Ossun à la bataille de Dreux, 395, *note;* aventure arrivée à Brantôme au siége de la Rochelle; la Noue; Crillon; Cossains; Strozzi, 395, 396. La Trimouille appelé *la vraye Corps-Dieu;* jurements habituels de Bayard, du connétable de Bourbon, du prince d'Orange, de la Roche-du-Maine, 398. La Trimouille fait prisonnier à la bataille de Saint-Aubin-du-Cormier le duc d'Orléans qui, devenu roi, ne lui en garde pas rancune, 398, 399. Il est défait à Novare; son traité avec les Suisses; chanson des aventuriers sur lui, 399; est chéri de François Ier; meurt à la bataille de Pavie, 400; J. Bouchet, cité; erreur de Brantôme à ce sujet; amitié de M. de la Trimouille pour le père de Brantôme. Service que le cardinal Élie de Bourdeille rendit à Louis de la Trémoille auprès de Louis XI, 401; le prince de Talmont, 402.

M. D'IMBERCOURT. Notice, p. 402 à 408.

Son père ou grand-père mis à mort par les Gantois, malgré les prières de Marie de Bourgogne, 402; ses exploits en Italie; grâce à deux de ses gens d'armes, Beauvais et Hallancourt, il fait prisonnier Prosper Colonne, 403; sa mort à la bataille de Marignan, 403, 404; son infirmité au moment du combat; sa singulière habitude; dicton à ce sujet, 404, 405; anecdote de Mme de Guise et d'un gentilhomme ami de Brantôme, 405 à 407; tombeau de M. d'Imbercourt, 407, 408.

M. DE MONTOISON. Notice, p. 408 à 410.

Son éloge; compagnon de Bayard, 408; se distingue au combat de la Bastide; meurt de maladie quelques jours après, 409; appelé *esmérillon de guerre*, 410.

M. DE FONTERRAILLES. Notice, p. 410 à 411.

Il est aimé de Louis XII qui le nomme colonel général des Albanais, *Estradiots, Corvats*, 410; se distingue au combat de la Bastide; sa postérité, 411.

M. DE MONTMAUR. Notice, p. 411.

Sa mort à la Saint-Barthélemy, 411.

M. DU LUDE. Notice, p. 412 à 417.

Il se distingue au combat de la Bastide; sa défense de Brescia contre les Vénitiens, 412, 413; siége glorieux qu'il soutient dans Fontarabie; ce que Brantôme entend raconter à ce sujet par sa grand'mère, la sénéchale de Poitou, 413, 414. M. du Lude est remplacé par le capitaine Franget qui rend Fontarabie, et qui mis en jugement pour ce fait, est dégradé, 414, 415. Exploits de M. du Lude; son père, 415; son fils, sa famille, 416.

M. DE LA CROTTE, FRÈRE DE M. DU LUDE. Notice, p. 417 à 418.

Gouverneur de Legnano, 417; sa mort glorieuse à la bataille de Ravenne, 417, 418. Ce que la sénéchale de Poitou dit de lui à Brantôme, 418.

M. DE THÉLIGNY. Notice, p. 418 à 421.

Il est sénéchal de Beaucaire, 418; gouverne avec sagesse le duché de Milan; contribue à la défaite de J. P. Baillon, 419; sa défense de Thérouanne, 419; sa mort; son fils perdu de dettes est obligé de s'enfuir à Venise, où il meurt, 420. Le fils de celui-ci épouse la fille de Coligny et est tué à la Saint-Barthélemy, 420, 421.

M. DE CHASTILLON. Notice, p. 421 à 423.

Il est tué au siége de Ravenne, 421. Il était l'un des favoris de Charles VIII, et marié à l'héritière de la maison de Dampmartin, Anne de Chabannes. La grand'mère de Brantôme succède à celle-ci comme dame d'honneur de la reine Marguerite, sœur de François Ier, 422.

LE BARON D'ESPIC (ou de Chépy). Notice, p. 422 à 423.

Grand maître de l'artillerie; est blessé mortellement au siége de Ravenne, 422, 423; Brantôme voit en Piémont son fils ou petit-fils; Monluc, cité, 423.

M. DE MAUGIRON. Notice, p. 423 424.

Son éloge, sa postérité, 423, 424.

APPENDICE.

§ I. Additions et corrections au tome I.— Sources diverses de Brantôme, 425.

§ II. Additions et corrections au tome II. Sources diverses de Brantôme, 433.

FIN DE LA TABLE DES MATIÈRES.

TABLE ALPHABÉTIQUE.

Aiguemont (le conte d').	151
Alègre (M. d').	373
Alviano (Barthélemy d').	189
Arambergue (le conte Jehan d').	179
Armagnac (Louis, conte d').	371
Ars (Louys d').	391
Aubigny (M. d').	369
Avilla (Dom Sanche d').	183
Barberousse.	67
Bayard (M. de).	382
Borgia (Cæsar).	203
Capitaines italiens.	1
Chapin Vitelli.	187
Charles VIII (le roy).	283
Charles, prince d'Espaigne (Dom).	101
Chastillon (M. de).	421
Chepy, voyez Espic.	
Dorio (André).	29
Dorio (le seigneur Jehan-André).	43
Dragut.	48
Egmont, voyez Aiguemont.	
Espic (le baron d').	422
Estrozze (le mareschal d').	239
Fonterrailles (M. de).	410
Gié (le mareschal de).	350
Imbercourt (M. d').	402
Juan d'Autriche (Dom).	108
La Crotte (M. de).	417
La Pallice (M. de).	375
La Trimouille (M. de).	393
Ligny (M. de).	354
Louys XI (le roy).	329
Louys XII (le roy).	357
Lude (M. du).	412

Maugiron (M. de)	423
Médicis (le grand Cosme de)	10
Médicis (Jannin de)	7
Melfe (le prince de)	226
Montmaur (M. de)	411
Montmoreau (le sieur de)	391
Montoison (M. de)	408
Nanzau (le conte Ludovic de)	176
Orange (le prince d'Orange) [Guillaume Ier de Nassau]	164
Ouchaly (l')	48, 58
Phillippe roy d'Espaigne (Dom)	71
Piennes (M. de)	356
Querdes (M. des)	355
Rieux (le mareschal de)	352
Sanche, voyez Avilla.	
Santa-Crux (le marquis de)	70
Savoye (M. de) [Emmanuel-Philibert]	141
Strozzi, voyez Estrozze.	
Théligny (M. de)	418
Tolledo (Dom Garcie de)	45
Toledo (Dom Pedro de)	19
Trivulse (le seigneur Jehan-Jacques)	221
Trivulse (Théodore)	226
Vandenesse (M. de)	380
Vitelli, voyez Chapin.	

FIN DE LA TABLE ALPHABÉTIQUE.

Imprimerie générale de Ch. Lahure, rue de Fleurus, 9, à Paris.

www.ingramcontent.com/pod-product-compliance
Lightning Source LLC
Chambersburg PA
CBHW070214240426
43671CB00007B/646